体育解说评论

Sports Commentary Comments

张德胜　武学军◇主　编
姜晓红　王子也◇副主编

华中科技大学出版社
http://www.hustp.com
中国·武汉

内 容 简 介

《体育解说评论》立足体育解说评论的本质特征、基本原则、基本方法,介绍了体育解说员职业、以及电视体育解说评论、广播体育解说评论、开/闭幕式解说评论、单场赛事的解说评论等不同项目所涉及的方式方法,引入了体育展示与现场播报以及富有特色的解说评论等方面的案例,引导学生学会体育解说员的各项技能,还结合对中华人民共和国体育解说评论史和解说员体育现场采访与报道以及国外体育解说、评论概况的简要介绍,导入了体育解说评论相关的模拟实验与课外实践项目指引。全书针对不同媒体与不同项目的体育解说评论,作了全面、系统、科学的阐释;针对大学生读者,进行了切实可行的结构布局与知识点安排。在"互联网+体育"时代,社会亟需数以千计的体育解说、评论员,希望本书能成为他们的良师益友。

图书在版编目(CIP)数据

体育解说评论/张德胜,武学军主编.—武汉:华中科技大学出版社,2017.6(2024.1重印)
ISBN 978-7-5680-2556-0

Ⅰ.①体… Ⅱ.①张… ②武… Ⅲ.①体育-电视节目-播音 Ⅳ.①G222.2

中国版本图书馆 CIP 数据核字(2017)第 017464 号

体育解说评论 张德胜 武学军 主编
Tiyu Jieshuo Pinglun

策划编辑:周晓方 杨 玲
责任编辑:杨 玲
封面设计:原色设计
责任校对:曾 婷
责任监印:周治超

出版发行:华中科技大学出版社(中国•武汉) 电话:(027)81321913
武汉市东湖新技术开发区华工科技园 邮编:430223
录 排:华中科技大学惠友文印中心
印 刷:武汉科源印刷设计有限公司
开 本:710mm×1000mm 1/16
印 张:26.5 插页:2
字 数:493千字
版 次:2024年1月第1版第7次印刷
定 价:68.00元

本书若有印装质量问题,请向出版社营销中心调换
全国免费服务热线:400-6679-118 竭诚为您服务
版权所有 侵权必究

Preface 序言

众所周知，大型体育赛事转播一般由赛事组委会提供比赛公用信号，在此基础上，各持权转播商添加符合自身特点和利益需求的解说评论有声语言。这样一来，如果有两个以上的音视频平台同时转播同一场比赛，就可能存在比赛画面一样但解说评论不一样，甚至完全相悖的情况。因此，长期以来，体育赛事转播的解说评论一向引人关注，极易形成观赛焦点。

与此同时，随着网络新媒体崛起及"两微一端"流行，近几年，各种网络平台开始与传统广播电视媒体抢占体育直播市场，它们不惜重金购买NBA、中超等高需求赛事的转播权，网罗不同层次的体育解说评论员。在此背景下，不少"名嘴"毅然决然离开了自己摸爬滚打十数年且赖以成名的媒体，纷纷去往乐视、腾讯、PPTV等网络体育平台，一时间，全国解说评论队伍人心思动。

业界的喧闹也给高校体育解说评论人才培养工作增添了动力。目前，全国有数百家高校开办了播音与主持艺术专业，其中的一些高校在该专业的人才培养方案中开设了"体育解说评论"课程，也有一些高校面向非播音与主持专业将"体育解说评论"作为选修课或通识课加以开设。但令人困惑的是，迄今为止，市面上缺少一本既有严谨的学理性，又有科学的实操性的体育解说评论教材。

武汉体育学院是国内率先开设"体育解说评论"课程的高校之一，该课程2013年获批立项建设省级精品视频公开课，近几年培养了一批体育解说评论人才。不少学生在读期间与腾讯体育、企鹅直播、章鱼TV等直播平台签约，直播解说体育赛事。在2016年乐视体育与重庆卫视联袂举行的全国体育解说员大赛中，冠军、亚军、殿军获得者均为武汉体育学院新闻传播学院学生。广州体育学院也是国内率先开设播音与主持艺术专业的体育院校，其体育新闻与传播系一向注重与业界合作培养体育解说评论人才,并取得了令人瞩目的成绩。

这次两校合作,共同编写《体育解说评论》这本教材,既是一种理论探究,也是一种实践总结,可谓一种有益尝试。本书针对新媒体背景下体育解说评论领域的概念争议与现实困惑,通过对行业实践的观察与理论层面的梳理,提出体育解说评论是一种直播的体育新闻报道,其本质是一种建立在体育新闻报道基础上的观赏服务,其主体是一种集报道者、评论者和娱乐者于一身的"三位一体"角色。这是全书的中心思想。

全书以人才培养为旨归,共分为理论篇、业务篇、历史篇、实战篇四个部分,每一篇分为若干章节。为了方便读者学习,做到结构性把握教材内容,我们在每一章开头都设置了学习目标和章前导言,由此导入正文。另在各章节之后设计了作业题,列举了该章节的参考文献,有些章节还给出了推荐阅读文献,鼓励读者理论与实践结合,精读与泛读结合,课内课外结合,线上线下结合。

本书除了可以作为高校教材以外,还适合体育解说评论从业者和体育爱好者阅读,希望对大家观赏体育、理解体育、体验体育、传播体育有所裨益。

全书编写工作分工情况如下:

第一章　体育解说评论的本质特征(张德胜、张钢花、李峰)

第二章　体育解说评论的基本原则(张德胜、姜晓红)

第三章　体育解说评论的基本方法(张德胜、姜晓红、李峰、王子也)

第四章　体育解说评论员(万晓红)

第五章　电视体育解说评论(武学军)

第六章　广播体育解说评论(张佳)

第七章　开闭幕式及大型活动的解说评论(王东林)

第八章　单场赛事的解说评论(王子也)

第九章　不同项目的解说评论(姜欣)

第十章　体育展示与现场播报(武学军、李嘉铭)

第十一章　富有特色的解说评论(付晓静)

第十二章　体育解说评论员的培养与发现(肖宁)

第十三章　解说员体育现场采访与报道(刘静)

第十四章　新中国体育解说评论史(刘晓丽、徐冰旸)

第十五章　国外体育解说评论概况(刘娟、张钢花、胡家浩)

第十六章　模拟实验与课外实践(李菁、郭威)

值得一提的是，在本书策划、访谈、写作、出版等一系列过程中，中央电视台宋世雄、蔡猛、沙桐、洪钢、贺炜、童可欣，新华社徐济成、陈越，知名解说评论员黄健翔，北京广播电视台宋健生，广东广播电视台王泰兴、刘宁，浙江广播电视台金宝成，河北广播电视台白岚，湖北广播电视台张继峰、胡晓雷、艾轶等业界知名人士，先后以不同形式给予了无私的帮助；体育专家、2000年CCTV可口可乐体育解说评论员大赛总决赛选手李擎先生通读了全书，并提出了宝贵意见；华中科技大学出版社编辑杨玲女士和武汉体育学院新闻传播学院2014级硕士研究生任环同学，为本书的出版倾注了大量心血。在此，我们一并致谢！

张德胜　武学军

二〇一七年六月

Contents
目录

1　第一章　体育解说评论的本质特征

1/　第一节　体育解说评论的概念

5/　第二节　体育解说评论的本质

12/　第三节　体育解说评论的功能

26　第二章　体育解说评论的基本原则

27/　第一节　服务性原则

29/　第二节　新闻性原则

33/　第三节　倾向性原则

38/　第四节　技术性原则

41/　第五节　趣味性原则

50　第三章　体育解说评论的基本方法

50/　第一节　充分做好赛前准备

55/　第二节　赛中科学运用解说逻辑

66/　第三节　积极开展赛后总结

第四章　体育解说评论员

- 73
- 74/ 第一节　体育解说评论员的岗位职责
- 78/ 第二节　体育解说评论员的基本素养
- 82/ 第三节　解说员与评论员之间的组合与配合

第五章　电视体育解说评论

- 90
- 90/ 第一节　电视体育传播的符号解读
- 94/ 第二节　电视体育解说评论的内涵与功能
- 100/ 第三节　电视体育解说评论的特点与要求

第六章　广播体育解说评论

- 120
- 120/ 第一节　广播节目特性
- 125/ 第二节　广播体育解说评论的过程
- 133/ 第三节　广播体育解说评论的要求

第七章　开/闭幕式及大型活动的解说评论

- 149
- 150/ 第一节　开幕式的解说评论
- 156/ 第二节　闭幕式的解说评论
- 161/ 第三节　大型活动的解说评论

第八章　单场赛事的解说评论

- 171
- 172/ 第一节　赛事直播前的准备
- 180/ 第二节　体育解说的过程与逻辑
- 190/ 第三节　赛后评价与分析

192 第九章　不同项目的解说评论

193/　第一节　项群理论看各类体育项目解说的总体特征

198/　第二节　体能主导类项目的体育解说

207/　第三节　技能主导类项目的体育解说

218 第十章　体育展示与现场播报

219/　第一节　体育展示概述

229/　第二节　体育展示的赛前筹备

231/　第三节　体育展示的赛时运行

239/　第四节　播报员的重要地位

245/　第五节　体育展示的延伸

251 第十一章　富有特色的解说评论

251/　第一节　女性解说评论

264/　第二节　方言解说评论

271/　第三节　新媒体解说评论

288 第十二章　体育解说评论员的培养与发现

289/　第一节　国内外体育播音专业教育

295/　第二节　体育解说评论大赛

300/　第三节　体育解说人才培养

314　第十三章　解说员体育现场采访与报道

315/　第一节　体育解说员的出镜记者角色扮演
319/　第二节　体育现场采访
328/　第三节　体育现场报道

338　第十四章　新中国体育解说评论史

339/　第一节　广播时代的体育解说评论
345/　第二节　电视时代的体育解说评论
362/　第三节　媒体融合时代的体育解说评论

369　第十五章　国外体育解说评论概况

370/　第一节　北美地区体育解说评论概况
375/　第二节　欧洲体育解说评论概况
389/　第三节　南美洲体育解说评论概况
396/　第四节　大洋洲体育解说评论概况

402　第十六章　模拟实验与课外实践

402/　第一节　成品节目的多元解说评论实验
408/　第二节　同一赛事文字与声音互换报道实验
412/　第三节　身边赛事的体育解说评论实践

第一章

体育解说评论的本质特征

学习目标

通过本章学习,了解体育解说评论的基本概念,把握体育解说评论的本质特征,认识体育解说评论的主要功能。

章前导言

体育解说评论究竟是一门艺术,还是一种扩大的新闻报道?究竟是一种主持人的自我表演,还是一种竭诚为受众提供的观赏服务?这是近几年学界和业界都在共同思考的问题。

本章我们从探讨体育解说评论的概念入手,继而剖析体育解说评论员的立体角色,研究体育解说评论的本质特征。只有厘清了上述基本理论问题,我们才能充分发挥体育解说评论的主要功能。

第一节 体育解说评论的概念

何谓体育解说评论?以前专家几乎众口一词地认为,它是一门艺术,然而,现在这种说法受到了越来越多的质疑。

一、关于体育解说评论的诸种说法

纵观国内外对于体育解说评论的各种说法,综合起来看,不外乎四个方面。

(一)作为一种工作环节的体育解说评论

体育现场直播是一个系统工程,涉及从版权购买到用户收看等数十个环节。其中,最重要的环节包括摄像组、导播组、解说评论组等,这些环节组合起来,就是我们通常所说的转播或直播。

摄像是转播的开端。每一场转播都需要多台摄像机,从不同的角度,全方位现场摄制比赛信息。越是高级别高需求的比赛,越是有众多的媒体用户购买转播版权。摄像机位的数量与位置,都有相应的技术参数限定。像世界杯足球赛这样的比赛,往往至少需要29台机位同时拍摄。由于大型比赛的摄像任务,难以由一家电视台来独立完成,于是,国际公用信号就应运而生。国际公用信号一般由世界杯、奥运会等特定赛事的国际转播公司来提供,由国际转播公司来为购买了转播权的媒体用户提供转播信号。

导播组的主要任务,是对不同机位所拍摄的现场镜头信号进行选择,如全景、远景、中景、近景、特写、慢镜头重放,等等,根据需要将其中最重要的信号提供给观众欣赏,同时方便解说评论组加以解说与评论。导播组选择的镜头,最终都适时呈现在解说评论席上的监视器中。

解说评论组的主要任务,是根据监视器所呈现的比赛画面,进行适时适当的辅助说明,以便帮助受众更好地观赏比赛。电台转播一般不设监视器,解说评论员多半凭肉眼进行评判说明。有些电视解说评论员习惯于借助自己观察比赛场面来进行解说与评论,并不依赖监视器提供的画面,只在慢镜头重放等环节,才利用监视器。

上述各个环节组合起来,统称转播或直播,而体育解说评论只是其中的环节之一。

(二)作为一种工作岗位的体育解说评论

从工作岗位的角度看,与体育解说评论相关的岗位,要求从业者必须在电视节目中抛头露面,在电台节目中说话发声,因此,我们以"出镜"或"发声"作为从事这一岗位的前提条件。

符合这一前提条件的岗位有,体育播音员、体育解说员、体育评论员、体育解说评论员、体育节目主持人、体育新闻主持人、体育记者、体育主播、配音员、解说嘉宾,凡此种种,不一而足。这些称呼之间,并不具备严格意义上的逻辑并列关系。有些称呼本身是相近或雷同的,有些称呼随着时代变迁而改变,并没有一定之规。

稍加研究,我们不难发现,上述岗位其实可以分为三种类别:一是播音员、记者序列,他们的主要任务是播报新闻,提供信息;二是主持人、解说员序列,他们的主要任务是掌控话题,穿针引线;三是评论员、嘉宾系列,他们的主要任务是释疑解惑,画龙点睛。

但是,并非上述岗位都能称之为解说评论岗位。在我们看来,微观层面上的解说评论员主要是指解说员,中观层面上的解说评论员主要是指解说员与评论员,宏观层面上的解说评论员包括记者、主持人、解说员、评论员等。

解说员一般由媒体人士担任,他们大多是电台或电视台的主持人,同时也是合格的新闻记者,对若干领域的体育常识非常精通,熟悉运动规则与裁判法则。在没有转播任务或不解说比赛的日子里,他们可以主持其他节目,或者从事新闻采访,或者为其他报刊、网站等媒体撰写专栏文章。

解说员与评论员实际是两种岗位角色,一般由主播台主持人担任解说员,其他人士作为解说嘉宾,担任评论员。适合担任解说嘉宾的人士包括:现役或退役的运动员、裁判员、教练员,学者,专家,本台或其他媒体记者、编辑、主持人,演艺明星,等等。

当然,受条件制约,有些比赛转播没有聘请嘉宾,由解说员一人身兼两职,既当解说员,又当评论员,在这种情形下,解说员与评论员实际就是一个人。

另外,需要说明的是,在本书中,解说评论员与体育解说评论员是一个意思,或者说,解说评论员是体育解说评论员的简称。

(三) 作为一种新闻传播活动的体育解说评论

越来越多的媒体人士认为,体育解说评论就是一种扩大化的现场报道。比赛是主旋律,而解说评论只是伴奏,不能喧宾夺主。在2012年10月全国第八届体育新闻传播学术年会上,央视著名解说员洪钢、贺炜都持类似的观点。

这种说法的理论支撑是新闻传播学。新闻传播学是文学门类下的一级学科,下设新闻学、传播学两个二级学科。新闻学注重故事,传播学讲究沟通。

新闻学讲究时新性、重要性和趣味性,传播学的落脚点是受者意识和传播效果。

从新闻传播学的角度看,体育解说评论是一种以广播电视为主要媒体平台,以体育受众为服务对象,对体育赛事进行口头即时描述、解释和评价的新闻传播活动,也是一种口语(言语)传播活动。

(四)作为一种语言艺术的体育解说评论

据传言,最早把体育解说评论视为一门艺术的人,是著名媒体人吴冷西。宋世雄在其自传《宋世雄自述》中提及吴冷西的观点,"体育解说是一种相当高级的艺术,是解说员思想状况、文化修养和专业知识的综合反映。解说一次等于一次考试"[1]。但是,吴冷西是在什么情况下说出上述话语,则没有一手文献可供考据。

王群认为,"电视体育解说是以电视为媒介,依靠画面语言和有声语言对体育活动进行叙述、介绍、讲解、评论和烘托的应用语言艺术"[2]。很显然,这种看法与宋世雄的看法乃至吴冷西的看法,都是一脉相承的。

鲁威人认为,"体育解说过程是一种新闻传播过程,这一点是毫无疑义的。不仅如此,体育解说在传播新闻事件的同时,也呈现出一种充满艺术性的表现过程,即解说艺术"[3]。这种看法,既承认体育解说活动是一种新闻传播活动,又承认它是一种艺术活动。

上述说法的理论支撑是艺术学。艺术学是研究艺术实践、艺术现象和艺术规律的专门学问,它是带有理论性和学术性的成为有系统知识的人文科学。艺术学原来与新闻传播学并列,均隶属于文学门类。2011年4月,国务院学位委员会新年会议一致通过,将艺术学科独立成为艺术学门类,原属文学门类的艺术学科从文学所属的中国语言文学、外国语言文学、新闻传播学、艺术学四个并列一级学科中独立出来,成为新的第13个学科门类,即艺术学门类。艺术学门类下设五个一级学科:艺术学理论、音乐与舞蹈学、戏剧与影视学、美术学和设计学(可授艺术学学位或工学学位)。

体育解说评论属于戏剧与影视学中的电视艺术学二级学科之下的专业领域。

---

[1] 宋世雄.宋世雄自述——我的体育世界与荧屏春秋[M].北京:作家出版社,1997:285.
[2] 王群,徐力.电视体育解说[M].北京:中国传媒大学出版社,2005.
[3] 鲁威人.体育新闻报道[M].北京:中国传媒大学出版社,2005.

二、体育解说评论的概念

体育解说评论究竟是新闻传播活动,还是艺术活动?这值得我们深思。因为不同的理论支撑,可以得出不同的结论:真实是新闻的生命,而情感是艺术的生命。做新闻要忠于原貌,不允许虚构,解说评论必须客观公正,解说评论员必须"戴着镣铐跳舞"。而艺术分为再现的艺术与表现的艺术,讲究变形、夸张与虚构,如果以此为基准,解说评论讲究激情四射,解说评论员似乎可以成为球队的啦啦队长。

我们认为,体育解说评论首先必须是新闻传播活动,其次才可能是艺术传播活动。如果我们做不到艺术的以情感人,起码首先要做到新闻的真实可靠。基于此,我们提出如下概念:体育解说评论是一种以广播电视为主要媒体平台,以体育受众为服务对象,对体育赛事进行口头即时描述、解释和评价,以便受众更好地观赏体育赛事的新闻传播活动。高水平的体育解说评论不但能给受众提供适时资讯和精彩评价,还能给人以艺术享受。

第二节 体育解说评论的本质

从本质上看,体育解说评论是一种观赏服务。这是由体育解说评论的概念与体育解说评论员的角色所决定的。

一、解说评论员的立体角色

如前所述,体育解说评论是一种扩大的新闻报道。只不过这个报道的主体,已经由一般意义上的记者变成了解说评论员。而解说评论员往往"不是一个人在战斗",他实际上是一个"三位一体"的立体角色:一是报道者,二是评论者,三是娱乐者。在多数情况下,他们是一个解说评论团队。

(一)报道者角色

解说评论员首先是报道者,即记者。记者的使命就在于调查研究,如实报道。在一个解说评论团队中,往往会由主播台的解说员来担任报道者角色。

一个优秀的解说员，他们首先把自己定位于合格的体育记者。任何一线的体育记者，他们的报道任务一般包括赛前、赛时和赛后三个时段。

解说员的报道者角色，主要体现在赛时报道方面，他们一般以比赛进程作为报道线索，提纲挈领，陈述比赛进展，以吸引流动的观众和听众"走进"比赛，沉迷直播。此外，一旦遇有突发情况，或者碰到"疑难杂症"，解说员需代表受众把问题抛给解说嘉宾，也就是我们通常所称的专家，由专家来做专业性解释。这时的解说员，履行的是记者的职责。

在赛后报道方面，他们主要以连线方式，让专职记者开口说话，适时直播混合区和新闻发布会现场的采访情况。有时候，如果有必要，或者现场条件允许，他们也会走下解说评论席，来到混合区或新闻发布会现场，直接进行现场采访报道。

但在赛前采访方面，中西方体育解说员的工作方式与敬业态度大相径庭。欧美发达国家媒体的解说员，无论工作多忙，比赛多密集，他们一定要做好赛前采访工作。对于他们来说，如果没有充分的赛前采访，就没有精彩的赛时解说评论。

以世界各国的职业联赛为例，比赛周期一般分为一周一赛、一周双赛、一周三赛等多种形式。一周一赛往往安排在周六或周日比赛。一周双赛，除了将一场比赛安排在周末进行外，还会在周三或周四安排一场比赛。篮球联赛有时会出现一周三赛的情况，一般会安排在周二、周四、周末比赛。

欧美发达国家媒体倾向于聘请退役运动员来出任解说员，他们与运动队具有天然的感情联系，很愿意长时间泡在运动队中。无论一周几赛，他们一定会在赛前深入俱乐部或训练场，找人谈话，或观看训练，充分了解运动队的备战情况。比赛头一天，赛事组委会还会安排新闻发布会，这更是了解比赛双方或多方信息的最好机会。职业解说员会为每一场比赛制作战术板，并把赛前了解的各种重要信息，如首发阵容、运动员资料、过往战绩、最新情报等，简明扼要地记在战术板上。

反观我国的体育解说员，他们一般具有本科以上学历，都酷爱体育运动，口才出众，专业背景多样化，很少有人是专业或职业运动员出身，但近几年一些退役的运动员由于专业特长选择了进入媒体从事体育解说工作，比如杨影就是其中之一。另外一些运动员担任嘉宾解说，例如姚明等，不定期出现在大赛上担任嘉宾，发挥其专业特长和明星效应，来自长期实践中的专业阐释，无疑起到了提升收视率的效果。

由于专业背景的原因和目前媒体对解说的要求,我国的体育解说员往往忽视接触运动员群体,不习惯或认为没有必要做赛前深入采访,更多通过网络搜索引擎搜集各种新闻或信息,对第二手文献如获至宝。外语基础好的人,还习惯到国外网站去搜集材料。不少人潜意识把自己当作某个领域的权威,但极少有人会为某场比赛去做战术板。

实际上,如果能通过调查研究掌握第一手材料,并将其穿插在解说过程中,这些材料就是独家鲜活的,也是受众想知道而无从获得或者无法及时获得的信息。如果只使用从网络上舶来的第二手材料,对于受众来说,这些材料的吸引力就会大打折扣,因为普通人也能从网络上获取这些信息。

(二)评论者角色

随着网络与新媒体技术的迅猛发展,我们身处信息爆炸和信息过剩的时代。对于受众而言,他们缺乏的已不再是信息,而是公正、对称、正确、独到的观点。在解说评论团队中,必须有人以专家的身份,来担任观点提供者。

什么样的人适合于做专家呢?我们看看主流媒体聘任哪些人士做解说嘉宾,就能一目了然。

一是赋闲的教练员和退役的运动员。教练员的优势在于熟悉技战术,知道如何排兵布阵、调兵遣将,如何改变节奏,扭转被动局面。像休斯敦火箭队前主教练范甘迪赋闲后,就一直作为NBA的评论嘉宾,活跃在电视荧屏中。退役运动员的优势在于,他们知道比赛该怎么打,运动员该如何跑位,如何制约与反制约对手。如果他们的口才足够好,退役后,他们就能十分享受嘉宾工作了。央视解说嘉宾张卫平以前就是专业运动员出身,后来赴美留学,精通英语,在央视众多的直播嘉宾中,张卫平深受观众欢迎。英年早逝的陶伟年轻时踢过职业足球,并无显赫的荣誉,但他作为嘉宾解说评论德甲,却迎来了人生事业的"第二春",被誉为"德甲好声音"。在地方台聘请的嘉宾中,有些教练员或运动员口才不好,连遣词造句都存在困难,要想观众打心底喜欢他们,那是痴人说梦。

二是媒体人士。媒体人士的优势在于,懂新闻,懂外语,口才好,语言生动,能侃侃而谈,直抒胸臆,洞悉受众心理。央视篮球解说评论嘉宾苏群、杨毅等人都属于这种类型。徐济成更是"双跨"专家,一方面是新华社著名记者,一方面又是专业运动员出身。有些媒体人士担任嘉宾时,比较容易犯的毛病是,太过自信,喜欢批评人,容易"刹不住车",这是需要警醒的。

另外，媒体人士对于体育专项比赛的专业知识在受众看来有些还不到位，只能与主持人搭档主持，还谈不上用专业的眼光分析战略战术、比赛形势、预测走势，对技术动作、裁判判罚很难做出专业的解释，也有主观臆测之嫌。比如，韩日世界杯期间，中央电视台某女主持人担任解说嘉宾与主持人一起在演播室解说。这位女主持人知性、大方、干练、美貌，沉稳国际范儿，其应变能力和镜头前的稳健确实令人称道，但是作为解说嘉宾也难免遭观众诟病。

三是高校教师、科研人员。这类人士担任嘉宾，比较熟悉某个领域传统的技战术，理论上对比赛规律和解说规律有全方位的了解。但是，不太熟悉该领域最新最前沿的动态，技术实践建立在对大量案例的分析上而缺少亲身体验。同时，也甚少媒体实践经验，言辞慎重、状态拘谨，缺乏主持人的应变而又不敌教练员、运动员的专业，成功者不多。但地方电视台的体育频道或者体育栏目经常聘请当地体育院校的专家学者担当嘉宾，一方面可以获得专业的赛况分析，另一方面借助其在高校或研究机构的影响力提升解说的权威性。事实上，这类人群如果长期担任解说嘉宾，甚至从事解说实践，其理论优势和思维的缜密性得以充分发掘，将是难得的嘉宾人选。

四是其他人士。如有些影视明星客串嘉宾，有时在解说员的"起哄"或"启发"下，随便点评一下比赛情况，逗逗乐子，无伤大雅。行业管理人员也常常被邀做嘉宾，但他们一般惜墨如金。

解说评论的话题与节奏，一般由解说员掌控。解说员抛出话题，由嘉宾来接招，这已成为一种惯例。同样的话题，即便解说员自己能说清楚，一般也要留待嘉宾来解答，因为在受众心目中，嘉宾就是专家，专家的回答，比解说员显得权威。解说员在提问时，他其实就是一名记者，他是在代表受众向专家提问。解说员与嘉宾之间的问答互动，以不干扰观众的观赏为前提。比赛本身是主旋律，在场面正紧张的时刻，一般不提问，也不发表评论，否则就变成了噪音或杂音。

电视台有时候请两个解说嘉宾做顾问，这两个嘉宾的分工各有侧重。有时候，两个嘉宾各负责评论比赛中的一方；有时候，一个嘉宾重点提供背景资料，一个嘉宾重点做技战术分析；有时候，一个嘉宾负责评论，一个嘉宾专门逗乐。国家对此没有什么明文规定，各媒体可以摸着石头过河。

（三）娱乐者角色

体育解说评论不能缺少娱乐的元素，这已逐步成为人们的共识。一方面，在国际上,体育产业是娱乐产业的一部分。轻松快乐,是娱乐产业的代名词。这就像春晚,如果没有令人捧腹大笑的节目,就容易被人诟病为春晚没有办好。另一方面,人们观赏比赛,大凡出于业余喜好,观赏过程本身就是一种休闲与消遣,不管自己所支持的队伍胜负成败,都与实际利益无涉。如果体育解说评论过于沉闷无聊,或者过于政治化,那就背离了观众的欣赏趣味。

然而,要实现体育解说评论的娱乐效果,并非易事。因为娱乐分为积极的娱乐和消极的娱乐。积极的娱乐是健康的娱乐,嘻嘻哈哈,但无伤大雅。消极的娱乐往往通过"三俗"的路径来实现。这就像春晚的语言类节目一样,要做到令人捧腹大笑不难,难的是,令人捧腹的同时,不能伤及无辜,可以拿人性的弱点说事,但不能拿特定人特别是下层人士的缺陷来取笑。

因此,解说员与嘉宾的性格禀赋与语言才能就显得尤为重要。从事体育解说评论的人,应该具有外向的性格,幽默的语言。在此基础上,解说员与嘉宾之间,要形成一种相声演员之间捧哏与逗哏的默契,一方循循善诱,一方心领神会,就能达到事半功倍的娱乐效果。

香港媒体是中国电视娱乐的先行者,每逢世界杯或奥运会比赛,香港的电视媒体喜欢聘请多名嘉宾参与节目直播。主持人兼做解说员,赋闲教练或退役球员担任评论员,演艺明星负责插科打诨、制造笑料、专事娱乐。试想:类似曾志伟这样的娱乐明星,往直播台一座,观众想不发笑都难。在珠三角地区的粤语体育直播,现在基本采取这种模式。

有一点必须明确,娱乐需要智慧,幽默往往在不经意中形成,如果刻意为之,则适得其反。央视韩乔生老师是家喻户晓的主持人,他早年的口误极富娱乐色彩,被观众定义为"韩乔生语录"。但从2006年德国世界杯开始,韩乔生开始为某些商业媒体开设专栏,制造并"兜售"所谓的"口误","笑果"自然降低,且刻意为之难免有牵强俗鄙之嫌。

如果一场比赛只有一名解说评论员承担转播任务,实际就是一场脱口秀了。事实上,这名解说评论员也需要在报道者、评论者、娱乐者等不同层面上不断进行角色转换。

二、体育解说评论的本质

如前所述,体育解说评论是一种口头的新闻传播活动。传播活动离不开传者、受者、传播渠道、传播内容、传播效果等要素,上文我们解析了解说评论员的立体角色,下面来探讨解说评论活动的本质特征。

（一）服务性是体育解说评论的出发点

试想一下：如果没有体育解说评论，我们能否看懂或听懂体育直播节目？

对于电台听众来说，没有解说评论，我们肯定无法听懂体育比赛，因为现场同期声不足以提供全面立体的比赛信息。对于电视观众来说，没有解说评论，只有现场画面和同期声，观众通常能够看懂体育比赛，因为画面和同期声传递了比赛现场的主要信息。但是，如果没有解说评论，受众对现场的氛围、对现场变化的理解、诸如裁判手势等现场符号的含义，等等，这一系列赛事信息以及相关信息便无从准确把握、深入了解，少了身临其境，缺了交流和共鸣，如同大餐少了佐料，观赛感受和传播效果将大打折扣。关于这一点，在后文对解说功能的论述中将有更为深入的阐述。

这就告诉我们一个道理，比赛是主体，转播画面是主角，解说评论是配角，解说评论员不过是一个服务员或服务团队，他们的服务对象是广大观众和听众。受众喜欢听某个人解说，实际就是在享受这个人提供的一种优质服务。

细分起来，这里的"服务"还包括很多层次与内涵：

第一，解说评论团队向付费的媒体受众提供的是一种观赏服务，这种服务以高水平有特色的言语方式来呈现；第二，在电视体育直播中，所有的语言为画面服务；第三，在解说评论团队内部，解说员为嘉宾服务，嘉宾是主角，解说员是配角。

任何服务都是为别人做事，满足别人需要。受众是上帝，服务性是体育解说评论的出发点。受众满意不满意，是评价解说评论员水平高低的唯一标准。

（二）新闻性、评论性、娱乐性是体育解说评论的基本要义

与解说评论员的立体角色相一致，体育解说评论基本属性有三：

第一，体育解说评论具有新闻性。新闻性要求解说员是一名合格的记者，要根据新闻报道"五个W一个H"等基本要素要求，向受众做好基本交代。在此基础上，每两三分钟播报一下场上比分与比赛时间。这是一种最基本的新闻服务，看起来很简单，但国内的很多解说员做不到，表面上看，是他们认为这是"雕虫小技，壮夫莫为"，实则是他们的位置没有摆正，缺乏服务受众的心态，从而不具备这种基本素养。

第二，体育解说评论具有评论性。对于体育比赛，人人都可以发表评论。但是，体育解说评论员发表的评论，必须有别于常人，高于常人，这种评论是一

种对比赛的解读和阐释，不是简单的胜负高下、是非对错的评判。这种解读是建立在对赛事规律、规则高度的把握基础之上的分析和解释。他们的评论一是独到，二是深刻，三是权威。独到性体现在不人云亦云，深刻性要求不流于表象，用专业的视角深度分析，权威性要求观点经得起事实的验证，尤其赛事结果之于预测性评论更是如火淬金。所以，我们不主张解说员妄加评论，而是把这种"苦差事"交给嘉宾。在某种意义上说，体育直播嘉宾就是标准的体育时事评论员。

第三，体育解说评论具有娱乐性。与平面媒体相比，电视有聚焦与放大的功能，什么人只要反复多次在电视中露脸，不是明星也变成了明星。任何人一旦成为电视明星，就会产生晕轮效应，其一言一行更能引起公众的关注。同样是一句俏皮话，普通人说了不会引人注目，但如果出自明星之口，效果就大不一样了。所以，韩乔生早年不经意说的一句"观众朋友，也许您是刚刚打开电梯（视）"，本来是个口误，没想到却成了流行经典。此外，与时政、社会等严肃新闻品种不同，体育本身的意识形态性不是很强，也为体育解说评论的娱乐性提供了温床。一些软性的话题，如运动员的习惯性动作、文身、庆祝方式等，比较容易制造娱乐效果，在制造娱乐效果方面，解说员与评论员具有同等话语权。

《现代汉语词典》对"娱乐"一词的解释有两个层面：作为动词，是使人快乐；作为名词是快乐有趣的活动。解说与赛事的结合首先是快乐有趣的事，其本身就是一种娱乐。其次，通过这一乐事使公众产生内心的愉悦情绪和感受。体育赛事经由媒体传播，其可以产生娱乐效果的核心在于两个层面，其一是赛事画面本身；其二便是与此配合的解说语言。解说员能够掌握的就是解说话语。不过，娱乐不同于逗乐，娱乐需要在让人忍俊不禁之后还耐人寻味，幽默感和启发历久弥新。其实，在某种意义上，到了这个境界已经接近或者到达艺术层面了。

（三）艺术性是体育解说评论的最高追求

艺术性是雅俗共赏的一种境界，就解说而言是一种诗性的情怀，是一种超凡脱俗的表达方式，也是有声语言本身的变化之美，是情、声、义的完美结合。能够到达这一层次的解说需要实践历练，还得有高超的语言驾驭能力。

如同每一届世界杯赛，能够成为历史经典的比赛总是很少一样，体育解说评论能够称得上艺术的，也越来越少。因为媒体种类越来越多元，媒体技术越来越发达,受众的观赏能力和审美趣味越来越高,"挑剔"就成为当今体育观众或听众的代名词。

我们相信,科班培养能使体育解说员少走弯路,但谁也无法保证,科班培养能够产生体育解说评论的大师。因为任何大师的诞生,都要经历一种不同凡响的成长道路。我们只能说,把新闻性、评论性、娱乐性拿捏到最合理的程度,而且经得起时间的检验,这样的解说评论,离艺术性就不远了。

总之,服务性是体育解说评论的出发点,新闻性、评论性、娱乐性是体育解说评论的基本要义,艺术性是体育解说评论的最高追求。

第三节 体育解说评论的功能

如果说体育解说评论是一种调味品的话,它能够在下列五个方面有助于受众享受和消化比赛。

一、认识功能

认识功能是体育解说评论的首要功能,即体育解说评论具有帮助受众认识体育、享受体育的功能。

(一) 从主教练的视角来解析比赛

俗话说,球场如战场。在战场上,指挥官是作战部队的大脑。在赛场上,主教练就是参赛队的指挥官,是最能影响场上队员和比赛走势的人。一支队伍要想打胜仗,再大牌的明星也得服从主教练的调遣。所以,在解说评论过程中,解说员和评论员都自觉或不自觉地把自己当成了球队或比赛队伍的主教练,言必称技术、战术、体能、心理。因为这几个关键词,既是主教练的日常工作,也是他们的口头禅。

从技术、战术、体能、心理等角度解读比赛,有助于受众全方位了解某个项目的运动规律,进而把握比赛的节奏。在我们收看收听体育转播节目的时候,每每听到体育解说评论员谈天说地,似乎跟主教练排兵布阵一样,就是这个道理。只不过,合格的解说评论员会站在双方主教练的立场上说话,以确保其解说立场的公正均衡。

（二）从老观众的视角来谈论比赛

与报刊体育版的受众不一样，如果你不喜欢体育，你不会主动去阅读；如果你识字不多，文化程度不高，你也不会主动去浏览。但是，电视不一样，它是一个开放的系统，能吸引与涵化绝大部分观众。忠实的体育观众一天不看体育频道和体育节目，内心会有缺失感。而一些对体育一窍不通的菜鸟们，也许偶然换台到了体育频道，一旦被某个明星、某个场景和某段恰如其分的解说评论所吸引，他便走进了体育节目，走进了体育解说，从此，这个世界也许又多了一个忠实的体育迷和电视体育观众。

电视要面对的是形形色色的观众。体育解说评论员既要为主播台的核心受众服务，同时也要为体育菜鸟们适度补课。体育解说评论的基调，也就是我们通常所说的"深浅"，首先要立足于为成熟的体育观众服务，因为他们是主播台的忠实观众，也是主播台电视广告的潜在消费者，是他们支撑了体育频道的运营与发展。他们是体育媒体乃至体育产业的上帝，是衣食父母，如果媒体以老观众为基准，解说评论的侧重点往往在于战术与节奏分析。因为老观众懂比赛，解说评论员只需要用战术和节奏来点化一下，就能与看不见的超级体育迷们进行沟通，达成共识。

（三）从新观众的视角来普及常识

老同志总有退出江湖的时候，年轻人终将成为忠实拥趸。体育解说评论要适当照顾一下少年观众和女性观众，用巧妙的方式和简约的语言，为这些体育初迷者做一些普及工作。因为任何骨灰级体育迷都不是天生的，他们当初也是由初迷者渐变而成的。

当然，为初迷者讲解入门问题，要注意方式：一要少而精，如果普及性的话题太多，容易引起老观众反感；二要讲究技巧，比如，以回答球迷短信或微博的名义，解说员请嘉宾探讨一下足球中的"越位"、篮球中的"油漆区"、网球中的"上旋球"与"下旋球"等问题，能够激发新老观众的共同兴趣，切忌像上课那样灌输体育常识。

二、教育功能

体育解说评论具有培养受众的公民素养与社会责任的功能。调查显示，铁杆体育迷的年龄段一般在20至40岁之间,且以男性居多。无论是在现场观看体育比赛,还是在电视机或收音机前收看收听比赛,都是一种休闲的过程。休闲是一种积极主动的消遣行为,具有自我教育和养成教育的功能,而养成教育,是一种培养孩子养成良好习惯的教育。在体育看台,父母和成年观众是青少年的隐性导师;在电视直播中,解说评论员是青少年的当然导师。

正确理解以下三对范畴,对解说评论员来说非常重要。

(一)规则与裁判

体育之所以能够比较容易地渗透到社会的各个领域,对我们的日常生活产生巨大的影响,其中,最重要的原因之一,恐怕就在于体育具有普遍适用的竞赛规则。如果说体育是一种游戏的话,竞赛规则就是这种游戏的生命。

每一项运动都有自己的竞赛规则,规则越是简单易行,就越受到普遍欢迎。体育竞赛规则体现的是一种公平竞赛精神,它看起来更多是对所有人的一种限制,但同时鼓励运动员在限定的范围内自由发挥。体育竞赛规则一旦确定,就比较稳定,趋于保守,它不允许频繁变化,旨在保护规则在更大范围内持续通用,内化为参与者和爱好者的精神力量,因此,各级体育组织并不鼓励人们动辄质疑规则。因为质疑竞赛规则,就意味着挑战既有的秩序。

任何运动竞赛规则不会自己开口说话,需要裁判来仲裁。所以,运动规则与裁判法则一脉相承,裁判法则是对竞赛规则执行方式的解读与说明。如果说竞赛规则是纯粹客观的、标准的、刻板的,那么,裁判法则多少带有一定的主观性与灵活性。即使面对同一部规则,如果裁判的能力、水平、视野、角度等不一样,其对同样动作的判罚,尺度可能前后不一,因为只要是人,就可能会犯错误。因此,聪明的解说员或评论员一般不评价裁判,就像很多体育组织不允许教练员或官员随便评价与批评裁判,否则就视同挑战权威与秩序,要面临受罚的危险。

如果我们在解说评论中,能够告诉观众特别是年轻观众这些道理,理解规则,尊重裁判,观众所收获的就不仅仅是对于比赛的正确看法,他们还会把这种看法拓展到日常生活中去,尊重社会规则,养成公民素养,有利于社会的和谐稳定。

(二)竞争与合作

有人说,美国精神就是体育精神。这话不无道理。因为世界上没有哪个国家像美国那样,商业体育、学校体育、大众体育都如此发达,体育生活化与生活体育化两者完美融合,体育已经成为美国人的生活方式。可以说,美国的体育精神,就是无处不在的竞争与合作精神。

在美国,体育的竞争是一种公开透明的竞争,从 NBA 的选秀,到美国奥运代表团的选拔,都有一套成熟的制度。在世界范围内,代表个人参赛,需要与其他选手竞争。代表团队参赛,主力与替补的荣誉与待遇可谓有天壤之别。可以说,没有竞争就没有体育。把竞争精神扩展到社会各领域,无论在公司,还是在学校,每一个人都必须有一颗竞争的心。观众观看体育比赛多了,解说评论员把竞争说多了,观众对于竞争就会有自己的理解,久而久之,他们就能直面工作与生活中的各种竞争。

就像每一枚硬币都有正反两面一样,如果体育这枚硬币的正面叫竞争,其反面就一定叫合作,因为体育的本质是身体的游戏,如果没有合作,竞争就无法存在。现代社会把这种双方或多方之间的既竞争又合作的关系,称之为竞合关系。

在以个人名义参加的比赛中,运动员带伤比赛,赛完全程,这经常被夸赞为永不言弃的体育精神的体现,其中的含义既有挑战自我挑战极限的意味,同时也是合作精神的体现,因为你的合作成全了其他选手,让其他选手也体会到胜利来之不易,使得赞助商的利益得到最大限度的回报。2013 年澳网女单决赛就是这样,李娜在比赛中两度受伤倒地,但她两度站起来奋力拼搏,最终虽再次获得亚军,但她用微笑为自己赢得了全世界的赞誉。这一场比赛,被舆论誉为"李娜真正成熟了"的标志。

在田径、速度滑冰等个人追逐赛中,出于战术需要,来自同一个国家或地区的选手,充分而合理地利用规则,有些人通过领跑、包夹等多种方式,牺牲自己,成全同胞或队友夺冠,或取得好成绩,这种精神经常被媒体冠之以爱国主义或集体主义。

在 NBA 等集体项目中,一个队的巨星一年可以拿数千万美元的薪金,而替补可能只有几十万美元,但在赛场上,很少有运动员抱着我拿多少钱出多少力的心态去比赛。不少场次的比赛,往往由名不见经传的替补来完成最后的绝杀。如果一个替补在合作中升华了自己,也许在下一轮的竞岗中就能为自己争取主动。因此,竞争与合作都能给自己和团队带来回报。

如何让受众明白,在竞争中优胜劣汰,在合作中共同发展,是摆在解说评论员面前的一大课题。

（三）胜负与输赢

俗话说,文无第一,武无第二。体育比赛的魅力就在于,一定要通过你死我活的方式分出胜负,即使某一场打成平手,但最终还是要按积分决出高低。

不过,作为解说评论员一定要明白,"胜负"与"输赢"是两个既有联系又有区别的概念。说有联系,是因为二者都是就比分数据而言的;说有区别,是因为胜负是就客观数据而言的,而输赢还牵涉主观感受。

比如,2001年世界杯外围赛,中国足球队主场以10比1大胜马尔代夫足球队。按理说,这么悬殊的比分值得国人庆贺,但是,比赛次日全国的体育专业报纸几乎一边倒地批评中国队,不是说中国队进的球太少,而是认为中国队不应该失球。因为马尔代夫是印度洋上的一个小岛国,全国人口只有40万,该国没有常设国家足球队,当年的那支足球队就是由警察、渔民、学生等临时拼凑起来的,具有纯业余的性质。连他们都能攻破中国队大门,中国队即使打进2002年日韩世界杯,也不可能走得太远。最终的结果也证明了这一点,一年后的中国队未能实现在世界杯决赛圈比赛中进一球的最低目标,三场比赛共丢了9个球。

有时大比分取胜,却没有赢的喜悦;有时比分上负于对手,却赢得了尊重,没有输的忧伤。的确,有时候高水平的比赛虽然分出了胜负,却都是赢家,没有输家,因为高需求高对抗的比赛属于非零和游戏。反过来,有时候比赛分出了胜负,但如果是消极比赛,或者比赛违背了公平竞争原则,这样的比赛就没有赢家,都是输家。如何判断这样的比赛,需要解说评论员根据自己的积累和见识去把握。

不过,有一点是肯定的,真正高水平的比赛都有一个共同的特征,那就是:胜者胜得崇高,负者负得悲壮。这样的比赛,就是真正的双赢,没有输家。

三、舆论功能

舆论就是公众的意见或言论。舆论是新闻报道的重要内容,新闻报道是舆论传播的主要方式。舆论与新闻关系密切。在体育直播节目中,体育解说评论具有反映舆论、引发舆论、引导舆论的功能。

（一）解说评论反映舆论

解说评论员不能只走单纯的技术路线,只做单纯的技战术分析,还应该对一些焦点赛事的赛前舆论进行关注。反映舆论既是媒体的社会责任,因为公众有知情权,同时也有助于受众对其所关注的赛事做自己的预期与判断。

在2012年伦敦奥运会羽毛球女子双打比赛中,两对来自韩国的羽毛球女双组合,以及中国、印尼各一对组合,为了在接下来的淘汰赛中获得理想中的签位,纷纷争相失误,"奋勇输球",招致到场观众的一片嘘声。赛后,国际羽联对涉事的8名选手进行了调查与指控,最终认为他们"没有尽全力赢得比赛"和"比赛行为严重违反体育比赛精神",她们的行为不仅仅是"消极比赛",而是严重"伤害、侮辱羽毛球运动"。最终,这四对涉及消极比赛的选手被取消继续参加伦敦奥运会的资格。

事件发生后,世界舆论一片哗然。新华社发表评论文章,赞同国际羽联的处罚决定,而央视前方评论员白岩松则认为,这是国际羽联的规则有漏洞,国际羽联官员"脑子进水"。中国顶级媒体为此"掐架",一方面说明了羽毛球"比输"比赛事态严重,而且背景复杂,另一方面也说明了中国的顶级媒体也逐渐体现出各自的个性,而不是铁板一块的国家意志。可惜,在接下来的羽毛球直播中,我们的解说评论员未能把这种舆论在解说评论中反映出来,我们只能揣测,解说评论员估计有其"不足与外人道"的苦衷。

(二)解说评论引发舆论

解说员代表媒体发出声音,在某种意义上,他的观点与看法既是个人的,也是他所供职的媒体的。解说员如何保持个性,且又不违背新闻理想,这是一道难题。

在2006年德国世界杯赛期间,众所周知的黄健翔的"解说门"事件,最终导致了黄健翔离开央视。现在回过头来看看,黄健翔高呼"意大利万岁",那也许是他激情的真实流露,他偏爱意大利队无可厚非,但他狂扁希丁克所带的澳大利亚队,就明显丧失了公正性。因为解说员首先是一名记者,记者在报道新闻的时候,一定要坚持客观与公正原则,也许客观不容易做到,但是,要做到公正并非难事。

同样引发争议的还有中央电视台杨健的解说。在2012年伦敦奥运会期间,刘翔再度退赛。从事后中央电视台伦敦奥运会转播总结会透露的信息来看,杨健在赛前已经知道刘翔的伤情未能完全康复,可能影响其发挥。杨健做了ABCD四种解说预案:A是刘翔很难完成比赛,中途受伤下场;B是艰难完成比赛,但没有晋级;C是艰难地晋级,但半决赛不知道怎么样;D是有可能在赛道上没法出发。

比赛的结果是:刘翔在男子110米栏预赛第六小组第四道出发,在七步上栏后,跨第一个栏就摔倒受伤,只能用单腿跳完了110米跑道。杨健哽咽着解说道:"刘翔用一种我们无法预想到的最残酷的方式退出了比赛","刘翔像一个战士一样,他想像在2004年一样飞起来,但这一飞却最终导致了他的摔倒。这也是我在伦敦奥运会当中能够想象到的最坏结果,但现实就如此发生了。"

赛后,国内外舆论普遍对刘翔和杨健都进行了质疑。对于刘翔的质疑暂且不表,对于杨健的质疑在于,杨健作为中央电视台的解说员,理应在刘翔开赛之前,就把他本人及冬日那等前方记者所掌握的刘翔信息,全面如实地告诉给观众,哪怕是把他所做的四套预案提前告诉观众也很不错。试想,观众如果掌握了全面对称的信息,即使刘翔出现了意外,观众能够平静地接受,而不会有"受骗"的感觉。

最终的结果令人遗憾,一方面,公众认为杨健和央视知情不报,另一方面,杨健又哽咽抒情,导致有一种舆论就认为,杨健不是一名合格冷静的记者,反倒像一名表演者,把自己绑架在刘翔的身上,借明星的知名度来搏出位。

(三) 解说评论引导舆论

舆论是一把双刃剑,其作用是正负双向的。引导得好,可以宣导民意,助力政府;引导不好,也可能加剧社会矛盾。在我国,解说员往往受自身政治觉悟、新闻素养等条件限制,同时受各种禁令和体制制约,在需要媒体引导舆论的时候,他们却保持缄默。

比如,中国女子举重运动在国际上一骑绝尘,向来都是中国奥运军团的金牌大户,她们参加中小级别的奥运比赛如同探囊取物。中国女举人才过剩,加之奥运金牌要折算成全运会金牌,各省市体育(总)局要在奥运会次年召开的全运会上争金夺牌,以便利益相关者在全运会后抢位子、分房子、发票子,全社会都很关注女举奥运资格的选派,以至于举重队派谁不派谁参加奥运,已经不完全看运动员的实力,而要看有关省市之间的利益博弈和举摔柔中心的平衡技巧。于是,在2012年伦敦奥运会期间,终于爆发了因选拔不公导致53公斤级金牌旁落的内幕。

比失去金牌更加遗憾的是,央视解说评论员都不敢或不愿触碰奥运选拔机制这样的话题,保持一贯性的沉默,倒是报纸上有讨论和批评的声音。可以肯定的是,奥运选拔机制应该更加公正、公平、公开,这不仅符合体育精神,也符合国际惯例,同时也符合民意。

四、宣传功能

一般新闻报道,或隐或显地具有宣传功能。体育解说评论的宣传功能比一般新闻报道更鲜明更突出。

长期以来,国内外体育新闻报道特别是奥运会和世界杯报道,都在有意无意地构建国家主题、民族主题、英雄主题等,借体育明星来展示国家形象、民族优越、青年风采。在运动员夺得金牌,登上领奖台,升国旗、奏国歌的时刻,解说评论员不失时机地煽情渲染,能使亿万观众产生高度的国家认同感和民族自豪感,此时的解说评论承载了极大的宣传功能。

有例为证:在2012年伦敦奥运会女子200米蝶泳决赛中,世锦赛冠军、中国名将焦刘洋以2分04秒06的成绩夺冠,并打破奥运会纪录,比赛中,焦刘洋和刘子歌开始一直落后,直到最后50米的冲刺,焦刘洋才迎头赶上并超越。在焦刘洋冲刺时,泳坛宿将、央视评论员周雅菲激动得泣不成声,而央视的主持人韩乔生也激动万分,忘情呐喊:

加油,现在焦刘洋开始发力了,焦刘洋开始发力,焦刘洋开始发力了,现在她已经开始迅速地发力,贝尔蒙加西亚已经落到了第二位,焦刘洋加油!

中国,红色中国!这就是伟大的时刻,中国人在自己的强项当中,中国人在自己的强项中,让200米蝶泳的金牌继续保持在中国,200米蝶泳的金牌属于红色的中国。

赛后,很多人为韩乔生的激情叫好,也有人认为,韩乔生的表现过于夸张,有些矫情。

五、娱乐功能

娱乐是人追求快乐、缓解生存压力的一种天性。体育比赛是娱乐产业的一部分,体育观赏也是娱乐产业的一部分。体育解说评论具有广泛的娱乐功能,主要通过解说员和嘉宾利用一些稍纵即逝的有趣场景,说一些轻松幽默的俏皮话,来感染受众,使其放松心情,让人会心一笑或心领神会。

对于比赛直播来说,哪些画面可以作为解说评论员娱乐性的话题,并没有一定之规,解说员和嘉宾几乎是看见什么说什么,只要能达到娱乐效果就行。毕竟比赛过程是主旋律,"针尖对麦芒"是硬道理,轻松软性的画面就相当于穿插在一整版严肃报道中的若干花絮,往往都是在一闪而过的同时,三言两语带过。

比如,看到某前锋队员屡失射门良机的时候说,"他今天忘穿射门靴了";看到某防守队员用犯规破坏格里芬扣篮时说,"他不想成为格里芬篮筐下的'背景帝'";看到某防守队员被对方进攻队员轻松突破时说,"他只能用眼睛去防守了";看到社交名媛金·卡戴珊出现在看台上时说,"奥多姆今天打得很兴奋,因为他大姨子亲临赛场了";听到赛场上响起《啊,朋友再见》说,"比赛要结束了,朋友们再见",等等。

体育解说评论的娱乐效果,是解说员和嘉宾在心情十分放松的情境下,天作之合的结果。它的出现,与解说员和嘉宾的新闻敏感、人文素养、性格禀赋、即兴顿悟、语言表达等要素有关,可遇而不可求。

作业题

1. 如何理解"体育解说评论首先是新闻,其次才是艺术"这句话的内涵?

2. 如何理解体育解说评论员的立体角色是一种"三位一体"?

3. 为什么说,体育解说评论不是一种自我显摆,而是一种观赏服务?

4. 选取几段含有解说评论的体育比赛视频,屏蔽掉声音,独自尝试或者请同学合作,重新进行解说评论,要求有意识地体现出体育解说评论的五种主要功能。

参考文献

[1] 杰·科克利. 体育社会学[M]. 北京:清华大学出版社,2003.

[2] 王群,徐力. 电视体育解说[M]. 北京:中国传媒大学出版社,2005.

[3] 鲁威人. 体育新闻报道[M]. 北京:中国传媒大学出版社,2005.

[4] 张德胜,姜晓红,洪钢. 体育观赏概论[M]. 北京:人民体育出版社,2008.

推荐阅读文献

中美高校播音专业人才培养模式比较研究

孙习成
浙江传媒学院国际文化传播学院

一、文化底蕴制约传媒业对外传播效果溯源

当下广电传媒业传播中,播音主持人才的文化底蕴直接影响着传播效果。这是因为,播音主持艺术不仅是语言表达的艺术,而是集文学、艺术学、新闻传播学、哲学、美学等诸多学科于一体的综合艺术。近年来播音人才培养急功,忽视了人才的文化底蕴,稀释了一度是精英教育的人才质量。随着海外广电传媒在国内影响力的日益增强和国内广电新闻传播业的快速发展,现有人才培养模式越来越受到冲击和挑战。海外网络广播电视在国内收听收看成为可能,受众的选择面也在增大。受众在了解和感知有别于国内的海外媒体新闻处理方式的同时,其主持人深厚的文化底蕴也在潜移默化地影响和改变着受众的欣赏习惯。而以央视《新闻联播》为代表的刻板、缺乏文化底蕴的新闻播报方式被受众诟病,一度成为社会热点问题,要求更换新闻主持人的呼声更是成为媒体的焦点话题。包括央视在内的各级广电传媒频道和栏目的不断细化以及新闻节目形态与国际接轨,越来越对现有的播音人才文化底蕴提出挑战。再者,随着网络电视和视频的快速发展,电视不再是受众获得信息的首选,电视在青年人中影响力越发甚微,也使得业界思考如何使电视节目重新获得年轻人的青睐。业界和学界在期待内地播音专业人才人文素养提高的同时,在各个层面观察和借鉴海外广电媒体播音人才培养模式、新闻工作者的遴选模式及其职业发展模式。

二、播音专业人才培养三个不对接现象解读

学界对播音专业教育存在问题已有较多的分析,如栾洪金归纳为"规模扩张与办学力量短缺的矛盾;培养规格与市场需求的反差;日常教学与理论研究的不平衡"[①]。郑晓燕认为目前的播音教育存在着"师资力量尚为短缺、设备投入尚显不足和课程设置脱离实际等现实问题"[②]。纵观这些分析,多与近年来高校扩招产生的问题相似,但是对播音教育自身问题分析还不够深入。笔者认为,目前播音专业问题最主要是人才文化底蕴不高,缺乏人文精神,严重

制约着传播效果,造成这样的原因主要表现为三个不对接,即学科体系不对接,招生标准与业界选材不对接,培养目标与毕业生职业发展道路不对接。

(一)学界对播音人才培养学科定位争议

当下,播音本科属于艺术类下的播音与主持艺术,硕士属于中国语言学下的语言学及应用语言学,博士则归属到艺术学下的广播电视艺术学。陈京生认为播音主持人才培养"当前产生的学科定位问题是由于国内广播电视快速发展和剧烈变革,对播音人才的能力需求发生变化造成的。通过对播音专业与语言学、新闻学的关系,以及它的艺术属性的分析,认为播音专业回归其新闻学定位更适合目前广播电视对播音人才的需求"③。

毕一鸣提出把"播音主持专业纳入'新闻与传播学'学科研究领域的必要性"④,但没有进入深入的科学论证。成越洋、赵政绪在分析播音主持专业现状和问题的基础上,以传播学在美国的发展历程为参照,对拓展中国播音主持专业学科进行了建设性的设想,提出将播音主持专业拓展为言语传播专业的主张,并对其可行性进行了分析。张潇潇、谭天总结了学界和业界对播音主持教育的四种态度:认可、控制、改变和否定⑤,但对于每种观点都缺乏有力度的理据,论证也不够深入。张颂积极肯定播音专业教育并把播音主持工作定位为"'新闻工作者'、广播电视有声语言的传播者,其工作特征是:在广播电视传播中,以有声语言(包含副语言)为主干或主线,出头露面,驾驭节目进程"⑥。

笔者认为,播音专业学科归属之争,实质是形式和内容之争。播音专业归于语言或艺术学科,显示其过于强调学生的语音发声、表达技巧、文稿播读能力等所谓的语言表达艺术,而从根本上忽视了新闻播音目的是达到广播电视新闻传播有效性。语言属性和艺术属性只是广播电视新闻传播的外在形式,其实质应该是如何利用好这两种外在形式完成其内在内容即新闻的有效传播。因此归属到广播电视新闻专业下,突出其新闻传播属性,才是播音主持回归其本质,从而改变播音主持培养一锅煮,语言、艺术属性和新闻属性主次不分的现状。

(二)招生标准与业界选才不对接现象梳理

播音专业招生的艺术初试和复试,考察重点是声音、外形及上镜,甚至身高和多才多艺。而业界的选材越来越注重人才的人文科学素养、新闻素养及某一门具体学科的专业素养,语言传播的艺术才能已不再是广播电视媒体选才最看重的因素。播音专业的知识结构和专业素养使得毕业生直接走上播音台已经成为小概率事件。"以湖南人民广播电台为例,全台7个专业频率

63个播音主持人中,有播音主持专业背景的只有14人,其中一半以上是五六年前进台的"⑦。业界对新闻主播的知识结构要求更高,"既包括文学、历史、哲学等人文社会科学基础,也包括对自然科学、思维逻辑、科学方法等一定程度的掌握。新闻主播又必须具备记者、编辑的基本素质……"⑧。显然,播音专业毕业生的知识结构不合理,刚走出校门的专业素养不成熟,缺乏公信力、可信度和认同度等诸多方面不利于新闻传播,欧美规模较大的广电传媒绝少从毕业生中挑选新闻主播。

（三）培养目标与毕业生职业发展道路不对接溯源

播音专业教育定位是按语言传播专才培养,训练出字正腔圆、声情并茂的播音方式,符合央视新闻联播程式化的新闻模式。

如中国传媒大学播音专业目标定位是中国语言传播精英人才的培养基地,培养适合广电媒体各类播音主持工作的复合型语言传播精英人才,其主流观点强调"有声语言的传播",否定播音专业"采编播合一"能力培养。张颂认为,"采编播能否合一,怎样合一,到底如何合一,一直存在理论和实践上的质疑。一个人精力有限、能力有限、经验有限、储备有限,不可能样样精通,与其追求全能,不如坚持一专多能。"⑥这样的人才培养目标定位与业界的需求和毕业生职业发展道路显然有相当大的差异。

播音专业毕业生为了跟上广电媒体的发展,满足其人才需求,多尝试从播音员转型转为采编播合一的新闻主播。从1993年起以央视"东方时空"等为代表的新闻节目改革以来,电视新闻节目形态发生了很大变化。节目的制作、播出等方面越来越与国际接轨,新闻直播成为常态,现场连线、演播室嘉宾访谈或点评、突发新闻的不定时直播,都需要新闻主播较强的现场驾驭能力。播音专业毕业生由于新闻专业素养缺失上的短板,新闻敏锐度和现场的驾驭能力都不足以担当新闻主播的重任。央视新闻改革先行者孙玉胜认为由于高校的播音专业人才培养模式所限,新闻播音员转为新闻主播几乎不可能,主要是"源于自身知识上的缺陷,思维方式和从业背景,体制和意识形态的包袱,等等"⑨。展江对于高校的播音专业人才培养模式更为否定,认为内地根本就没有严格意义上的新闻主播,"中国的播音员其实就是'念稿员',有的播音员连稿子都不会写。一般都是广播学院播音专业出来的,运声、发气还可以,却缺乏思想,连采编的过程都不太熟悉……"⑩卢静等对新闻主播的培养调查数据表明:"从新闻记者、编辑中选拔占38.42%,从新闻播音员中选拔占32.03%,学校定向培养占22.68%。"⑧笔者认为,电视新闻主播人才的培养途径,无外乎业界自身造血和学校培养两种途径。高校显然忽视了来自业界的期盼,依然以培养语言传播者为目标,与毕业生职业发展途径及与业界采编播合一的新闻主播需求并不一致。

三、中美高校播音人才培养对比分析

与中国不同,传媒业发达的美国并没有播音主持专业人才教育,播音主持人才培养多涵盖在新闻或广播电视专业中,播音技能的提升多通过具体播音课程实现。试以美国密苏里大学为例,新闻本科专业设置了25个方向(interest areas),涵盖新闻各个方面,与内地的播音专业最接近的是广播电视报道和主持方向(radio-television reporting and anchoring),除专门新闻制作中心供学生新闻采编播实践,及讲座和讨论课程外,新闻学院还提供上镜课程(on-camera skills course),帮助学生提升全方位镜头语言的能力。美国高校的课程设置,强调通识教育,注重提升学生人文素养底蕴及专业技能的宽口径。笔者认为,美国播音人才培养走的是先宽后窄,从通才到专才,直观上是顺势而为。美国高校的播音教育,是在人文和科学基础课之上,逐步过渡到广播电视各专业学习,然后进一步收窄,确定广电专业的某个方向,比如广电新闻报道和主持。我们的课程设置条块分割明显,人为割裂新闻采编播这三种能力的综合培养,因而美国的课程设置模式更符合新闻传播人才的培养,也更符合业界的实际需求。

注:

① 栾洪金.我国播音主持专业教育现状思考[J].当代传播,2008(4).

② 郑晓燕.高校播音主持专业办学现实问题及对策探析[J].上饶师范学院学报,2009(10).

③ 陈京生.从职业能力需求看播音与主持艺术专业的学科定位[J].现代传播,2007(6).

④ 毕一鸣.关于播音主持专业学科定位的思考[J].现代传播,2007(6).

⑤ 张潇潇,谭天.论我国节目主持人培养模式改革[J].现代传播,2007(6).

⑥ 张颂.回眸播音主持专业30年[J].现代传播,2009(1).

⑦ 马欣.对当前我国播音主持艺术专业教学的思考[J].现代传播,2009(3).

⑧ 卢静,任悦,崔玺,董丽萍,李恩泉.关于培养电视新闻主播人才的

思考[J].电视研究,2005(2).

⑨ 孙玉胜.十年——从改变电视的语态开始[M].北京:生活·读书·新知三联书店,2003.

⑩ 黄广明,夏娟.我们没有严格意义上的新闻主播——访中国青年政治学院新闻传播系主任展江[J].南方人物周刊,2007(3).

(原载于《大家》2011年第12期,系浙江省教育厅科研项目"中美高校播音展业人才培养模式比较研究(编号:Y201016381)"成果)

第二章

体育解说评论的基本原则

学习目标

通过本章学习，了解体育解说评论的服务性、新闻性、倾向性、技术性、趣味性等五种基本原则。

章前导言

体育解说评论有没有一些必须遵守的准则或规范？如果违背了这些准则或规范，又会出现什么问题？这些都是业内人士不可忽视，且必须认真对待的问题。

本章我们从体育解说评论是一种专业的语言服务入手，阐明体育解说评论必须遵守的五种基本原则。

作为娱乐休闲的一部分，体育节目一直都深受国内外公众欢迎。体育节目一般分为体育新闻、体育栏目和体育现场直播三个部分，其中，体育现场直播的社会影响最大，所引发的争议最多。在重要赛事往往采用公用信号的今天，围绕体育现场直播的争议，主要是由良莠不齐的体育解说评论所引发的。本文从五个方面，来专门讨论体育解说评论的基本原则。

第一节　服务性原则

原则是说话、做事所遵循的根本准则。体育解说评论，从本质上说，是一种专业性的语言服务。服务性原则是体育解说评论的首要原则。

一、服务是一种满足客户需要的工作

（一）服务的定义

所谓"服务"，在古代就是伺候人、服侍人的意思。如今，《现代汉语词典》的解释是：服务就是为集体（或别人）的利益或为某种事业而工作。服务广泛存在于人际关系之间，因为人人都需要接受服务，人也需要服务他人，服务是整个社会不可或缺的人际关系的基础。

因为服务无处不在，服务就成了一门学问。社会学意义上的服务，是指为别人、为集体的利益而工作，或为某种事业而工作。经济学意义上的服务，是指以等价交换的形式，为满足企业、公共团体或其他社会公众的需要而提供的劳务活动，它通常与有形的产品联系在一起。

1960年，美国市场营销协会（AMA）最先给"服务"下的定义为："用于出售或者是同产品连在一起进行出售的活动、利益或满足感。"在此后的很多年里，该定义一直被人们广泛采用。1990年，国际知名的芬兰服务营销学家格鲁诺斯在比较了数十个"服务"概念的优劣后，提出了自己的看法："服务是以无形的方式，在顾客与服务职员、有形资源等产品或服务系统之间发生的，可以解决顾客问题的一种或一系列行为。"[①]

（二）服务的特性

格鲁诺斯认为，一般服务具有以下四个基本性质：第一，服务是非实体性的；第二，服务是一种或一系列行为，而不是物品；第三，服务在某种程度上生

---

① ［美］克里斯蒂·格鲁诺斯.服务市场营销管理[M].上海：复旦大学出版社，1998：28.

产与消费同时发生;第四,顾客在一定程度上参与生产①。

据此,服务集它的特性与顾客的利益于一身,是一种不能自产自用,只能买卖交易的东西。大部分服务可以进行交易,不过它与有形产品的交易有所区别。顾客自始至终参与到服务全过程,没有顾客,就没有服务。

(三) 服务的标准

世界上的服务类型成千上万,有没有一个统一的服务质量标准呢?具象的统一标准肯定没有,但模糊的感性标准肯定存在,即最好的服务就是客户满意的服务。换言之,顾客满意就是服务的最高标准。

顾客如何才能满意呢?根据上述定义,我们可以这样解读:顾客在接受服务活动时,自身的利益得到确保,存在的问题得到解决,同时还能产生精神上的满足感。

二、体育解说评论的本质就是观赏服务

(一) 体育解说评论活动是一种服务行为

从服务营销的角度看,体育解说评论实际就是一种商业服务行为,我们可以简称之体育解说服务。

体育产业是一个完整的链条,它包括四个环节:赛事资源、媒体资源、广告赞助资源与受众资源②。从上到下,各个环节之间都牵涉复杂的商业营销关系。赛事组织者把版权卖给媒体,媒体把直播的时段卖给冠名广告商或赞助商,广告商或赞助商吸引受众购买产品,受众成了最终的买单者。

受众除了购买广告商或赞助商的产品外,并不能免费收看比赛节目。因为受众对于体育赛事的接受,主要通过电视直播来实现。国外的体育节目,一般只有在付费频道才能看见。国内的情况特殊一些,受众既可以通过央视及地方体育频道等有线电视收看体育节目,也可以通过付费频道来收看,但不管是哪一种方式收看,观众都得付费,只不过付费多少不一样。既然付费了,那么收视行为就变成了一种有价消费,消费者就理所当然地升格为客户或顾客,而包括解说评论在内的电视直播,就理应变成一种服务行为,而不是一种随心所欲的恣意发挥,自说自话。

---

① [美]克里斯蒂·格鲁诺斯.服务市场营销管理[M].上海:复旦大学出版社,1998:29.
② 张德胜.媒体体育与体育媒体[M].武汉:华中科技大学出版社,2015:161.

中央电视台著名解说员贺炜于2012年10月在武汉体育学院参加体育解说评论论坛交流时指出,"作为体育解说员,要拥有服务者的心态,还要有比赛为主的理念。解说员应该有这样一种意识:解说是为比赛本身服务的,体育解说是伴奏,比赛本身才是主旋律。"

(二)体育解说评论应遵循的服务原则

既然是服务,就得符合一般服务的基本特性和质量标准。从体育解说服务的基本特性来看,它不能离开受众的感受与利益而独立存在。从体育解说服务的质量标准来看,它必须使绝大部分受众感到满意,令他们产生精神上的愉悦与满足。

理想的解说团队,由一名解说员与一名以上的嘉宾构成。他们的服务对象,就是广大受众。受众多种多样,可谓众口难调,解说评论员既要把话说到资深体育迷的心坎里去,让他们产生共鸣;又要吸引女性体育迷或一般体育迷甚至是非体育迷来关注体育直播,用适量适度的浅显语言来培育潜在的电视体育客户。

一般而言,解说员的主要任务就是穿针引线。凡是牵涉具有一定难度的技术问题,交由嘉宾来回答。解说员为嘉宾的话语做好充分自然的铺垫。因为嘉宾往往是专家,他们要为自己的观点负责,对自己所说的内容承担名誉上的责任。解说员与嘉宾共同服务于广大受众,在此基础上,解说员还要对嘉宾提供即时服务,让嘉宾更好地发挥他们的水平。在这种语境中的解说员,不是明星,而是一个具有双重职责的服务员。

因此,体育解说评论的服务性原则,从解说员的角度看,可以简要概括为:受众满意第一,嘉宾出彩第二,自我表现第三。

第二节 新闻性原则

赛事直播,往往就是一种"历史的现场直播",赛事以及围绕赛事的一切信息都是新闻的信息来源,解说必须坚持新闻性原则。

一、体育解说评论是一种扩大的现场报道

众所周知,新闻就是对于新近发生和正在发生的重要而有趣的事实的报道。新闻有狭义和广义之分。狭义的新闻专指消息这一种文体,即用简明扼要的文字,迅速及时地向公众告知新近发生的重要而有趣的事实。而广义的新闻泛指出现在电视、广播、报纸及网络等各种媒体上的对具有新闻价值的事实的报道,包括消息、通讯、特写、人物专访、调查报告、新闻评论、社论、报告文学等各种文体。

毫无疑问,体育解说评论就相当于即时性的新闻评论,也包含在广义的新闻范畴之内,理应遵循新闻性原则。与宋世雄时代把体育解说评论主要当作艺术看待不同,当今时代的体育报道从业者,更多地把体育解说评论视为一种扩大的现场报道活动。正如中央电视台著名解说员洪钢于2012年10月在武汉体育学院参与体育解说评论论坛交流时所说:"在实践工作中,我们越来越觉得体育解说其实就是一种现场报道,是一个现场报道新闻的扩大化,只是把一个两分钟的现场报道新闻,扩大成了按照比赛时长90分钟的现场报道。"

如果我们把体育比赛直播当作一种扩大的现场报道,"解说员的准确定位应该是报道者,或者记者,他们要根据广播或电视的语言特征,追求新闻真相,帮助受众听懂或者看懂直播,从而享受直播。"①

二、体育解说评论应遵循的新闻报道原则

新闻报道的基本原则,是新闻工作的基本理念,是新闻工作者职业道德的基本要求,也是全世界新闻工作者公认的准则。它包括五个子原则,这也是体育解说评论员所必须遵循的。

(一)真实性原则

新闻传播活动的本质是传播新近变化的事实信息,这就决定新闻报道必须坚持真实性原则。真实是新闻的生命,真实性是新闻报道的最高原则,新闻报道的其他原则都必须服从于和服务于真实性原则。"新闻传播的真实性,指新闻报道与所反映的客观现实相符程度。"②离开了事实,新闻不真实,新闻就没有存在的价值,失实的新闻报道是新闻工作的大敌,是社会的公害。电视直

---

① 张德胜.周亮"解说门事件"产生的原因及启示[J].体育成人教育学刊,2014,30(6).
② 童兵.理论新闻传播学导论[M].北京:中国人民大学出版社,2011:67.

播都发生在观众眼皮底下,比分是多少,球究竟进还是没进,最终的结局、积分、命运等要素都要真实地说清楚。不真实的解说评论,轻则令观众换台,重则影响媒体的公信力,同时影响解说员、评论员的公共形象。

(二) 客观性原则

"新闻传播的客观性,指新闻按照事物的本来面目如实报道的特性,包括内容与形式两个方面。"[①]在内容方面,要报道客观存在的事实;在形式上,要尽可能排除个人的主观成见,采用"客观陈述"的方法。

对于体育解说评论来说,坚持客观性原则,就要做到把事实与意见分开。体育比赛的事实,不外乎时间、地点、人物、事件、结果、原因等要素,比赛过程不外乎比分与时间,把这些信息描述清楚,就是陈述事实。如果一个解说团队由解说员与嘉宾(评论员)组成,解说员的主要任务,一是陈述事实,二是提出话题,由嘉宾或评论员来发表意见。如果解说团队,只有解说员一个人,那么解说员在以描述事实为主的前提下,也可以适当发表意见,但这些意见,不是空口说白话,一定要有充分的数据和可靠的信源来做支撑,少来一些"我认为"这场比赛打得怎么样的评价。

不管是解说员,还是评论员,都应该把少评价裁判员、教练员、运动员作为一条基本要求,特别是不能对裁判员的执法水平妄加评论,这不仅仅是新闻报道客观性原则的要求,也是很多体育组织的纪律要求。

(三) 公正性原则

在新闻报道中,客观性不易做到,但公正性一定要做到,如果做不到公正性,就没法保证客观性。所谓公正,就是公平正直,没有偏私。"新闻传播的公正性,指新闻媒介为争议双方提供平等利用媒介的机会"[②],公正性原则还有数个相近的叫法,如中立性原则、平衡性原则、平等性原则、均衡性原则,等等,都要求新闻传播者站在第三方的角度,对新闻事实持不偏不倚的中立立场。

跟一般的新闻事件不一样,体育比赛本身就是一种"游戏性"的身体竞赛[③]。在新闻价值判断方面,除了常规的时新性、重要性、显著性、接近性、趣味性等五个要素外,冲突性是一个十分突出的特殊要素。体育比赛的过程,就

---

① 童兵.理论新闻传播学导论[M].北京:中国人民大学出版社,2011:73.
② 童兵.理论新闻传播学导论[M].北京:中国人民大学出版社,2011:75.
③ [美]阿伦·古特曼.从仪式到记录:现代体育的本质[M].北京:北京体育大学出版社,2012:9.

是一个由竞争、冲突、悬念、征服、加冕等环节组成的戏剧化过程,不管是记者还是解说员,都应该站在独立于比赛双方的立场进行客观报道,不做任何一方的拥趸,也不能做他们的"啦啦队长";更不能支持一方,打压另外一方。2006年德国世界杯期间,"黄健翔解说门"事件已经成为反面教材。美联社体育记者协会专门起草了《体育记者职业道德规范》,其中规定"记者不能为球队或联盟的媒体或出版物写文章,因为那样做可能使记者丧失客观的立场"[1],但在我国,体育解说员为俱乐部主持庆功晚宴的现象比比皆是。这就是差距。

如果是采访,或者报道冲突双方或多方,记者或主持人就应该让当事双方或多方有平等表达的机会,他们谁对谁错,交由专家点评或受众自我评价;如果是直播,解说员与嘉宾应该同等地描述参与比赛的双方,而不是厚此薄彼,或者偏爱一方,漠视另一方。

(四) 全面性原则

"新闻传播的全面性,指新闻传播中提供各方面的事实、情况、意见,不片面报道和隐匿事实。"[2]新闻报道的全面性原则必不可少,原因有三:第一,新闻工作就像绘制地图,"把新闻工作看成地图绘制者,有助于我们认识到均衡和全面是做到准确的关键因素"。[3] 只有向受众全面提供事实与情况,才能保证新闻传播的真实性、客观性与公正性;第二,只有全面报道事实,特别是鲜为人知的事实,才能有助于受众对新闻事件做出自己的独立判断;第三,全面报道与评价事实,是新闻工作者社会责任的体现。

前章提及的,2012年伦敦奥运会男子110米跨栏比赛,刘翔在小组赛中意外摔倒,在受伤的情况下,单腿跳到终点退场。中央电视台解说员杨健在赛前就已得知刘翔的伤情较重,并就此请示领导,领导指示"直抒胸臆"即可,最后杨健哽咽着完成了解说。刘翔的悲情与杨健的煽情"相得益彰",被央视视为"成功"的范例。实事求是地说,这次解说不是新闻学意义上的成功,而是表演学意义上的成功。

正确的做法是,杨健应该像记者一样,把赛前搜集到的有关刘翔伤情的信息适时告诉给受众,并把刘翔在比赛中可能出现的几种状况分析给受众,因为央视占有信息,而受众拥有知情权,如果是这样,即使刘翔出现了退赛,全国观

---

[1] [美]斯蒂夫·威尔斯坦.美联社体育新闻报道手册[M].北京:中央文献出版社,2004:156.
[2] 童兵.理论新闻传播学导论[M].北京:中国人民大学出版社,2011:78.
[3] [美]比尔·科瓦齐,汤姆·罗森斯蒂尔.新闻的十大基本原则:新闻从业者须知和公众的期待[M].北京:北京大学出版社,2011:188.

众就不会也没有必要陪着刘翔流泪,观众赛后就不会事后有"被骗"的感觉。作为解说员的杨健,就不会像一个蹩脚的表演者,而是一个称职的记者。

(五)快捷性原则

新闻是易碎品,时限一过,可能就没有报道价值。融媒时代,业界竞争激烈,抢新闻是新闻传播的常态。因此,在各种类型的媒体报道中,"快"是一大特征。在不同媒体各种类型的报道中,电视直播报道是最快的,因为它与新闻事实同步发生。一方面,电视直播是通过镜头的不断切换来完成的,画面稍纵即逝,要求解说员必须口齿伶俐,语速比平时说话要快,同时表达要清晰入耳。足球比赛的攻防转换很快,而世界杯期间的比赛节奏更快,这就要求解说员的表达节奏随之加快。我们发现,解说以快著称的段暄,在央视2014年巴西世界杯直播解说中,语速比以前更快了。另一方面,电视观众是一个开放性的群体,他们与电视机保持一种松散的关系,解说员只有及时不断地描述比赛的即时状态,播报比赛的时间与比分,才能稳住正在收看的观众,同时吸引新观众进入收看赛事、锁定频道模式。

与快捷性原则相伴随的,是准确性原则。如果只快不准,就违背了新闻的真实性原则,效果适得其反。在足球赛事转播中,我们经常听见解说员大呼小叫"球进了",紧接着一看慢镜头,又来一句"对不起,球打在了边网上"。如何做到既快又准?一靠天赋,二靠历练,除此别无他途。

第三节 倾向性原则

一般新闻报道,因为要强调客观性和公正性,故往往会隐含或淡化倾向性。但对于体育解说评论来说,倾向性是一个不能回避的复杂问题。

一、体育解说倾向性存在的基础

(一)重要比赛关乎荣辱,解说员不能无动于衷

体育是和平时期的战争,是一种功利性的游戏,比赛的胜负很容易使人联想到国家、民族、地域等方面的荣誉与尊严。无论是解说员还是观众,都希望

他们属地代表队取胜。如果实力不济,也要奋力拼搏。媒体和受众都不愿意接受那些非正常失利,如2013年6月15日中国男子足球队在热身赛上,以1比5输给泰国队,媒体几乎不约而同地把这一天定为中国足球的耻辱日。任何解说员不能在解说这种国字号队伍比赛时无动于衷。

(二)解说评论是一种多元互动,一般以取胜或不输作为话题

体育解说评论看起来是"独角戏"或"二人转",但并非独白式地自说自话,解说员既要与嘉宾显性互动,也要与媒体受众进行隐性交流,这就跟教师授课一样,即使没有一个学生提问,讲课的对象都是指向听众,都是以学生默默听懂和爱听为原则。

体育比赛与戏剧表演具有相同的悬念结构,观众的注意力总是有限的,他们必须通过设置悬念、埋伏线索、不断追问、破解难题一系列心理形式,来寻求答案,打发时间,获得快乐。不同的是,戏剧的剧本是确定的,观众最终能通过一己之力把剧情看明白。而比赛是不确定的,解说员就像导游一样,以取胜或不输作为目标,来设计旅行线路。

(三)解说员既有职业人的客观,也难免有社会人的偏好

作为职业人,解说员或嘉宾都应该保持客观公正,不偏不倚地评价比赛。但他们同时也是社会人,他们有自己崇拜的队伍或明星,一旦他们解说的对象是他们的崇拜对象时,他们的倾向性很容易被无形放大,有时观众听起来别扭,而他们却浑然不觉。此外,有一些解说员为了搏出位,出风头,吸引眼球,往往会"语不惊人死不休"。还有一些解说员赛前买了彩票,或者参与了地下投注,就更难保持客观了。

(四)体育竞技比的是实力,实力越强拥趸越多

两军相遇勇者胜,两队比赛强者胜。越是强队,媒体的关注度越高,倾向性越强。最能反映参赛双方强弱的,一是彼此过往战绩,二是媒体的赛前预测与博彩公司的"盘口"。在直播过程中,解说员一般会以此作为解说参数。

(五)解说员同样怀有"主场优势论"

俗话说,天时不如地利,地利不如人和。主场比赛的一方,队员可以避免

舟车劳顿、环境陌生之苦,现场观众可以一边倒地为主队加油助威,这种氛围既可以鼓舞主队队员超水平发挥,又可能影响裁判的判罚,出现有利于主队判罚的"主场哨"的现象。在主客场比赛或赛会制比赛中,东道主的胜率明显高于客队。以上因素会给解说员形成一个心理定式,那就是主场比赛优势大,客场比赛会面临困难。

可见,体育解说的倾向性,是指解说员或嘉宾在解说评论比赛过程中对特定参赛对象所持的情感偏向,通常表现为对一方的支持力度或隐或显超过另一方。体育解说评论不可缺少倾向性,但倾向性的度,很难把握。

二、体育解说倾向性的表达原则

由于体育解说评论的倾向性是通过口头表达得以呈现的,所以,我们把体育解说倾向性的表达原则,简称为倾向性原则。以下原则,有助于体育解说员正确表达对比赛的情感倾向。它包括五个子原则,供体育解说评论员遵照执行。

(一)公众倾向性原则

此为视角原则。解说员如果站在媒体与受众的角度表达情感倾向,就等于在为这个媒体所代表的公众说话,为多数人说话,这样的表达方式基本不会有错。

(二)公正倾向性原则

此为立场原则。体育比赛就像大师比武,势均力敌才好看,一边倒的比赛并不精彩。我们既要为自己所支持的一方加油,但也要看到对手的长处,尊重对手的尊严,激励己方,而不侮辱对方。如果一味地选边站,极力吹捧一方,严重无视另一方,那么,这种"不公正的倾向性,也是乏力与缺乏权威的"。[①]

(三)专家倾向性原则

此为分工原则。对于一些有争议或有疑问的问题,解说员不用急于发表看法,可以把话题抛给专家,由专家来发表看法,因为专家的说法更能让人信服。如果是一人独说的比赛,解说员则要多借助数据和慢镜头回放等方法,审

---

① 童兵.理论新闻传播学导论[M].北京:中国人民大学出版社,2011:78.

慎发表意见。

（四）适度倾向性原则

此为尺度原则。怎样的尺度才是适度的？这是一个很难回答的世界性难题。我们赞成这样的做法：解说员在表扬或批评的时候，都要留有余地。最好能把握这样的度：你的解说能让主队的受众感到振奋，但也不会让客队的受众特别厌烦。

（五）积极倾向性原则

此为态度原则。积极倾向性是一种正能量，鼓励比赛双方积极比赛，尊重对手，尊重裁判，胜不骄，败不馁。如果己方失常或失利，绝不倒戈谩骂。

三、体育解说倾向性失度的表现与危害

体育解说的倾向性是一把双刃剑，适度的倾向性可以使解说成为艺术，失度的倾向性则把解说变成了无趣的聒噪，甚至变成公敌。失度倾向性包括过度倾向性和零度倾向性。

（一）过度倾向性

过度倾向性是一种情感偏激，是一种典型的主观主义。解说员或评论员下意识地认为，他们所偏爱或支持的球队必须取胜，为此，他们在直播过程中，会一厢情愿地担任其中一方的"啦啦队长"，会喋喋不休地抱怨或批评裁判执法不公、对手动作犯规等。如果他们所支持的一方失利或失常，他们会指责队员缺乏进取心和责任感，批评教练用人不当，应变能力不强，更有甚者，会因爱生恨，倒戈一击，号召观众换台离开。

（二）零度倾向性

在纸媒报道中，确实有"零度写作"的报道方式。但在电视直播过程中，如果采取零度倾向性的解说方式，就会变成一种纯粹的客观主义，自始至终不带感情地描述比赛进程，看似十分客观公正，实则无关痛痒，这种事不关己高高挂起的"零度解说"，有违电视娱乐休闲的本质，会令观众丧失认同感，最终丧失观赏趣味而昏昏欲睡。

四、避免体育解说倾向性失度的方法

(一)回归记者本位,做足采访功夫

解说员在本质上并非演艺明星,而是新闻记者。演艺明星可以随时随地表现自己,新闻记者则要服务于媒体和公众。解说员要想出色完成解说任务,一定要提前做好解说功课,那就是大量采访、准备资料,核实有关信息的真伪,独立开展工作。只有充分掌握了事实,才有可能根据临场变化,有理、有利、有节地发表意见,不至于无动于衷或歇斯底里。

(二)做好情感调节,严控过激情绪

对于解说员来说,感情酝酿要充分,但播出声音要控制,用情、声、气三者的完美结合去感染受众,引导受众,反之,"过度的情绪倾向性表现为不能正确处理解说中情、声、气三者的关系",把为公众解说当成了自我宣泄,"解说员不自觉地将自己摆到接近球迷啦啦队队长的位置上,形成近似对着话筒喊加油的效果"。[①] 欧美知名解说员都有一个赛后重看自己解说录像带的习惯,从中分析成败得失,帮助自己做好下一场解说,这是解说员成长过程中必做的功课。

(三)直播需监视监听,监管更应及时

作为媒体的主管部门,应对解说团队实行全程同步监视监听制度,同时注意倾听受众的意见反馈。对于一些细小的问题,可以通过及时善意的提醒,敦促解说员立即更改,比如直播时手机来电震动、解说员老念观众的微博微信等。对于比较集中、突出的问题,可以通过业务研讨会的方式,加以重视解决。央视就曾多次做过这方面的危机处理。

2006年6月27日,张斌在中央电视台世界杯特别节目《豪门盛宴》播出间隙,对当天凌晨黄健翔爆发的"解说门"事件表态,认为其失声、失态、失礼、失常。"从声音上来讲首先是失声;态度上有一些失态,不是一个成熟评论员的表现;从对待球迷的角度来讲,有一些失礼;从解说状态来讲有一些失常",随后代表黄健翔宣读了从德国传真回北京的道歉信[②]。

---

① 刘金骐,王喆.关于电视体育解说倾向性的探讨[J].当代电视,2006(7):34-36.
② 新浪体育.张斌点评黄健翔激动解说:失声失礼失态和失常[EB/OL].[2006-06-27]. http://2006.sina.com.cn/ita/2006-06-27/233677231.shtml.

无独有偶,2014年6月13日凌晨,在巴西世界杯的揭幕战中,东道主巴西队3比1击败克罗地亚,前国足主帅朱广沪解说了本场比赛,但却引来了网友的疯狂吐槽,大量网友不满的朱广沪的解说,认为其评论带有明显的偏向性。在央视当晚《豪门盛宴》中,主持人张斌替朱广沪道歉,表示愿意接受批评,但也希望观众能够给予充分理解①。

比上述事例更严重的是,2014年10月足协杯半决赛首回合,知名转播机构PPTV解说员周亮在直播前的试音阶段,在播报客队江苏舜天队出场名单时,多次用"苏北狗"来指称对方,引起轩然大波,成为当年体育解说界最大的负面新闻。此次"解说门"事件,以周亮的公开道歉和最终离职而平息风波。如果监管到位,导播能够及时提醒或中断播出,此事也就不会变成播出事故。

(四)体育是激情的碰撞,受众需要"有温度"的解说

有些解说员,或因气质内敛,或因态度松弛,惯于零度解说,会引人诟病。解说员应该明白,不论是什么级别什么类型的比赛,只要属于直播,都需要解说员倾注情感,用心交流。所不同的是,可能有些项目的解说如万马奔腾、火花四溅,有些项目的解说如细水长流、娓娓道来,但都得让受众感觉解说员很热爱这个项目,解说员在用热情传递比赛的信息,让受众与自己一起分享比赛的快乐,否则,这个解说员就不适合在这一岗位长期工作了。

第四节 技术性原则

技术性原则是体育解说评论过程可以普遍操作,立即见效,且必须遵守的准则。它一共分为四项子原则,如果掌握好了,能起到事半功倍的效果。

一、声画同步原则

电视观众所感受到的体育比赛信号包括现场画面、图形字幕、现场声响以及解说评论声音等四方面要素,这四者之间的关系,实际是声音与画面的关

---

① 周凯.张斌朱广沪解说道歉:接受批评 但也请换位思考[EB/OL].[2014-06-13]. http://2014.ifeng.com/huaxu/detail_2014_06/13/36821849_0.shtml.

系。电视体育直播,要求声画同步,因为只有声画同步,才能加强画面的真实感,提高视觉形象的感染力。

要做到声画同步,首先必须认识到,画面是主旋律,体育解说评论不过是伴奏而已。如果要弘扬主旋律,伴奏就要紧跟画面,不能游离于画面之外。否则,观众会感到厌烦。在央视2014年巴西世界杯赛直播过程中,某解说员脱离精彩的比赛画面,大谈特谈中国足球积习弊端,引发观众吐槽和不满。解说员貌似体现社会责任和批评精神的行为,观众并不买账,因为前者妨碍了后者的正常观赏,解说员的评论成了干扰画面的噪音。

解说员只有配合画面和服务于评论员,其串联作用才能得到发挥,解说才有意义。在声画关系中,画面第一,评论员第二,解说员第三。画面之外,"在电视中,烘托出评论员才是播音员(即解说员)的真正工作"[1],"评论员才是秀的中心"[2],评论员的话语权应该超过解说员,起码占55%以上的说话比例。

二、特写镜头原则

从专业的角度看,代表空间的是景别,代表时间的是镜头。但在我们日常语言中,为了方便理解,也有把景别与镜头混用的情况。我们可以把远景、中景、特写都看作是视频镜头。

在电视体育直播过程中,解说员与评论员面对不同的镜头,应采取不同的表达方式。当远景镜头出现时,可以解说画面,也可以交代相关背景;当中景镜头出现时,一定要紧跟画面;当特写镜头出现时,最好采取两种处理方式:要么准确描述,要么留白烘托。

特写镜头有强调和加重的含义。一个队员头部受伤流血了,解说员应立即说明这个人是谁,伤在什么部位,能不能继续比赛,而不应去扯别的事情,这样,能让观众同步体验受伤的痛苦以及对后续比赛带来的影响。

至于留白,可分为主动留白和被动留白两种情形。所谓主动留白,指一些庄严、神圣、独特的场景出现时,现场声采集到位,与画面水乳交融,解说员唯一要做的事情就是"闭嘴"。比如,当现场全体起立,升国旗、奏国歌时,解说员应留白,让观众体验庄严感、神圣感和认同感;当比赛打成平手,教练临场布置最后一次战术时,解说员应该留白,让观众体验焦灼、悬念和期望;当看台掀起了人浪,阵阵歌声伴随而来时,解说员应该留白,让观众体验狂欢与参与。

---

[1][2] [美]汤姆·海德里克.体育播音艺术[M].北京:中国广播电视出版社,2008:88,90.

所谓被动留白,指解说员对于一些突然出现的特写镜头不甚了了,以留白不说的方式所做的应急处理。对于没有把握的特写镜头,比如说某知名人士出现,解说员却不认识他,如果将其名字说错了会成为笑柄,说别的会成为干扰,最好什么也不说,反而能无声胜有声。

三、沙漏提醒原则

沙漏也叫作沙钟,是一种传统的计时工具。西方沙漏由两个玻璃球和一个狭窄的连接管道组成,上面玻璃球中的沙子垂直流向下面玻璃球,全部流完的时间,就是需要测量的时间。据此原理,可以按照设定的时间,来填充沙子,以此作为倒计时工具。

欧美不少著名体育解说员坚持在比赛直播过程中使用沙漏,来提醒自己多长时间内必须播报一次比分。美国老一代广播体育解说员里德·巴伯习惯于用一个三分钟的沙钟,每当沙钟漏完的时候,他一定播报一次比分,然后再把沙钟倒立过来,准备下一次播报。

可以说,体育解说就是从播报比分开始的,多报比分有益无害,即使有电视画面,观众还是希望听到解说员播报比分,听众就更不用说了。著名解说员杰克·巴克说:"每个人都想知道比分。当他们不知道比分的时候,他们就会发疯。告诉他们比分。"[1]播报比分不是简单地播报几比几,要用诸多不同的方式来播报,有助于受众听出差别来。

与播报比分相伴随的是播报时间,多长时间播报一次,没有一定之规,但像足球比赛,每5分钟或10分钟播报一次,是必需的,这既是一种提示,也是一种服务。可惜的是,国内大部分解说员都把播报比分与时间,视为"雕虫小技,壮夫莫为",更遑论使用沙漏来提醒和敦促自己了。

四、善待裁判原则

"体育包括自我控制力、尊重规则和公平合理"[2],而裁判就是这些要素的化身,如果教练员和运动员蔑视裁判,他们将受到惩罚。因为蔑视裁判,就等于蔑视裁判规则与竞赛法则,就是蔑视体育精神。同样,如果解说员和专家动辄指责裁判执法不公,就等于破坏了体育的游戏规则和观众的观赏兴致。除非握有铁证,否则就不能随便说裁判的判罚是黑哨,是因为收受了对方的贿赂。

---

[1] [美]汤姆·海德里克.体育播音艺术[M].北京:中国广播电视出版社,2008:54.
[2] [英]尼古拉斯·阿伯克龙比.电视与社会[M].南京:南京大学出版社,2007:35.

解说员如果动辄批评裁判,就很难在受众面前树立自己的权威性。"你首先是个报道者,而你必须报道正在发生的事情。更多的时候,裁判是对的。"①解说员动辄批评裁判,一是容易耽误时间,使声画关系变得不同步,二是容易影响自己的情绪,同时把这种不良情绪传递给受众。

再说,裁判也是人,误判是比赛的一部分,不可避免。虽然一些比赛引进了"鹰眼"的科技辅助手段,裁判的误判大大减少,但误判不可能杜绝,一般情况下,比赛的结果不能更改。

如果裁判真的违反了纪律,轻者会受到裁委会的处分,重者会受到法律的惩罚。但在比赛过程中,解说员和专家都应该把裁判当作专家,即使判罚存在争议,也要对裁判做"无罪推定",只有这样,才能平复观众的情绪,引导观众把主要精力集中到正常的体育观赏上来。

技术性原则其实与服务性原则存在关联性,只有坚持了上述四项技术性原则,体育解说员和评论员才有可能成为合格的体育观赏服务员。否则,体育解说员和评论员在潜意识里就会变成自说自话的专家或明星。

第五节 趣味性原则

电视的娱乐特性与观赏的休闲本性,决定了体育解说员必须坚持趣味性原则。谁掌握好了该原则,谁就能大受欢迎,可以与艺术家媲美;反之,解说员就会引发公众吐槽或责难。

一、趣味性是被普遍认同的新闻价值属性之一

在消费社会,新闻是一种信息商品。那么,什么样的信息才能构成新闻,从而有卖点呢?答案是:重要的且有趣的信息。"日常生活里发生的浩如烟海的事件中,只有最重要、最有意义和最令人感兴趣的才值得提供给读者。"②体育新闻除了告诉受众所关心的结果之外,还关乎明星爱戴和集体荣誉,应完全符合一般新闻的价值属性。体育解说评论其实就是加长版的体育新闻报道,

---

① [美]汤姆·海德里克.体育播音艺术[M].北京:中国广播电视出版社,2008:54.
② [美]凯利·莱特尔,等.全能记者必备[M].北京:中国人民大学出版社,2005:40.

要求解说员与评论员以有趣的方式传递信息,发表评论。

二、体育的冲突性与戏剧性能使比赛变得重要而有趣

"所有的新闻价值都是体育新闻的特色,体育新闻的价值核心是冲突性"①。所谓冲突,就是发生在同一空间两个或两个以上事物的互相对抗过程。最残酷的冲突是战争,因为冲突双方你死我活。体育是对战争的游戏性模拟,比赛双方要争一个你输我赢,因此"体育运动天生具有戏剧的基本要素——冲突、领军人物、戏剧性结果"。②

如果说,最常见的冲突就是打起来的话,那么,戏剧性就是这一冲突过程的一波三折和结果的出人意料。这就要求体育解说员和评论员,既要做分析大师,引导受众从结构上步步紧逼,不断追问,破解一个接一个的悬念;还要做语言大师,像说书人一样,做一个讲故事的能手。因为"新闻就是有目的地讲故事","新闻工作者必须让重大事件的播报变得有趣,并且与受众息息相关",这是新闻的基本准则之一。"新闻工作者的职责不仅是提供信息,还要用人们愿意倾听的方式提供信息","个别新闻工作者在使新闻具有吸引力和相关性方面获得了成功,他们使重要的问题变得有趣,使有趣的事件变得重要"。③这样,体育的冲突性、重要性和趣味性就能统一起来。

要做到"把重要的问题变得有趣"并不容易。美国历史上优秀的体育解说员鲍勃·科斯塔斯说,大多数体育解说员"枯燥无味,不断重复陈词滥调——不仅言语无味,而且分析雷同——没有带着任何新闻价值要素与一双善于捕捉新鲜事物的眼睛进行解说"。④

三、电视的娱乐本质要求体育解说评论生动有趣

电视的本质就是娱乐,"电视只有一种不变的声音——娱乐的声音","电视正把我们的文化转变成娱乐业的广阔舞台"。如今,"娱乐是电视上所有话语的超意识形态","电视上的一切都是为了给我们提供娱乐"。不管什么类型的节目,都是为了娱乐。"新闻节目是一种娱乐形式,而不是为了教育、反思或

---

① [美]凯利·莱特尔,等. 全能记者必备[M]. 北京:中国人民大学出版社,2005:471.
② [美]梅尔文·门彻. 新闻报道与写作[M]. 北京:华夏出版社,2005:572.
③ [美]比尔·科瓦齐,汤姆·罗森斯蒂尔. 新闻的十大基本原则:新闻从业者须知和公众的期待[M]. 北京:北京大学出版社,2011:168-175.
④ [美]梅尔文·门彻. 新闻报道与写作[M]. 北京:华夏出版社,2005:571.

净化灵魂",电视新闻只是"说着玩的",不必对其当真。电视跟报纸不一样,电视不宜也不需要思考,"思考无法在电视上得到很好的表现,这一点电视导演们很久以前就发现了。在思考过程中,观众没有东西可看",因此,电视需要的"是掌声,而不是反思"。①

尼尔·波兹曼进一步认为,"电视之所以是电视,最关键的一点,是要能看,这就是为什么它的名字叫'电视'的原因所在","正是电视的这种性质决定了它必须舍弃思想,来迎合人们对视觉快感的需求,来适应娱乐业的发展"。②

结合电视的娱乐特性,体育解说评论一定要生动有趣。至于怎样才算生动有趣,有两点很重要:一方面,解说员与评论员一定要给人营造一种你很快乐的印象,即快乐解说。这种快乐是情绪情感的自然流露,不是硬装出来的。只有自己快乐的人,才能把快乐传递给受众。如果你不快乐,就意味着你与离开解说评论这个行当不远了。

快乐的方式多种多样,但适时而有品位的幽默是最好的方式。解说员与评论员之间相互逗捧、相互戏谑,"ESPN已经将快乐传播方式专利化",他们的解说员时不时说一些俏皮话、双关语、给运动员起诨名等,"如今这种胡说乱侃甚至已穿越了提升公众娱乐的极限,解说员像运动员一样闹腾,只不过是以厚颜恣意的幽默为方式进行模仿"。③

另一方面,解说员与评论员一定要从听众的听觉感受出发,娓娓道来,悦耳动听。如果说体育解说评论有听觉标准的话,那就是悦耳动听,而不是口若悬河。口若悬河可能变成流利的废话,但悦耳动听能够沁人心脾。悦耳,是声音的形式;动听,是说话的内容。因为悦耳动听,看电视直播的人舍不得离开;因为悦耳动听,在做家务活或干别的事情的人,会转而来看电视转播。

不少业界名流和学界翘楚都发表过类似的观点。美国哥伦比亚广播公司著名电视节目《60分钟》前制片人唐·休伊特曾说,电视是用来听的,"我所知道的最好的留住观众的方法是——与其抓住观众的眼球,不如抓住观众的耳朵。"④ 无独有偶,美国学者比尔·科瓦齐也持同样的观点。"人们经常不是看电视新闻而是听电视新闻。事实上许多人一边看报纸一边放着电视节目。

---

① [美]尼尔·波兹曼.娱乐至死[M].桂林:广西师范大学出版社,2004:106-119.
② [美]尼尔·波兹曼.娱乐至死[M].桂林:广西师范大学出版社,2004:120.
③ [美]汤姆·海德里克.体育播音艺术[M].北京:中国广播电视出版社,2008:54.
④ [美]唐·休伊特.60分钟:黄金档电视栏目的50年历程[M].北京:清华大学出版社,2004:87.

当他们认为听到的新闻可能会有重要画面时,会转而看电视。"①

怎样做到悦耳动听呢?如果把画面当作风景的话,体育解说员和评论员就像导游,用充满趣味的解说和评论,去引导和陪伴受众收看或收听体育直播。正如美国著名解说员马弗·阿尔伯特说:"听众会根据播音员的知识、他们的幽默感以及他们的娱乐价值来判断他们。"②

其实,趣味性原则本身与新闻性原则存在很大的关联性,或者说,它本身就应该是新闻性原则之中的一个子原则,只是为了强调其重要性,我们将其独立出来,作为一条基本原则。

至此,体育解说评论的五大基本原则已全部论述完毕。其中,服务性原则、新闻性原则、倾向性原则是根本性原则,而技术性原则、趣味性原则是相关性原则。

作业题

1. 结合实例,简要论述体育解说评论的五大基本原则。
2. 为什么说服务性原则、新闻性原则、倾向性原则是根本性原则,而技术性原则、趣味性原则是相关性原则?
3. 如何理解体育解说评论的倾向性原则?

参考文献

[1][美]克里斯蒂·格鲁诺斯.服务市场营销管理[M].上海:复旦大学出版社,1998.

[2]张德胜.媒体体育与体育媒体[M].武汉:华中科技大学出版社,2015.

[3]张德胜.周亮"解说门事件"产生的原因及启示[J].体育成人教育学刊,2014,30(6).

[4]童兵.理论新闻传播学导论[M].北京:中国人民大学出版社,2011.

[5][美]阿伦·古特曼.从仪式到记录:现代体育的本质[M].北京:北京体育大学出版社,2012.

[6][美]斯蒂夫·威尔斯坦.美联社体育新闻报道手册[M].北京:中央文献出版社,2004.

---

① [美]比尔·科瓦齐,汤姆·罗森斯蒂尔.新闻的十大基本原则:新闻从业者须知和公众的期待[M].北京:北京大学出版社,2011:199.
② [美]汤姆·海德里克.体育播音艺术[M].北京:中国广播电视出版社,2008:28.

[7][美]比尔·科瓦齐,汤姆·罗森斯蒂尔.新闻的十大基本原则:新闻从业者须知和公众的期待[M].北京:北京大学出版社,2011.

[8]刘金骐,王喆.关于电视体育解说倾向性的探讨[J].当代电视,2006(7).

[9]新浪体育.张斌点评黄健翔激动解说:失声失礼失态和失常[EB/OL].[2006-06-27]. http://2006.sina.com.cn/ita/2006-06-27/233677231.shtml.

[10]周凯.张斌替朱广沪解说道歉:接受批评但也请换位思考[EB/OL].[2014-06-13]. http://2014.ifeng.com/huaxu/detail_2014_06/13/36821849_0.shtml.

[11][美]汤姆·海德里克.体育播音艺术[M].北京:中国广播电视出版社,2008.

[12][英]尼古拉斯·阿伯克龙比.电视与社会[M].南京:南京大学出版社,2007.

[13][美]凯利·莱特尔,等.全能记者必备[M].北京:中国人民大学出版社,2005.

[14][美]梅尔文·门彻.新闻报道与写作[M].北京:华夏出版社,2005.

[15][美]尼尔·波兹曼.娱乐至死[M].桂林:广西师范大学出版社,2004.

[16][美]唐·休伊特.60分钟:黄金档电视栏目的50年历程[M].北京:清华大学出版社,2004.

推荐阅读文献

徐济成的解说评论观——周洁专访徐济成

[编者按]2012年5月21日,著名体育评论员、时任新华社体育部部长助理、高级记者徐济成应邀前来武汉体育学院参加学术活动,期间接受了该校

2012级研究生周洁的专访。

周洁：您最喜欢哪位解说员？于嘉、杨健、刘星宇这几位中您最喜欢和谁搭档呢？

徐济成：都挺喜欢的，因为自己本身比较安静，所以喜欢和激情型的解说员搭档，他们三位按照激情程度来排列，应该是刘星宇、杨健、于嘉吧。

周洁：您觉得体育解说员在节目中扮演的是什么样的角色？

徐济成：解说员实际上是一种信息服务人员，是承接电视画面与观众的一个枢纽。就像负责上菜的服务员，做菜的不是他，吃菜的也不是他，他要思考的是能不能及时上菜，能不能让客人吃得舒服。

周洁：您平时除了篮球，还看些什么电视节目吗？

徐济成：我是一周要拿出一天到两天来看一通宵电视，一般就是星期五，把各种各样的台都看一遍，包括好声音啊、约会的、卖车的，基本就知道电视行业的形态是什么样的。一边再看看一些热播的美剧，像越狱啊，纸牌屋啊，尼基塔啊，连续把它们看完。一般能让我看完的很少，等我开始猜它的剧情的时候，如果被我猜对了3次，我基本上就不看了，就没兴趣了。

周洁：国际奥委会为什么选择新华社做媒体服务？

徐济成：因为对新华社的记者来说，他没有自己所谓的主场、主要城市，它永远是站在客观中立的角度，它没有自己的报纸。这就是通讯社，这就是为什么国际奥委会指定要我们（新华社）来做这个服务。

周洁：解说员处于一个什么样的位置，好的解说员需要做到哪几点呢？

徐济成：过去是大部分读者要通过报纸来了解比赛，比赛发生，记者先看，记者写完报道读者再看，读者再对比赛产生看法。那么现在呢，电视和手机及网络传播彻底改变了这个先后顺序。观众现在是先看电视，看到比赛的实际发生了，回过来再看报纸，晚几分钟再看评论，那么，实际上报纸和评论就置于一种很尴尬的场面。因为几亿人看了这个东西，一千万里面有一个人跟你较真了，你就要跟几百个人较真。而且关键现在你置于明处，读者置于暗处，他可以随意评论。所以，你要从三方面同步起来，第一步就是他看你也看；第二步是你说他听，然后同时还要他说你听，在同一个平面上可以互动，你要知道观众是怎么想的，瞬间的支持率是多少，等等；第三步是意见的坚持，不能是他说这不好你就说不好，作为一个公众平台还是要相对客观。实际上你心里可以不客观，但是你在这个平台上你就必须客观。

周洁：新闻服务是在怎样的情况下出现的呢？

徐济成：未来传媒发展不是为大众服务，而是为大众中不同需求的小众服务。所以，社会给传媒提出了如何去应对不同需求的问题，但你要应对不同需求就一定要有一个中心，于是新闻服务就出现了。这就是为什么要有超市，超市是满足所有人的，但去超市采购的人又是满足个体的。传播方式一旦发生改变，传播内容、可挑选的余地也会发生改变。

周洁：您觉得现在体育解说界存在什么样的问题呢？

徐济成：问题有很多，但不是解说员自己能解决的。可以分成几类，一类是本身对运动项目的认识不够，球都没打过，说得天花乱坠也没用。首先要真实还原比赛本身；第二就是它的社会学意义越来越大，奥林匹克运动不是单纯的体育运动，它是一种以体育为载体的人类的社会运动，是一种教育运动。作为一名解说员，要有社会学的概念；第三，还要起到教育和引导的作用，这种引导是解说员提供这种服务之后，由大家心甘情愿地接受。我们现在缺乏这样一个很好的平台，包括电视台、新华社、网络，它们都是各自为战，没有一种统一的认识。

周洁：您觉得体育解说行业在这几年之内会发生很大的变化吗？

徐济成：它已经到了一个极限了，如果要发生变化，必须把整体的体制改革。要形成全国三到五个竞争性的电视台，完全由市场说了算，垄断是不会促进进步的。宁夏卫视一直想改成国家第二的体育电视台，但有三方面的条件不允许，第一个就是覆盖率，没有覆盖率就直接产生第二个问题，就是收视率，覆盖率现在不是能力达不到，而是国家很多政策不允许，收视率不好直接产生第三个问题，就是收入，没有收入就很难把节目做大做好。

周洁：您怎么看待中国电视行业的娱乐化趋势？

徐济成：中国的整个电视在往娱乐走，这是一个往社会化走的大趋势。国家电视台走向大众娱乐的老百姓的市场，这是在改变其本身的性质，但是它现在明显地由于政策限制等导致创新能力不足。

周洁：您怎样看待这个CSPN全国体育联播平台？

徐济成：全国体育联播平台主要还是大城市进不去，因为它不是一个全国体育联盟，不能代表全国。它最大的问题还是受我刚才说的那三大条件限制，覆盖率上不去广告就上不去，收入上不去就买不了片子。这只能是市场主导，前一段李克强总理说要减政放权，确立市场的主导地位，以及企业和市场投资人的内部动力，是出自自身的需求而不是国家的安排。

周洁：跳水节目播出阶段，有大牌演员发微博说"不要让明星跳水，去跳楼吧",你怎么看待这样的微博?

徐济成:这是很极端的,但是现在这种情况是自媒体时代必然存在的。我们要做任何事情,总有人会出来评头论足。但这种评头论足一定是在一个法律框架下,如果对你进行人身攻击、污蔑或给你造成经济损失,你也可以拿起法律武器来保护自己。所以市场经济一旦确立了,第一需要就是规则,规则的第一需要就是法律,法律是保障。

周洁:您平时会不会去看一些别的台的解说呢?

徐济成:我经常看,主要是关注这个过程。他们解说我基本上就是听着,有亮点的时候我会敏锐地感觉到这一点和原来不太相同。我现在很痛苦的一点就是我实际上是一个机器,我不像一般球迷,当体育记者最痛苦的就是你老得带着任务去看比赛,长此以往就成为一种习惯了,这对大脑兴奋区是一种压抑。体育记者相对来说是一种很摧残人的行业。

周洁:解说时需要注意些什么呢?

徐济成:作为篮球比赛,他上一个篮,进去了你得问为什么,进不去你也得问为什么,你得先给出一个说服你自己的理由。解说也是同样的,为什么韦德老不进,你就得说他今天有什么问题,防守时要采取什么样的策略,观众马上就会拿你这个去验证,果然到了底角,又是那个人防守,又是那个人把手搁在他的右手上他就不进。

周洁:体育解说员最好曾经从事过这项运动吗?

徐济成:一般而言,解说员若没这种项目体验经历,就只能从表面来解说,而表面是征服不了观众的。因为真正看这个球的人,大部分都是有过经历的,最要命的比如说看这个球,我是业余篮球队的,我可能会直接影响到我身边的人,包括动作、解释等。好的解说是对实战经验的一种总结。中央电视台从2006年开始解说嘉宾一定得是从事过这项运动的高水平运动员,至少是世界冠军,但是咱们国家培养的世界冠军表达能力包括思辨能力都很低,他们大多很快会进入到自己的比赛状态,然后就忘了自己是在给观众们解说。

周洁:谈谈您以前的解说经历吧。

徐济成:现在的转播模式就是2002年的时候拿着我试验的,从我开始的,当时老的一代的那些人都不愿意做这种冒险,镜头一开,第一没脚本,第二没团队,第三全凭即兴发挥、现场组织。这是很大的突破,也是很大的挑战,而且那时候转播时间长短不一,自己要控制。我们新华社的记者有一个好处就是常年做文字,所以说话的时候他的逻辑性组织能力比较周密。

周洁：您对大学新闻专业的教育有什么样的理念呢？

徐济成：我主张一是说的训练，二是写的训练，这是最最重要的。你如果能写好了，将来你的说、写和组织都没有大问题。但是如果你错过了最敏感的大学期间写的经历，将来工作会很吃力。给你一个主意，你能够把它写得很清楚很重要。NBA做媒体服务是全世界做得最好的，我给体育新闻学院说你们不用编教材，每天比赛的这些网站上的最新鲜的东西这就是你们的教材，当然一些理论的、历史上的东西你需要有一些了解。如果把这种操作性的课程能增加到60%到70%，剩下的30%中的一半以上用来做讲座而不是背课本，这样教育出来的学生实用性会强很多。

周洁：您了解其他哪些国家的教育理念呢？

徐济成：美国鼓励学生有自己的观点，而且你的观点是要获得事实的支持，就这2个原则，你只要能找出事实来，那你的观点就是被接受的。还有，在德国法律规定六岁之前不能教孩子任何死记硬背的东西，不然会扼杀他们的想象力。

第三章

体育解说评论的基本方法

学习目标

通过本章学习,了解体育解说评论的赛前准备、赛中逻辑、赛后评价等三种基本方法。

章前导言

体育解说评论是不是可以随心所欲地叙说,兴之所至地评价?它有没有可供借鉴的入门方法,有没有易于接受的客观规律?这些方法有没有经过实践检验与成功证明?

本章我们以时间为线索,从赛前、赛中、赛后三个阶段探讨体育解说评论的基本方法。

第一节 充分做好赛前准备

如果你想成为一名优秀的体育解说员,你就必须早做准备,就像美国堪萨斯城酋长橄榄球队解说员米奇·霍修斯所提出的体育播音成功公式:"做好他所需要你做的一切。"①

一、深入队伍，独立采访

（一）采访是解说员的天职

在赛前阶段，解说员的身份更像是一名记者，需要通过读报、上网（国际赛事一般上外文官网）、看电视、刷微博、发微信等多种途径，充分了解赛前信息。当然，更重要的是要采访。"采访不仅提供了扩大赛事的报道范围的内容或一次新闻报道，而且也在为所有解说工作的生命线——准备工作服务。"②

解说员一旦确定了要到现场直播解说赛事，就应该尽早联系参赛双方的新闻官或体育信息主管（美国简称 SID）联系采访事宜。当务之急，要实地观看比赛双方的赛前训练。如果对阵双方的赛前训练不在同一个场地进行，解说员可以与记者分工，分别前往两个训练地点观摩，事后再一起交流观摩心得，预判各支队伍的战术安排。比如，判断随后或次日比赛的基本阵容，哪些人是主力，哪些人是替补。如果是个人项目，则要观察参赛者赛前着重练习了哪些环节。根据惯例，赛事组织者会安排新闻发布会，解说员或记者要尽量出席，并积极提问。

体育比赛一般安排在下午或晚间进行，如有可能，解说员还要在比赛日上午或下午搜集情报，看看所关心的队伍有无最新的变化。解说员至少要提前两个小时到达比赛现场，提前熟悉直播环境，最好观察一下运动员的更衣室，从衣帽间的布局也能看出一些名堂。在赛前半小时还可以下到场地，实地观摩运动员的热身练习，领取出场名单等。

（二）热爱比赛胜过热爱明星

解说员跟球迷不一样，球迷只追随自己的偶像，没有偶像的比赛，很多人基本不关心，也没有观赏兴趣。但对于解说员来说，他们热爱的是比赛，而不是某个特定对象的表现。虽然解说员个人也有自己所崇拜的偶像，但他们不能沉浸在对于偶像的追捧甚至是对于比赛的享受之中，因为他们肩负的重任是传递信息、分享体验、做好服务等方面工作，而非像普通人一样休闲与娱乐。

所以，解说员必须独立于他们的采访对象，不能只采访主队，只采访明星，

---

① [美]汤姆·海德里克.体育播音艺术[M].北京:中国广播电视出版社,2008:152.
② [美]汤姆·海德里克.体育播音艺术[M].北京:中国广播电视出版社,2008:3.

更不能变成某个明星的御用记者或御用解说员。解说员必须始终胸怀观众和听众,代表媒体与受众建立一种超越商业关系的情感纽带。因为"新闻工作者不是向顾客出售内容,而是和受众建立一种关系,这种关系建立在价值观、判断能力、权威性、勇气、专业性,以及对社群的忠诚之上。新闻服务创造了媒体与公众的牢固联系,然后新闻机构再把这种联系租赁给广告主"。①

二、做好战术板,备齐公文包

(一) 每场一张战术板

在篮球比赛中,我们经常看见教练员手持一个白色塑料的平板,那上面画着微缩仿真的篮球场的图形,表示出本方队友的站位。那就是教练员用来布置攻防的战术板。同样,美国解说员习惯用纸来自制一张体育解说的战术板。

体育解说战术板是一张标有选手阵型的深度数据图表,主要信息一目了然。交战双方的过往战绩排列其中,每一个上场队员的号码、姓名及其发音、身高、体重、位置、运动生涯信息、本赛季数据等应有尽有,且用不同的颜色来标注不同的事项。"所有的战术板都普遍具有的一点特性是:即时信息。不用翻阅记事本、媒体指南、新闻简报或采访记录。以上所有的信息载体都浓缩为一种格式,这种格式可以使你在以光速发出声音的时候,只需一瞥便可轻松地阅读或轻松地找到所需信息。"②

因为是即时信息,每一场比赛,都需要解说员或其幕后团队重新制作战术板。遗憾的是,大多数国内解说员、评论员没有做战术板的职业习惯,因为很多人不知道国外同行有这种做法。不过,央视 NBA 解说嘉宾(即评论员)杨毅一直都为每场比赛的评论写满"一张纸"(相当于战术板)。这张纸的内容主要包括:第一,主要轮换队员的技术统计;第二,比赛双方的特点;第三,作为解说评论背景的新闻;第四,比赛双方攻防策略与制胜之道。"在准备的这个过程里,一切都是数据、分析和判断带来的精密。"③

---

① [美]比尔·科瓦齐,汤姆·罗森斯蒂尔.新闻的十大基本原则:新闻从业者须知和公众的期待[M].北京:北京大学出版社,2011:57.
② [美]汤姆·海德里克.体育播音艺术[M].北京:中国广播电视出版社,2008:50.
③ 杨毅.解说是精密的工作怎么准备一场比赛?[EB/OL].腾讯体育 http://sports.qq.com/a/20160201/019355.htm.

（二）准备工作永不嫌多

做好战术板,预示着体育解说的准备工作告一段落。几乎每一个解说员都会背一个双肩包到赛场,这个双肩包也是一个公文包或新闻包,里面装满了他们在解说席上用得上的东西。老练的解说员每次出门前,都会列出一个清单,一一检查必须的物品是否带齐,包括入场证件、媒体指南、新闻资料、采访本、节目流程表、沙漏、战术板、望远镜、笔、比赛规则、裁判法则、应急药品、手机等。

对于解说员来说,永远没有准备过头的时候。即使你准备的资料和物品公文包装不下,这次带不走、用不上,暂时放下来,以备不时之需,也不是坏事。

三、专业练声不可少,模拟解说好处多

（一）解说要有好嗓音,但不要矫揉造作

人人都想自己拥有一副天生带磁性的"大嗓"或"金嗓",体育播音员、主持人、解说员、评论员等岗位角色必须拥有一个能够吸引并抓住受众数小时的好声音,这种声音具有悦耳的共鸣和令人舒畅的语调。

美国解说员鲍勃·科斯塔斯说:"拥有一个独特深沉的嗓音是件值得骄傲的事情,但更重要的是你的听众在听你说话时是否感到舒服。如果你试图伪装出一个不属于你的声音,这只会让他们感到不快。"[1] 我们应该明白,成功并不取决于你是否具有好嗓音,而取决于能够与听众顺利沟通。与天生的"金嗓"相比,拥有一个可以展示个性、具有娱乐价值,同时能够清晰自然地遣词造句、富有耐听性的声音,更为重要。

当然,如果你的嗓音条件天生不好,声音尖细而刺耳,同时,你的用词很匮乏,句子很琐碎,语调很平淡,听众马上就会讨厌你,你所面临的选择只有两个字:退出。

（二）不论嗓音好坏,都应加强练习

一般而言,通过绕口令训练和文学作品朗诵,可以提高说话的语速,强化说话的节奏;通过横膈膜发音练习,呼吸更多空气,增强共鸣,增加声音的暖色

---

[1] ［美］汤姆·海德里克.体育播音艺术[M].北京:中国广播电视出版社,2008:5.

与共鸣,避免扯嗓子发声;通过声乐训练和喜剧表演,学会调整语速、呼吸,以及声音控制,避免节奏太快,吐字不清;通过辩论比赛,锤炼语言表达、观点提炼与思维反应等方面能力。

在成为一名正式的解说员之前,你需要"在远离这一地带的边缘地带实习或兼职,这也当然意味着无数次的录音,按爆录音机上的回放键,不停地练习,练习,再练习"。[①] 比如,可以在上下班高峰时段,选择一座天桥,站在上面,把东西南北错综交汇的车辆说清楚,让人听明白。这样做的好处在于,既能在嘈杂的环境中训练声音的穿透力,又能训练快捷、准确描述移动物体的能力,培养自己声音的耐听性和表达的节奏感。

(三)先模仿别人,然后做自己

与演讲、绘画、唱歌、唱戏、书法等文艺活动一样,模仿名人是初学者不可或缺的过程。模仿就是照葫芦画瓢,这是一个学习规范的过程,也是一个培养自信心的过程。但模仿到一定程度,就必须学会突破,从别人身上汲取营养,成为独特的自己,一如齐白石所说:"学我者生,似我者死。"

四、捯饬个人形象,做好各种沟通

(一)良好的个人形象能给受众健康向上的印象

解说员应该具备良好的形象,良好的形象既能预示解说员的快乐,又能取悦受众。解说员从头到脚都应该有所讲究,头发、牙齿等应给人整齐、健康的印象,不一定要穿名牌服饰,但最好穿西服或套装,穿着应有职业感,服饰应该干净、整洁且与鞋子相配。不管是否面对镜头,解说员都应该具有卓越的姿态和微笑,始终给人温暖、友好、令人舒服的印象。从这个意义上说,即使是电台解说员,也应该注意个人形象。美国著名电台橄榄球解说员韦恩·拉里韦认为,职业气质对于电台解说员非常重要,"你的穿着和外表会告诉人们很多有关你作为职业人士的东西"。[②]

这一点值得我国的解说员学习,在我国,包括央视在内的解说员都比较随意,有穿短裤直播足球联赛的,有穿皱巴巴服装主持CBA夺冠庆典的,但更多是穿运动衣、T恤,有些电视台还强行要求记者、主持人穿有企业LOGO的运

---

① [美]汤姆·海德里克.体育播音艺术[M].北京:中国广播电视出版社,2008:3.
② [美]汤姆·海德里克.体育播音艺术[M].北京:中国广播电视出版社,2008:68.

动服,因为这些服装的赞助商与媒体有硬性的合作合同,出镜记者、主持人如果不穿,每次都要遭受处罚。

(二)充分的沟通能把失误减少到最低限度

与普通人相比,解说员因其公众形象和出色口才,容易做好工作上的衔接与沟通。解说员首先要与安保部门取得联系,知晓当天有哪些大人物亲临现场观赏,以便及时告知编导和摄像,适时把这一信息传播出去。其次,要与竞赛部门取得联系,熟悉裁判与技术台之间的各种连接。以篮球比赛为例,解说员立足于转播席必须环视整个体育馆,弄清楚现场教练席、技术台在哪里,确认自己能否看清大屏幕、记分牌、计时器、犯规指示器等设备设施。再次,解说员要与媒体运行部门取得联系,及时拿到赛前、赛中和赛后的各种参赛名单和统计数据。

在转播团队内部,解说员、摄像师与导播直接的技术联系最多,解说员与现场采写记者的联系也不可少,他们彼此之间都要保持沟通。如果是多人参与解说,解说员与嘉宾之间的关系一定要厘清;解说员就是一个报道者和服务者的角色,其任务就是描述比赛,播报比分与时间,把不便评论的地方交给嘉宾、顾问或者专家,那是他们的领地,你不能喧宾夺主,更不能随便说"我不同意你的看法"之类的妄语。

第二节 赛中科学运用解说逻辑

体育解说评论是不是想说什么就说什么,想怎样说就怎样说?这种疑问,对于普通人来说,是一种好奇;但对于业内人士来说,就代表了一种集体困惑。的确,从来没有哪一本教科书规定过,体育解说员和评论员(合称"体育解说评论员")在广播电视里该如何说话。

一、"审美谈论逻辑层次论"业已成为体育解说评论的理论基础

(一)体育解说评论的"宋氏理论"

回首中华人民共和国60多年的体育解说评论史,张之是开山鼻祖,宋世

雄是里程碑,也是国际上公认的中国当代最优秀的体育解说评论员。但是,直至今天,不少体育解说员对体育实况转播的解说评论仍旧只凭感性和经验,真正有理论建树的人不多,而宋世雄堪称我国体育解说评论理论的集大成者。

宋世雄认为,电视实况转播解说是由评说运动风格和技艺、叙述赛况、讲解规则和知识、介绍背景材料等几个部分组成的。解说员追求的风格是:当述则述,该评则评,述评结合,评述兼顾,述中有评,评中含述。"评论必须客观公正,切中肯綮,见解独到;叙述应脉络清晰,简明扼要,画龙点睛;讲解要通俗易懂,准确新颖,点到为止。"①宋世雄的观点不仅是他个人的心得,同时也是我国整个体育解说界经验的总结,涵盖了体育解说的本质内涵。

我们注意到,宋世雄关于体育解说观念的三个关键词是评论、叙述和讲解,他虽然是从风格的角度进行论述,但实际上也是体育解说评论的原则与方法,体现了体育解说的技术内核,我们可以简称之为宋世雄的体育解说观或体育解说评论的"宋氏理论"。"宋氏理论"的不足之处在于,"没有说清这三者之间的先后关系和各自比重"。②

(二)宋氏理论与审美谈论的逻辑层次理论一脉相承

体育解说评论在本质上是一种新闻传播活动,是一种引导受众观赏体育比赛的专门服务,而优秀的体育解说评论能给人以审美享受。正因如此,国家广播电视部前部长吴冷西认为,"体育解说是一种相当高级的艺术,是解说员思想状况、文化修养和专业知识的综合反映。一次解说等于一次考试。"③

既然体育解说评论兼具新闻服务与观赏指导双重特点,那么,体育解说评论既要遵从新闻报道原则,又要遵从审美谈论逻辑。美国美学家奥尔德里奇认为,审美谈论的实际用语,一般要遵从三种逻辑方式,由浅入深依次为描述、解释和评价,我们可以形象地说,描述位于最底层,以描述为基础的解释位于第二层,评价处于最上层。④

这样,我们就可以清楚地看到,宋世雄毕其一生精力,以中国传统感悟方式得出的解说理论,恰好暗合了具有分析性质的西方美学和艺术理论关于艺术谈论的说法。宋世雄的评论、叙述和讲解其实就是评价、描述和解释的中国

---

① 宋世雄.宋世雄自述——我的体育世界与荧屏春秋[M].北京:作家出版社,1997:316.
② 邹望梅,张德胜.论体育解说评论的逻辑层次[J].广州体育学院学报,2003(4):120-121.
③ 宋世雄.宋世雄自述——我的体育世界与荧屏春秋[M].北京:作家出版社,1997:285.
④ [美]V·C奥尔德里奇.艺术哲学[M].北京:中国社会科学出版社,1986:125.

式说法,而宋世雄没有分清的逻辑层次,我们正好可以通过美学理论来条分缕析,并一一对应,那就是:体育解说评论应由浅入深依次遵从描述(或叙述)、解释(或讲解)和评价(或评论)的逻辑层次。基于此,宋世雄的开山之功不可埋没。① 下面我们以足球、篮球等赛事的实况转播为例,深入分析描述、解释和评价三种逻辑方式在体育解说评论过程中,是如何具体运用的。

二、描述是解说员的看家本领,也是构建解说线索的基础

描述即叙述,是体育解说员对场上正在发生的比赛场面和进展状况的跟踪描绘与报道,是体育解说评论的基础性工作。简单地说,描述就是告诉受众,赛场正在发生什么。

(一)描述必须牢牢抓住情节线与数据线这两条解说线索

体育解说评论必须围绕一条主线来进行,这条主线就是解说线索。解说线索是一个复线结构,包括情节线与数据线两条支线。在解说实践中,情节线与数据线要交叉使用。

情节线既是历史故事线,也是即时冲突线。比赛双方如果以前有过交手,就会给外界留下一些故事、恩怨或过节,比如,其中一方从来没有战胜过另一方,那么这个背景故事就会作为话题,会在今天的解说中被反复提起,看看今天的比赛能否改写历史。"研究显示,以讲故事的方式向人们提供的信息更容易被理解和记忆。"②

与此同时,既然"体育是一种游戏性的身体竞赛"③,这种竞赛是以身体接触、相互较量、攻防转换的方式来进行的,这种方式实际上是一种即时冲突的方式,比赛双方水平越接近,冲突性就越强。在这种冲突中,明星往往能改变瞬间的实力对比,因此,更受解说员关注。

数据线既是历史数据线,也是即时数据线。个人和团队的主要历史数据在战术板上都有标明,而即时数据主要是比赛时间和双方的比分,当然也包括其他数据,如篮球比赛中的助攻、篮板、犯规等。实况转播中,即时数据主要来源有二:一是转播团队有专门统计分析专家,二是大型赛事组委会一般设有数据和成绩公报报送人员。解说员对于比分与时间的不间断播报,高于其他数

---

① 邹望梅,张德胜.论体育解说评论的逻辑层次[J].广州体育学院学报,2003(4):120-121.
② [美]杰里·施瓦茨.美联社新闻报道手册[M].北京:中央编译出版社,2014:222.
③ [美]阿伦·古特曼.从仪式到记录:现代体育的本质[M].北京:北京体育大学出版社,2012:9.

据播报。

（二）广播体育比电视体育更依赖描述

广播体育解说没有监视器，解说员根据自己的视角来进行描述，如果是球类比赛，球的运动轨迹始终是描述的线索所在。广播听众必须依赖解说线索来展开想象与联想，如果听众不知道篮球比赛过程中谁在持球，不清楚球的飞速运动轨迹，不清楚瞬时得分和比赛所剩下时间，他们会迷茫、困惑甚至发疯。

同电视体育一样，广播体育其实是有画面的，这需要解说员用自己的声音去构筑。美国广播体育解说员帕特里克认为："用色彩描绘画面并描述一切是广播中最大的挑战。"约翰·鲁尼也持同样的观点："广播解说的精髓在于运用技巧漂亮地完成工作，并且用各种色彩为听众画一幅画。"有人这样赞叹哈里·凯瑞的广播体育解说："他可以让一场国际象棋比赛听起来像第二次世界大战。"[①]英国记者菲儿·安德鲁斯同样认为："没有什么能比我们耳熟能详的声音更能有效呈现出一幅画面了。"[②]

因此，电台听众对于解说员描述的依赖远远高于电视观众，描述就是听众的眼睛和耳朵。这就是很多解说员愿意在电台工作，而不愿在电视台工作的主要原因，因为电台解说员的话语权远远高于电视解说员，他们不断描述场景的同时，还能适时传达激情，是体育直播真正的主角。

可以肯定的是，广播解说以描述为主，而电视解说的描述不超过五成。

（三）描述应当简明扼要，尽量适应比赛节奏

广播体育解说员要多用主动句和短句。电视体育解说要紧跟画面，而大部分体育比赛特别是对抗性强的项目，比赛节奏很快，镜头稍纵即逝，这就要求解说员描述性的语言要少而精。场上气氛最紧张的时候，解说员只说与技术动作和比赛规则的词组或短语，如足球比赛中的过人、射门、角度、转移、传切、假动作、打身后、越位、犯规等。有时候，在紧要处也有一些警示性词语，如"看这个球……"。

此外，电视观众跟现场观众不一样，现场观众既有看门道的，也有看热闹的，五色杂陈，而体育电视观众一般都是懂行的人，因此，解说员描述的对象都在电视画面之中，观众一般看得清，也看得懂，电视解说员就不宜多说，尤其不

---

① ［美］汤姆·海德里克.体育播音艺术［M］.北京：中国广播电视出版社，2008：53.
② ［英］菲儿·安德鲁斯.体育新闻：从入门到精通［M］.北京：中国人民大学出版社，2010：133.

能赘述"×号传给×号,×号一脚劲射,可惜球打偏了……"之类的广播语言。

(四)描述应准确生动,以便增强耐听性

描述性的语言不一定要很华丽,但一定要准确生动。语言不准确,就容易丧失权威性;语言不生动,就不能感染受众。要做到准确生动地描述,就要求解说员:一是要有良好的判断力,二是要用好动词。如足球比赛中的大力射门速度很快,球进没进,从哪个角度进,对解说员的判断力是一个极大的挑战。一旦进球了,在解说员短暂快速的激情呐喊之后,就需要跟随慢镜头来描述细节,"还原"进球。

在2014年巴西世界杯中,哥伦比亚队当红小生哈梅斯·罗德里格斯(简称"J罗")横空出世,他以6粒进球获得金靴奖。不仅如此,J罗在对阵乌拉圭队时的一记凌空抽射也被国际足联评为本届世界杯赛最佳进球。这一进球,我们可以这样描述:

队友阿吉拉尔头球摆渡给J罗,J罗在禁区弧顶处胸部停球、转身、凌空抽射,皮球划出一道美丽弧线,击中门楣下沿,弹进网窝。尽管门将穆斯莱拉的指尖碰到皮球,但是鞭长莫及。第28分钟,球进了!

(五)描述应不落俗套,力求保持新鲜感

体育解说评论虽然是口语化的表达,但要保持可听性,措辞就一定要贴切、新鲜而不落俗套。为此,欧美一些知名解说员在赛前准备时,往往会做一张同义词表,一张记录着同义词和可用来交替描述同一事物的不同方式的表单。比如,足球中的"射门"与篮球中的"投篮"是比较常见的动作,解说员在描述这两个动作的时候,就可以变着法子来说。如果投篮得分了,就不一定全说成"投篮得分",可以说成"又有两分进账""又涨了两分""又拉大了两分的差距"等,类似的表达方式可以有十几种,这样,受众听起来就觉得有趣。

在体育直播中,解说员必须经常播报比分与时间,那么,对于比分与时间状态的多样化描述,就需要不断琢磨。比如电台篮球解说,差不多30秒播一次比分,如何花样翻新,又不失准确性,对解说员是一个考验。

三、解释是解说员和评论员的交叉地带,一切以把问题说清楚为原则

解释是对于描述的丰富和补充,是体育解说员或评论员对有关背景的必

要交代和有关问题的必要回答。一般包括交代性解释、答疑性解释和推断性解释三种形式。简单地说,解释就是告诉受众"为什么会这样"。

(一) 交代性解释

一是新闻背景交代。从本质上说,体育解说评论是一种扩大的新闻报道,而新闻报道离不开新闻背景,因为新闻背景是新闻背后的新闻。平面媒体的新闻背景,可以通过文字的形式,独立成段,也可任意穿插于文章的各段落中。但是,电视体育直播的新闻背景,只能靠解说员、评论员的即时口语交代。

何时交代合适呢?一般来说,诸如赛地的温度、湿度、风力、上座率、出场阵容、积分、攻防特点等与比赛密切相关的问题,可以在比赛的初始阶段且镜头为远景或中景的时候来交代,一旦有特写镜头出现,不宜叙述与镜头无关的事情。像有关比赛阵型打法,必须经过开场几分钟的交锋之后,解说员才有可能清晰得出准确判断,并适时解释给受众。

为了保证精确和专业,体育解说评论员必须准备大量的第一手资料。但为了保持画面的流畅性和透气性,资料的使用要适可而止。正如美国著名解说员鲍勃·科斯塔斯所说:"优秀的解说员都会有一个装得很满的公务包,还有一个足够敏感的意识,去判断何时把公文包合上,不要让它空了。将里面的东西全用光是傲慢无知的表现。"[1]一句话,准备永远不会过头,但不能把公文包中所有的资料掏空,即使你认为它们很有趣。

二是特写镜头或慢镜头交代。在电视直播中,体育解说员和评论员的面前各有一台监视器,年轻的解说员一般根据监视器中的镜头来解说,因为这些镜头也是观众在电视机中所能看到的镜头。老道的解说员大约60%的时间关注赛场,40%的时间关注监视器,以说球为例,叫作"活球看场面,死球看监视器"。从原理上说,解说员应该对观众交代特写镜头,并自己解说或提醒评论员解释重放的慢镜头。

如何处理特写镜头,是评价体育解说评论员能力水平的重要标志之一。电视镜头都是稍纵即逝的,当特写镜头出现时,对于解说评论员来说,有些要脱口而出,有些要保持沉默。如果是明星政要出现在镜头中,你不说,则显得你无知;你说错,那就成为笑话。在此情况下,如果你没有把握,你可以选择被动沉默。反之,在升国旗、奏唱国歌的庄严时刻,说什么都是多余的,你必须选择主动沉默,即留白。大凡涉及冲突性或突变性的场面,一般先有特写镜头出

---

[1] [美]汤姆·海德里克.体育播音艺术[M].北京:中国广播电视出版社,2008:28.

现,后有慢镜头重放。在这种情况下,体育解说评论往往是描述与解释的结合体,如"某某头部受伤流血,需离场作紧急处理"。

(二)答疑性解释

一是竞赛规则问题答疑。体育解说员、评论员一般比较熟悉竞赛规则,但有些项目规则的书面表述本身就晦涩难懂,要用口语化方式对观众或听众做描述,就愈发困难。比如,足球中的"越位"就是这样。中国足协审定的国际足联《足球竞赛规则》规定:队友处于越位位置本身并不是犯规。"在对方半场队员较球和最后第二名对方队员较球更接近于对方球门线",就视为队员处于越位位置。处于越位位置的队员,在同队队员踢或触及球的一瞬间,裁判员认为其干扰比赛,或干扰对方队员,或利用越位位置获得利益,"卷入"现实比赛中时,才被判为越位犯规。

对于这样的原文,的确令人费解,解说员即使原文照读,受众也不一定能够理解透彻。如何把越位说清楚,的确需要智慧。黄健翔用"抢跑理论"来解说越位,就较为通俗易懂:"抢跑"是田径比赛术语,属于犯规的一种,抢跑的"条件"是必须有一条起跑线和一声发令枪,对于越位来说,"发令枪"就是攻方队员出脚传球的触球一刻,而"起跑线"是防守方倒数第二名防守队员所在位置与本方端线(底线)的平行线。一个动态可变的"起跑线"加上动态过程中随时可能发声的"发令枪",越位就如同足球场上抢跑犯规,当攻方队员最后一脚传球的触球瞬间,以参与进攻的接球队员是否越过这条"倒数第二人"的"起跑线"来判定越位①。

因此,对于规则的二度阐释必不可少。同样一条规则,不同的解说员有不同的解释方法,还会出现解说员与评论员相互讨论的情况。

二是裁判执法问题答疑。运动员是否遵守了体育比赛规则,最终要通过裁判员的哨音、手势、语言等判罚符号来体现。国内的解说员、评论员对于裁判的判罚,一般从三个方面来做解释:一是对裁判的"正确判罚"做出肯定或口头解释,二是对裁判的"误判"做出质疑、批评等评价,三是对裁判的"漏判"做出提示、批评等评价。

因为下列原因,导致解说员、评论员喜欢评价或批评裁判:第一,裁判执法有瑕疵,比如,裁判上下半时判罚尺度不一致,主客场判罚尺度不一致,还有难

---

① 黄健翔.黄健翔:如何给女友解释越位[EB/OL].[2014-05-05]. http://sports.sina.com.cn/zl/football/blog/2014-05-05/1455/1362607654/5137be260102e7va.shtml.

以避免的错判、漏判等;第二,解说评论员自身倾向性过浓,自觉或不自觉地讨好观众;第三,通过慢镜头抓住裁判的技术把柄,死批不放,以显得自己高明。批评裁判,短期内能够为解说员、评论员带来超强人气,但久而久之,将有损于解说员、评论员的权威性,得不偿失。

我们的看法是,解说员、评论员不要随便评价裁判,相反应该尊重裁判,相信裁判。正如美国著名广播篮球解说员凯文·哈兰所说:"当你开始担心裁判的时候,我认为你已经失去了一部分权威性。你首先是个报道者,而你必须报道正在发生的事情。更多的时候,裁判是正确的。"①

(三)推断性解释

一场比赛的胜负,往往取决于参赛双方在技术、战术、体能、心理四个方面的全面较量。只有教练才能把这四大要素糅合在一起,使之裂变,产生能量。"从某种意义上说,教练的临场指挥能力,比场上队员的作用还要大。临场指挥能力如何,是衡量一个教练真才实学的最重要指标。"②既然主教练是体育比赛的神经中枢,体育解说评论员就会自觉不自觉地把自己想象成主教练,对出场阵容、暂停、换人等主教练的临场业务进行推断性解释。

一是解释阵容。体育解说评论员拿到出场名单以及替补名单以后,就会站在主教练的角度,对这份名单进行合理想象。他们赛前所做的采访,搜集到的资料,实况转播中就能派上用场。

二是解释暂停。很多体育比赛都有暂停的规定,有些是规则规定的统一暂停,有些是主教练根据需要、依规申请的暂停。暂停是主教练在比赛中发现问题、采取措施,向场上队员布置任务、指挥比赛的重要手段,这也是解说评论员向受众解释暂停目的和战术部署的黄金时间。

三是解释换人。任何体育比赛的主要目的,就是为了取胜。如果要取胜,主教练就必须运筹帷幄,调兵遣将,在规则允许的范围内,主动换人。要不要换人,何时换人,用谁来换谁,轮换效果如何,这些问题会贯穿整场比赛,由解说评论员向受众做出推断性解释。

推断性解释是一柄"双刃剑",解释得很准的时候,容易使受众信服;解释得不准,就等于当众给打自己的脸。所以,解释有风险,推断须谨慎。

---

① [美]汤姆·海德里克.体育播音艺术[M].北京:中国广播电视出版社,2008:72.
② 张德胜,姜晓红,洪钢.体育观赏概论[M].北京:人民体育出版社,2008:245.

四、评价必须切中肯綮,最好交给专家来完成

评价或评论是体育解说逻辑的最高层次,是体育解说员或评论员对比赛进程、人物表现、结局后果等进行判断、分析后的结论,提出解决问题的办法。简单地说,评价就是告诉受众,下一步该怎么办。

(一)评价的时机

评价的时机通常分为即时评价、定时评价和综合评价等多种形式。

当比赛过程中有突发情况发生,一经处理完毕,解说员或评论员可以就这一处理结果进行评价。比如说,在足球比赛中突然进球了,解说员第一时间会进行描述,谁进球了。紧接着,配合慢镜头回放,对于这个进球是如何发生的,再进行解释。这个进球对于该场比赛乃至球队的未来何影响,解说员或评论员可能做出简明扼要的分析。这就是即时评价。

定时评价往往根据比赛的时间节奏来进行,比如篮球比赛每隔5~6分钟或每一节比赛结束,足球比赛每隔10~15分钟,体育解说评论员都会进行一定的评价,这就是定时评价。定时评价能帮助受众对于比赛的走势有所了解,调整观赛思路。定时评价往往会结合播报比分与时间来完成,渐渐成为一种习惯。

综合评价是一种小结评价或总结评价,多发生上下半场之间和比赛结束之后。上半场结束,体育解说评论员会对对阵双方的表现进行小结,并对下半场的走势做出预判,特别是对教练的战术调整做出大胆假设。全场比赛结束,体育解说评论员一般会结合各种数据,对比赛的结果、原因与后果进行总结评价。

(二)评价的主体

如果是一人独说的比赛,体育解说员就集体育解说员和评论员于一身,一肩担两责,成为体育解说评论员,他或她就是评价的主体。如果是由解说员(央视习惯称之为"评论员")与评论员(央视习惯称之为"嘉宾")联袂完成体育解说评论,此刻,解说员的主要是职责是描述和穿针引线,解释与评论的任务则交由嘉宾来完成,因为嘉宾一般是具有职业运动员或教练员经历的专家、顾问,他们的评价更富有权威性,同时要对自己发表的评价负责,是真正意义上的评论员。当然,在即时评价中,解说员为了配合稍纵即逝的画面,自己也可

以相机行事,发表评价。

长期以来,中央电视台在体育赛事直播中,用字幕的形式,把解说员打成"评论员",而把真正的评论员打成"嘉宾",这是一种颇为独特的做法,与国际上的普遍做法不一致。

(三)评价的视角

体育比赛牵涉方方面面,从哪些方面发表评价比较合适呢?以下视角可供参考:

一是运动员的临场发挥。运动员是比赛的主角,也是媒体关注的中心。解说团队更多关注主队或偏向所指的一方,他们当天的水平发挥与过去的表现情况,经常被解说团队进行比较分析。不论是集体项目还是个人项目,作为队中明星或知名度高的一方,永远被解说团队寄予更多的期许。

二是教练的临场指挥。在直播镜头中,主教练的曝光率仅次于场上选手和裁判。主教练的临场指挥水平也是比赛的看点之一,备受解说团队关注。主教练的赛前训练、排兵布阵、场边吆喝、调兵遣将、沟通裁判等,都是解说团队评论的话题,其中,调兵遣将至关重要。

三是裁判的执法表现。比赛是主体,裁判是主导,越是精彩的比赛,裁判越不会成为焦点。赛事委员会一般不准许主教练批评裁判,同样,解说团队不应把评论的焦点放到裁判的身上。如果要关注裁判,可以从裁判的判罚中,来帮助受众更好地理解竞赛规则,以培养公民的规则意识。

四是观众的加油助威。主场观众是篮球场上的"第六人"和足球场上的"第十二人",他们的加油助威既是对主队的强大支持,也是一种自我娱乐方式。解说团队不应漠视观众的存在,要适当引导受众多去现场观赛,鼓励忘我投入,同时提倡文明观赛。

五是赛事的组织服务。比赛是一个系统工程,赛事组委会的交通、票务、安保等公共服务也可以成为评论的话题。

(四)评价的方式

在体育解说评论过程中,主要的评价方式不外乎赞扬、批评和建议三种。

赞扬留有余地。人人渴望赞美,"每个人在称赞别人时即是称赞自己,我们想要因自己的完善品质得到荣誉"。① 体育之美,在于崇高与悲壮。胜者艰

---

① [荷]约翰·赫伊津哈.游戏的人[M].杭州:中国美术学院出版社,1996:69.

苦卓绝,负者功败垂成。建议解说团队坚持适度倾向性原则,转播情感中立的比赛,应为双方的选手叫好;转播主队的比赛,如果主队赢了,似乎怎么夸奖都不过分,但一定不能贬低客队,别让客队的媒体受众听起来不舒服。当然,应避免对于客队虚情假意的同情或言不由衷的赞美。

批评善意中肯。胜负乃兵家常事,即使解说团队强烈支持的队伍输了,可以做建设性的批评,但不宜做宣泄式的谩骂,更不能像2012赛季中超比赛河南台的某解说员那样,号召电视观众赶紧换台。① 为了避免过度宣泄,解说团队可以利用事实和数字来说话,因为"用事实说话"本身就是新闻报道的基本方法。

比如,评价一个NBA巨星失误太多,解说评论员不宜反复说"他今晚失误太多了,他必须对比赛的失败负责"。不如反过来说,他遇到了一个糟糕的夜晚,今天的失误数达到了N次,超出了他本赛季场均失误数。这样就避免了直接批评球员,而由受众去判断,是不是该由他来承担全队失利的责任。

建议切实可行。任何体育比赛都是一种有组织、制度化、游戏化的身体竞赛,即使今天输了,下次可以重来,并非一锤子买卖。无论输赢,解说团队要对他们所支持的队伍提出切实可行的建议,这样才能提高解说员、评论员的声望,从而提升他们所在媒体的公信力。

(五)评价的语言

评价的语言应当口语化,即兴化,切中肯綮,画龙点睛。只有口语化,才能便于与观众、听众的交流;只有即兴化,才能符合体育比赛过程与结局不可预知的特点;只有切中肯綮,才能抓住要害,说到点子上,令人信服;只有画龙点睛,才能避免喧宾夺主,因为电视画面是主旋律,解说评论不过是伴奏。

美国著名体育解说员凯文·哈兰认为,体育解说评论"不要事先组织好语言。如果你按组织好的语言去说,那将表现得听起来像是你在照字念稿"。② 我们注意到,2012年伦敦奥运会和2014年巴西世界杯赛期间,国内有些解说员为了博出彩,把事先准备的很多名言警句、大段的排比、诗一般的语言,一股脑"端给"受众,引发热议。其实,这种做法并不可取:一方面,太书面化或文绉

---

① 新浪体育.河南解说怒气爆发贯口批球队:您换台吧!令人发指[EB/OL].[2012-03-17]. http://sports.sina.com.cn/j/2012-03-17/17495985332.shtml.
② [美]汤姆·海德里克.体育播音艺术[M].北京:中国广播电视出版社,2008:71.

练的语言,表明你在"掉书袋",而体育解说评论则完全是口语风格;另一方面,你像诗人或演讲者一样长时间抒情,容易游离于画面特别是特写镜头之外,因为胜负决出的那一刻,表现胜利者的崇高与失利者的悲壮的特写镜头,具有震撼人心的力量,就画面来解说是最恰当的做法。

五、三种逻辑并非一成不变,贵在科学运用

以上是我们对于体育解说逻辑层次具体运用的分别论述,但在实际工作中,这三种逻辑层次并非一成不变,刻板僵化,而更多的是根据实际需要灵活而科学的运用。有时候,解说员的一句话,既是描述性的,又是评价性的,比如说"好球"、"可惜了"之类;有时候,评论员的一句话,既是解释性的,又是评价性的,比如"门将站位不好(造成失球)"等,这些都要我们去悉心体会。

因此,我们说解说体育如同谈论艺术,并非简单的"描述+解释+评价",油水分离,而是"描述×解释×评价",水乳交融,是三种逻辑的复杂"乘法",而不是简单的"加法"。用一个简单的数学公式来表示,就应该是:体育解说评论=描述×解释×评价。①

要实现这一目标,这就要求解说员、评论员、分析师、导播、摄像、记者等牢固树立共同为受众服务、让受众满意的观念,发扬团队精神,明确各自职责,做好分工与合作,因为"体育报道,像体育活动本身一样,是一种团队的活动。过分自负极少受到欣赏"。② 已经有无数的经验教训可以印证这一点。

第三节 积极开展赛后总结

对于以体育解说评论为业的人来说,一场转播结束了,所有的功劳苦劳都要归零,必须为下一场直播做准备。但我们不能被动进入下一场比赛,而应积极开展赛后"复盘"与自我总结,以便积蓄能量,投入新的转播。

---

① 邹望梅,张德胜.论体育解说评论的逻辑层次[J].广州体育学院学报,2003(4):120-121.
② [美]卡尔·豪斯曼,等.美国播音技艺教程[M].第5版.上海:复旦大学出版社,2007:236.

一、养成重看录像或重听录音的习惯

不管是入行不久的新手,还是功成名就的老手,解说员都应该养成重看录像带或重听录音带的习惯。至于多长时间看听一次,这要取决于各人的实际需要和时间冗余,每周能看听一次,当然最好。通过重看或重听,悉心体会每一个细节。如果有可能,还可以请家人、朋友、专家一起重新看听你的解说评论。

(一) 重听录音比重看录像更重要

从"复盘"的效果来看,重听比重看的意义还要大。重听广播节目自不必说,对于电视解说员来说,因为重听就可以电视画面作为背景,把伴随画面的有声语言列为重新评估的第一要素。这就像人们把看音乐会说成听音乐会一样。注重听觉,不受视觉干扰,这样就能促进自己的解说朝着更加均衡的方向去发展。我们可以重点重听两方面的内容:一是基础工作做得够不够,二是与搭档的配合做得好不好。

(二) 比分、时间、描述是重点关注的三大目标

不断播报比分与时间,是观赏服务的基础。重听录音,解说员就可以量化统计一下自己一场比赛究竟播报了几次比分与时间,再根据沙漏原则对比一下国外的优秀解说员,自己还有多大的差距需要弥补。我们必须明白,在体育实况转播过程中,观众和听众总在不断地进出,只有不断地播报比分与时间,才能留住受众,让他们走进节目。从解说评论的逻辑来看,描述是解说员的基本功课。以球类比赛为例,球在哪里,球路有哪些,瞬间阵型如何,球员的位置是否合理,通过这些形成解说线索,这是描述的重点。

(三) 重建一种伙伴般的默契

在与嘉宾的配合方面,解说员应重新审视自己为评论员所做的烘托与铺垫是否合适,留给评论员的说话空间是否足够,自己抛出的解释或评论性话题的时机是否恰当,是否真正把出彩的机会留给了评论员,让对方变成了红花,而自己甘当了为嘉宾服务的绿叶。

对于解说员来说,与自己搭档的嘉宾往往都是相对固定的,解说员最好能够在赛季间歇期,与嘉宾一起重温一次他们所共同解说评论的节目,相互总结

一下成败得失,重新讨论一下不同项目的转播节奏,比如篮球比赛像敲鼓,橄榄球比赛像行军,棒球比赛像畅聊,借鉴一下相声表演中的捧哏与逗哏的语言特点,探索解说员与评论员之间心领神会的表达方式,重新建立一种伙伴般的合作默契。

二、广泛听取善意的意见与建议

学会聆听,是记者的重要采访方法之一。同样,学会聆听,也是每一个成功人士必须掌握的人际交往技巧。

(一)一定要有接受各种批评的勇气

实践表明,以说为业的人,往往不擅长聆听。对于任何人来说,良好的聆听技巧都是与人交际的必需技巧,而对于解说员来说,不愿意或者不擅长聆听,最终会影响其职业发展。作为解说员,一定要有足够的勇气,广泛听取来自四面八方的不同声音,特别是来自网络新媒体的批评与建议。没有人喜欢被人批评,但如果人们的批评是正确的,那就应该学会改正错误。一旦你成为舆论的焦点,或者成为学术讨论的案例,除了站出来聆听、甄别与接受,你别无他法。否则,你就不宜在这一领域继续发展。

(二)虚心聆听四个方面的声音

一要倾听球迷的呼声。球迷是解说员的衣食父母,他们的看法最为质朴率性。球迷通过电视、电台、网络、移动端等多种平台收看收听比赛,以口头表达、网络留言、微博微信推送、发表文章等多种形式,发表自己对于解说员的点赞、吐槽或谩骂。对于林林总总的球迷声音,解说员一定要有包容的心态,首先全盘接收,然后仔细过滤,一定要听从与采纳主流民意,因为那是公众舆论。当然,如果"某种意见低于一定总体的三分之一,在这个总体中,这种意见只能说是少数人的意见。少数人的意见也是一种意见,但绝不是舆论"。① 不过,即使少数人的意见有欠公允,我们也要尊重他们说话的权利。

二要征询教练员、运动员和裁判员的看法。教练员对于排兵布阵的选择,运动员对于技战术的运用,裁判员对于规则的把握,其水平都远在解说员之上。但在直播过程中,解说员不可能去征求比赛各方的意见,只能按照自己的

---

① 陈力丹.新闻理论十讲[M].上海:复旦大学出版社,2008:8.

理解去表达。这种表达如果是正确的,不会有什么争议。一旦与事实不符,就会引起各方不满。为了减少这些争议,解说员应该尽可能利用各种机会,与教练员、运动员和裁判员进行平等而友好的交流,以便获得你想要的信息。打个最简单的比方,如果你不知道国民老公"宁泽涛"这个运动员的姓氏如何发音,最好的办法是直接去问宁泽涛本人,因为"误念或弄错一个球员的姓名会逐渐损坏你的权威性。"①

三要关注学者的研究。在我国,无论是新闻传播学,还是戏剧与影视学,都把体育解说评论作为一个重要的研究领域,相关的课题、论文、著作、教材等研究成果可谓汗牛充栋,如果解说员能够放下身段,摒弃业界与学界之间相互轻视的固有成见,肯定能沙里淘金发现一些真知灼见。其中,最便捷的获取资料方式,就是登录中国知网(www.cnki.net)键入关键词进行精准查询。

四要采纳同行的建议。同一个媒体、同一个项目的解说员也许是"冤家",但不分国籍、不同媒体、相同项目的解说员就是同道中人了,因为彼此没有竞争关系,又经常能在异地他乡的赛会制比赛直播中相遇,大家甘苦与共,很容易成为朋友,可以在论坛、出行、参观、吃饭、喝茶等具有社交性的放松场合,随机交流业务问题。最好能找来国内外公认的优秀解说员的录音录像带,来观摩、学习与借鉴。

三、坚持不懈地阅读与写作

孔子说:"温故而知新,可以为师矣。"要做一个优秀的体育解说员,既要有赛后重温节目和聆听意见的"温故"的勇气,还要有努力撷取新知识、积蓄新能量等创新思维,那么,坚持不懈地阅读与写作,就不失为一种行之有效的好方法。

(一)广泛的阅读是最好的充电

跟所有的广播电视主持人一样,体育解说员是一个杂家,必须具备自然科学、社会科学和人文科学等多学科知识。终身阅读,是主持人岗位对体育解说员的必然要求。除了读书之外,体育解说员还必须坚持阅读报刊文章、体育运动规则和裁判法则。

阅读报刊新闻特别是新闻评论,能够培养解说员的新闻敏感、媒介素养和

---

① [美]汤姆·海德里克.体育播音艺术[M].北京:中国广播电视出版社,2008:144.

文学素养。说白了,阅读有助于提高新闻从业人员发掘和讲解故事的能力。国外一些成功的解说员一般都有大声朗读、录音复听的习惯,以此培养语感。还有一些人喜欢朗诵,只有擅长朗诵的人,才有可能亲自为专题片配音,因为朗诵是配音的基础。这就像演员,戏路越宽的人,所扮演的角色就越多,人气就越旺。

如果说阅读报刊是为了提高修养的话,阅读运动规则和裁判法则能够直接提高解说评论水平。每一项运动都有其比赛规则,对于裁判来说,如何理解与执行这些规则,这就催生了相应的裁判法则。我们鼓励解说员对运动规则与裁判法则百读不厌,并非为了挑战裁判或标榜自我,抑或挑拨公众情绪,而是为了更好地解读裁判的判罚行为,继而让受众沿着解说线索,继续观赏比赛。

(二)解说与写作可以相得益彰

同样有很多事实表明,以说为业的人,往往不擅长写作。因为长期从事口语表达工作,容易形成"流利的废话"。虽然"述而不作"是中国儒家传统,但解说员作为国际公认的职业角色,在解说之余应当坚持写作,因为解说与写作可以相得益彰。解说员的赛后写作,既能提高新闻素养,还能提高文学素养。

国外的解说员往往自己撰写电视新闻文稿、电视专栏脚本、报纸专栏评论和体育特稿。美国学者杰·科克利认为,在各种大众媒体中,"最依赖于体育的媒体是报纸和电视"[①],而且报纸和电视在体育报道上是共生关系,电视直播的比赛,是报纸连续报道的对象;反过来,人们通过阅读报纸的连续报道,对体育电视直播充满期待。这为解说员成为写手提供了平台,而如今的网络新媒体又把这个平台无限放大。

通过撰写不同新闻文体文本,解说员可以了解不同新闻产品的技术要求,还可以加强语音之外的语法、词汇、修辞训练,提高自己的鉴赏力与表现力。一旦自己的文字功夫提高了,口头表达能力就能随之增强。

(三)大力提倡撰写三类文章

一是新闻稿。国外解说员都有自己写作新闻稿的习惯,但是,在我国广播电视行业分工太细,播音员、主持人、解说员基本只是动口不动手。而新闻稿

---

① [美]汤姆·海德里克.体育播音艺术[M].北京:中国广播电视出版社,2008:471.

一般具有短小精悍、生动传神的特点,如果解说员自己写新闻稿,势必有助于他们加强语法、词汇、修辞训练,逐步养成少说废话的习惯。

二专栏文章。近年来,解说员、评论员开辟个人专栏的情况越来越常见,像韩乔生、黄健翔、董路、杨毅、刘建宏、段暄、洪钢等一大批一线解说评论员,纷纷在报纸、杂志、微博、微信等平台上开辟体育评论、特稿专栏,分别拥有数以万计的"粉丝"群体,他们的言论先经媒体传播,再经各自"粉丝"群的人际传播,其所产生的传播效果,大得难以估量。

三是业务总结或论文。国内主流媒体往往有在世界杯、奥运会转播结束后开总结会、庆功会、表彰会的习惯,一些一线解说员会在会上交流心得。全国电视体育节目主持人研究会每年举办一次年会,会上也会有一些论文交流。这两种会议,如果能够邀请学界专家共同参与,实现跨界的学术碰撞与思想交流,估计效果会更好一些。

作业题

1. 如果以转播一场比赛作为周期,你认为体育解说员应该做好哪些方面的准备?

2. 请依次论述体育解说评论的逻辑层次。请问该如何科学运用这三种逻辑层次?

3. 体育解说员的赛后功课有哪些?

参考文献

[1][美]汤姆·海德里克.体育播音艺术[M].北京:中国广播电视出版社,2008.

[2][美]比尔·科瓦齐,汤姆·罗森斯蒂尔.新闻的十大基本原则:新闻从业者须知和公众的期待[M].北京:北京大学出版社,2011.

[3]杨毅.解说是精密的工作 怎么准备一场比赛?[EB/OL].[2016-02-01].http://sports.qq.com/a/20160201/019355.htm.

[4]宋世雄.宋世雄自述[M].北京:作家出版社,1997.

[5]邹望梅,张德胜.论体育解说评论的逻辑层次[J].广州体育学院学报,2003(4).

[6][美]V.C 奥尔德里奇.艺术哲学[M].北京:中国社会科学出版社,1986.

[7][美]杰里·施瓦茨.美联社新闻报道手册[M].北京:中央编

译出版社,2014.

[8][美]阿伦·古特曼.从仪式到记录:现代体育的本质[M].北京:北京体育大学出版社,2012.

[9][英]菲儿·安德鲁斯.体育新闻:从入门到精通[M].北京:中国人民大学出版社,2010.

[10]黄健翔.黄健翔:如何给女友解释越位[EB/OL].[2014-05-05]. http://sports.sina.com.cn/zl/football/blog/2014-05-05/1455/1362607654/5137be260102e7va.shtml.

[11]张德胜,姜晓红,洪钢.体育观赏概论[M].北京:人民体育出版社,2008.

[12][荷]约翰·赫伊津哈.游戏的人[M].杭州:中国美术学院出版社,1996:69.

[13]新浪体育.河南解说怒气爆发贯口批球队:您换台吧!令人发指[EB/OL].[2012-03-17]. http://sports.sina.com.cn/j/2012-03-17/17495985332.shtml.

[14][美]卡尔·豪斯曼,等.美国播音技艺教程[M].第5版.上海:复旦大学出版社,2007.

[15]陈力丹.新闻理论十讲[M].上海:复旦大学出版社,2008:8.

第四章

体育解说评论员

学习目标

本章旨在了解体育解说评论员的岗位职责,合格体育解说评论员的基本素养与必备技能,以及体育解说员和评论员之间的组合与配合。

章前导言

体育解说评论员的职责是什么?合格的体育解说员应该具备什么素养?解说员是否等同于评论员?什么样的解说评论组合才能打造完美的"视听盛宴"?这是近年来体育电视传播学界、业界,以及广大体育观众共同关注的问题。

本章从探讨体育解说评论员的岗位职责入手,阐释体育解说评论员的基本素养,探讨体育解说员与评论员的组合与配合。厘清了上述基本问题,才能充分了解什么是体育解说评论员,怎样才能成为优秀的体育解说评论员。

第一节 体育解说评论员的岗位职责

何谓体育解说评论员？从词语结构来看，体育解说评论员是一个偏正结构，意为从事体育解说或评论工作的人，其工作就是从事体育运动项目的解释、说明与评论，体育解说评论是体育比赛的重要组成部分，与比赛本身同样受到观众关注。

前面第一章已指出，体育解说评论员是一个"三位一体"的立体角色：一是报道者，二是评论者，三是娱乐者，其本质是体育新闻工作者，是记者、主持人，也是体育专家。

体育解说员并不等同于体育评论员。虽同是以体育赛事为工作平台，但前者侧重于解释说明，后者则倾向于议论点评。

一、把赛事解说清楚

一名优秀的体育解说员，首先应是一名合格的体育记者。要想达到基本的传播效果，他必须做到为观众把比赛解说清楚。要解说清楚，前提是自己能够看懂比赛。如果说一场比赛是一个新闻事件，那么体育解说员所做的工作就是详尽准确地为观众完成同步报道，使观众了解新闻事件发生发展的整个过程。观众所看到或听到的解说，伴随着整个赛事全过程。但是作为体育解说员，所做的工作往往远不止这些。他要在赛前收集第一手背景材料、赛时报道进展情况，甚至需要在赛后采访当事人。单纯的体育解说员，其角色和职责更像一名记者。

凡事预则立，不预则废。要看懂比赛并且把赛事讲解清楚，首先要做好赛前案头准备工作。没有充分的赛前准备，就没有底气十足、精彩纷呈的赛事解说。有专家指出，电视体育解说员在赛前要做好五项准备，即大环境的准备、体育活动现场的准备、体育活动参与者情况、整合资料抓住看点、受众与自我定位。① 一名合格的体育解说员，解说前都会认真制作每一场比赛的战术板，

---

① 江和平,曾静平,等.中国体育电视研究报告[M].第1版.北京:中视体育,2009:62.

将有关比赛的各种重要信息,如首发阵容、运动员资料、过往战绩、最新情报等记在战术板上,并且了然于心。如果是国内赛事,这些重要信息的获得可以通过跟队的同事赛前深入俱乐部或训练场,找人谈话,或观看训练,了解备战情况。通常情况下,大型赛事举行的前一天,赛事组委会还会安排新闻发布会,这更是了解比赛双方或多方信息的最好机会。不同于从网络上"扒"来的信息,这些信息和材料都是鲜活生动的。而对于国外的赛事,解说员一般会通过官方网站或官方微博等途径获取信息以确保其真实性。只有赛前做足功课,解说员才能在解说时为受众传达丰富准确的信息,帮助受众更好地观看比赛。

体育解说员有时还需做好赛后采访。赛后对比赛运动员、教练或相关人员进行采访,也是解说的重要内容。访问内容一般主要是参赛队员、教练对于本人本队本场比赛或比赛对手的表现评价,以及下一个阶段需要做的针对性训练或下场比赛需要做的改进。

新闻报道要求记者具有良好的新闻敏感性与客观报道新闻事实的能力,体育解说员同样需要具备这样的能力。由于赛前的准备工作、赛中或赛后的采访都极具针对性,因此对新闻敏感性要求非常高。在体育比赛中,解说员的新闻敏感性要和受众所密切关注的人或事保持高度一致。比如,德罗巴与申花签约后参加的第一场比赛,解说员若是对赛前的资料收集缺乏针对性,比赛过程中的解说不突出万众期待的德罗巴,赛后也不对德罗巴的首秀进行评价,那么毫无疑问,这样的解说从一开始就注定是失败的。有的放矢,每场比赛赛前提炼出最重要的看点,吸引观众眼球,应该是解说员在赛前收集材料信息最应把握的重点。

体育解说员围绕比赛所做的一切都要以真实、客观为依据。首先是真实,无论是赛前收集材料、赛中报道、赛后采访,解说员所收集、所引用、所解说的一切都必须真实、准确无误。所有资料数据都必须来源于正规渠道,不可道听途说或轻信网络。其次是平衡,不可因为自己是哪个队或哪位运动员的"粉丝",在材料收集时偏己所好,解说时对自己所爱浓墨重彩,而忽视比赛的另一方。合格的解说员必须对自己的工作负责,实事求是,誉人不增其美,毁人不增其恶,对双方一视同仁。因为体育解说评论员在工作中是名副其实的新闻工作者,那一刻所扮演的角色,不是球迷更不是啦啦队!

二、把感受表达充分

解说员在赛前赛后要尽记者之责,而赛中解说则是考验解说员说的主持之才,一场体育解说伴随着整个比赛的全过程,呈现于受众面前,这一过程也是主持节目的过程,考验着解说员的语言表达与应变能力,也检验着解说员的新闻素养与专业水平。

解说是一门语言艺术。无论赛前掌握了多少资料,无论比赛过程精彩还是沉闷,无论赛后有多少欢喜或忧伤,所有这些都得凭着解说员的一张嘴来表达。所以,扎实的语言功底、对现场赛况的充分把握、从容机智的应对、幽默风趣的表达,这些都是解说成功的基本保障。

体育赛事往往是扣人心弦,甚至动人心魄的,尤其是足球比赛。作为解说员,要以记者的标准要求自己,对赛事做真实、准确的解说。但是,如果仅仅做到这一点,很显然也是不够的。人脑不是电脑,在人的理性思维以外,还有感性的一面。理性、客观的表达是对记者的基本要求,但是如果从头到尾都一贯冷静,没有一个正常人理所应当发生的情感参与,这种表现就会被观众视为冷漠。解说员存在的价值,绝不可能等同于一台有信息说明功能的发声机器,他还应该作为一个活生生的人,传递出因赛事起伏而引发的正常情绪和情感。

解说员的情感,包含着对体育事业的热爱。在一场赛事中,他可能对某一方的杰出表现感到欣赏不已,也可能为另一方顽强拼搏的精神由衷钦佩。凡此种种,都是一种正常的情感或感受。解说员在客观解说的基础上,也需要以一个有血有肉的正常人的心态对这种情感进行充分的表达。但是,我们要特别说明的是,所有感情的表达,都不能是偏激的、狭隘的,更不能是过度的。假如因为对某一个运动员或某一个球队的偏爱,就对其对手也产生敌意的情绪,是万万不足取的。归根结底,解说员的感性表达必须建立在理性认知的基础上。无论如何,他都需要从宏观的角度来综观自身解说的比赛。他不应该完全站在球迷的角度去看比赛的胜负。解说员的身份决定了他必须相对超然地看待比赛的结果。球迷可以为自己崇拜的球星而欢呼、疯狂。但是体育解说员不同,他可以欢呼,但不能疯狂。非但如此,他还不应该仅仅为个人喜欢的运动员欢呼。就拿足球来说,他的爱不应该是狭隘的对某一个球员或球队的热爱,而应该是对足球运动的热爱。大而言之,是对体育精神的热爱。他的情感,必须是一种带有超越性的"大情感"。

三、观点表达专业独到

体育评论员需要针对体育比赛发表意见,这要求他必须具有专业素质,对所评论的体育项目有全面深入了解。受众看(听)某人评论某事,必然会审视评论者的资格水平,对体育评论员的要求也是如此。信息时代,受众缺乏的已不再是信息,而是专业独到的观点。

目前各大媒体的体育评论员大概分以下几类:赋闲的教练、退役运动员、媒体人士、高校教师、科研人员等。这些人当中最"专"的,是赋闲教练和退役运动员。内行不说外行话,这些曾经的教练和运动员是不折不扣的体育专家,他们了解比赛,宏观上懂得如何排兵布阵、改变节奏、扭转局面;微观上知道如何跑位、制约与反制约,直至取得比赛最后的胜利。中央电视台的不少体育评论员都有运动背景,徐阳曾是米卢时期的国脚,杨健在入这一行前曾是跨栏运动员,被观众亲切称为"陶指导"的陶伟也曾是职业球员……这些行内人,在离开运动赛场后都迎来了自己人生事业的"第二春"。不过这些运动员出身的体育解说员常常在直播中遭遇"肚里有货倒不出"的尴尬,亟须提高语言表达能力。虽然一些口才出众的媒体人士也能吸引受众,但若有专业的观点则更令人信服;尽管高校科研人员有理论素养,但"纸上得来终觉浅",体育评论还是得践行"躬行"之道。

总之,一个让观众信服的体育评论员,既要有专业的运动背景,懂得体育知识,还必须具备出色的语言表达能力。著名体育评论员徐济成就是个"双跨"专家,作为新华社著名记者,专业运动员出身的他评论既专业又生动,其准确流畅的表达,让人信服,悦耳爽心,遗憾的是像他这样全面的体育评论员并不多见。

四、把快乐传递到位

黑格尔说:体育是人类精神王冠上的花朵。体育源自游戏,参加体育运动让人身心愉悦,观赏体育比赛本身就是一种娱乐休闲。因此,体育解说不仅仅是讲解技战术,还要把观众的情绪调动起来,要帮观众"找乐子"。当今社会,学习和工作节奏空前紧张,人们观赏体育比赛也是为了释放压力,放松身心,获得快乐。

传播学之父施拉姆认为:传播的最高境界是让受众身临其境。精彩的赛事转播一般都能收到这样的传播效果。比赛中精彩的场面,常常出现于得分时的高潮,比如足球的射门得分、篮球的快攻、乒乓球的对攻扣杀、排球的连续防反等。在紧张的比赛中,观众往往绷紧了神经,每到进球或得分,会有一种释放的快感。比赛有张有弛,观众的心电图也会随之变动。解说员或评论员的价值,就在于能够随着赛事的进展,很好地引导观众心电图的波动。高潮阶

段，在语言的渲染下，让大家乐得更加酣畅。相对冷场的阶段，解说员则需要适当发挥自己的创造性、引导性，通过一些背景的介绍、细节的放大等，带领观众看到更多精彩。当赛事打得非常沉闷时，解说员或评论员联系当时的情景，插一段有趣的小故事，引发大家一乐，也未尝不是一个好办法。只要不是在一些理应庄重严肃的赛事中，插科打诨的语言风格可以大胆使用。因为，从本质上讲，体育比赛毕竟还是个游戏。直接打比赛的运动员是游戏的参与者，观众和解说员也一样是参与者。解说员的参与是靠眼睛和嘴，观众的参与是靠眼睛和耳朵。彼此同步观看一场比赛的时候，也是展开交流的时候。这时的交流，主要还是解说员或评论员面向观众的单向交流。单向交流，传递的不仅是赛事的说明性信息，还有情绪和情感。画面信息已由电视屏幕传递给了观众，观众最终要从解说员或评论员这里得到的，就是从画面中挖掘或生发出来的更多的信息与情感。因为总的来说，观众观看体育比赛，是为了寻求快乐，所以，这就要求解说员具备两种精神：一种是体育精神，一种是娱乐精神。娱乐化了的体育解说，一定是更能契合未来观众心理需求的解说。

第二节 体育解说评论员的基本素养

自 1995 年中央电视台体育频道开播以来，各省市电视台都相继成立了体育频道，而且还出现了像 CSPN（China Sports Programming Network，中国电视体育联播平台）这样的全国体育联播平台。随着物质生活水平的不断提高，热爱体育、关注体育的人越来越多。随着体育赛事转播的不断增多，人们观赏体育赛事的水平也不断提高，越来越多的体育解说评论员涌现出来，但真正能获得观众喜欢和好评的解说员却不多见。体育知识不足、赛前相关准备工作不扎实、缺乏激情是目前我国体育解说评论员队伍中存在的普遍问题。一个合格的体育解说评论员，应该具备以下基本素养。

一、政治素养

新闻工作者的政治素养体现在政治立场和对国家大政方针的了解两方面。一是坚定的政治立场。作为新闻工作者队伍的重要一员，体育解说评论员必须始终从政治高度理解体育,提升解说的思想内涵。坚持正确的舆论导向,传播积极向上、顽强拼搏的体育精神,引导国人树立正确的体育观,培养国人良好的运动素养。当一些优秀运动员勇夺冠军为国争光时,解说员应介绍其刻苦训练、奋勇拼搏的事迹;遇到假球黑哨、裁判不公等现象时,则要及时疏导观众情绪,绝不能偏激发泄,火上浇油。①

体育解说评论员不仅要懂体育,还要关注国家大事,了解国家大政方针和国策。只有这样,在进行体育解说时,才能始终保持清醒和理性,驾驭好敏感话题。体育传播的国际性决定了体育解说所面对的是国内外广大受众,若解说员除了体育其他什么也不懂,视野太窄,其解说必然就事论事,缺乏广度与深度,难以吸引人。全球化时代,体育赛事已成为各国各民族之间文化交流的重要平台,体育传播也是文化传播的重要组成部分。体育解说员解说水平的高下,也是一国体育形象的展现。

二、体育素养

体育素养包括体质水平、体育知识、体育意识、体育行为、体育技能、体育个性、体育品德等要素的综合素质与修养。体育素养是在先天遗传素质的基础上,通过后天环境与体育教育的影响所形成的。对体育的熟悉了解程度,直接关系到解说节目的质量。国内比赛解说,特别是集体项目比赛解说,如足球、篮球项目,经常出现解说评论员不认识球员、名字叫错的情况。而国外的体育解说评论员的体育素养普遍较高,大到球队历史、特点、风格,小到每一名球员的个人爱好、伤病情况、战绩等都了然于胸,解说起来如数家珍。在宋世雄以及韩乔生、孙正平时代,解说员什么都播,什么都不精,注定了一些解说评论员在事业中屡屡遭遇瓶颈,难以脱颖而出。随着体育电视传播事业的发展,如今央视以及地方体育频道,根据解说项目对解说员做了相应的分类,比如贺炜、刘嘉远、申方剑以足球解说为主,于嘉、杨毅主要解说篮球,杨健解说篮球和田径,洪钢则担纲排球和羽毛球解说,还解说了2016年的欧洲杯,童可欣、张盛解说网球,陈滢解说花样滑冰和体操。足球解说甚至按照意甲、德甲和西甲等联赛来进行划分,这样,每一位解说员在所负责解说的赛事方面就能够更加专业。

---

① 寿文华.体育解说员的专业素质及其培养[J].现代传播,2004(5):127.

三、人文素养

所谓"人文素养",是在人文科学和人文氛围的熏陶下形成的价值取向、人格模式、审美情趣、思维方式等的总和。

优秀的体育解说评论员应具备深厚的人文修养。因为在体育比赛直播中,文学、哲学、历史、艺术、经济等时有涉及,没有宽阔的知识背景和深厚的文化内涵,肯定无法胜任这一工作。

体育解说评论员在将比赛情况和体育知识传播给观众的同时,还传递着情感。袁枚说:"斯作者情生文,读者文生情。"只有拥有广博的知识背景和深厚的文化底蕴,才能在解说评论中充满激情,将解说和情感无障碍地传递给观众。

在中央电视台体育频道的众多解说评论员中,有一位新起之秀,他就是被称为"诗人"和"文艺帝"的贺炜,其深厚的文学功底让人叹服。2010年南非世界杯,英格兰对阵德国,英格兰以1∶4输给了德国,贺炜这样解说道:"如果说鲁尼是英格兰的亚瑟王的话,可惜这个亚瑟王身边没有兰斯洛特、加拉海特、葛温这样的圆桌骑士……我们想想吧!此时此刻在柏林、在慕尼黑、在汉堡、在科隆大教堂,肯定有无数的德国球迷为之欢欣鼓舞。而在伦敦、在利物浦、在曼彻斯特、在泰晤士的小酒馆,肯定有无数的英格兰球迷为之黯然神伤。不过,让我内心感到无比欣慰的是,在生命如此有意义的时间节点,在今天晚上,电视机前的亿万球迷我们能够一起来经历,共同分享。这是我的幸福,也是大家的幸福。我是贺炜,观众朋友们再见!"如此精彩的解说,丰富的历史知识与澎湃的激情水乳交融,直达球迷内心深处,深深吸引着广大观众。这正是目前不少体育解说评论员所欠缺的,但是贺炜做到了。成就这一切的关键在于贺炜深厚的历史与文学修养。贺炜的成功有力地证明,一个优秀的体育解说员所要做到的,决非对比赛的机械描述。中国的体育迷如今已经越来越专业,观看体育比赛,并不像以前一样仅仅满足于解说员报出场名单和比分,以及对赛场情况的简单描述,他们需要获取更多的信息,更有启发性和感染力的表达。要满足观众需求,体育解说评论员就必须具备深厚的人文素养。

四、专业素养

(一)语言功底

"说"和"评"是体育解说评论员的职业特点和专业基础,要求具备扎实过硬的语言功底。一是语言要准确,语音和语义表达都要准确;二是语言要精练,注意比赛节奏;三是语言要有艺术性,让人听上去很美、很舒服;四是语言要有现场感,不同项目体现出不同的语感;五是语言要有感染力,情绪饱满,能调动受众的情绪。

目前我国不少体育解说评论员,特别是地方电视台体育频道、网络体育频道的解说评论员语言功底不过硬,不仅普通话不标准,而且常常出现解说跟不上比赛甚至干脆冷场不说的情形。语言的连贯、语速的提升无非是"唯手熟耳"。只有针对自己语言方面存在的不足有针对性地进行大量重复训练,才能不断提升解说水平。

(二) 观察能力

体育解说评论是一门即兴发挥的艺术,体育比赛精彩激烈,瞬息万变,电视镜头的聚焦,容易产生镜头外的盲点,因此解说评论员注意力必须高度集中,仔细观察细节,捕捉亮点,强化瞬时记忆。只有这样,思维才能跟上比赛节奏,语言常常要比运动员的动作还快,应提前预判动作趋向。

一个体育解说员要在驾驭全局的情况下,能够抓住典型和捕捉细节,这往往需要解说员有敏锐的观察力。在现场报道中所谓抓住典型,就是要抓住能体现现场报道主题,反映新闻事件的典型场面、主要环节、重要人物。捕捉细节就是说体育解说员在播报赛事现场,既要一览无遗,迅速看清全貌,抓住典型,又能明察秋毫,捕捉到一些生动的细节。细节的独特和个性,能使现场报道具有吸引人的现场感,使受众产生身临其境的感受。

(三) 应变能力

体育赛场风云变幻,谁也不知道下一秒会发生什么。如何机智应对,考验着解说员的专业功底。央视著名体育解说员韩乔生在解说一场足球比赛,两名球员在拼抢,其中一人误将对手的球裤扒掉,这样尴尬的情况让人始料未及,而韩乔生却用他特有的幽默一带而过:"这名球员太过拼命了,这要是发生在女子足球赛上就不好了!"观众闻言哈哈一笑,又将注意力投入到了接下来的比赛中。当然体育赛事毕竟是休闲娱乐,赛中许多戏剧性的场面,如果解说员采用幽默的语言,既与现场情景相映成趣,又能给观众带来娱乐和轻松。这是目前不少解说员有待提高的。

五、心理素养

体育解说评论员的心理素养集中体现在两方面,即应变能力和现场掌控能力。比赛节奏变化很快时,解说员也会有失误,这时更需要解说评论员反应敏捷,善于随机应变。

体育比赛有时候会因为天气或信号原因延迟或中断,而在此期间,就需要解说员说话以避免冷场的局面,而体育比赛的魅力就在于不到比赛结束,结果不可知,所以切不可盲目地对比赛结果下定论,以免沦为笑柄。

体育解说是一种即兴的播讲形式,场上局面瞬息万变,口误在所难免,所以如何做好应对也是解说员的基本功。曾经有这么一个例子:央视前著名解说员刘建宏解说一场国足征战世界杯预选赛,比赛中突然有一进球,由于场面混乱,刘建宏以为是禁区内的我方队员进的球,兴奋地解说道:"进了进了进了进了……该队员立功了!"但慢镜头显示,这个球事实上是对手不慎自摆的乌龙,刘建宏急中生智,话锋一转:"呵呵,不管是对手送礼还是咱们立的功,中国队进球了,咱球迷就乐呵!"以幽默的方式化解了自己的口误。这样良好的心理素质,需要解说评论员具备良好的个性以及很强的心理调适能力。

第三节 解说员与评论员之间的组合与配合

前面已经分析过,解说员与评论员的职责是不一样的。一个重"述"一个重"评"。一般情况下,重大赛事的体育解说,一般是会有一位解说员,一位评论员,二者相互配合,在比赛解说评论中各司其职。但在条件不具备的情况下,常常由一人担当起解说员与评论员两份工作。目前中央电视台以及地方电视台体育频道的解说员一般以主持人为主,而评论员大多由赋闲教练、退役运动员、相关媒体人士、高校教师、科研人员以及明星组成,一般也称之为专家或嘉宾。

在进行体育评论解说时,解说员与评论员是搭档。如果搭配得好,就能为观众呈现一场完美的视听盛宴。反之,如果配合不好,冷场、话不投机,或是全场只出现一个人的声音,那么即便是再好的比赛,也会被失败的解说评论"拖下水"。

半个多世纪以来,我国体育解说先后出现过一人独说、主持人与嘉宾同播、三位一体组合、主后台双主持人、女主持人担纲五种体育解说模式。其中,影响较大的是"三位一体"式的意甲解说模式,但随着张慧德、于大川特别是黄建翔先后退出央视解说台,这种三位一体模式后来又变成一主一宾同播模式了。①

根据目前中央电视台以及地方电视台体育频道的节目实际需要情况来看,体育解说员与评论员之间具体的组合方式主要有以下几种。

一、优势互补组合

优势互补组合即主客分工不同,侧重点不一样。该组合形式常见的有以下两种情形。

(一) 一主一客式

该形式主要以解说员为主,评论员为客,二者密切配合,最终形成优势互补。

这种组合搭配,主要出现在比赛时间较长、赛况较为复杂、专业性较强的运动项目或重大赛事的关键场次上。采用这种组合搭配方式,一般由解说员对赛况进行播报陈述,并引导嘉宾对赛况进行细致、专业的分析点评。这样做的好处在于一方面能减小解说员的工作强度,另一方面解说员与嘉宾互相配合、提醒,两个人的意见往往更加全面、平衡,也能避免解说中出现重大失误。例如,2006年德国世界杯,在黄健翔出现"解说门"重大失误后,在决赛中央视即安排了嘉宾张路与黄健翔搭档共同解说比赛。平时在NBA转播中,采用的于嘉与张卫平的解说组合,也属于此类。

有时候,一些理论型"专家"评论员在组合中也是以客位出现。他们一般是缺乏媒体经验的高校教师、科研人员,理论扎实而临场解说经验不足,只能处于客位。事实上,这样的评论员往往也是不称职的评论员。不过这样的组合偶尔出现,也可以给观众们换换口味,但绝对不能是主菜。

(二) 主客反串式

主客反串,即以客为主,也就是尽可能地发挥评论员的作用,让评论员多

---

① 张德胜.体育媒体通论[M].广州:广东人民出版社,2006:184-185.

说。解说员次之。双方最终也形成优势互补。

这类解说模式主要出现在一些专业性较强或者较为冷门的运动项目上,例如,拳击、台球等体育项目。以拳击项目来说,在拳击项目的解说过程中,运动员的出拳角度,移动步伐,包括挨打时的身体感受,一般非专业出身的解说员往往很难体会到。这时就需要解说员尽可能少说、避免说错,而应该尽可能的引导嘉宾多说。所以CCTV5《拳霸天下》栏目的解说,常采用一名解说员韩乔生搭配两名解说嘉宾王国均、杜文杰的形式。

这样的组合,适合于对体育关注时间长、有一定了解的受众,而一些对体育不是很了解的观众则不大喜欢。不过随着信息技术的发展,人们对精神追求的不断增加,专业化的解说评论会受到更多的欢迎。

解说员与评论员的组合方式,影响着他们之间的配合。要想为观众奉献一场成功的体育解说,解说员与评论员之间的配合必须高度默契。不管是哪种组合,解说员不仅要解说现场的赛况,整个解说评论的话题和节奏,也由解说员掌控。一般都是解说员抛出话题,由嘉宾来接招,这已成为一种惯例。同样的话题,即便解说员自己能说清楚,也要留待嘉宾来解答。因为在受众心目中,嘉宾就是专家,比解说员更权威。解说员在提问时,他其实就是一名记者,是在代表观众向专家提问。解说员与嘉宾之间的问答互动,以不干扰观众的观赏为前提。比赛本身是主旋律,解说只是伴奏。在场面正紧张的时刻,一般不提问,也不发表评论,否则就变成了噪音或杂音。

二、互侃互聊组合

互侃互聊即主客平摊,就是评论员、解说员一半对一半。表现在解说评论时,就是解说员和评论员你一言我一语,互相谈论式的解说评论完一场比赛。相比"一主一客",这样的组合对评论员的专业素养要求也非常高。这类评论员大多是媒体人士,同时他们也是体育迷,对体育的了解非常专业。比如央视的篮球解说嘉宾徐济成、杨毅在解说时更多的是采用侃球和聊天的形式,往往会让观众主客不分,北京体育的英超解说嘉宾颜强、楼坚、周枫、朱煜明等风格亦然。

虽是主客平摊,但解说员和评论员各自分工明确。解析、介绍赛场情况的表象,交给善于言辞凿句的解说员;而背景分析、剖析赛场现象背后或赛场之外的原因,则交给对体育有深入了解的评论员。

主客平摊组合最为常见,能充分满足受众的各种信息需求。不过这种组合也有一定弊端。各自平摊,双方往往会顾及彼此,有时会造成各自所说所评都不太全面深入或是配合不够默契,造成两人自说自话。

三、合二为一式

体育解说与评论组合走到最后会逐渐形成一种趋势,即解说员与评论员最终会合二为一,两种角色皆由解说员一人担当。此种形式曾在央视和地方频道出现过,但是对主持人或者解说嘉宾要求更高,因而在直播中很容易出现失误或者出现有失偏颇的情况。

不过,不管是组合解说评论还是一人分饰两种角色,最终的目的都是在比赛中力求使解说与评论做到完美和谐,唯有如此,才能为观众们献上一场场完美的视听盛宴。

作业题

1. 深入理解:为把赛事讲解清楚,体育解说员需围绕比赛做足哪些功课?

2. 深入思考:为什么说体育解说员的情感应该是一种"大情感"?

3. 选择一位你感兴趣的体育解说员或评论员,通过分析他的具体表现,深化领悟,他在哪些方面的素养值得学习,哪些方面的素养还需要加强。

4. 在院系或学校的体育赛事当中选某一项的某一场,除了自己做好功课,充当解说员,再联系一位专业运动员或教练,请他做评论员,尝试共同对该比赛进行联动式的解说和评论。

参考文献

[1] 江和平. 中国体育电视研究报告[M]. 第1版. 北京:中视体育,2009.

[2] 寿文华. 体育解说员的专业素质及其培养[J]. 现代传播,2004(5).

[3] 张德胜. 体育媒体通论[M]. 广州:广东人民出版社,2006.

体育评论中的冷静与激情

马骞
杭州电视台少儿频道

现在的体育观众对于一项自己喜欢的赛事在理解程度与对规则的熟悉程度上已经达到了一定的水准,观众对比赛的认识程度不断加深,体育解说面临着新的要求与挑战。

一、目前广播电视体育评论存在的不足

1. 缺少体育运动方面的专业知识支持

据研究者对现职体育评论员知识结构和文化背景的调查研究可见:现职体育评论员中,具有大专以上学历的占90%,其中具有本科学历的大约50%。但是,这些体育评论员从事过专门的体育运动或经体育院校专业培训的不到10%。尤其是进入20世纪90年代以后,电视体育报道进入了一个前所未有的兴盛期,大量补充到体育评论队伍中来的人员往往都缺乏体育运动的相关专业知识。

好的解说评论会为一场精彩的赛事锦上添花。2008年北京奥运会体操比赛中,来自浙江的体育评论员金宝成被很多网友称为"最牛奥运解说",就是因为他的专业。"这一串动作可以给他一个1.0的难度值,又是一个高难度动作,0.5,这又是一串1.1的难度价值分……漂亮!邹凯这套难度价值是6.7。"评分板上的A分果然是6.7。"他的分数应该能达到16分到16.1分之间",最后,评分板上出现的数字是16.075。2008年8月17日男子自由体操决赛现场,在邹凯完成一套动作的同时,金宝成的精准解说,让电视观众都感叹不可思议。由于他取得了体操国际级裁判资格证,各种技术动作如数家珍,所以解说起体操比赛,格外得心应手,观众也沉醉其中,真正看懂了比赛,欣赏了比赛。

2. 语言表达不流畅

宋世雄曾经说过:"体育转播解说是语言的艺术,要求播音员精密地、准确地、合乎逻辑地使用语言,明明白白地叙述一件事情,清清楚楚地表明一个观点。"正因为如此,众多广播电视媒体开始聘用热爱体育运动、熟悉体育知识的

人员做体育评论员或主持人,有些媒体干脆直接把在体育界有影响的人士或从事与体育运动相关工作和研究的人士请到演播室做主持人和评论员。例如,在2004年的雅典奥运会期间,中央电视台就聘请了6位前奥运冠军参与到赛况的转播中来,主要是对赛况进行解释和评论。

但是,这些体育运动方面的"专家"在语言的表达、节奏的控制等方面都存在着先天的不足,影响了电视体育评论效果的发挥。即使是在"媒体主持人＋嘉宾"的评论主持模式中,由于主持人居主导地位,嘉宾处于从属的位置,他们在观点和见解的语言表达方面也难免会出现不协调和配合缺乏默契的现象。

3. 主持风格缺乏个性

就评论而言,个性化的风格才是第一位的,这对于"体育热"背景下的体育评论尤为重要。

在形成独具个性的风格方面,目前我国广播电视的体育评论员仍然缺乏。有人认为,体育评论员首先应当是某个或某些运动项目的"迷"。这一看法有一定的道理,但与此相关所暴露出的一些问题却也是不容忽视的,其中最为明显的就是在评论过程中的个人意气成分。许多从事广播电视体育评论工作的人员在评论过程中将自己简单地降格成了一名"体育迷",在评论中往往褒贬失度,失之公允。黄健翔在评论十强赛中国队跟卡塔尔队的比赛直播中发生了"声讨米卢事件",赛后,黄健翔遭到了部分媒体和球迷的质疑。可惜他并没有能够重视和纠正自己的这一问题,在之后2006年德国世界杯的澳大利亚和意大利的比赛中,情绪失控的他"喊"出了一场激情解说,完全把自己当成了一位狂热的意大利球迷,而不是一位体育节目评论员,让观众大跌眼镜,在业内也引起很大争议。

4. 解说比赛的过程中缺乏客观公正的态度

1) 过分渲染胜负

2012年伦敦奥运会上身背1356号的刘翔再次梦断,羽毛球队女双于洋、王晓理消极比赛被取消资格,叶诗文夺冠后被西方媒体以偏见的眼光质疑,等等,一系列围绕金牌产生的或积极或消极的情绪,都需要媒体和体育从业人员进行深刻的反思,不要让唯金牌论主导了自己的思想。评论员对比赛胜负结果和比赛过程的过分渲染将会影响人们对体育运动真谛和体育事业的长远发展,而处于这一氛围中的运动员势必只顾眼前,不计长远,甚至会用不正当的手段去谋取利益,把体育引导到不健康的道路上去。

2）一味追求卖点

在娱乐化倾向的背景下，广播电视体育评论为吸引更多受众的关注，降低了其相对严肃的格调，片面追求卖点，爆炒热点，其结果不仅仅会影响我国体育事业，甚至会影响到社会的稳定和精神文明的建设。比如2002年西安球迷骚乱事件，不仅使国内一片哗然，而且引起了国外媒体的广泛关注。追根究底，少数球迷之所以如此狂热，乃至失去理智，做出违法乱纪的事情，与我国媒体的体育新闻报道缺乏引导、一味炒作、追求卖点有一定的关系。

二、评论员必须加强知识的储备

1. 加强场外相关知识的储备

赛程是固定的，但比赛的场面精彩与激烈，却是瞬间万变的。观众最想从比赛中得到的是激情与快乐，作为一名电视体育节目评论员，不能像文艺节目主持人一般自由地掌控节目的进程，但是，观众的情绪是可以掌控的。

贺炜是现在国内优秀的足球解说员，解说比赛张弛有度，专业知识储备丰富。比如一场国家队之间的比赛，从两个国家的风土人情、人文历史到发展历程、当前现状，将瓜葛与联系——展现在观众面前，自然地切入到比赛中去。

2010年南非世界杯英德大战，"鲁尼还在不知疲倦地奔跑，如果说鲁尼是英格兰的亚瑟王的话，可惜这个亚瑟王身边，没有兰斯洛特，加拉海德，葛温这样的圆桌骑士。"

2010年南非世界杯介绍智利队，"智利是一个很狭长的国家，国土南北长达4000公里，东西最短的地方只有96公里，但是智利在足球场上确是一个喜欢利用场地宽度的球队。"

这样的评论对观众来说是一种真正的享受。

2. 加强体育专业知识的储备

球星与球队甚至他们脚下的球场对于体育迷们来说都是想要探究的，百年的积淀使得越来越多的俱乐部本身成了一种传奇，了解属于他们的命运兴衰对于体育节目主持人是一门必修的课程。当体育节目主持人以一种诉说传奇的方式讲述一支球队、一位球星、一座体育场的时候，观众的情绪也就会随之高涨起来，而这一切都源自对这些知识的了解与热爱。

三、评论员相关知识的获得渠道

作为电视体育节目评论员必须养成利用现代互联网和多种信息渠道收集信息资料的习惯。

1. 点滴积累，处处留心

从研究转播项目的规则、战术、技术、成绩和演变历史，到学会与教练员、运动员、裁判员及相关部门的负责人建立良好的关系获取信息，以使自己能够更全面地掌握各项运动的变化。另外，对于一些专项运动还应该利用业余时间收集整理个人背景资料、比赛信息、技术统计等内容，从而更为透彻地分析出该运动项目或运动员在比赛中的发挥能力。中央电视台的主持人于嘉解说2003-2004赛季CBA全国男篮甲级联赛陕西东盛男篮主场对上海东方男篮的那场比赛时，由于上海东方男篮更换了外援之后，已取得了五连胜，而最大的功臣就是新到来的美国黑人外援库克，观众对他的关注程度就非常高。比赛中每当库克罚篮的时候，他总会提前吻一下自己的右臂，当观众朋友对这一举动感到不解时，于嘉马上向观众作以解释："观众朋友可能会觉得奇怪，上海东方队的外援库克每一次在罚篮之前都会做一个动作，那就是亲吻他的右臂，这是因为，在他的右臂上文了一个他儿子的头像，而他非常喜欢他的儿子，认为这样可以给他带来好运。"外围背景的搜集掌握是最能体现解说评论员平时下了多少工夫的。

2. 与时俱进，关注变化

由于现代体育比赛中规则非常复杂多变，同一种运动项目在不同类型和级别的比赛中甚至还会采用不同的规则，作为体育节目评论员，一定要熟悉掌握各项规则一系列的新变化、新问题和新情况，这样才可能在比赛中具有对随时出现的问题及时做出反应的能力。

3. 提高辨别能力，培养新闻敏感性

体育节目评论员必须提高自己的辨别能力，培养新闻敏感性，抓住每一个有价值的信息，从中获取应得的知识。

还是说贺炜，南非世界杯上加纳和塞内加尔的比赛，中场球员安南拿球，"大家对安南这个名字很熟悉吧，没错，这个加纳队的安南就是前联合国秘书长安南的侄子。"

体育节目评论员应该多多了解热点队伍所在国家和地区的风土人情、人文历史，从国家特产到风景名胜特别是队员家乡的情况都应该记在心里，时间的磨砺必定会把这些知识的价值一一展现在体育节目评论生涯之中。

（原载《新闻实践》2013年第1期）

第五章

电视体育解说评论

学习目标

通过本章学习,了解电视体育解说的基本概念,认识电视体育解说符号本体和内涵,掌握电视体育解说的表达规律,从而为电视体育解说业务实践做好理论准备。

章前导言

本章我们从符号本体的层面,深层次解析电视体育解说这一现象,剖析电视体育解说的内涵。从而掌握电视语境下,体育解说的声画配合规律和语言表达规律。

第一节 电视体育传播的符号解读

体育解说评论的本质前章已有论述,那么电视体育解说的本质则是本章的核心内容。在电视传播媒介这一特定的语境下,电视体育各传播符号之间的关系以及配合呈现出怎样的规律?这些都是我们探讨电视体育解说需要厘清的问题。

一、电视媒介下的体育解说

电视这一传播媒介随着时间的推移逐渐成为传媒界的强势力量,电视与体育的结合使不能亲自参加体育活动、不能现场观看体育比赛的人群通过观赏体育电视而获得身心的愉悦,从而实现体育的休闲娱乐功能,使体育以媒介化的存在形式进入大众的审美视野。在以电视为传播媒介的特定语境下,体育解说话语体现出了传播学和语言学意义上的独特性。

学者对电视体育解说的界定,还是更注重从语言表达方式以及其承担的功能上对之进行剖析。例如:

宋世雄认为,电视实况转播解说是由评说运动风格和技艺、叙述赛况、讲解规则和知识、介绍背景材料等几个部分组成的。

这一界定,我们不易看出电视体育解说与体育解说评论之间的差异。换句话讲,这种方式的解读,看上去更像是对体育解说评论内涵的揭示。我们认为,电视体育解说是体育解说的下位概念,由于有了电视这一特定的传播媒介,其内涵和功能也具有了特定的意义。王群和徐力(2005)已经开始关注电视这一传播媒介的存在:"以电视为媒介,依靠画面语言和有声语言对体育活动进行叙述、介绍、讲解、评论和烘托的应用语言艺术。"我们看到这一阐述有几个改变:凸显了电视媒介,突出了对画面的依赖,提出诉诸听觉的事实。

电视体育解说作为体育解说的下位概念,其差异取决于电视媒体为解说评论话语营造的语境发生了根本的改变。因此,我们强调电视语境的存在,从传播内容的本体——符号的角度,对电视体育解说进行进一步考察,揭示其内涵、功能以及语言表达的独特性,以期对电视体育解说实践提供可操作性的原则和思考。

二、电视体育传播符号透视

人类的一切传播活动都是在利用符号的基础上进行的,"它是在传播过程中承载意义的载体,用以完成信息的交换,它能指代它自身以外的其他东西。"因此,我们从符号的层面观照电视体育传播,可以更为清晰地了解电视体育传播的特点和实质,为体育解说奠定认知基础。

(一)视觉和听觉符号

对于传播符号,语言学布拉格学派的雅各布逊如此表述:"人类社会中最社会化、最丰富和最贴切的符号系统显然以视觉和听觉为基础。"视觉符号占据的是空间的维度,旨在广远;听觉符号占据的是时间的维度,旨在久远。电视模拟了现实世界事物的长、宽、高,以及时间上的流动等四个维度的存在,是视听结合的传播方式。电视体育是对现实体育的电视化模拟,通过电视这一媒介最大化地实现了与现实体育的接近。

根据沃尔特·李普曼的"拟态环境理论",在大众传播的背景下,体育的存在有三种方式:现实的体育、媒介的体育和受众心中的体育。通过电视媒介,我们得到这样的体育传播图式(见图 5-1):

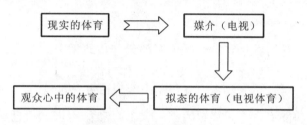

图 5-1　体育传播图式

在图 5-1 中,电视媒介的实质是视觉和听觉的电子信号,那么体育解说既属于电视媒介的符号构成又属于媒介输出产品"电视体育"的物质构成。通过观看"电视体育",受众对体育了解、认识和体验,从而最终形成受众心中的体育图景。

对于电视体育而言,图像和声音相得益彰,缺一不可。与报纸和广播相比,电视的传播优势在于可以同时使用不同类型的传播符号,这些符号之间互相依存、互相解释、互为表现。电视通过相应的技术手段将体育比赛的真实场景模拟并再现,它包括了现场的活动图像,呐喊加油、裁判吹哨口令等同期声、字幕,以及解说评论语言,等等。如果把制作播出的电视体育节目视为文本,那么其构成符号可以分为:

第一,视觉符号,包括活动图像和文字。

活动图像分为比赛现场和演播室。比赛现场的典型图像就是比赛活动实况、看台观众实况和现场解说实况。并且,这三类图像的出现频率按照排序依次递减。演播室活动图像主要是解说员和嘉宾的解说评论实况。它与比赛场面的合理切换、科学组合,共同构成了体育比赛的电视化存在。

文字分为比赛名称、参赛双方、赛时和比分字幕、人名等必要的解释说明字幕,以及是直播还是实况转播等播放类型说明(见图 5-2、图 5-3、图 5-4)。

图 5-2 参赛双方说明

图 5-3 赛时字幕

图 5-4 人名字幕

第二,声音符号,包括解说有声语言和现场同期声。

对于体育比赛类的电视节目而言,一般没有音乐和音效。体育专题、综艺游戏等体育节目会有音乐或音效烘托气氛、营造意境、渲染感情,从而推动节目进程。体育比赛现场本身的同期声和解说的配合已经极具感染力,体育比赛转播保真的效果需要也无须音乐的参与。

现场同期声是来自比赛现场可以摄录的各种声音:裁判的哨声、看台观众的欢呼呐喊加油声、吹奏的喇叭声等。另外,对于一个体育比赛电视节目来说,占有相当大比重的声音就是解说语言。

没有解说的有声语言,图像毫无生气,观众看了不明所以。没有比赛现场的呐喊加油声、喇叭吹奏声甚至咒骂声等现实世界各种音响的传递,观众没有身临其境的真实感。没有循环的字幕信息传递比分,不同时间打开电视的观众就不能即时地知道比赛双方、比分、比赛的时间等客观信息。正是解说语言与活动图像的配合、视觉符号与听觉符号的配合才构成了完整意义的体育比赛电视节目。

(二)语言和非语言符号

同以往的传播媒介相比,电视的优势就在于可以同时输出语言与非语言符号,尤其是大量非语言符号的使用,拓展了单纯语言传播空间的限制,最大限度地实现"保真"的效果。

第一,非语言符号,包括图像、解说员的体态语和同期音响。

对于非语言符号的范围,学者看法不一。关世杰先生将非语言符号分为:"人体语、时间语、空间语、颜色语、图画语、艺术语、环境语、花语以及其他。"电视体育比赛的非语言符号主要有"图画语",即图像;同期声,即比赛现场的各种声音。另外还有"人体语",即解说员出镜的各种身姿体态语。施拉姆说:"传播不是全部通过言辞进行的。一个姿势、一种面部表情、声调类型、响亮程度、一个强调语气、一次接吻、把手搭在肩上、理发或者不理发、八角星的停车标志牌,这一切都携带着信息。"在电视体育传播中,活动的图像加上现场的同期声模拟了比赛现场的真实图景,但是对于电视机前的观众而言,图像具有表义的多义性、模糊性,更不能将抽象的思想观点、心理活动以及过去发生了的事实信息传递出来。这时候,必须有语言符号的配合才能更为准确、全面地反映赛场情况,完成体育比赛的电视传播。

第二,语言符号,包括解说的有声语言和文字。

文字表现以字幕形式出现,上文已经说明,在此不加赘述。文字和解说的有声语言有效改变了非语言传播的模糊性。针对电视传播的体育比赛事实,解说员运用有声语言对传播内容进行辅助说明,实现了如下几个功能:一是强化和凸显电视影像的含义,使其具体化,表义明确;二是补充影像表义的不足,使信息更为丰富;三是延伸影像的含义,使思想得到升华。电视体育解说语言是时间流动中的线性结构,它与电视画面共同构建了电视体育的场性存在。语言符号和非语言符号在电视体育文本的构成中互为所指、相互依存,语言指向非语言符号的意义,非语言符号靠语言明确其表义。电视体育是现实体育的拟态,而解说则是对拟态电视体育场景的语言构拟,它与电视拟态画面相辅相成,共同实现体育的电视化存在。

第二节　电视体育解说评论的内涵与功能

电视体育解说的特殊性是什么?它与广播体育解说的区别在哪里?在体育电视传播中,体育解说的实质就是电视媒介语境中形成的屏幕语言的有声部分。

一、电视语境下的体育解说内涵

语境是指语言符号的使用环境,语言学中将语境分为文化语境、情景语境以及言语本身的上下文语境。

在探讨广播电视语言的时候,李佐丰先生引入了"协同语境"这一概念:"它是说者创造出来的一种非语言符号,这种符号对于语言的表述有重要的协同作用。"那么,电视媒介传播中伴随语言表意的非语言符号都可视为"协同语境"。传递体育信息的图像、音响(现场同期声)便成为体育解说语言的协同语境,与解说这一有声语言共同完成体育赛事的媒介传播,构成"屏幕语言",即"在电子技术的基础上产生的、以听为主、兼及视觉的符号系统"。因此,电视体育解说的实质就是电视媒介语境中形成的屏幕语言的有声部分。电视体育解说作为比赛现场的有声语言,它不同于日常的口语语体和书面语体。日常的口语交流可以听其声知其义,其物质形式是语音。书面语体可以看其字知其义,其物质形式是文字或者说构成文字的笔画等字符。根据电视体育解说转写的文本其义晦涩,我们读之不通;听其声音,意义断续,不明所以。它必须借助于协同语境——与解说语言共时存在的图像、音响以及属于上下文语境的字幕。例如贺炜在英德比赛中的解说:

克洛泽

施魏因斯泰格

托马斯·穆勒

厄齐尔

如果没有画面的协同,我们听到的只是毫无联系的几个人名。

所以,我们要强调的是:解说是电视体育不可或缺的有机组成部分,它不是游离于体育比赛之外可有可无的,它与体育比赛画面一起构成了现实体育的拟态。离开电视语境,离开图像、声音(解说语音)、音响、字幕等电子信号,孤立地就解说文本谈体育解说显得片面并且消隐了电视体育解说的语境因素。

根据以上分析,"电视体育解说"这一概念的内涵有以下三个层面:

(1) 它是电视这一特定传播媒介环境中形成的屏幕语言,需要与图像、文字(字幕)以及其他音响等符号共同完成对体育比赛的信息传递,实现电视编播与广大受众的交流。

(2) 它是对现实体育重构的拟态行为,是电视体育重构行为中声音(有声语言)的组成部分。

(3) 它是对电视体育比赛实况的解读与传播行为,是对拟态体育图景的再度传播与语言构拟。

二、作为屏幕语言的体育解说承担的功能

根据上文对体育解说内涵的探讨,我们知道体育解说首先是一种语言,其次是用这种语言构拟电视体育,最终的目的是实现体育的电视传播。那么我们需要从不同的层面认识电视体育解说的特点与其承担的功能。

(一)作为屏幕语言,体育解说要注意电视这一语境因素,恰当处理声画关系

体育解说作为屏幕语言,是场性电视语言中"声"的构成部分,因此,要合理安排与"画"之间的关系,共同构成比赛合理的时空场。对于体育比赛而言,解说的"声"是因比赛进行的"画"产生的,"声"要配合"画"。换言之,"解说"通过对转播画面的描述、解释、补充、评价、预测与"画"共同完成对比赛动态进程的传递。

就一般电视创作而言,声画关系有三种基本模式:声画合一、声画分立和声画对立。声画对立是声与画在内容表达上的相反相成,体育解说中一般不存在与画面相反的描述和解释。因此对于体育解说,通常是声画合一的描述或者声画分立的解释与评价。

声画合一就是声音与画面是一致的,共同指向同一内容。这种方式适宜于客观描述,解说员抓住比赛的瞬间进行快速的传达,观众看到的和听到的内容是相同的,声音强化和凸显了画面的含义。但是,如果把握不好时机,每个画面都重复讲解必然会导致观众反感,因此要注意适当留白。以下节选自刘建宏在南非世界杯的一段解说,因没有适当留白,解说显得冗长繁复。

拿球交给托雷斯,托雷斯的传球被阻截。巴拉圭队拿球的是2号贝隆,卡多佐头球蹭了一下再交给前面的18号巴尔德斯。巴尔德斯不急于进攻,哈维把球断掉,回传门将。

观众通过画面可以了解的信息,解说依旧进行,语言表达上可以承前省略的人名也都再次重复。体育比赛瞬息万变,重复解读画面可能丧失最好的解说时机。同时,也导致观众缺乏自己思考的空间,降低体育解说的感官舒适度,从而降低观众对体育解说的审美评价。

声画分立是指声音与画面不统一,但是二者相辅相成,各自独立又相互结合,形成一种非画面或声音能单独产生的整体效果,语言延伸画面,画面丰富语言。体育传播中的解说与画面的声画分立更多时候表现为某一场景转瞬即

逝之后对动作、球员、球技、判罚等情况所做的解释、说明、评价和预测。例如：

　　来看看刚才兰帕德的射门,打在了穆勒的胸口,应该也是打到了穆勒的手臂,不过这个球穆勒的手臂是收在身体的范围内在保护自己的胸口,所以这种球一般是不会吹点球的,不会吹手球的。(段暄,2010世界杯)

　　在兰帕德射门之后,解说员适时地解释并预测裁判的判罚。

　　因为体育比赛节奏相对较快,单位时间内动作和场景较之于一般的新闻事实而言,变化更快。所以,电视体育解说声与画的黏合度较高。比赛进程的快速变化不容许解说滞后,因此体育解说从始至终都要重视电视这一语境的存在,作为屏幕语言,需要协同语境的参与,恰当处理声画关系,在合适的时机进行合适的信息传递。它是对电视体育比赛实况的解读与传播行为,是对拟态体育图景的再度传播与语言构拟。

(二) 作为拟态行为,体育解说是电视体育中声音(语言)的组成部分,承担着有声语言的特点和功能

1. 它体现着播音行为的艺术创作功能

　　李晓华先生在《播音主持工作专业评估的必要性和可行性》一文有这样的论述:"好的播音主持能够展现语言的音美、意美、情美,使语言进入民族化、风格化、意境美、韵律美的境界,发挥出大众传播言事省人、言理服人、言情感人的精妙作用,使语言创作主体和接收主体都获得审美愉悦。"体育解说属于播音主持的范畴,但解说员相较于一般的主持人而言更具特殊性。体育解说员出镜较少尤其是现场解说员更少,在传情达意的手段上更多依靠声音的变化来表达。因此,体育解说作为有声语言的表达艺术,在解说播讲的声音传达上需要注意"情""气""声"的控制。内在的情感调动气息的变化,外化为声音的轻重、虚实、快慢、长短、抑扬、疏密等不同的特点,产生抑扬顿挫的韵律美。对于充满激情和活力的体育运动而言,更需要充沛的情感去激发受众内心的热情,更需要用充满变化的语言传递体育带来的生命律动。解说员的情感态度和审美倾向通过声音得以传递,引起受众的共鸣和认同,从而实现媒介与受众的良好互动。

2. 烘托氛围、构建赛场真实性,合理运用副语言

　　电视体育是拟态的体育,电视体育需要调动所有元素最大可能地模拟现

实的体育。而电视的受众是彼此之间没有联系和交流的广大的、单向的观众,这一特点决定了受众对赛场氛围感受的需要、情绪宣泄的需要、情感认同和交流的需要。在这个意义上,解说不仅仅是比赛与观众的桥梁也是观众与观众之间产生认同的桥梁。

体育解说对比赛是非得失的评价如果与观众的想法吻合,观众便会产生交流的畅快,情绪得以释放。同时,解说员也需要以多变的语气语调喝彩叫好、遗憾懊恼,营造真实的赛场氛围,让电视机前的观众感同身受,激发起强烈的参与热情,更有兴味地观看比赛。

对于鲜有出镜的体育解说员而言,解说语言声音的变化尤为重要,也就是语调、语速、重音、停顿,以及表意的功能性发声等副语言。诸如:特殊的语音停歇、各种感叹的声音、笑声、叫喊声、欢呼声等伴随的语音特征便是体育解说不可或缺的表现手法。在这里,我们强调体育解说要合理地调动有声语言的各种表达方式。

(三) 作为传播行为,体育解说承担着对电视体育图景的再度构拟与解读

1. 对电视体育的再度构拟,实现编播与大众的交流

电视体育对现实体育的模拟,第一层面是诉诸视觉符号的图像和诉诸听觉符号的音响,这两点已经最大限度地保证了电视体育与现实体育的接近。第二层面是运用语言符号对传播图像和音响进行再度表达。也就是说,图像、音响的摄录转播角度和频度等是对现实信息的第一重传递。语言是对转播图像和音响的第二重传递。第一重传递已经是根据传播媒体的审美和价值判断进行过滤和改造后的"现实体育",第二重传递是对电视体育图景的语言表达。体育解说员可以在比赛现场解说也可以在演播室进行解说,他们所依据的不是比赛现场的全部,而更多的是显示器的转播画面。因此,我们可以这样说,体育解说作为传播行为,它所传播的不是真实的体育,而是拟态的电视体育图景。

语言是存在于时间流动中的线性结构,而体育事实则是存在于生活中的占有时空的场性结构,体育解说便是用线性的语言符号反映场性存在的体育事实。那么,要实现这个目的有两种方式,一种是用语言构建体育事件的时空,即广播解说语言的构成;一种是语言和图像相结合,二者互为补充,各有侧重,共同构建体育事件的时空,即为电视解说的语言构成。

那么,作为传播行为,体育解说归根结底是要实现一定的传播效果,即借由一定的传播媒介、通过相应的传播方式将特定信息传递给受众,从而实现受众与媒介编播的交流。这一点,与功能主义语言学对语言交际功能的认识有着逻辑上的契合之处。以韩礼德为代表的功能主义语言学认为语言是一种行为,它要发挥一定的功能。他把语言无限复杂的功能概括为三个元功能:概念功能、人际功能和语篇功能。也就是说,话语(语篇功能)反映客观世界和内心世界(概念功能),同时实现交际意图(人际功能)。所以,将体育解说这一传播行为纳入功能语法的视野下,就是体育解说话语通过电视媒体传递体育事实与人们对体育事实的心理认知,实现电视媒介与广大单一受众的交际目的。

2. 对电视体育的再度解读,恰当把握描述、解释和阐释的语言逻辑

认知语言学认为语言并不是一个"独立自主"的系统,人的语言能力是人的一般认知和思维能力的一部分,两者密不可分。那么,语言的表达方式反映了人对外在世界的认知过程和规律。一场体育比赛的解说事实上是解说员立足于传播媒体对该比赛认知情况的语言表达。作为大众传播,解说员的认知要符合一般认知规律,但是认知水平要高于普通受众才会获得认同并收到良好的传播效果。因此,解说就是对比赛进行解读,它遵循认知规律,有以下三个层面。

一是客观描述赛场事实,即见山是山,见水是水。如:

巴拉圭队刚才是在中场控球,传球的是他们的16号球员李维罗斯。(刘建宏)

二是在描述的基础上进行解释说明,运用自己的知识储备,对眼前之景进行合理的说明和补充,将观众看不见的事实化为语言信息传递出来。例如:

马泰森牢牢地把球拿住,马泰森由于是在四分之一决赛,在对巴西队那场比赛当中赛前热身的时候意外的受伤,所以缺席了那场比赛。除了那场之外,他也是打满了其他的比赛,今天也是出现在了首发。(段暄)

该例中"马泰森牢牢地把球拿住",便是客观描述赛场事实,这一场景谁都看得见。后面的部分,便不是观众至少不是所有观众能够了解知晓的情况,解说员用语言恰当地表达出来,这便是对客观事实的补充说明和解释。

在解说中双方战略战术、排兵布阵、球队历史、趣闻铁事等,均属于解释说

明的部分。

三是在描述事实的基础上进行阐释,运用自己的知识储备、价值判断进行一定的逻辑推理和认识评价。在第二和第三个层面都要调动知识储备,都不是观众直接感知到的事实和场景,但二者的不同在于:解释说明的内容是客观事实,阐释评价的内容需要解说员进行价值判断和逻辑推理,然后对场上情况做出合理预测和恰当评价。例如:

又是皮克的漂亮的铲断。连续地三脚传递,皮克范围很大的这种转移,落点稍微差了一点。(刘建宏)

"皮克铲断"是事实,"漂亮的铲断"是对这个动作的评价。"落点稍微差了点",就是解说员根据自身对球技的理解做出的一种评判。再如:

今天的比赛开始之后呢,巴拉圭队并不是马上就投入到防守当中,反而是在中前场加强了拼抢,看来也是准备一个抢开局的战略,先试探性地进攻一下,然后呢,再根据场上的情况进行相应的调整。(刘建宏)

"看来也是准备一个抢开局的战略,先试探性地进攻一下,然后呢,再根据场上的情况进行相应的调整。"显然是根据知识经验对接下来比赛战术进行的推测。

所以,解说一场比赛要有描述、解释、说明、评论、预测等不同的层面才符合人们的认知规律,才能够帮助观众理解比赛、满足受众的认知需要。

电视体育解说是电视语境下有声语言艺术的创作过程,是电视体育图景的语言构建过程,是体育比赛实况的解读和传播过程,需要解说员从语境视角、从表达层面、从传播途径去思考解说的模式与方法。

第三节 电视体育解说评论的特点与要求

体育解说是一种即兴性很强的语言表达样式,解说员根据赛场变化了的情况做出快速的反应与表达。但是,体育解说语言归根结底是对体育比赛这一对象的描述与解释,体育比赛的进程是有一定规律的,电视转播也是有相应程式的,体育解说语言无论怎样即兴,其微观遣词造句的表达和宏观篇章结构的转承必然会呈现出一定的规律性。那么,电视体育解说评论与新闻评论相比具有什么特点?电视体育解说的语言表达有哪些要求?弄清楚这些问题有助于提升体育解说评论的业务实践能力。

一、电视体育解说评论语言的影响因素

电视体育解说是语言运用的动态传播过程,我们离不开从传播学和语言学两个不同而又相互关联的角度去分析电视体育解说语言的影响因素。我们发现,二者殊途同归。

(一)传播学视角

根据拉斯韦尔提出的传播过程"五要素":传播者、传播内容、传播渠道、传播对象和传播效果,电视体育解说就是解说员通过电视这一传播渠道将体育比赛活动传递给广大电视观众的传播过程。体育解说过程势必受到赛事活动内容的制约,在词语的选择运用和组合关系上、表达的断连疏密上呈现出与体育活动紧密相关的特点。另一方面,由于以电视这一声画结合的媒体为传播介质,体育解说过程势必会受到电视这一特定媒介的制约。因此,电视体育解说语言的特点受两方面的因素影响。

一是传播内容,即体育活动,也就是赛事本身;

二是传播媒介,即电视媒体,也就是电视媒介的各种符号。

(二)语言学视角

人类所有的语言活动都是在一定的语境中发生并受到语境制约的,一般认为:语境包括文化语境、情景语境和上下文语境。上下文语境则是具体语言的上下文,文化语境是语言活动的大背景,包括整个社会文化背景。而情景语境是与语言活动直接相关的具体语境,依据格里高利和卡罗尔(Gregory&Carroll)的观点,情景语境包括三个部分:话语范围、话语基调和话语方式,即语场、语旨和语式。韩礼德认为情景语境的变化产生语言的功能变体,哈蒂姆和梅森(Hatim&Mason)认为语言变体包括两类:一类与用途有关,一类与使用者有关。[①] 与用途相关的语言变体指的是语域,包括语场、语式和语旨,与韩礼德提出的语域形成的情景语境三要素是一致的。韩礼德认

---

① 卫景宜.跨文化语境中的英美文学与翻译研究[M].广州:暨南大学出版社,2007:315-316.

为三种要素共同作用,为每一个具体的语言活动提供语境构型。

与电视体育解说直接相关的情景语境——语场、语旨、语式三要素分别是什么呢?

第一,语场,即交谈的话题和场地。对于解说员来讲,他有两个场,一个是体育比赛活动场,一个是电视媒体解说场。那么,解说语言材料的选取和组合便会受到体育比赛内容的制约,要考虑遣词造句、语气语调是否与体育竞技项目的特点相吻合。与此同时,解说员又会受到媒体传播方式的制约,语言手段要符合电视媒体大众传播的要求。

第二,语旨,即交际双方的社会身份关系和语言活动的目的。就电视体育解说而言,就是解说员与电视观众之间形成的编播和受众的交流。在此,大众传媒的角色定位直接影响体育解说的语言表达,形成叙述加评论的基本表达范式。

第三,语式,即语言活动采取的媒介或渠道,以及由此引起的表现方式。这里,笔者用"表现"一词,强调了语言外在的诉诸感官的表达特征。比如,纸媒对应了文字语言,诉诸视觉;广播媒介对应了有声语言,诉诸听觉;电视媒介对应了声画语言,诉诸视觉和听觉。电视体育解说以电视为传播介质,属于诉诸视听的声画互补语言。

总而言之,电视体育解说语言的影响因素无论从哪个角度切入,都取决于赛事内容与电视媒介所构成的解说情景语境。

二、电视体育解说评论的篇章构成

一场体育比赛解说,从篇章结构上分为三部分:开头、主体与结尾。

开头部分包括呼台号、向观众问好、介绍赛场概况,包括比赛时间、地点、裁判、教练、首发阵容、队长,以及相关外围背景等。如:

中央电视台,观众朋友们大家好,我们现在给您带来的这场比赛是2010年南非世界杯的第64场比赛,也是最后一场比赛。这是世界杯的决赛。交战的双方呢是身穿橙色球衣的荷兰队和身穿蓝色球衣的西班牙队。现在上半场比赛已经开始了。首先给大家介绍一下今天这场比赛的首发阵容名单。(段暄)

主体部分是解说的核心部分。比赛分上下两个半场或几个节次进行,在这一过程中,解说的主线是围绕参赛双方的表现、比赛进行的时间、比分如何进行的,不可忽视的是解说中不断穿插对场上情况的适时点评。

在比赛进行中,解说员不断穿插"在什么体育馆为观众朋友们解说什么比赛,比赛进行的时间,场上的比分怎样,当下的情况如何"。如:

上半场的比赛已经踢了27分钟,场上的比分依然是德国队1∶0领先英格兰队。(贺炜)

结尾部分通常宣布比赛结束,说明解说员的姓名和转播媒体等。例如:

我是贺炜,观众朋友们,再见!

三、电视体育解说评论的语言特点

媒体和赛事特点决定了电视体育解说表达上的独特性。电视媒体的传播方式,对体育解说的时机、叙述时限有了更高的要求。体育比赛的竞技性特点,使体育解说语义的表达独具特色。

(一)表达时机

体育解说与其他新闻报道在传播时机上是不同的。体育解说是对比赛实况进行的实时报道和解释说明,它的核心事件是比赛赛况,即比赛进行到不同时段场上出现的情况,包括常规的情况和突发的情况。解说员传递给观众的是当下出现的情景和事件、基于专业知识和业务经验之上的分析评价,以及对接下来可能发生的情况做出一定程度的预测。但是,一般的新闻报道或新闻评论则与此不同,它是事后或事中(整个事件的一个发展阶段)的报道、评论。它已经预先知晓某一新闻事件的全过程,即事件的背景、起因、发生、发展和结果等要素。新闻评论员对这一新闻事件有着明确的价值判断和舆论倾向,就事件的哪一方面进行分析评论在报道之前已经了然于胸。体育解说则是实时的、动态的、未知结果的。

(二)评论时限

新闻评论本身就是讲究时效性的,体育解说评论更是"零时差的时效性"。新闻评论的特点是"以新闻事件为由头",具有"时效性、思想性、论理性、大众性",而电视体育解说由于电视媒介的存在,更凸显了"时效性"。电视媒介的传播特点,要求解说员快速反应,对评论有着很强的时间限制,评论与事实的时差越小越好。面对转瞬即逝的画面,电视体育解说员必须迅速调动语言的编码、输出系统,因此,其话语构成不可能是复杂的语段、句段,不可能是典型的篇章衔接、不可能是严谨的逻辑关联。现场解说对解说员的言语生成能力有着更高的要求。在"解说员-嘉宾"式的解说模式下,尽管有会话策略的制约,但会话双方的思维角度、转播画面的快速转换,篇章衔接的不连贯性也会表现出来。例如:

孙正平:……卡尔德隆由于腹股沟受伤了,他不能够去打这场决赛了,所以对他的后卫线是一个很大的影响。好球,加索尔罚中一分,这样双方开场就打成了三平。

张卫平:额,今天美国队呢,在一开始打得也是比较耐心。

孙正平:前场篮板球,霍华德再攻。

(录自2008年北京奥运会男子篮球决赛美国队VS西班牙队,解说员:孙正平,嘉宾:张卫平)

从例子中可以看出,孙正平在解释分析卡尔德隆受伤对比赛的影响时,因为画面变化,马上转为对现场情况的描述:"好球,加索尔罚中一分。"中间没有任何过渡的标记。

接下来,张卫平并没有就加索尔罚球进行评论,而是评价美国的打法特点。之后,孙正平没有接话,而是根据转播画面描述场上霍华德对球的处置情况。

(三)话语焦点

体育解说话语与一般新闻报道话语的语义重心是不同的。就新闻传播的角度而言,受众接受效果的优劣取决于传播内容的新闻价值。一般认为,新闻价值要素指的是"时新性、重要性、显著性、接近性和趣味性",体育新闻则更表现出它的"冲突性"。体育赛事的冲突性决定了体育新闻、体育解说的冲突性。比赛是竞技体育存在的核心方式,对抗性是比赛的显著特点。我们认为冲突性在体育比赛中体现在以下六个方面:(1)竞技体育是对运动员自身体能、毅力与技艺极限的挑战,这是参赛者自我超越的冲突。(2)在公平竞争原则下,比赛双方一决高下,比赛结果非此即彼的二元对立让整个比赛过程充满悬念,这是参赛双方的冲突。(3)比分相同的和局结果,恰恰展示了最紧张的僵持过程,这是比赛过程的冲突。(4)体育比赛胜负结果存在着不确定性,一场比赛,也许在最后一秒逆转。比如2011年10月欧洲足球冠军联赛小组赛第三轮的比赛中,便是英超曼城队的阿圭罗在补时一分钟的最后时刻绝杀,进球逆转,使曼城2:1险胜比利亚雷亚尔队。这样的例子在体育比赛的历史上不胜枚举。这是时间上此时与彼时的冲突。(5)胜者从芸芸参赛者中脱颖而出,唯一的胜者不仅要征服全场,更要斩获全社会的认可和赞誉,这是个体与群体的冲突。(6)败者精神上追求完满、自我超越与外在现实不能满足的矛盾,则是精神世界与现实世界的冲突。

体育解说便是对这样的比赛过程进行描述和评论的语言应用过程,所以,通常体育解说话语焦点就落在了比赛冲突性的表达上。无论哪种形式的体育比赛,其冲突性的形成归根结底是源于以竞赛规则为基准的分数得失情况以及参赛双方此消彼长的分数对比过程。对于有比赛器械的对抗性比赛而言,这一规律表现得尤为突出。

(四) 语义分层

体育解说的话语就语义的表达而言呈现规律性地自然分层。体育解说是对动态连续的比赛过程进行的语言传播,体育解说整个语篇的总话题就是"在何时、何地、参赛双方进行的什么比赛,赛果如何"。这一话题是贯穿解说语篇的内在线索,尽管转播画面不停变换,针对画面建立的分话题缺乏连贯,但是语义的表达始终离不开不同时段参赛双方比分的情况。

体育比赛是建立在竞赛规则框架内的事件,发展过程的规律性清晰可辨。首先,根据赛制,一场比赛可以分为固定的场次或节次。这种规定,使得语义的表达自然分段、分层。例如:

鲁尼在跟弗里德里希拼抢的时候摔倒主裁判没有吹犯规。这时候主裁判拉里昂达吹响了上半场结束的哨音……

双方的队员需要冷静沉着,在中场休息的时候再明确一下本队的战术思路,我们希望这场比赛下半场45分钟能够延续上半场的紧张刺激的程度。贝克汉姆在鼓励自己的队友,英格兰队还有扳平的希望。本次比赛的下半场双方都还有进球的希望。

观众朋友们,稍事休息,待会儿为您转播双方下半场的比赛。

(录自2010年南非世界杯德国VS英格兰的八分之一决赛贺炜解说)

这是足球赛上半场结束时的解说,在描述双方拼抢判罚情况时,比赛结束。无论前一秒多精彩,此时解说员也得马上转换,改为总结上半场比赛情况,然后承上启下,以"待会儿为您转播双方下半场的比赛"结束解说。

其次,根据竞赛规则,对决定比分判罚的比赛器械的处置情况是另一个使语义自然分层的原因。依然拿球类比赛来说,围绕某一个球的抢断、进攻情况,裁判做出相应的判罚,双方比分出现变化。与此相应,解说员描述现场情况、解释裁判判罚,通常还会加一个简短的分析评价。例如:

兰帕德。好球,这球给得不错,兰帕德往前趟,角球。英格兰队的第一次角球。英格兰队一定要把边路打开。如果总是集中在中间的话,今天的两个灵巧性的前锋是对抗不过对方的高大中卫的。这球传得不错,头球!厄普森,厄普森!英格兰队扳回一分,37分钟2∶1!

【进球回放】厄普森对自己完成了救赎。

(录自2010年南非世界杯德国VS英格兰的八分之一决赛贺炜解说)

从这段解说不难看出围绕对"球"的处置情况进行的"描述(叙述)-评论"的解说语言模式。解说员先描述传球情况,根据比赛规则,判罚结果是英格兰队获得角球。然后简短评价"英格兰队一定要把边路打开。如果总是集中在中间的话,今天的两个灵巧性的前锋是对抗不过对方的高大中卫的"。根据场上情况,描述对"球"的处置——"传得不错,头球"!结果是"英格兰队扳回一分,37分钟2∶1"。因为是厄普森射门,所以对此进行评论:"厄普森对自己完成了救赎。"

根据语义,体育解说随着赛场活动的情况就自然地分为不同的小段。基于竞赛规则下的换人、失误、发球、点球等任何判罚都可以自然地使语义分层。与语义表达分层相呼应的是关键镜头的回放,几乎每一个判罚节点都有画面回放。在画面表达上,解说的一个语义层就相当于一个长镜头。如上例所示,最后以影响比分的关键镜头回放结束这个语义段落。整个比赛就是由开球、争抢、判罚,然后是新一轮的争抢、判罚等,如此循环往复构成完整比赛事件。解说的整个语篇由与之对应的一个个表义段落构成。

当然,就电视体育解说评论而言,很重要的一个因素是声画的完美配合。既要传递必要信息,进行恰当评述,又要避免与画面信息的重复。做到没有冗余、不显累赘。综上所述,电视体育解说受到赛事内容和传播媒介等情景语境的制约,呈现出自身独有的语言表征。

四、电视体育解说评论的实践要求

电视体育解说作为一种传播行为,其内容是重大体育赛事的比赛进程,具有很强的新闻性。在遵循新闻价值五要素的同时,体育解说还要突出它的冲突性。这些要素成为影响解说效果的重要因子,体育解说在这些要素的作用下体现出自身独有的实践要求。

（一）时新性要求解说员调动语言编码、输出快速及时，有三个层面：说得对、说得清、说得好

面对转瞬即逝的画面，电视体育解说员必须迅速调动语言的编码和输出系统。这不仅要求解说员通晓竞赛规则，更需要有声语言的掌控能力。既要说得对，符合体育专业评判标准；又要说得清，瞬时运用声音清晰传情达意；还要说得好，不仅是情、声、气的控制协调，更是画面与语言的协调统一。例如：

身后，助理裁判举旗了，今天开场5分钟的时间，西班牙队已经有两次越位了。在上一场比赛中就是，佩德罗在上一场比赛中，就是顶替了特雷斯首发。

我们再来看一下。这是拉莫斯的甩头，门将斯特克伦堡表现得非常稳健，在此之前，荷兰队的六场的比赛一共是丢了5个球，其中呢，有两个是点球。这场比赛结束之后呢，将会有本届世界杯的几个最佳的奖项，其中的一个最佳的奖项呢就是最佳门将的奖项，那么相信这个奖项，两个有力的竞争者就是今天这场比赛的两个守门员，一个是卡西利亚斯，另外一个就是斯特克伦堡。

（录自2010年世界杯决赛荷兰VS西班牙，段暄解说）

根据语义，我们将之分为两段。第一小段，"助理裁判举旗"是画面描述，强化举旗这一行为的重要性，几与画面同步进行。但后面的部分则是由"裁判举旗"调动解说员的专业知识储备，补充说明受众可能没有掌握的相关信息，声画互补。第二小段，以"我们再来看一下"为标志，领起下文，这段话显然是对一个画面的描述和解释。在这里，正是对一个慢镜头回放的解读。解说紧随画面，同时补充画面不能表现的情感倾向，既传义又表情。

（二）重要性要求体育解说把握插话时机，注意屏幕语言的定位

重要性越突出的，新闻价值越大。这就决定了电视体育解说员并非面面俱到，对时间流动中的每一幅画面都要做出描述，而是选择重要程度高的比赛场景、瞬间画面、场上人物背景等不同信息进行传播。同时，解说作为屏幕语言，是与电视传播的其他符号共同完成传播过程的，它不仅与画面、音响、字幕等语言相辅相成，还要对受众的心理认知有一个相对准确的预设。对于受众已知的信息再次重复，内容拖沓、信息冗余，自然就会削弱电视体育解说的传播效果。

在2010年南非世界杯足球赛决赛之前,体坛网通过网络投票的方式对决赛由谁来解说进行票选。结果是贺炜以72.9%的支持率呼声最高,尽管这一统计结果不尽科学、客观,但是在一定程度上反映了贺炜的解说风格受到时下受众的肯定。例如以下是贺炜在2010年世界杯足球赛英格兰VS德国比赛的解说片段,很好地体现了重要性信息的传播。

穆勒离身体有点远。阿什利·科尔果断地上前把穆勒踢倒,把球抢下来,但是穆勒因此而受伤。英格兰队还是很有风度地把球踢出了边线。

【镜头回放】穆勒这个球停得离身体有点远,阿什利·科尔这一下铲球确实一脚踩在了穆勒的脚上。不过由于刚才穆勒没有完全控制住球,所以阿什利·科尔这一下铲球主裁判没有吹犯规。【回放完毕】

德国队由穆勒自己亲手把界外球球掷还给英格兰队。

两个世界足坛的豪门球队在世界杯赛场上表现出了十足的君子风度。

我们看到,第一句是对画面的客观描述,由于阿什利·科尔抢球导致穆勒受伤。这样的描述让观众了解比赛现场发生的事实。但是接下来,贺炜说"英格兰队还是很有风度地把球踢出了边线,"用了一个词"很有风度",言外之意,就是踢出边线的做法风格很高,隐含本可以不踢出边线的意义。如果仅仅解说到这里,也可以说完成了对这一画面的描述,未尝不可就此结束。但是贺炜在镜头回放时对刚才两队球员的行为做出了解释,从贺炜的解说我们能够理出这样一个线索:"科尔踩了穆勒,穆勒因此摔倒,裁判没有对此评判,但英格兰队从体育精神出发有风度地将球踢出边线",让观众对事实知其然与知其所以然。之后,德国队穆勒将球交还英格兰队,于是,贺炜不失时机地点评:"两个世界足坛的豪门球队在世界杯赛场上表现出了十足的君子风度。"在这段解说中,描述、解释、评价相结合,将重要的信息适时地传递给观众,满足了受众的心理需求,将观众从客观事实引领到体育精神、体育文化传播的层面,对比赛进行了升华,收到了良好的传播效果。

(三)显著性一方面使得解说内容更多关涉明星运动员或相关知名人士,另一方面要求电视台打造知名解说员

显著性,包括新闻事实所涉人物、事件本身、事件时空的显著程度。我们已经知道,体育解说与电视传播图像共同构成体育赛事的电视传播。那么,解说本身既是对新闻事件(赛事)的传播又是新闻事件本身(赛事解说)。这个过

程有两个场:第一是赛事发展场;第二是解说表达场。赛事发展场是比赛进行的空间——比赛现场,解说表达场是解说进行的空间——演播室(或现场的解说平台)。这两个场关涉的人、事、物、空间都是体育电视传播不可忽视的因素,因此,体育解说彰显新闻显著性的因素有如下几个方面:

1. 人的因素

赛场层面有运动员、教练员、裁判、观众;解说层面就是解说员和嘉宾。

那么,解说内容对知名的运动员、教练员、观众等所涉人物的着墨一定会多,关键性的判罚对教练着墨会多,对判罚对象——运动员以及所属参赛队伍的着墨会多。

著名嘉宾引起的观众关注度高,也一定会重点说明。当然,其中还不乏专门承载着某种宣传效应的企业明星、社会知名人士等。

比如:"今天在贵宾席上是嘉宾云集,国际足联主席布拉特也来到了现场。"更需要指出的是,观众对知名解说员的期待和关注度更高,采用观众喜爱的解说员能收到更好的传播效果。所以,电视台、专业院校应当搭建相应的平台打造明星解说员。

2. 事件因素

赛场层面有赛事的类别、级别和关注程度;解说层面则是解说风格。

赛事的级别和项目类别引起受众的关注度不同,传播效果与解说所涉赛事资源息息相关,影响力越大的赛事,其解说自然会受到更多人的关注。诸如奥运会、亚运会等大型综合性赛事或者世界杯、锦标赛等世界级单项赛事解说往往会受到更多的关注。解说本身就是一个动态的语言使用过程,解说风格就是语言表达的方式、修辞手段等因素所形成的话语风格,独具特色或符合大众审美的解说风格会受到更多的追捧。

3. 事件时空因素

事件时空因素包括比赛场地、场地所在地;解说转播频道、电视台等媒体因素。

一场体育赛事解说,比赛开始通常会介绍比赛场地以及赛场所在城市的历史、人文等情况。因此,对于有着悠久历史、闻名于世的城市会介绍更多,这样也更符合受众的心理期待。体育比赛转播的电视台、频道等对于解说传播效果也会有相应的影响。专业化的频道、辐射广的转播平台其传播效果也会相对更好。但是市地级电视台、非专业化频道并非传播效果一定不好,只要找准目标受众,打造个性化、地域性的解说模式,也会收到良好的传播效果。

(四)接近性要求解说内容更过地表达与受众关涉紧密的事实与信息

我们知道,接近性是新闻事实与受众之间的距离,包括空间距离、心理距离和利益距离。距离越近,新闻价值越高。

在体育比赛解说中,接近性表现在以下几个方面:画面信息、画面相关信息,这是赛事欣赏过程中与受众心理距离接近的信息。如果与画面关涉信息较远,加上解说时机不当就会引起观众的诟病。太多的背景介绍、动作解释如果不注意插话时机,便会影响观众对场上信息的接收,因为此时场上影响比分变化的行为、场景才是更具接近性、重要性的信息,全面的背景知识、队员特点的介绍固然有用,但要弄清这种信息传播的恰切时间和数量。

另外,接近性还在于受众支持的、关心的参赛队伍、运动员等,因此,在弄清目标受众的前提下,解说可以有所倾向。

(五)趣味性要求解说内容和方式在专业性的基础上更要体现休闲、娱乐的特点

随着社会的发展,人们对生活品质的追求越来越高,于是越来越多的人参加到体育运动或对体育运动的欣赏中。他们并不追求竞技成绩,其目的是健身、休闲、娱乐。因此,观赏体育比赛,一方面要领略竞技体育对视觉和心理的冲击,弄懂比赛的前因后果,并享受由此产生的畅快淋漓的感受。另一方面,在欣赏比赛的过程中,希望释放快节奏的生活和工作带来的压力,感受轻松愉悦的氛围。这就需要解说符合休闲、娱乐的需求,体现深沉人文情怀、具有一定艺术特色、甚至轻松搞笑具有幽默感。所以,在解说满足信息需求、专业需求的基础上增添趣味性,其传播效果会更好。趣味性包括了表达的趣味性与内容的趣味性。

表达的趣味性正是韩乔生的解说语录一时间广为流传的原因。其解说让人在茶余饭后忍俊不禁。比如:

队员在平时的训练中一定要加强体能和对抗性训练,这样才能适应比赛中的激烈程度,否则的话,就会像不倒翁一样一撞就倒。

贺炜被网友封为"文艺帝"也缘于表达,我们看一下贺炜在英德大战中著

名的诗情表达,前章也有提及:

  我们想想吧,在此时此刻,在柏林,在慕尼黑,在汉堡,在科隆大教堂,肯定有无数的德国球迷为之欢欣鼓舞。而在伦敦,在利物浦,在曼彻斯特,在泰晤士河边的小酒馆,肯定也有无数的英格兰球迷为之黯然神伤。不过,让我内心感到温暖的是,在生命如此有意义的一个时间节点,在今天晚上,电视机前的亿万球迷能够,我们大家一起来经历,共同分享,这是我的幸福,也是大家的幸福。

  除了语言表达的趣味性之外,还要注意表现内容的趣味性,解说员要善于捕捉赛场上的趣味性镜头,适度传递活泼、趣味的表达内容。

(六) 冲突性要求体育解说突出比分、突出围绕比赛器械发生的情景、动作、行为、判罚、人物、背景信息等内容

  这正是前文所说的语义焦点,以球类运动为例,比赛进程中,所有的冲突性都外化为赛场中对"球"这一比赛器械的处置上。谁持球、谁运球、谁抢球、谁护球、谁打(踢)球、谁进球……并以此为核心向外围拓展至相关的人物(运动员、教练、裁判乃至看台观众)、动作、行为、技术、战术、规则、判罚等。例如:

  今天英格兰队也穿着一身红色的球衣,卡佩罗希望这样的着装也能够给球队带来幸运。

  2号约翰逊。球已经掀出了边线。10号波多尔斯基。德国队的左后卫是20号博阿滕。10号,鲁尼。默特萨克拖在最后保护,把球交给了诺伊尔。厄普森。这个球越位了,越位了。10号鲁尼。助理裁判举旗,助理裁判举旗示意鲁尼越位。

  (录自2010年南非世界杯德国VS英格兰的八分之一决赛贺炜解说)

  显然,在这段解说中持球方是英格兰,所以解说对英格兰队的队服进行描述。之后是持球者2号约翰逊。球的位置是掀出边线。接下来是连续的几名持球者姓名、动作,以及动作的判罚,等等。

  正如约翰·鲁尼所说:广播解说中解说的话语焦点总是集中在对比赛所用器械的处置上,即分数的得失以及影响分数得失的动作、判罚等因素。究其原因,在于受众对体育赛事与一般新闻事件的心理期待是不同的。一般的新闻事件,受众了解的事件结果是多样化的。诸如:对事件主体的是非评判、奖惩处置,主体目的诉求的实现与否,政策的调整变迁,社会影响与后续发展,等

等。但是，体育赛事，尽管级别不同、项目不同、参赛双方所属国家队伍不同，受众对于体育赛事最关心的依然是赛果，赛果的表现形式则是比分，那么贯穿比赛全程的关注点自然离不开与比分直接关联的物体——"球"的掌控和处置。外化为语言就是对此场景的描述和比分情况的陈述，所以，在体育解说中出现适当频率的报时、报分，才会符合受众的心理期待。

综上所述，对于电视画面不能完全表现的相关信息、人物心理活动，以及对裁判判罚和技战术策略的解释说明，对于赛场情况的评价等抽象的、丰富的，或发生在过去的背景资料需要用语言来体现。所以，在电视媒介的作用下，体育解说的语言是辅助画面完成体育赛事传播。"声"通过对转播画面的描述、解释、评价、预测与"画"共同完成对比赛动态进程的传递。解说既不能脱离画面又要给画面相应空间，充分发挥画面的作用。与此同时，合理发挥有声语言的功能和艺术表现，完善体育解说的功能，给受众营造良好的赛事欣赏氛围。

作业题

1. 电视体育传播符号有哪些？
2. 如何理解电视体育解说内涵？
3. 电视体育解说评论受什么因素影响？其特点是什么？
4. 电视体育解说实践有哪些要求？考虑哪几方面的因素？
5. 电视体育解说实践练习：选取新近比赛的电视视频资料，消除原解说声音，尝试为转播画面进行解说，注意运用所学的理论知识。

参考文献

[1] 邹望梅,张德胜.论体育解说的逻辑层次[J].广州体育学院学报,2003(4).

[2] 王群,徐力.电视体育解说[M].北京:中国传媒大学出版社,2005.

[3] 崔林.电视新闻语言:模式·符号·叙事[M].北京:中国广播电视出版社,2009.

[4] 特伦斯·霍克斯.结构主义和符号学[M].瞿铁鹏,译.上海:上海译文出版社,1987.

[5] 关世杰.跨文化交流学[M].北京:北京大学出版社,1995.

[6]施拉姆,等.传播学概论[M].陈亮,等,译.北京:新华出版社,1984.

[7]李佐丰.屏幕语体——与口语体、书面语体并立的第三种语体[J].现代传媒,2009(3).

[8]李晓华.播音主持工作专业评估的必要性和可行性[J].现代传播,2006(6).

[9]胡壮麟,朱永生,张德禄,李战子.系统功能语言学概论[M].北京:北京大学出版社,2008.

[10]易剑东.大型赛事报道与媒体运行[M].杭州:浙江大学出版社,2008.

[11]杨新敏.当代新闻评论学[M].上海:上海三联书店,2007.

[12]何梓华.新闻理论教程[M].北京:高等教育出版社,2008.

[13]卫景宜.跨文化语境中的英美文学与翻译研究[M].广州:暨南大学出版社,2007.

[14]周伟红,许海滨.解说评论的篇章模式[J].黑龙江史志,2009(4).

[15]彭博.体育解说的传播属性辨析[J].东南传播,2009(10).

[16]武学军.电视体育解说文本构成分析[J].青年记者,2010(32).

[17]武学军.语境视角下电视体育解说再思考[J].广州体育学院学报,2012(2).

[18]武学军.体育解说评论的语言特征解析[J].传媒观察,2013(1).

[19]武学军.电视体育解说的最佳传播效果[J].传媒观察,2014(1).

推荐阅读文献

电视体育解说员的传播效果研究

魏伟

四川大学新闻传播研究所

体育赛事转播是电视节目中的一种特殊形式,电视体育解说员在传播过程中起着不可替代的作用。有英国学者认为,随着时间的推移,作为符号和行为规范的体育解说在不断发展进步,电视体育解说的约定话语已经成为人们思考、谈论和撰写关于体育内容的各种文本。也就是说,在"体育真正意味着什么"这个认知层面上,体育解说使电视成了中心①。与此同时,电视体育解说员的中介作用是比较明显的。有美国学者提出:"在转播过程中,解说员起到了调和体育节目流与收视情境中注意力是否集中的特殊作用。对于体育赛事的叙事结构而言,解说员的直接描述是整个论述组织的核心部分,是电视体育解说员使受众与体育赛事文本紧密相连并互相作用。"②

从传播效果来考察,电视体育解说员具备"把关人"、"意见领袖"、"议程设置者"和"涵化者"等多重功能。

一、电视体育解说员是"把关人"

传播学奠基人之一库尔特·卢因和他的学生提出并发展了"把关人"理论。时至今日,"把关人"理论已成为传播领域十分重要的基础理论。电视体育赛事转播的特殊性体现在媒介赛事与赛场赛事几乎是同步进行的,电视媒体至多只能短时延播,否则受众对赛事的兴趣将大为减小。正是由于体育赛事转播的时新性和不可逆性,电视媒体常态节目的"把关人"既无法对解说员的语言选择进行审查,也无法安排模拟彩排或预演。因此电视体育解说员成为从媒介赛事现场制作到受众接收端的唯一介质。他既是体育赛事的电视体育解说员的传播效果研究信息传播者,又是各种信息流出的"把关人"。这种身份在分工复杂、逐级监督的现代传媒体制中是比较罕见的个案。

正是由于身份的特殊性,电视媒体在体育解说员的选择上异常慎重。在美国和一些欧洲国家,解说员往往是从35岁之后才逐渐走上电视体育解说的岗位。而且,优秀解说员的工作寿命可以长达数十年。在美国广播电视体育主持人协会2009年初评出的历史上50位最佳体育解说员中,96%的解说员解说经历超过30年,个别的达到50年以上。

在国内也有不少从事解说工作多年的优秀解说员,比如以69岁高龄出任2008年北京奥运会解说工作的宋世雄。孙正平、王泰兴、金宝成等解说员都有数十年的体育解说经历。由于有着丰富的经验和过人的应变能力,他们在应对突发事件时具备"正把关效应"的能力。

同时我们应该看到,国内多数电视体育解说员走上解说岗位时的年龄在20到25岁之间,而且相当一部分解说员在从业之前只是一名普通球迷或应届大学毕业生,有过体育记者、编辑或电台体育解说经历的寥寥无几。这就增加了体育解说员"负把关效应"的概率。

因此,电视体育解说员在从事"把关"实践时,需要从大环境、大局出发,严格控制关口的信息流动。不以小团体和个人利益为出发点,将受众的知情权与媒介公信力展开权衡后慎重做出话语选择,是一位成熟的解说员必备的政治素养。凑巧的是,传播学中的"把关人"(gate-keeper)与体育解说员经常会在足球、手球等项目解说中接触到的"守门员"(goal-keeper)意义颇似。如果失去了守门员这最后一道屏障,一支球队的境遇不堪设想。同理,解说员这一电视体育赛事转播"把关人"的作用也是决定性的。

二、电视体育解说员是"意见领袖"

传播学奠基人之一保罗·拉扎斯菲尔德提出了"两级传播"和"意见领袖"的概念。虽然按照传统两级传播中"意见领袖"的定义,体育解说员由于身处大众传播媒介中,不属于这一范畴。但电视体育解说员的身份比较特殊,他们在受众中往往具有一定的权威性和代表性。他们多数对体育信息有着自己的独到见解,通过电视媒介传播给大众,对受众施加影响。如果我们将电视体育赛事转播切割成三级乃至四级传播途径,那么实质上电视体育解说员处在传播的初级阶段。由解说员将信息传递给经常接触电视体育赛事转播并且能够对下游受众施加影响的受众,达到这种线性传播的第二级。随后再由这类传统意义上的"意见领袖"逐级传递到偶尔接触赛事转播但同样能对非体育受众施加影响的受众,形成第三级传播。在这种细化的传播途径中,电视体育解说员除了在传播渠道上与传统意义上的"意见领袖"有所不同以外,其传者身份和传播效果并没有本质区别。

从电视体育赛事的传播过程来考察,解说员的"意见领袖"作用是明显的。首先,他们是体育赛事传播的亲历者,比普通受众更早、更频繁地接触各种相关信息。其次,在大众文化时代,解说员尤其是优秀解说员往往具备"符号效应",他们在体育受众中具备相当的威望,"意见领袖"的身份是明确的。再次,电视体育解说员在叙述比赛过程的同时会或多或少地加入自己的评论,这些可能带有主观判断的话语对受众的影响是不可小觑的。美国传播学者从20世纪70年代到90年代间进行的多次有关电视体育解说的实证研究结果表明,在受众对比赛的认知和欣赏上,解说员的不同表现可以带来迥异的效果。综上所述,解说员可以被视为电视体育赛事传播的初级"意见领袖"。

作为"意见领袖",电视体育解说员在认知、态度和行为层面上都影响着电视体育赛事的受众。

第一，在认知层面上，解说员对赛事的叙述是受众对体育赛事认知的基本渠道。通过对赛事进程的勾勒、比赛规则的介绍和运动员、教练员、裁判员等身份的反复强化，受众对相关信息的认识更加明晰。在中国，许多受众是在聆听宋世雄、孙正平、韩乔生等人解说的过程中逐渐熟悉各项体育赛事的。因此，电视受众对有关体育赛事的认知一部分来源于电视体育解说员。

第二，在态度层面上，解说员在评论部分可能间或流露出对赛事相关信息的个人好恶，这些评论有时可能会延伸到人生观和世界观的范畴。这可能对受众，尤其是年轻受众产生不可估量的影响。20世纪80年代初，由于电视体育转播的强大效果，北京学子在电视中目睹中国男排、男冰、男足获胜后先后喊出了"团结起来，振兴中华"、"冲出亚洲，走向世界"等口号，正是这种态度层面上的体现。原广电部领导梅益和吴冷西提出的"体育解说同样是政治"，也是站在这个角度来讲的。

第三，在行为层面上，解说员的话语可以指导受众的日常生活。比如，解说员在转播田径比赛时提到有氧训练和无氧训练的结合会在一定程度上提高运动员的比赛能力，随后就会有一批田径爱好者据此效仿。此外，解说员的只言片语可能引导受众的消费行为。例如，在NBA比赛转播中，解说员透露为球星卡特定做的某款新型运动鞋会有提高弹跳的可能，那款球鞋在短时间内就成为众多篮球爱好者的首选。因此，电视体育解说员对受众的行为可能产生直接的影响。

电视体育解说员具有"意见领袖"的功能，提醒解说员应该更加注重话语选择和表达方式，重视解说符号编码的准确性。因为任何一个不经意间产生的不完整或错误表达都会造成受众对体育赛事的误读或偏读，从而延伸到对态度和行为层面上的影响。

三、电视体育解说员是"议程设置者"

美国传播学者麦库姆斯和肖通过大众传媒对某些命题的着重强调和这些命题在受众中受重视的程度构成的正比关系，发现了"议程设置"功能。通过研究不难发现，电视体育解说员在某种程度上正是扮演着"议程设置者"的角色。

对于体育赛事转播方来说，最简单有效地提高传播效果的方式就是在转播中树立英雄形象。在和平时期，体育明星是最有机会成为社会公众心目中的英雄人群之一。电视体育解说员在树立"英雄"形象的过程中起着不可替代的催化作用。个人运动项目自不必说，"拳王"阿里、"高尔夫球天才"伍兹、"田径超人"博尔特等巨星的地位与解说员持续的关注密不可分。在集体项目中，解说员总会为受众甄选出能够在很大程度上影响比赛结果的关键角色，通过不断地强化其个人作用，从而达到影响受众认知的目的。"球王"马拉多纳、"飞人"乔丹等超级明星地位的确立，便是从解说员不遗余力的塑造开始的。

此外，解说员在引导受众欣赏体育赛事的视角方面起到了重要作用。荣获冠军的运动员自然是大众关注的焦点，但一些解说员也会积极引导受众将视角转向金牌之外的精彩。美国NBC解说员鲍勃·科斯塔斯表示，在过去的几届奥运会转播中，如果美国选手站在游泳比赛领奖台的最高处，他反而会花更多的时间来介绍夺得铜牌的秘鲁选手和获得银牌的德国运动员，因为每名运动员夺得奖牌的背后都不乏精彩的故事。此外，那些没有获得奖牌的运动员有时也有能够触动人心灵的故事。

2006年都灵冬奥会上，NBC解说员大卫·兰普里将解说的重心放在了比赛前一天退出比赛、多次参赛却从未获得奥运金牌的华裔花样滑冰运动员关颖珊，以及参加了五项比赛却没有一枚奖牌入账的波德·米勒身上。这样的话语选择对受众的影响是不言而喻的。在奥运会结束后的受众调查中，有相当一部分受众将当届奥运会印象最深刻的运动员投给了关颖珊和米勒，有力地证实了解说员的"议程设置者"功能[3]。

从反向维度来考察，在美国经久不衰的美式橄榄球等职业运动在其他国家始终缺乏关注，而风靡世界的英式足球却始终难以吸引大多数美国受众，也在一定程度上与电视体育媒体和解说员的主观议程设置有关。电视体育解说员设定好的议程左右了体育受众的话题选择和话语流量的多寡。在中国，众多解说员最青睐和熟悉的欧洲足球和美国NBA自然就成为体育迷们茶余饭后最津津乐道的话题。

四、电视体育解说员是"涵化者"

美国传播学者乔治·格伯纳等人提出了"涵化理论"。他们认为，在现代社会，由于传播媒介的某些倾向性，人们在心目中描绘的主观现实与实际存在的客观现实之间发生了很大的偏离。同时，这种影响是一个长期的、潜移默化的"涵化"过程，它在不知不觉当中制约着人们的现实观。

由于没有绝对意义上的"公正立场"，解说员在信息传递的过程中往往会流露出一定的倾向性。这种倾向性经过了一定时间的累积，就会使受众在欣赏赛事的过程中流露出明显的情感倾向。譬如，解说员在转播NBA比赛中本应站在客观公正的立场上进行有适度情感倾向的解说，但是由于姚明的存在，中国元素的渗入使这种公正立场发生了显著的位移。解说员在潜移默化中将姚明和休斯敦火箭队作为"我们"的代表，从而形成较为明显的倾向性。长时间后，绝大多数受众习惯于这种解说方式，也将姚明和火箭队当作"自己人"，甚至将民族主义情绪渗入对比赛的认知中，成为解说员"涵化"的对象。在"涵化效果"的长期作用下，解说员带有倾向性的解说习惯成自然，一旦个别解说员站在相对公正的立场解说比赛时，反而会被部分受众认定为"异类"解说，甚至处于"众叛亲离"的尴尬境地。

当然，这种"涵化"过程是漫长的、潜移默化的。而且，一旦在受众心目中形成了某种刻板成见，体育解说员再想改变这种观念就会异常困难。比如，之前田径项目的解说员总在不断强化"黑人运动员由于独特的肌肉类型，具有完美的爆发力，因此在短距离径赛项目中占据压倒性优势"的观念。当这种观念一再被灌输到受众端，受众就会形成"黄种人不适宜参与短距离径赛项目"的成见。渐渐地，这种观念在反复被印证后形成刻板成见。刘翔的脱颖而出使一些解说员不得不改变固有的刻板成见，不再轻易使用过去的论断。为了削弱成见的影响，解说员有时刻意强化刘翔的个案效果。但由于多数受众的观念已经根深蒂固，即使刘翔之后又有史冬鹏成为世界级优秀"短跨"运动员，日本运动员夺得北京奥运会男子 4×100 米奖牌，受众还是无法在短时间内认可"黄种人适合短距离径赛项目"的观点。可见，经过电视体育解说员"涵化"后的观点是很难轻易改变的。

与其他传播效果研究不同的是，"涵化理论"尤其强调电视媒体在形成社会"共识"中的作用。今天，在体育赛事传播上，电视超过平面媒体和广播，拥有最广泛的受众，在受众的接触量上也占有明显优势；电视体育转播不需要受众具备接触印刷媒介时所必需的识字能力；电视体育转播的声画结合，具有强烈的现场感和震撼力；现代人从儿时起就开始密切接触各类电视体育赛事转播，接触电视体育解说，他们眼中的体育世界几乎就是电视中的"体育世界"，到现场观看比赛时还会时常感觉到没有慢镜头回放而带来的种种不适。过去，国内不少电视体育解说员在奥运会等大型国际综合性运动会的比赛解说过程中总在强调"金牌战略"。当中国代表团的金牌总数跻身世界一流行列时，不少受众便顺理成章地认为中国已经成为世界体育强国，忽视了国内体育运动的普及率低、全民参与意识薄弱、基础运动项目落后等现实，形成了实际情况与拟态环境间的差距。为此，电视体育解说员有责任通过累积的"涵化效果"改变受众的观念。

综上所述,在传播效果方面,电视体育解说员具备"把关人"、"意见领袖"、"议程设置者"和"涵化者"多重身份。复杂的身份认同使解说员难免背负沉重的压力,因为他们脱口而出的话语便有可能成为各式"语录"的内容,这也印证了新西兰学者布鲁斯"现代电视体育解说是一项超高压力、超高风险的职业"[4]的论断。

注:

[1][英]雷蒙德·鲍耶,等.有力一击:体育、媒体和大众文化[M].伦敦:朗文出版社,2000:80.

[2][美]阿隆·贝克,等.体育、媒体与政治认同[M].布鲁明顿:印第安纳大学出版社,1997:5.

[3][美]安德鲁·比林斯.奥林匹克媒体:电视时代最大秀的内幕[M].伦敦:鲁特莱奇出版社,2008:67-80.

[4][新]托尼·布鲁斯.设定电视体育节目的界域:种族体育解说[J].媒介、文化与社会,2004(6).

(原载《电视研究》2009年第5期)

第六章

广播体育解说评论

学习目标

通过本章内容的学习,了解广播节目的特性,熟悉广播体育解说评论的过程,并掌握广播解说员评论员的要求和原则。

章前导言

近年来,体育赛事的实况转播已经成了体育频道节目常态,更是带动收视率、收听率的法宝,作为在新旧媒体冲击下求生存的广播媒介,如何打好赛事解说评论这副牌?解说员的有声语言如何去对抗画面的精彩纷呈?其要求与电视解说员有什么异同?

本章我们从探讨广播节目的特性入手,继而剖析广播解说评论的过程,研究媒介特性对广播解说员评论员提出的要求。只有厘清了上述基本理论问题,我们才真正掌握广播体育解说评论的精髓。

第一节　广播节目特性

1906年12月25日,美国马萨诸塞州实验电台向听众发出恭祝圣诞快乐的划时代的第一声,这宣告了广播正式成为一种大众传播媒介登上历史舞台。我国的广播事业起步较晚,是在革命战争年代解放区广播事业的基础上建立起来的,始于1940年12月30日延安新华广播电台的呼号,短短几十年过去,我国的广播事业发生了翻天覆地的变化,取得了长足的发展。现如今,面对着报纸、电视等传统媒体的强势冲击,又遭遇手机、网络等新媒体勃兴的挑战,广播节目发展的路在何方?

一、中华人民共和国建立以来广播节目的演变和发展

从窑洞里走出来的人民广播,是中共中央为了积极地宣传抗日民族统一战线,推动第二次国共合作和促进全民抗战而建立的,主要担负起军民抗战的消息,我军英勇杀敌的事迹和世界人民反法西斯斗争形势的传播,这一时期的广播节目只能称之为消息的播读,还不具备广播节目的形态特征,梳理中华人民共和国成立以来广播节目的演变和发展,有以下几个标志性阶段。

(一)中华人民共和国广播节目的基本格局

中华人民共和国成立以后到"文革"开始的十几年间,由中央电台承担起全国广播中心的重任,20世纪50年代初期主要设置了三类节目,第一类是新闻性节目,比如《首都报纸摘要》、《全国各地人民广播电台联播》;第二类是知识性节目,比如《部队节目》、《对少年儿童广播》,多是对象性和专题性节目;第三类是文艺性节目,主要集中在戏曲、文学、话剧、电影、音乐方面,此外还有少量的服务性节目,比如《天气预报》、《节目预告》等。在这段时间里,播出的节目开始具有广播节目的形态特征,符合广播自身的规律,但仍然没有从根本上改变"报纸有声版"的格局,新闻节目多是照搬报纸上的消息、评论,中央电台的播音员们在继承延安播音风格的基础上,在实践中不断探索,并且学习苏联播音工作经验,逐步形成"爱憎分明、刚柔并济、严谨生动、亲切朴实"的播音风格。[1]

(二)改革开放打开广播节目新局面

改革开放后,我国经济领域日益活跃,思想逐步解放,紧随时代发展、社会变迁的广播电视领域也在进行着变革,尤其在第十一次全国广播电视工作会议确定了"走自己的路"、"扬独家之优势,汇天下之精华"的方针后,我国广播电视系统掀起了全面改革的热潮。其中,经广播电影电视部和广东省委批准,1986年12月15日,我国改革开放以来建立的第一家经济广播电台——珠江

---

[1] 徐光春.中华人民共和国广播电视简史[M].北京:中国广播电视出版社,2000:73.

经济广播电台的开播,打造的"珠江模式"是最为成功案例。它以主持人直播、听众通过热线电话直接参与节目、大板块内容组合、全天滚动式新闻的全新播出形式,开创了中国广播划时代的发展历程。当时,这种创新的播出模式被广播学界称为"珠江模式"。① "热线交流"和"直播模式"挖掘了广播节目新的可能性,形态和内容上的创新为节目注入了活力,加上主持人娓娓道来,亲切随和的主持风格,以及和听众即时互动交流,将广播这种具有人际传播特点的大众传播媒介的传播优势极大地发挥出来,受到了广大听众的喜爱和热捧,同时,"珠江模式"还拉开了广播频率专业化的序幕,经济、音乐等台的开播,变"广"播为"窄"播,广播节目更加有针对性地为听众服务。

(三)新世纪广播节目的超越和突破

进入新世纪以来,网络、手机、移动电视等新媒体以其即时交互、延时融合等特点迅速抢占受众市场,对广播在内的传统媒体产生巨大冲击和挑战,广播节目要想在前景美好的新媒体时代拥有自己的话语权,实现节目的强势吸引和受众稳定收听,不仅需要继续在节目内容形式上求新求变,而且更要利用好新媒体的传播渠道和技术,与之融合。在全媒体时代,单打独斗只能销声匿迹,融合互补才能获得更广阔的发展空间。因此,反观当下种类繁多的广播节目,我们不难看出,手机短信、网络直播贴、微博评论等多种新媒体互动方式的介入,打破了传统广播节目地域传播上的限制,只要网络覆盖的地方都能通过网络收听并参与到直播贴、微博的交流中来,改变了以往短信互动只有主持人选中才能被关注的被动模式,也促进了受众之间的交流,使得交流更热烈和全面。

二、广播节目的特性

现如今的广播节目内容包罗万象、形式丰富多彩,既保留了传统广播节目的特性,又根据时代发展表现出新的特征,概括总结,有以下几个方面。

(一)传播迅速及时

广播节目在信息传播时效性上的优势,主要体现在现场直播节目中,和其他大众媒介相比,这种差距也在逐步缩小,逐渐弱化。因为,现场直播这种方式在电视、网络中也可以运用,只是由于技术、设备、经费等原因,不能像广播节目那样经常地、大量地采用。广播节目传播信息的及时迅速尤其体现在突发的公共安全事件上,湖南交通频道 2008 年"抗冰救灾"的系列直播报道中,

---

① 杨硕,黄冬.珠江模式:历史与现实对接[J].传媒,2011(6):400-429.

时任总理温家宝在长沙火车站看望滞留旅客这一事件报道是广播新闻信息传播迅捷性的最好注解。1月29日11时35分,温总理在二楼候车室看望正在候车的旅客,出于安全考虑,现场警卫将记者挡在外围。当电视摄像记者都无法靠近的时候,实习记者刘畅与周围旅客一起走到温家宝总理身边,抓住时机向总理提问,并将手机递到总理手上,通过电话录音,记录了珍贵的历史瞬间,成为唯一一名对温家宝总理进行录音采访的地方媒体记者。这条录音新闻随后立即在交通频道反复播出,并引起了巨大的社会反响。

(二)收听随意方便

一份由NBC授权哥伦比亚大学所做的报告指出,"广播已经越来越少被看作是一种单纯的娱乐方式,而是被当作是某种其他行为的陪伴。"作为一种伴随性媒介,听众可以边做事情边收听或者在移动状态下收听广播节目,不影响正在进行的事情又获得了信息或娱乐,扩大了接受的可能性。此外,收音机本身体积小、重量轻、携带方便,适合年纪大的人锻炼或者吃饭的时候收听;对于学生而言,现在通过手机、电脑、MP3等都可以随时收听广播节目;而随着私家车的发展普及,城市白领可以在驾车期间收听节目,普通居民则可以在公交车、地铁、轻轨、出租车上通过车载广播收听。所以,对于不同年龄、不同阶层、不同运动状态的受众而言,收听广播节目可以说是随时随地都能进行,非常便捷。

(三)意境以声见长

广播节目是通过声音传播新闻,引导舆论,传授知识、文化,娱乐受众的,受众获取节目信息的方式仅仅需要动用听觉系统即可,因此,广播是一种听觉媒介,广播节目的和其他媒介生产的节目最大的不同便是"以声传情、先声夺人",其充分运用人类丰富的语言和各种音响吸引听众、感染听众,引发心灵的强烈共鸣,同时它更是包括报纸、电视、网络在内的媒体中唯一不需要视觉参与的媒体,眼睛可以从繁忙的工作生活中解放出来,非视觉性媒体节目是广播节目的独家优势。

(四)互动即时高效

从技术上来说,受众直接参与广播节目方便、隐匿,使得广播节目的参与性强于其他媒介节目。广播节目的互动方式最初是延时性双向互动传播,主要是信件往来,这种互动方式操作麻烦、效率低。而目前广播节目的互动方式是即时互动传播,主要包括热线电话、短信平台、网络直播贴等,热线电话是一种点对点的互动方式,不能同一时间面对更多的受众,短信平台则实现了全景式的即时互动传播,用户对节目的反馈和建议可以海量进入传播者的视野,从而使得交流更加充分。① 网络直播贴则更进一步丰富了即时互动传播的方式,受众之间可以彼此看到大家发布的内容,从而展开更广泛的交流探讨,除了文字信息,还可以发布音频、视频等,互动的范围更广、程度更深,目前的广播节目互动方式主要是以上三种的同时运用。

(五)制作成本低廉

成本,简单而言,就是生产一种产品的全部费用。广播节目的成本,包括经营成员的工资、设备的损耗、材料的消耗、宣传费用、差旅费用等,这里的制作成本仅指节目从制作到播出的费用,不包括其他财政支出,这与报纸、电视、网络相比,广播产品的成本最低,受众的接收成本也最低,不像电视节目,尤其是电视综艺娱乐节目斥巨资打造的需要经常更新的豪华舞台布置,以及主持人昂贵的造型化妆费用,广播节目不需要在视觉享受上花费任何成本,较低的制作成本可以有效抗衡其他媒体的市场冲击。

此外,传统的广播节目还具有转瞬即逝、不易保存和线性传播、选择性差这两大不足和劣势,但是随着网络的出现,为广播节目的发展提供了新的契机,弥补了这些不足。首先,通过网络数据库,转瞬即逝的广播节目可以被保存,受众不仅可以在广播网站上在线收听在正在直播的节目,还可以搜索已经播出过的往期节目进行收听。其次,以互联网为介质进行传播,变线性收听为非线性收听,变单向被动收听为双向互动收听,它同时还打破了传统广播由于频率所限而受的地域限制,所有互联网用户都能成为潜在的广播节目受众。

三、收听广播的基本条件

广播是指通过播送声音进行信息传播的媒介,它是以声音作为传播媒介,以听觉作为接受方式。这里的声音既包括新闻事件本身的声响,也包括记者报告消息的言语声音。关于体育解说评论的诸多说法中,越来越多的媒体人和学者认为,体育评论解说是一种扩大化的现场报道,而通过广播媒介播出的比赛实况,主要依靠报道员也就是现场解说员的解说得以呈现比赛的过程和细节。

广播是一种伴随性媒体,收听比较随意方便,收听广播的基本条件包括两个方面,即客体条件和主体条件。客体条件是收听广播的物质条件,也就是接

---

① 姜华.浅析广播即时互动传播的实现[J].中共郑州市委党校学报,2011(5).

收设备（收音机）；主体条件是收听广播的心理条件，包括收听者的知识与经验等。广播设备即收音机的价格低廉，方便购买，现在很多电子产品比如手机、MP3等都带有收音机的功能，客体条件容易满足；而主体条件门槛较低，只要你是听力无障碍的正常人，一般都能准确接受到电波传递的讯息。1961年中国承办的第一个世界锦标赛——第26届世界乒乓球锦标赛在北京开幕，中国队对阵当时处于世界乒坛霸主地位的日本队，由于当时电视还没有完全普及，对于这场国人期待的尖峰对决，很多人是通过广播来收听关注比赛的，广播实况转播的高潮是"智多星"徐寅生"十二大板"斗星野，比赛开始，双方各胜了一盘。打到第三盘的20比18，徐寅生领先，只要再得一分，便可胜利。这最后一分是忽长忽短，忽缓忽急的噼啪声音，来来回回响了好几遍，忽然听见收音机里传来观众的喊声"七"，可见，徐寅生连打了七板，都没有把球打死，过了几秒，又陆陆续续传出了观众齐声喊的"八""九""十"，当喊到"十二"，稍一停顿，便听见场上一片欢呼，徐寅生终于把对手"打翻在地"，取得了这一局的胜利。通过收音机这种收听设备的作为媒介，再加上听众自己的想象力和创造力，也能进入"诗"的境界，这就是收听广播的两个基本条件。

第二节　广播体育解说评论的过程

　　1921年夏天，美国匹兹堡的KDKA电台首次利用广播为听众提供了棒球比赛的消息。没过多久，就有记者通过电话向电台通报比赛的详细情况，这可以理解为广播体育解说的萌芽。时至今日，广播体育解说评论的内涵和外延都有了更深刻的发展变化，广播体育解说评论是一种以广播为主要媒体平台，以体育受众为服务对象，对体育赛事进行口头即时描述、解释和评价，以便听众通过声音更好地欣赏体育赛事的新闻传播活动。从狭义上说，广播体育解说评论的过程是指从赛事开始到结束的动态过程中解说员、评论员的有声语言表达内容，可以图解为：比赛现场→解说（变量）→电波传送→听众接收，从广义上讲，还要包括赛事实况转播前的准备工作以及赛事结束后的评论、访谈、互动等拓展活动。

一、实况转播前的准备工作

　　古人有云："凡事预则立，不预则废"，做任何事情前有周密的计划和认真的准备能事半功倍，收到良好的效果。对于通过广播收听赛事的听众而言，因

为没有画面信息的参与，就更需要通过解说员、评论员获取更丰富的赛场信息、更细致的动作技术描述，更专业独到的评论分析，而体育赛场上的局势总是风起云涌、变幻莫测，解说员、评论员除了扎实的体育专业知识、深厚的语言表达功底、丰富的赛事直播经验以外，更需要根据具体赛事的情况提前有针对性地做好准备，这是保证直播顺利完成的必备条件。

（一）案头准备

无论哪种项目的比赛，在直播之前，都应该做足准备工作。这一点，是体育解说评论的通用要求。只有充分做足案头工作，才能在直播过程当中尽量少出错，甚至不出错，保证解说评论的质量，给听众带来专业的赛事解说评论感受。

第一，了解交战双方。以足球比赛为例，需要从多种媒介搜集了解交战双方的资料，熟悉赛前媒体指南、球队信息，确认最新的关于比赛的有用消息。条件允许的话，最好能够观看赛前的训练，进行踩场，熟悉场馆的设施条件。另外，可以在赛前对双方球员、教练员进行采访，了解备战情况，如果不能到现场观看训练，也要观看过往的录像资料，了解两队历史上的战绩和特点，等等。

第二，建立资料库。准备一些由数据和资料（故事）构成的解说线索，让听众听上去更有感觉。例如，2010/2011赛季NBA西部半决赛湖人对阵小牛，湖人队最终0比4出局，其间媒体多次曝光湖人一二号当家人科比与加索尔因为女人而关系不睦，导致了最终的失败。这些八卦故事，增强了赛事解说的娱乐性，也满足了体育迷们想了解球星赛场外生活的需要。

第三，熟悉比赛规则。对项目规则的熟悉是解说员的最基本要求，特别是要了解一些规则名词的最新解释，从而有足够的知识来播报判罚，并对其做出合理的解释，而不至于闹出"内行人说外行话"的笑话。

第四，球员的身份识别。首先要是记住号码、姓名及其资料，在解说时能够准确辨别球员，从而第一时间给出有用的信息。其次要通过特殊方法来分辨球员，例如足球比赛中焦距比较远，球场上人数较多，可以通过体形来分辨球员。

第五，提前到达工作岗位。参与直播解说必须要早到，避免交通堵塞而导致迟到。此外，提前到达赛场还有利于与有关人士交谈，获得赛前最后一分钟的最新消息。

（二）身体准备

体育比赛中的很多国际赛事由于时差问题，都在北京时间晚上或者凌晨才开始，因此，很多解说员、评论员都需要熬夜说球，如果在直播之前，他们不调整自己的"生物钟",提前补觉的话,这样在直播时很难保持清醒的头脑以及灵活的反应,做出精彩、准确的解说评论。因此,在直播之前保证充足的睡眠,是对于直播的基本保障。

同时,因为体育比赛时间上的客观要求,一般要持续一个小时甚至几个小时,解说员、评论员必须在几个小时内都要精神高度集中地关注比赛、解说比赛。这对于解说员的体力、脑力都是不小的挑战。而且由于广播体育解说评论的广播属性,听众只能通过解说员的有声语言来了解比赛,如何确保在高频率工作强度下保证音质优良、吐字清晰也是广播解说员需要考虑的。因此,保持嗓音的良好状况也归入了直播前的身体准备的工作,从解说员自身角度来看,调整好身体状态,也是直播前的重要准备工作,这同时也是一个长期的客观要求。

(三)战术板

精巧复杂的色彩—符号战术板,用不同的颜色标注出不同的信息,从而有助于解说员面对赛事突如其来的变化时,随时能了解相关数据资料,有用信息信手拈来,比如,紫色代表个人本赛季信息,红色是职业生涯信息,绿色表示联盟记录。在广播体育赛事解说中所指的战术板,与球场上教练员制定战术的战术板有所不同。解说员在赛前对战术板的准备过程,也是对球员、球队战术、球队历史和球队表现的了解过程。

比如,图6-1是2011/2012赛季CBA联赛总决赛第四场北京金隅队主场对阵广东宏远队的比赛,赛前准备的战术板搜集了球员的本赛季数据信息,还对球队在本次CBA的赛况进行分析,广东队在此之前7夺总冠军,而北京队初次杀入总决赛。而且之前的大比分是北京队2:1领先,此战又逢主场。所以,广东队势必面临关键一战,输球的话便失去赛点,而CBA总决赛历史上从来没有球队在输掉3场的情况下逆转夺冠的先例。如果赢球,那么,接下来便会回到主场,一切都会更加明朗和有利。所以,通过这些数据的分析,可以得出这是一场关键比赛的结论,在直播中让解说员更清晰地认识到两队面对本场比赛时的心态,做到解说时心中有数,游刃有余。

在战术板上,解说员还可以根据自己的习惯和需要在空隙部分标注自己认为有必要的数据标记,例如,在篮球场示意图大名单上,每个球员的名字后面都可以标记他本赛季的出场数和首发数的对比,比如,北京队的马布里本赛季共出场44场,其中首发43场,根据这些数据,即使我们碰到并不太熟悉的球员,也可以很明确地来介绍"马布里是北京队的一名绝对的主力"。同样的,在介绍32号莫里斯的时候也可以说"莫里斯是一名非常重要和不可或缺的轮转球员,球队在这个赛季第二阵容能够有优异的表现也离不开莫里斯的出色

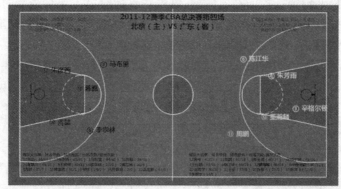

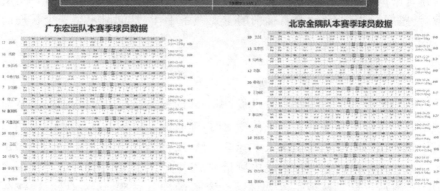

图 6-1　CBA 联赛总决赛第四场战术板

发挥。"因为莫里斯本赛季 44 场比赛中出场 43 次但是 0 次首发,所以他一定是不可或缺的第二阵容球员。

此外,在球员数据以外,还可以对球员的生日、身高、体重、惯用手、习惯位置等进行标注,细节的准备往往是让听众信服和树立权威的关键。比如,我们并不熟悉的广东球员史鸿飞,当他被换上场时极有可能我们对他知道的并不多,而此时他的上场数(本赛季 11 次上场 0 次首发)和出生年龄(1993 年,身高 180 厘米,体重 65 公斤,后卫)就会发挥重要的作用,保证我们不会在球队换人时遭遇解说尴尬。"现在广东队换上的是 1993 年出生的年轻小将史鸿飞,可能很多听众朋友们对他并不熟悉,今年他总共代表广东队出场 11 次,场均拿到 1.63 分,三分球总共 8 投 4 中命中率 50%,身高 180 厘米、体重 65 公斤的他是一个非常灵活的后卫球员"。另外,我们也可以根据他的上场来分析当前比赛的形式,如果广东队在这么关键的比赛中将一名如此年轻的球员替换上场的话,除去全队面临集体严重伤病外,那只有一种可能:球队大比分领先,获胜毫无悬念,所以锻炼年轻球员。所以,我们就可以说"比赛进行到现在,广东队局势非常好,李春江做出的这次换人也预示着在他看来比赛胜负已经没有太大悬念,他也希望能在总决赛的赛场上更多的让年轻球员得到锻炼,毕竟总决赛的赛场气氛和常规赛是完全不同的"。

战术板是解说员对场上情况进行全面把控的关键,它让解说工作变得清晰和有依据。但需要特别注意的是战术板上援引的数据是万万不可以马虎的。因为球迷是非常有记忆力和辨析能力以及调侃解说员能力的群体。严谨和细致永远要摆在第一位。

二、实况转播中的三大铁律

广播实况转播中解说评论的过程图解为:比赛现场→解说(变量)→电波传送→听众接收,除了解说是一个变量因素外,其余因素都是定量因素,变量因素直接关系到赛事实况转播成功与否。海德里克认为体育解说的三条铁律是描述、比分和时间,自始至终要注重对比赛过程的描述,帮助听众形成"比赛画面"。鲁威人则认为,广播体育解说评论的三大铁律是语言表达要准确,注重比赛过程,以述为主,点评有度。

(一)广播解说评论语言使用量大,表达准确,多复杂句

在现场解说中,广播和电视的解说员看到的图像是相同的,他们接收到同样的画面信息符号,但他们的受众接收信息的符号却是不同的,观众有图像、语言和文字,但听众只有语言这一种符号,其认知过程是一个从抽象到具体的过程,解说员把比赛现场的具体情况通过语言抽象传递给听众,听众根据自己的经验把解说员的语言信息进行加工,以表象的形式将比赛的场景浮现在脑海里,达到认知比赛的目的,并且在认知过程中感受一种体验。

广州体育学院的郭小春老师对2007年女子足球世界杯比赛期间的3场比赛的同一时间段的解说加以研究,3场广播解说片段的话语转成文字约有30000字,电视解说转成文字是26000,广播解说语言用量比电视多15%左右,对特定的传接球、射门、犯规、换人等相同画面的分析,广播解说使用的语言要比电视多近两倍。从具体画面解说词的句型结构来看,广播解说多用复杂句,表达得更加准确,以足球为例,对射门进球图像进行解说时,电视解说员一般只说结果,比如:"韩端,射门!"这样一个简单句就完成了对射门动作的解说,然而广播解说员要说出球员姓名、动作、目标、方位、方式等,上述射门图像广播的解说是:"中国队后场任意球李洁把球开到了前边,找马晓旭,马晓旭头球送给韩端,韩端拿球转身射门!"①再来看一个篮球比赛的例子。2006年男篮世界锦标赛中国队小组赛最后一场对阵斯洛文尼亚队的比赛,在最后关头中国队王仕鹏三分球"绝杀"斯洛文尼亚队。来看看中央电视台体育频道篮球解

---

① 郭小春.广播足球节目解说的"图像"信息传达[J].传媒,2011(8):41-42.

说员于嘉的解说:"对方是所有的内线球员,包括投手都沉到下线,刚刚是斯洛卡提上来,布雷德克第二个提上来,这是中国队所习惯的三上的战术。斯洛卡打进!王仕鹏出手!球进了!中国队击败了斯洛文尼亚,中国队出线了!"这是一段很有电视特色的解说,如果用于广播解说时,就要做出以下的改动:"对方是所有的内线球员,包括投手都沉到下线,刚刚是斯洛卡提(到上线)上来,布雷德克第二个提上来,这是中国队所习惯的三上的战术。(斯洛文尼亚队后卫突破,传给了斯洛卡,斯洛卡罚球线抛投)斯洛卡打进!(这时候比赛时间还有6秒钟,斯洛文尼亚队领先2分,中国队还有机会,抢发底线球,王仕鹏快速运球推进,三分线外)王仕鹏出手!球进了!中国队击败了斯洛文尼亚,中国队出线了!"

括号内加入的语言,就形成了一段更加适合广播解说的解说词:解说更准确,细节更清晰。同时,我们注意到,在同一画面中,广播解说的语言量更多,因此,广播解说员需要具备更扎实的语言基本功。

(二)广播解说评论注重比赛过程,把握节奏,多报比分

体育比赛过程是由一个个环环相扣的技、战术组合构成的,所以,通过广播解说体育比赛要把比赛的每一个环节尽可能详尽地进行描述,这点与电视有非常大的不同。电视转播的赛事画面本身就传递了信息,解说员不停歇地一直描述画面、做出评论,某些时候反而会干扰球迷正常观看比赛,以至于在面对滔滔不绝的电视解说员时,有些观众甚至会主动将声音关掉,屏蔽不绝于耳的解说。因此,适当留白是电视体育解说节奏控制很重要的一部分,有时候能达到一种"此时无声胜有声"的艺术效果,比如,在2010年世界杯决赛的时候,西班牙和荷兰两支球队鏖战到加时赛第116分钟时,西班牙替补出场的法布雷加斯将球传给了伊涅斯塔,解说员对这个过程的描述符合电视媒介的节奏,让人印象深刻,他说道:"法布雷加斯传球给了伊涅斯塔,伊涅斯塔射门!"然后停顿了大约几秒,"球进了,西班牙进球了!"这样的处理是为了让球迷在这个激动人心的时刻自己去体验,去回味,去宣泄情绪,受到了观众一致的好评。但如果是广播节目,出现了这样长达几秒的停顿不出声,可能会被认为是"空播"事故,而且广播解说员说球,声音是唯一传递赛场信息的媒介,如果停顿不出声几秒钟,听众会丈二和尚摸不着头脑,信息流因此中断。此外,如果赛场上某一时段局势比较平缓,或者队员们状态不积极,甚至有一些特殊原因比赛暂停,广播解说员的声音却不能暂停,仍然要不留空隙的解说下去,这时候可以穿插介绍赛前准备的和比赛相关的其他资料。

广播解说体育赛事调整好节奏,有利于比赛的整体达到和谐统一,达到赛事直播解说评论的艺术境界,让受众更好地欣赏比赛,理解比赛内涵,有身临

其境的感觉。同时要有主控意识,不是解说员跟着比赛走,而是让比赛跟着解说员走,要有激情,但也不能让激情过早耗尽。要熟悉不同项目的风格和节奏,比如篮球实况解说像是敲鼓,橄榄球实况解说像行军,棒球实况解说像长聊。

跻身名人堂的解说员杰克·巴克说:"每个人都想知道比分。当他们不知道比分的时候他们就会发疯。告诉他们比分。"的确,在广播体育解说过程中,多报比分和时间是永远无害的,最好还能兼报其他场次的比分。解说员们使用不同的手段提醒,或养成报分的习惯,老一辈广播解说员里德·巴伯更是有一段三分钟沙漏提醒报分的故事。

重复讲述重点也是广播解说过程中必要的环节,因为广播媒介线性传播,不易保存的劣势,对于不断"进出"节目的听众来讲,试着至少 10~15 分钟重复讲述比赛重点,体现了广播赛事解说服务性的特点,使得即使刚刚加入的听众也能衔接上比赛的进程,融入比赛的氛围中。

(三) 广播解说评论语言以述为主,点评有度

体育解说评论是以语言对体育活动进行叙述、介绍、评论、烘托等,广播解说评论的语言主要以叙述为主,把每个比赛过程的场景如实地告诉听众,叙述比赛事实是广播解说员、评论员的主要任务,电视体育赛事需要以现场画面和现场声的内容为主要信息传递给受众,解说评论只是"查漏补缺","锦上添花",并且一定不能影响到受众欣赏比赛的画面和现场声。而在广播直播时,由于没有现场画面的"先天缺陷",叙述内容是听众了解比赛情况的唯一渠道,解说员就会尽可能详细的解说比赛中的每个细节,哪个球员拿球,传给谁,谁用左脚或者右脚射门了,使得听众能在脑海里建立一个持续不断的、完整的比赛画面。下面是宋世雄老师一段足球片段的广播解说:

现在中国队前卫任彬在中场得球,他一脚长传,把球递给右边锋丛者余。丛者余沿着右边线带球,对方后卫上来阻截,丛者余过了一个人,到了底线,突然一脚传中,张宏根在禁区里抬腿射门,球进了……

以上这段解说是典型的广播解说类型,非常注重细节描述,听众可以非常清楚地了解这一次中国队进攻的场面,先是任彬在中场附近得球,然后传给了右边的前锋,丛者余沿着右边线带球下底,并成功地过了一个人,传给了张宏根,张宏根在禁区里起脚射门,球进了,听众只听见解说员的声音叙述,就能在脑海里展现出这样一个生动的进攻情景,但是关于这场比赛过程的背景、评论没有在解说词里得以体现。而下面这段电视解说评论就明显与广播有很大的不同,对体育活动的叙述所占比重大幅减少。

河南队在中场组织进攻,马丁内斯这名外援非常瘦小,但是……闫相闯!自己的重心失去了,8号杨璞……河南队的任意球,注意防守,闫相闯,闫相闯的这种踢法在国内很少见,他应该多向潘塔学学,他现在只有快……这个球不能拿,越位了。哎呦,进啦!

上面这段中超联赛转播中的一个解说片段,解说员没有不间断的描述场上运动员的行动,而是进行了大量背景信息的介绍、讲解和评论。这就是广播解说评论和电视的差别,广播更多地运用描述,以述为主,以评为辅。

三、实况转播后的评论互动

体育比赛并不仅仅是赛场上直观的激烈拼杀过程,也不只是关注赛后的比分和输赢,它还具有一定的竞技意义和文化内涵,这就需要解说员、评论员不仅仅是介绍场上具体的赛事情况,还要对比赛的战术、历史、影响做更为深入细致的评述分析,让听众全方位立体化的了解更多信息和观点。同时,由于广播是非视觉参与的媒介,在比赛过程中,为了将赛事画面通过声音呈现出来,解说员、评论员将更多的精力放在了具体细节的描述上,多述少评,听众获取关于赛事深入分析评论的信息在比赛的解说过程中难以得到满足,势必要在直播后专门划出时间段用来评论互动,同时也能给球迷们提供一个参与节目、观点展示的平台。

(一)赛后评论互动体现了广播媒介属性

互动及时高效是广播节目的一大优势,从技术上来说,广播的即时性互动也具有较低的技术难度,能够充分发挥广播的优势,电话、短信、网络直播贴、节目论坛、节目QQ群等方式,都是广播节目增强即时双向互动的方法。听众直接参与广播节目方便、隐匿,使得广播节目的参与性强于其他媒介节目,赛后的评论互动有利于提升整个赛事评论的传播质量,而不单纯是收听率或者传播数量的简单叠加。另外,从更加宏观的角度来看,这种更具扩充性质的节目形式,能够对于广告领域的收益起到促进作用,对提高赛事直播的传播效果和影响力也大有裨益,可谓是整个广播体育评论解说的过程中画龙点睛之笔。

因此,在赛事结束之后,解说员、评论员需要对刚刚结束的赛事进行一定的评述,并通过广播媒介互动及时高效的特点,加强和听众的交流探讨,来增强整个节目的可听性,以及赛事解说评论的完整性。

(二)赛后评论互动满足球迷听众的需求

体育直播赛事与节目的听众大多是体育的爱好者,对体育比较熟悉了解,广播解说评论节目的目标受众非常明确,就是体育迷、球迷,这些具有专业体育赛事知识,又对比赛有着极大兴趣和关注度的听众,对解说员、评论员的要求也更高,简单的低水平的"看图说话"不能满足他们的需求,他们需要睿智、专业、多元化的评论,评论员要具有成为"专家型"的体育节目主持人的素质,要善于与听众互动,一起评说赛事,使听众参与到评述当中。"广播受众一般来说是被动性较强的受众群体,而听众主动参与节目,是一种深度关注"①因此,听众主动参与节目的热情和积极性更是赛事解说是否成功,是否吸引人的试金石。在赛事之后,为听众提供互动拓展的平台,在第一时间寻求对于比赛的评述反馈,也可以收到对于解说评论员的反馈。"听球的乐趣不仅在于听球,还在于评球",从这样的一个角度看,让受众也参与到评述之中,是站在听众的角度满足其说球、评球的要求,同时也让赛事直播评说更加生动、活泼。

第三节　广播体育解说评论的要求

广播体育解说评论,在众多的类型化节目播报和主持中,是一项高难度的特殊性工作。因为,通过广播媒介播出的节目中,几乎没有一种节目像体育解说评论一样90%以上的内容都是无稿播音,更没有任何一种直播,是在热闹喧嚣、紧张激烈的比赛现场还要保持一份相对平和的心态,避免情绪的欠和过。此外,广播媒介的线性传播、非视觉参与等特点,使得解说员解说质量的好坏直接关系到受众对比赛的认知。广播体育解说评论和电视体育解说评论在要求上体现共性的同时,又要符合广播媒介的特性,其解说评论的要求主要体现在以下几个方面。

一、专业素质

体育赛事解说评论作为一项"纯无稿播音,全即兴发挥"的口语传播工作,不能出错更要出彩,因此,作为一名合格的广播体育解说员或体育评论员,必须具备体育专业素质,这里的专业素质包括主要专业知识储备和赛事欣赏能力两方面。

(一) 专业知识

主要是指体育解说员、评论员在解说、评论赛事时所需要的体育理论知识

---

① 张晓叶.做好广播体育节目主持人的若干思考[J].中国广播电视学刊,2011(4).

和业务知识,包括体育项目的发展历史、判罚和得分规则、战术技巧、运动员和裁判员的情况等,没有坚实的体育专业知识做后盾,是无法解说好、评论好一场体育赛事的。这就要求作为广播体育解说员评论员首先要热爱体育,有意识地深入体育生活,甚至亲身参与到体育运动之中,获得深刻的运动体验,这就是为什么现在媒体会挑选一些退役的运动员、教练员来担任解说员、评论员的工作。体育运动项目种类繁多,奥运会的参赛项目大项有28项,如果细分为小项的话,能有几百种之多,解说员、评论员不需要面面俱到,详细掌握每一种运动项目也是不可能实现的,需要做到的是对自己感兴趣的或是受众面广的几项运动做深入学习积累,形成自己的核心体育项目解说评论优势,在此基础上,对其他项目可以泛泛的了解一些,这是广播体育节目主持人生存的基础,达到一专多能或者多专多能。只有在充分了解了体育项目的前提之下,"无稿播音""即兴发挥"才能做到胸有成竹,当面对直播赛场上出现的各种意外情况时,有了深厚的专业知识,在转播过程中可以帮助自己准确判断场上的变化,做出恰当和精彩的解说评论。广播体育解说评论相较于电视而言,需要运用大量的语言对赛事中的所有细节都做出全面准确的描述,因此,不仅对于体育知识本身,包括体育背后的八卦都要有充分的掌握,才能毫无遗漏、绘声绘色地给听众带来十足的画面感。比如著名体育解说员詹俊不仅对英超运动员的情况了如指掌,甚至对球员的家属、亲戚也非常熟悉,当镜头中出现了贵宾席里一些不为观众所知的嘉宾时,他却能告诉大家这位嘉宾的身份,并且来观看这场赛事的原因,他正是凭借着自己扎实的体育知识贮备,成为很多球迷欣赏英超的首选解说员。相反,还有一些广播解说员却由于体育专业知识的匮乏,往往弄巧成拙,贻笑大方。比如,在足球进攻中,界外球不存在越位,某同行就在直播中故作聪明地高喊:"越位,这是个典型的越位!"还有一次,在一场网球比赛中,解说员将接发球直接得分,当作发球直接得分的ACE球(ACE是指发球发直接得分且接球方没有碰到球)。久负盛名的体育解说代表人物孙正平由于太久没有关注美职篮的比赛,曾在解说美国男篮与澳大利亚的比赛过程中出现了知识积累不足导致的错误,孙正平把早已被交易到勇士队的博古特说成雄鹿队员:"雄鹿队的博古特因伤退出了奥运会,澳大利亚队的实力有所减弱……",由此可见,无论对于初出茅庐的年轻解说员,还是经验丰富的成熟解说员,体育专业知识的学习和积累都是必须且不能间断的。

(二)赛事欣赏能力

解说员、评论员欣赏体育赛事的能力能够帮助听众更好的理解、欣赏比赛,就像是厨师和美食家一样,厨师能做出色香味俱全的饕餮盛宴,而美食家能从每道菜系的色泽、搭配、口感等方面评出特色和不足,还能从营养学的角度指导食客的享用。解说员、评论员就像是美食家一样,对体育比赛有鉴赏和审美的能力,仅有对体育项目规则、技巧等知识贮备,而缺失欣赏能力的解说员只能是厨师,而当不了美食家。广播媒介和电视媒介不同,听众通过广播收听赛事解说,他们看不到比赛的现场图像、慢动作重放和多种字幕,主持人只能通过声音形象、语言描述、恰当评论引导听众了解比赛,欣赏比赛,最终从比赛中获得放松和娱乐。广播解说员的作用是"眼睛"、"导游",和电视解说员"陪同"的作用不同,广播解说员担负起"引导"作用,听众对赛事的直观印象和欣赏能力全凭解说员的语言塑造。由于这种客观现实,就要求广播体育评论解说员通过掌握更多的体育专业知识,在解说评论中运用准确的术语、独到的见解提高评述的权威性,提高听众的欣赏能力;否则,会把听众引入歧途,使评论员自身以及节目的可信度和可听性大大降低。比如,在足球比赛中,看到教练员准备调整阵容,就应该及时判断出战术是否有所调整,是加强进攻还是防守,阵型上是否有所改变,这次换人的意图是什么,这些思考都是要通过解说员自己分析得出,也是解说员赛事欣赏力、鉴赏力的体现,这些都应该通过解说员的介绍及时传递给听众。

二、语言能力

无论是广播还是电视,解说员、评论员都要通过有声语言将赛场信息传递给受众,供受众去消化和享受体育比赛,继而发挥体育解说评论的认识、教育、舆论、宣传、娱乐的功能。而且,在广播媒介中,有声语言作为体育赛事传播活动编码解码的中介之序,作为体育解说评论的唯一载体,有着举足轻重的作用。"广播电台的听众是'听球',总希望主持人尽可能快速的、详尽的介绍比赛过程,充分发挥声音的表现力、语言的表达力及气氛的感染力,从而启发听众思维的想象力,能使听众把听觉过程变为形象思维过程,便于听众借助听觉收看比赛。这应该就是电台体育直播的基本特点和起码要求。"[①]所以,广播体育解说员、评论员更需要在语言能力的提升上下大功夫。

(一) 声音的表现力

在播音学中,声音的物理属性包括四个方面,即音强、音高、音长和音色,通过在吐字、气息、喉部控制、口腔控制、声音弹性等方面的学习和训练,可以在声音物理属性中的音强、音高、音长上得到显著的改善,增强声音的稳定性和可持续性,使声音听起来圆润动听、清晰集中,适合广播媒介播音发声的要求。体育解说评论虽不如新闻播音对吐字发声要求那么严格,但观看这种陶

---

① 庄涛.广播体育现场直播之我见[J].山东视听,2004(4):67-68.

冶性情、愉悦身心的高雅健康的休闲娱乐活动，体育解说员的语言也应当给人一种"轻松畅快"的感觉，在状态上要积极，有呼之欲出的强烈解说欲望，在用声上应大多以实声为主，强度适中，音高偏高一些。在这方面，我国老一辈的体育解说员起到了很好的示范作用，体育实况解说奠基人张之老师的声音高亢洪亮，口齿清新快捷，在嘈杂的现场，也能显得明朗悦耳，颇有感染力；宋世雄老师也是口齿伶俐、吐字清楚，在40年的解说生涯中，参与解说了奥运会、世界锦标赛40多个体育项目的近2000场比赛，是我国体育解说界的一座丰碑。而反观当下的新生代体育解说员，把精力全部放在体育专业知识的学习和积累上，而忽视用声发音中存在的问题和毛病，在长达几个钟头的赛事直播解说的后半部分，开始声哑气衰，在激动人心高潮迭起时，出现声音喊劈的情况，在场面激烈语速加快的时，往往有"吞字""咽字"现象，表达含混不清、气息不通畅、咬字不准确、声音弹性差是当下体育解说员普遍存在的问题，张之老师为了寻求吐字归音的方法，经常买座位靠后的票去观看北京人艺的话剧，琢磨演员们不借助话筒声音却能传遍每个角落的方法，念顺口溜，学唱单弦，模仿京剧道白，日积月累，练就了利索的嘴皮子功夫和深厚的气息，他的张氏解说不仅达到"信息共享"，还能引起"愉悦共鸣"，带来听觉上美的享受。

此外，还需要注意声音的表现力在不同体育项目上的差异性，有针对性的运用。例如，在篮球、足球这样对抗性比较强、比较热闹的项目上，用声比较实、比较强，音高要高一些；而在射击、桌球这样的比较温和、安静的项目上，用声则要轻柔一些，低一些，气息变化小一些。

（二）语言的表达力

艺术性是体育评论解说的最高追求。在广播赛事实况直播中，艺术性主要也只能靠有声语言来表现。张之指出，"如同受众既喜欢看《三国演义》，也喜欢听袁阔成说《三国》一样，如果解说员在语言描绘上有新的创造，能启发活跃听众的想象力，使他们在眼前出现另一种生动的画面"。[①] 所谓语言描绘上新的创造，主要是指语言的表达力上力求有新意，有变化，不能认为只要能够将场上的动态完整地讲述给受众就算是比较成功的广播体育解说，更不能让受众感觉广播体育解说员像是一个低层次的"看图说话者"。

广播体育解说评论语言具有审美功能，语言表达要流畅自然、贴切恰当，还要注重修辞，运用反问、设问、排比、比喻、顶针、引用等手法提升语言魅力。体育赛事解说奠基人张之老师，在解说中运用白居易的白描手法，还学习老舍

---

① 张之.体育比赛实况广播的特点[M]//中国体育新闻作者协会.体育记者谈体育新闻.北京：人民体育出版社，2006：341.

三言两语刻画人物的简练语言特色,实况转播中,当形容足球守门员的严密防守,他常用李白的词"一夫当关,万夫莫开";当出现一方围攻对方的危急场面时,引用李贺的"黑云压城城欲摧";当形容比赛场上的战局瞬息万变时,用陆游的"山重水复疑无路,柳暗花明又一村",等等。在新生代解说员中,贺炜被称为"诗人",他的解说词文采飞扬,随性而发,尤其是在解说英格兰和德国的足球比赛时,当德国获胜时他那段精彩的解说让我们再提及。两位解说员合情切景、文采盎然的解说,不仅在赛场上积极调动了受众的想象力,更带来赛场下受众的感动和回味,是赛事解说语言的精品佳作。

广播体育解说评论语言具有娱乐功能,语言表达有幽默成分,听众在收听精彩赛事的同时,还希望能听到风趣搞笑的语言,北京奥运会中国男篮对阵美国梦八,姚明犯规被换下去,阿联换上,孙正平说道:"啊,姚明犯规了,下场休息去了。"在希腊对阵德国篮球中解说员的点评是这样的:"这位男选手腿部肌肉很发达,像穿着一个马裤一样……""如果一定要用一个字形容现在的心情,那就是高兴!"这些诙谐幽默的语言大大增强了广播体育解说评论的可听性。

广播体育解说评论语言要体现出赛事的专业性,但又要面向大众,让大众能够听得懂比赛,语言表达要将专业化和通俗化相结合,根据运动本身的特点,适当采用专业术语,同时要结合赛事场面加以解释说明,让懂体育的人听出门道,不懂体育的人也能听得明白,培养收听兴趣。比如,在解说西甲足球比赛中,解说员仅仅用专业术语来阐述巴塞罗那的防守体系,是很难说得明白透彻的,而结合赛场上具体的画面信息,如下表述"每一位皇马球员拿到球时,总会至少有两名巴萨球员上前将其往边线紧逼,这样边线和两位包夹球员就形成了一个包围圈,使得皇马球员只能仓促出球,果然,球又被断了",这样口语化的生动解释,一下就把巴萨的防守体系描述清楚了,听众一听就明白。

广播体育解说语言要富于变化,类似的动作在语言表达时不能千篇一律,要用新颖的语言尽量说的不同。体育比赛中本来就有很多重复的动作,比如防守反攻、点球、扣篮等,加之广播媒介的传播单一,没有画面只有声音,如果每个重复的动作出现,都重复同样的语言,使用相同的词语描述,整个收听将会枯燥乏味,所以,在用字用词上,要力求变化,描述一次漂亮的进攻时,可以变换"精彩""动人""美妙"等不同的词,让人听觉上时刻保持新鲜感。

(三)言语的感染力

体育比赛是和平年代的战争,在赛场上,运动员激烈的对抗、顽强的拼搏精神、充满悬念的结果,以及运动本身力与美的展示,带给受众无限的兴奋感和愉快感。体育比赛并不仅仅是为了让受众看懂比赛、了解规则、学习体育知识,更重要的是为了享受过程、放松心情,被精彩跌宕的赛事吸引,被或热烈、或动人的场面所感染,达到情感上的共鸣。体育比赛需要激情,体育解说更需要激情,没有激情的体育解说,其实也就是对受众需求的置之不理。这种激情是通过画面和语言来实现的,但是由于广播体育赛事直播画面的缺失,语言就是整个解说评论的第一要素,这项重任就落在了体育解说员、评论员的有声语言上,通过言语的感染力来实现,综合运用语势、语气和节奏的变化反映赛场上瞬息万变的情况,使得听众完成由"听见"到"看见"的情景再现的过程。一般体育赛事的解说语势多上扬,节奏较为轻快活泼,尤其在一些得分点或者精彩的场面上,语言的情感和层次要突出,比如在赛马冲刺的刹那、足球的射门得分、篮球的快攻扣篮、乒乓球的连续扣杀、排球的连续防守反击等等情景中,语势要达到波峰,语速要加快,关键点的氛围被语言渲染的更加紧张、悬念重重,引人入胜。如果解说语言缺乏在思想感情运动状态支配下的抑扬顿挫、轻重缓急、升降平曲的变化,即使声音再动听,语流再顺畅,也无法淋漓尽致、恰到好处地表现出赛场上的精彩,更无法带动听众蓬勃的情绪。

三、态度分寸

广播电台实况转播的比赛一般为竞技体育项目,它是以体育竞赛为主要特征,以创造优异运动成绩,夺取比赛优胜为主要目标的社会体育活动。作为具有竞技性、对抗性特征的运动,必然有输赢之分,赛场上任何一点局势的变化、比赛最终得分成绩都会带来体育迷和听众们或兴奋或失望的情绪,对于赛事解说员、评论员来说,不可避免地会有自己喜爱支持的运动员和参赛队伍,也会随着赛事的推进引发情感、态度上的变化,是压抑情感进行纯客观理性的解说评论,还是任由感情宣泄、激情四射地去表达,如何在赛事中把握好自己态度的分寸?这就涉及广播体育解说员、评论员要求把握的两个原则:一是公正客观性原则,二是适度倾向性原则。

(一)公正客观性原则

具体到体育赛事解说评论中,就是指解说员、评论员在话语的数量和观点上不偏袒任何一方的戒律,可以顾及全方位的观点和意见,美国著名体育解说员雷德·巴贝尔提出,"体育解说员的一大职责是将自己目睹的状况如实告之受众,而不是将自己希望出现的状况告之——对每一位运动员公平公正,对他们的报道事无巨细,对他们彬彬有礼,同他们平等交流,对他们和他们的工作保持兴趣,但不要对其中的任何一个人宠爱有加。"客观公正的介绍比赛应该是在解说评论过程中时刻要遵循的最起码的原则,而这一点对广播直播尤其重要,因为听众看不见任何画面,裁判的判罚是否公正,关键球的得分是否实至名归,球员的冲撞是否犯规,等等,这完全是依靠你的解说去帮助听众对赛场上的情况做出判断，尤其是在得分点上，一定要实事求是，决不能扭曲事实，颠倒黑白。

听众在收听比赛时，其中很大一部分都是体育迷，他们本身都有自己支持喜爱的运动员或队伍，特别是地方体育电台直播本地球队比赛时，不管场上的情况如何变化，理所当然的希望本地球队能够获胜，自然带着一种先入为主的主观情绪在听球，出于对自己的主队的热爱，一旦场上出现不利于主队的判罚时，他们可能会把责任一股脑的推到裁判或客队身上，而解说员在这时更应该多一分理智少一点冲动，摈弃自己作为球迷的个体喜好，回到解说员的工作角色中，根据场上情况和比赛规则来正确的评述比赛，引导受众客观准确地了解比赛情况，从而更好地完成比赛的欣赏审美。客观公正就是要求解说员真实反映球场上发生的一切情况，站在公正的立场上去介绍场上的情况。

关于这一点，就不得不提起在体育解说界造成极大负面影响的黄健翔"解说门"事件，中央电视台解说员黄健翔在解说2006年德国世界杯意大利对阵澳大利亚的八分之一决赛中，利用央视体育频道这个被上亿人关注的公共话语平台宣泄个人情绪，用几乎歇斯底里的喊叫庆贺意大利队的胜利，同时用"让他们（澳大利亚队）滚蛋吧"这样极具伤害性的话语对澳大利亚队的失利冷嘲热讽，缺乏起码的尊重和职业道德，严重伤害了澳大利亚人的感情，违背了公平客观性原则，更是对新闻真实性原则的挑战。黄健翔在事后的道歉信上承认，他不恰当地把个人对球队的热爱和自己的岗位角色相混淆了，在最后几分钟内的解说不是一个体育评论员应该有的立场，在以后的工作中会处理好情感和理智的平衡，做到公平公正，但最终黄健翔还是离开了中央电视台体育频道主持人的岗位，可以说黄健翔的辞职和"解说门"事件的负面影响可能脱不了干系，可见，解说员在解说、评论赛事时，一定要把握好公平客观性原则。

（二）适度倾向性原则

该原则在体育解说中要和公正客观性原则相结合使用，体育解说的公正客观性原则理应是相对的、有条件的。因为在体育比赛中，解说员和体育迷都可能出现感性的情绪上的变化，对自己喜爱或是有身份认同感的运动员和运动队有着情感上的支持，比如，在北京奥运会男子篮球比赛中国队与美国队的比赛转播中，CCTV的解说员总会更多地关注中国队的表现，并对中国球员的表现更多地展开点评；同样地，美国NBC的解说员会将关注的重点集中在美国球员身上，都不可避免地带有一定的倾向性，这是可以理解的，但是体育解说员如果不能准确地把握解说中的适度倾向性，有可能导致比较严重的后果。比如，黄健翔的"解说门"事件在第一时间便遭到了在华的众多澳大利亚人的抗议，如果不是道歉及时，也有可能造成比较严重的外交后果，所以，适度倾向性的"度"要以不伤害未被倾向的一方和其支持者为底线,比如,某些解说员在解说中外选手较量时,对外国选手的意外失误大声叫好,更有地方台解说员在看到非主队足球运动员摔倒在草坪上时,在广播里大叫"摔得漂亮"！这显然违背了公平公正的原则,这里体现的倾向性也已经不能用适度来形容了,引起了非主队受众的极大反感,即使是主队的球迷也未必认可这样的解说方式。

体育赛事中,运动员几乎都是处在与对手竞争的环境中。适度倾向应当更多地体现在技战术的层面,而不是别有用心的将两方划为两大阵营,更不能带有偏见的对某方运动员做人身攻击。不当的体育解说倾向容易误导体育迷出现不理智的言行,可能造成彼此之间的互相漫骂和对立情绪升级,尤其在国家、民族和城市间的体育竞技对抗中出现。

因此,广播体育赛事解说员在解说评论时,要在公正客观性原则的指导下有适度的倾向,关键要把握好"度"。

四、树立权威

在比赛解说当中,尤其是广播节目的比赛解说中,解说员扮演的是一个传递赛场信息的重要角色,他的任务是为受众穿针引线,要诀是使复杂的比赛变得简单。解说员的权威由此而生。一旦丧失权威,就很难再找回来。

(一) 抱着诚实的态度,有助于树立权威性

KOA及前丹佛野马队的拉里·泽默尔说:"你不得不诚实且掌握大量的信息,而如果有些东西你不了解,就让他们知道你不了解。如果你对事情抱着诚实的态度,你就会树立起权威性。你仍然可以在很多事情中找到积极的一面。"[1]

这里所说的"诚实"指两个方面:一方面是客观、真实的解说比赛,描述场上发生的一切,不能在场面很糟糕的时候说一切很顺利,因为那样会失去权威。另一方面,当解说员面对自己并不是非常所熟悉的项目或比赛时,不能不懂装懂,故弄玄虚。权威的树立不是一朝一夕和一场比赛的解说中就能形成的,而是在某个体育领域和赛事项目中进行了长期关注和长期的工作实践积累而成的,在这个过程中逐渐形成的被受众所认同的解说风格和解说方式。

(二) 不要动辄批评运动员、裁判员和管理者

作为一个体育比赛解说员,应当更加清楚,除去违反赛事规定和体育精神

---

[1] [美]汤姆·海德里克.体育播音艺术[M].北京:中国广播电视出版社,2008:55.

以外的事件外,对与错在赛事之中永远是说不清的事情。

首先,如果解说员和评论员自身没有能力完成相应的技术动作,不要过于苛刻地指责运动员、教练,比如,赛场上教练选择最后的绝杀交给科比去完成,但赛场风云变幻莫测,有可能最后绝杀球由阿泰斯特投出,并且没有进,我们需要做的是表示惋惜而不是责怪阿泰斯特,毕竟我们都该知道他在最紧急的情况下选择了最正确的处理方式,即使是科比来绝杀,球也不一定会确保投进。其次,在没有完全厘清比赛最新规则的前提下,不要肆意贬低裁判员的争议判罚,譬如,在国内足球比赛转播中,某解说员经常使用"裁判员终于现出了原形",这是对客观事实的过度阐释;再次,在单场比赛没有完全结束和职业比赛中一个长时间段赛事没有完成的时候,不要轻易否定教练员的战略和战术部署。

动辄批评运动员、教练员和管理者,首先会导致解说对象对解说团队的严重不满情绪。TNT 篮球评论嘉宾查尔斯·巴克利由于在转播中长期敌视休斯敦火箭队,引起了全队上下乃至球迷的普遍反感。同时,解说团队对某件事物或某人持续不断的攻击,将会使听众产生逆反心理,一些听众反而会站在被批判者的立场换位思考,导致解说团队的解说产生负面效果。所以,我们用声音记录比赛,而把对错交给球迷,交给时间。

(三)对人们所不熟知的运动员和球员,多做细致准备

解说员的工作不仅仅是解说比赛,而且还有推广自己所解说的比赛项目的责任,也有义务去帮助年轻球员的发展,而在这个过程中,也有助于解说员自身权威的树立。

对于球迷都熟知的明星运动员我们自然无须赘述,比如乔丹、张伯伦、比如奥尼尔,他们已经被广大球迷所认可。但是,对于很多崭露头角,不被人了解和熟知的年轻运动员而言,知道他们名字、身高、体重、特点、比赛数据的解说员会更加容易赢得球迷的认可和尊重。像马夫·阿尔伯特(Marv Albert)、查尔斯·巴克利(Charles Barkley)等传奇 NBA 解说员几十年深入人心的解说工作就是实例。

解说员赛前多做别人不愿做的准备,多做别人觉得麻烦的细致记录,尤其是对于球队中不为大家所熟知的球员、工作人员的了解,那么也必然会比别人的解说更有信服力。成功不是偶然,而是做到别人想不到,做到别人做不下去的事情。而准备工作,也永远不是为了常规的比赛进度而准备的。

(四)对运动员或者球队赛场外小故事的了解,有助于树立解说员在听众和球迷心中的权威性

广播节目的解说工作与电视直播最大的不同便在于是否有画面的支持,

当脱离视觉的感官依托时,受众对于比赛的感觉便完全来自于解说员的语言描绘。而此时,能否手到擒来的运用一些经典的小段子或者小故事,则是迅速拉近比赛现场和受众之间距离的绝佳手段。

例如,我们聊到中国球迷所熟知的"刀疤侠"里贝里时,就可以顺便聊到一些小故事,比如很多人都知道里贝里的外号,但是却很少有人知道他的疤痕是从哪里来的、何时来的。这些小段子的积累在解说过程当中一举多得,也会无形当中树立自己的权威。

另外一点,在解说地方广播针对地方球队进行比赛解说时,熟练地讲几句当地的方言和当地的玩笑话也是让直播生动的好方法,例如在楚天交通广播中解说武汉卓尔队的比赛时,"今天球员的状态不错,但对手表现得犹犹豫豫拧在一起,像热干面一样拌不开。"遇到一些情况时也可偶尔来几句方言,"这球踢的,伙计,再这么搞要负了极。"

当然,每个人有自己的解说风格和解说习惯,但运动员和球队小故事、小段子的积累,是丰富自己解说内容和树立权威的有效方法。

五、分工合作

广播实况转播体育赛事时,进行赛场信息动态编码的主要是解说员和评论员,搭配方式有解说员单独解说整场比赛、解说员＋评论员、解说员＋评论员＋评论员组合等,那么,在广播解说评论中,解说员和评论员的职责有什么不同?两者的话语权分配又有什么规律呢?

(一)两者的职责各有侧重

解说员所处的位置是一个替代"主角(运动员)"的位置,听众对情况的认知程度,在很大程度上取决于解说员的解说水平。解说员说得越形象、越具体,就越好。解说员仿佛就是听众的眼睛和耳朵,用语言为他们描绘一幅清晰的画卷,要始终告知球在哪里,比分是多少,时间是多少等细节的情况,解说员主要负责描述和解释,承担着通过描述比赛构建起整个比赛发展框架的基本任务。而评论员的职责主要是解释与评价,肩负着为受众解读轮转安排,剖析战术、预测发展趋势等责任。

(二)两者话语权的分配

在广播赛事实况转播中,解说员是第一位的,解说员的话语略高于评论员5至10个百分点,场上的局势发展、细节变化主要是靠解说员的语言描述,在一些需要评论分析的地方,评论员登场,话语轮换交给评论员。

对于话语权的分配如果把控不好,就会出现让人尴尬的局面,听众朋友听不懂、嘉宾表达观点时机不合适、解说员也无法全面表述赛场情况。例如湖北一家电台转播的一场实况比赛中，评论员一直忙着对一次进攻做战术战略分析，滔滔不绝侃侃而谈起来，而解说员完全把话语权交给评论员，忽略了对赛场上正在进行的赛事的描述，听众发来短信说："评论员一直东一句西一句的评着，我们完全无法想象场上现在是什么情况。"所以，要根据广播的媒介特性，解说员和评论员分配好话语权，才能完美配合，用声音呈现出一场饕餮盛宴。

（三）两者的互动交流

解说员和评论员在解说赛事时的互动交流要默契、要得体，在转播一场NBA比赛时，整场比赛下来一直频繁出现解说员和评论员"相撞"的情况，要么两人总是在抢着说话，要么一个说完，另一人再换一种表达方式将刚才的话重复一遍，让人感觉两位的配合非常不默契，极大地影响了解说效果。所以，对于初次合作，还没有完全了解对方的说话习惯、培养出默契的解说员和评论员搭档解说时，解说员最好用多种方式（语言和肢体）提醒你的搭档（评论员）说话的时机。

此外，解说员要多向评论员提开放性的问题，比如留意教练与场上某位球员的私语过后球员的战术变化，并且及时地向嘉宾和评论员抛出开放性的问题。有一点需要特别注意的是，抛出问题时应该注意尽量避免闭合性和带有容易造成暗示的问题，例如"比赛进行到此，北京队是不是已经完全没有希望了"，这一类问题不仅评论员和嘉宾不好预测作答，更可能会伤及球迷的感情，引发球迷的指责。

六、用数据和事实说话

体育赛事解说是一种扩大化的现场报道，而解说员作为一名报道者，应该遵循新闻现场报道的原则，即如实报道现场情况，用数据和事实说话。

（一）数据要真实有依据

和赛事解说的基本要求一致，直播过程中的数据播报也一定要是客观真实和有据可依的。在直播过程中要养成记数据的习惯，比如，奥尼尔罚球没进。我们可以说"看来面临砍鲨战术的威胁，奥尼尔也是黔驴技穷了，这是他本场比赛第11次罚球不中了，这样下去对球队势必是一个严重的打击。"再例如，球队射门不进之后，可以说"这是尤文图斯第11脚射门，全场比赛到现在11脚射门中有6次射正，0次进球。而拜仁方面10脚射门4脚射正却换来两粒进球，效率远远高过尤文。"这些数据的记录是在比赛过程中随手记录的，因为在广播的体育赛事直播中是不像电视直播一样有导播,有人递数据,有人切画面。广播节目的直播当中就是一份稿件、一支笔、一套机器设备、一张嘴来完成。

(二) 不为了数据而数据

在广播赛事解说之中,我们常说的一句话就是"不要为了数据而数据"。这是指数据的准备不要牵制了解说的发挥。要把数据放在触手可及的位置,但并不是手握不放。解说的重心要放在比赛的赛场上,多描述,数据是配合着的,用来跟进和填充描述的。

比如,在教练换人的时候,如果换上的是听众都不太熟悉的新人,这个时候介绍新人的身高、体重、年龄、赛会成绩、个人最好成绩等数据,能够快速地帮助球迷了解新上场的球员,这个数据的介绍是非常有必要的,但如果换上的是大家耳熟能详的、非常了解的球王巨星,再去细致的介绍他的个人资料和赛季数据就显得有点画蛇添足了。

(三) 在引导判断时,多用数据

在比赛之中,经常会遇到球员或运动员表现不够理想的状况,譬如刘翔成绩不佳,只有14′90″,或者湖人队加索尔在一场比赛之中如同梦游。在遇到这种情况时,广播赛事解说中与其用语言去描述他今天状态不好,感觉不是很棒等这一类模糊的语言描述,容易引发球迷的抵触情绪,致使球迷对于球队表现的不满的情绪集中到解说员身上,倒不如用数据来说明"今天加索尔上场31分钟,已经5次犯规,却只拿到5个篮板和7分"。这样的表述清晰,让听众直观地了解到球员的实际状况,把运动员表现的好坏交给听众来评判。

吴冷西同志曾经讲过,体育解说是一项相当高级的艺术,是一个体育评论员思想状况,文化修养和专业知识的综合反映,转播一场比赛就等于是一场考试。① 因此,广播体育解说员、评论员要解说评论好一场赛事,仅仅在上述几个方面提出要求还是远远不够的,还必须在生活中广泛的学习积累,不断扩大知识面,提高素质能力,只有厚积薄发,才能游刃有余。

1. 广播体育解说评论的语言和电视有什么差异?
2. 在进行赛事解说时,适度倾向原则如何把握好"度"?
3. 把下面这段电视赛事解说,改写成符合广播解说要求的解说词:

---

① 庄涛.广播体育现场直播之我见[J].山东视听,2004(4):67-68.

皮雷斯断球,自己走,好的,传起来!射门!球进了!特雷泽盖!特雷泽盖打进了金球!本届欧锦赛以特雷泽盖的一脚射门结束!

4. 设计一个赛后互动栏目的主题以及开场词。

参考文献

[1]徐光春.中华人民共和国广播电视简史[M].北京:中国广播电视出版社,2003.

[2]杨硕,黄冬.珠江模式:历史与现实的对接[J].传媒,2011(6).

[3]姜华.浅析广播即时互动传播的实现[N].中共郑州市委党校学报,2011(5).

[4]张晓叶.做好广播体育节目主持人的若干思考[J].视听纵横,2010(6).

[5]庄涛.广播体育现场直播之我见[J].山东视听,2004(4).

[6]张之.体育比赛实况广播的特点[M].北京:人民体育出版社,2006.

[7]王群,张弘.体育解说的语言[J].现代传播,2004(5).

[8]金北平.新老两代体育解说员间的差异[J].现代传播,2008(2).

推荐阅读文献

广播体育节目及其主持人的专业素质

马林
湖北省广播电视总台经济广播专题节目部监制

近年来,随着北京奥运会、网球大师赛、斯诺克中国赛、意大利超级杯等一系列大型体育赛事在国内的成功举办,广播、电视、报纸、期刊等媒体的体育节目、版面如雨后春笋般涌现出来。体育电视频道、体育广播频率、专业体育报刊纷纷披挂上阵,在体育市场上展开了波澜壮阔的媒体大赛。在这场大赛中广播媒体是一种什么态势?怎样经营好广播体育节目?如何培养广播体育节目主持人的专业素质?本文试图就这一问题进行探讨。

一、广播体育节目优势及劣势分析

体育节目的受众群体大体可以分为"观赏型"和"参与型"两大类。从"观赏型"方面分析,电视媒体的视觉冲击力强,给观众以身临其境的感觉,应该说电视媒体是观赏体育节目最佳的媒体。从"参与型"方面分析,网络的参与性强,鼠标一抖,应有尽有。另外,对于体育重大赛事研究及深度报道,报刊的优势则更明显。同上述三大媒体比较,广播体育节目只可耳闻不能眼观及稍纵即逝的线性传播特点,似乎在"观赏性"和"参与性"方面均不如对手。那么,难道说广播体育节目就山穷水尽了吗?其实不然,广播体育节目也有着它自己的独特优势。

首先,广播的"伴随性"使得广播受众收听到达方便。在众多媒体中,只有广播媒体可以伴随你边做事边收听,可谓伴随携带方便。

其次,广播的"声音"魅力激发了广播受众的想象力,创造出更符合受众要求的完美画面。广播没有画面只有声音的特性,恰恰可以通过主持人的声音创造,激发受众的想象空间,从而在受众心中形成一个个更为完美的形象画面,进而达到"赏心悦目"的效果。应该说,我国体育赛事转播节目起源于广播。新中国体育转播节目奠基人张之先生,现场转播的第一场球赛是在1951年5月的上海广播电台播出的。中国第一位,也是世界唯一一位获得1995年最佳国际广播电视体育主持人奖、荣获中国体育节目主持人终身成就奖的著名体育节目主持人宋世雄先生,在中央人民广播电台的体育解说声音"快而不乱、慢而不断、生而不紧、熟而不油",他的声音为整整一代体育受众创造了无数精彩、刺激的竞赛画面。

第三,广播的参与性使得体育成为大众的消费。体育受众的参与性体现在收听的参与、健身的参与及赛事的参与三个层面。广播体育节目在受众的收听参与方面,不受参与受众形象及参与设备的限制。同电视和网络比较具有参与成本低、参与受众广的优势。经济广播在2000年"北京申奥成功"以及"国足冲进世界杯"的特别节目中,听众参与的人数近千人。充分体现了体育广播节目的大众参与特点。另外,广播体育节目在受众的健身参与及赛事参与方面也具有很大的方便性,譬如我台连续几年组织参与的"安利健康跑活动"以及武汉足球队中甲、中超的直播等等。这几年,我们对健康跑这一群众健身活动做了现场直播,沿途不断有市民听到广播后参与到长跑的队伍中来,电台直播的及时性和听众的参与性使得健康跑活动成了一项市民广泛参与的全民健身运动。还有足球赛事、现场的背景音和解说员的解说通过电波同步直播出去,现场感很强。同时利用中场休息的时间开通热线,可以最及时地点评刚刚进行的比赛,听众的参与热情非常高,热线场场爆满。

二、如何办好广播体育节目

1. 主持人要具有专业素质

无论是作为电视体育节目还是广播体育节目主持人(或体育评论员)都应该具备体育专业素质,这是成为一名优秀体育节目主持人的基础。这其中包括:专业知识、专业水准、专业思维和专业意识。

专业知识是指体育节目主持人在主持体育节目时所表现出来的专业理论知识、业务知识和文化知识,包括对体育政策、体育项目知识、裁判规则、专业术语的掌握,对新闻政策、规律和新闻采编、评论要领的把握,以及对与节目主持密切相关的专业知识的了解等。对体育知识的掌握要广而专,这是体育节目主持人生存的基础、立足的基点。体育节目主持人要掌握广泛的体育专业知识,做到一专多能或几专多能。只有在了解了体育的方方面面之后,才能做到心中有数,充满自信。体育节目主持人既是记者,也是播音员,又是解说评论员,还是节目制作的代言人。这就要求我们首先要对体育热爱,有意识地深入体育生活,熟悉项目规则和发展现状,了解运动员和教练员的情况。主持人最理想的角色是既爱好体育,又是体育的实践者。英超著名解说员詹俊能够对英超每一位运动员的情况了若指掌,甚至连某球员的亲戚是什么体育项目的运动员都如数家珍;电视镜头给向贵宾席的哪一位嘉宾,他都能够迅速告诉观众这位嘉宾是谁,为什么会出现在看台上。有着丰富专业知识的他也成了很多英超球迷最爱的体育解说员。

专业水准是指体育节目主持人应具有欣赏体育节目的独特角度和水平,能够帮助受众理解、欣赏体育赛事,在主持节目时具有较强的语言表达和随机应变等能力。体育节目主持人要通过掌握更多的体育专业知识,在主持节目中通过准确的术语、独到的见解提高体育节目的权威性;否则,不仅贻笑大方,也会把观众引入歧途,使主持人自身以及体育节目的可信度和亲和力大大降低。广播和电视不同,听众看不到比赛的现场图像、慢动作重放和多种字幕,主持人要为他们当好"导游"、"眼睛",介绍他们看不到的比赛情况,通过丰富的语言和声音形象以及合适的评论,引导听众了解比赛,最终达到欣赏比赛的目的。

专业思维,通俗点讲,就是体育节目主持人要习惯站在受众的立场上考虑什么内容才是他们急切想知道的,了解这个特定群体的所思所想,把它合理运用在广播体育节目的主持过程中,既不一味强加个人观点,也不随便迎合听众,在分歧中找到共鸣、共识。

体育节目主持人的专业意识主要包括强烈的社会责任感、积极向上的敬业精神、宽容大度的胸怀,识大体、顾大局、摆正自己的位置,决不能停留在"球迷"的水平上。在主持节目时要保持不偏不倚,客观公正,不能想怎么说就怎么说,想怎么发泄就怎么发泄,想怎么指责就怎么指责。体育主持人的基本任务是向受众传递体育信息,向受众传递"更高、更快、更强"的体育精神,发挥良好的舆论导向作用。

2. 主持人要赋予节目独特的个人风格

在拥有专业素质的前提下,体育节目主持人应该树立自己独特的主持风格。有个性的主持风格绝不是指标新立异、特立独行,而是指主持人要有自己的个性、主持特色和人格魅力。我国著名国画大师齐白石讲过"学我者生,似我者死"。每个人的主客观条件不同,主持风格也可不同。例如,黄健翔足球知识丰富,分析独到,能真正抓住足球运动的内在规律,其主持风格令人耳目一新,具有鲜明的时代感;他还精通英语,被公认为知识型的体育节目主持人。ESPN卫视体育台的詹俊不仅解说知识全面,评论实事求是、不偏不倚,而且极富激情、诙谐幽默,是很多球迷看英超赛事的首选解说员。

广播的"伴随性"、"声音想象性"以及"参与性"决定了体育广播节目主持人要围绕这三个方面形成自己的个性。

首先,我们要借助转播赛事的同时,适度地"表现"自己。如果广播体育节目主持人只是一味平铺直叙地介绍比赛过程,那么听众只会在赛后记住一场比赛,而不会记住这个主持人。我们在主持过程中,除了应该运用专业知识、体现专业水准外,还应该有自己个性鲜明的评论。当然,主持人的个性表现和比赛进程最好能够相辅相成、相得益彰,表现要适度、合理,否则,过度的表现只会让听众觉得厌烦和无趣。

其次,广播主持人要让声音更具感染力。足球赛事需要有激情的解说员,台球赛事的转播需要睿智和内敛。不同的体育项目解说需要不同的声音表现力,广播体育节目主持人要通过声音的魅力再次赋予体育赛事以新的生命。尤其在主持"我方"子弟兵队伍(如国家队、地方队)的比赛时,既要准确地介绍场上的形势,也要根据的场上变化通过声音来调动听众的情绪,用丰富生动的语言把听众带入到比赛的环境中去,做到让听众"身临其境"。

最后,努力成为一个"中性"的体育节目主持人。经常会遇到听众在节目中问主持人:"你支持哪个球队?"这是一个尴尬的问题,涉及"立场"的问题。作为体育节目主持人,我们要尽量在做节目或者转播比赛的时候"忽略"掉自己的喜好,永远做体育赛事的"第三者",公平客观地陈述每一场比赛,用专业素质代替自己的个人喜好。

当前,体育赛事在向更广的空间延伸,体育信息以爆炸般的速度增加和更新,体育观念的多元化,体育观众欣赏水平的大幅度提高,对体育节目主持人提出了新的挑战,体育节目主持人应当紧跟时代步伐和国际潮流,不断扩大自己的知识面,拓宽自己的视野,完善自己的知识结构,提高自身专业素质和能力,为我国体育新闻事业的繁荣和腾飞做出积极的贡献。

第七章

开/闭幕式及大型活动的解说评论

学习目标

通过本章学习,了解开/闭幕式及大型活动的解说评论基本概念,把握开/闭幕式及大型活动解说评论的本质特征,认识开/闭幕式及大型活动解说评论的主要功能。

章前导言

开/闭幕式及大型活动体育解说评论作为体育赛事的重要组成部分,它们的各自风格是怎样的?在实际解说与评论实践工作中,它们之间主要有哪些异同点?其内在规律是什么?

本章我们将分别对上述三方面内容进行分析探讨,继而剖析开/闭幕式及大型活动体育解说评论的不同角色定位、语言表达技巧等;从理论与实践两方面剖析开/闭幕式及大型活动体育解说评论的特征与趋势展望。

第一节 开幕式的解说评论

开幕式作为体育赛事的一个重要组成部分,具有内容多样、关注度高等特点。开幕式的评论解说,从实践角度来看,国内业界同人经历了一个从无到有、循序渐进的探索过程。

一、开幕式解说评论的概念

开幕式(Opening ceremony)的概念一般认为承袭于奥运会,其基本内涵是:以文艺节目表演为主要内容呈现,一方面要努力反映出以和平、团结、友谊为宗旨的奥林匹克精神;另一方面要尽可能要展现出主办国的民族文化、地方风俗和组织工作的水平,同时还要表达对世界各国来宾的热情欢迎。

通常而言,狭义的开幕式是指:在公开举行的成规模体育赛事之前进行的以文艺节目表演为主要构成要素的若干程式化环节。

开幕式的主要特点有:仪式感强,环节较多,时间较长,气氛庄严隆重。

因此,在传播媒介发展到一定阶段,开幕式解说评论就是:在重大体育赛事开幕期间,主持人,或主持人与嘉宾合作,通过广播、电视、网络等声画传播媒介,以有声语言传达开幕仪式的开展过程、文化特征、赛场气氛,对开幕现场做出实时介绍、描述、解释和评价的传播行为。

二、开幕式解说评论的代表类型

(一)"即兴式"开幕式的解说评论

谈到开幕式的解说评论,我们必须要回忆起一个人:他就是被誉为"中国体育解说第一人"、有着"体育解说员鼻祖"之称的张之先生。

张之先生曾在1949年国庆节成功地转播了上海国庆游行开幕式实况,这可能是新中国成立以后最早的开幕式解说之一。

"那次转播本来按稿广播,由于工人游行队伍很长,队伍走到一半词便念完了,转播总不能长时间冷场,台领导让他做些现场口头描述。张之把游行队伍穿什么服装、呼什么口号、孩子坐在父亲肩膀上向主席台招手都做了报道。这是一次颇见成效的尝试,台里又让他做了几次边看边解说的文艺广播实践。张之成功的首次尝试,不仅成了他一生的最终选择,也开创了中国体育直播的先河①。"

所谓"万事开头难",作为最早实践开幕式解说评论工作的张之先生,由于当时根本没有现成理论和经验可循,所以只能采取"即兴式"的办法进行工作;而后来广为大家熟知的宋世雄、孙正平两位二、三代体育解说评论员的领军人物,不仅是他的学生,而且在解说评论实践中也均表示受张先生影响深刻。

1953年3月,张之被调到中央人民广播电台当体育记者,也给了他在这个领域里驰骋的更广阔的天地。从这时起,他与中国的每一项重要比赛都联系在一起。"世界青年联欢节、中国足球首次参加世界杯外围赛、第一届全国运动员、新兴力量运动会、世界乒乓球锦标赛……都通过张之栩栩如生的解说,传到亿万观众的耳中②。"

需要强调的是,张之先生首创的"即兴式"开幕式的解说评论,并非是那种信马由缰、信口开河式的随意之举,而是经历了潜心揣摩、不断研究和刻苦钻研的自觉升华过程。

"他常常来到赛场,哪怕是工厂队之间的比赛,也在一旁轻声地解说。他经常练习快速读报,学绕口令,学山东快书,甚至站在阳台上,他也面对马路上来往的车辆、熙熙攘攘的人群和黄浦江上的船只进行口头'写生'。有时他见到一幅画和一张剧照也要绘声绘色地解说,培养了见什么就能描绘什么的能力③"。

张之先生在开幕式的解说评论实践中,非常注意对现场形象介绍与描绘,"很多运动员被他的一两句话'描'活了,以至几十年都不能让人忘怀,比如说克鲁明的'高空作业',庄则栋似矫健的'小老虎',姜永宁如一台'削球机器',钱澄海'见缝就钻,无孔不入',张俊秀'动如脱兔',丛者余如'离弦之箭',张宏根射门如'出膛的炮弹',姜杰祥真是个'拼命三郎',王忆诚投篮'百步穿杨',郑凤荣'身轻如燕'……"

可想而知,这对于中华人民共和国建国初期的开幕式的解说评论工作是何等难能可贵!因此,有人评价张之先生"既创造了群众喜闻乐见的一种转播方式,也创立了中国体育转播的一种学派"。

(二)"高亢式"开幕式的解说评论

"高亢式"开幕式解说评论的代表当首推宋世雄先生。

事实上,作为张之先生的嫡传弟子,宋世雄从1961年4月6日第一次解

---

① 金汕.重回历史现场 张之:体育的开荒时代[J].新华航空,2010(7):42-43.
② 中国体育解说泰斗非宋世雄乃张之说[EB/OL]. http://www.luaninfo.com/blog/Item.aspx?Id=49&LogId=655.
③ 孙正平.声涯[M].北京:华艺出版社,2007.

说第26届世乒赛开幕式暨首场比赛开始,他的体育解说评论员生涯便深深地烙下太多张之先生的影子:"嗓音超尖、语速超快、分贝超高",宋世雄这"三超"曾经影响了几代体育迷的漫长记忆——第26届世乒赛的实况解说是宋世雄个人体育转播生涯的最高峰,他解说评论的徐寅生对日本球员星野的比赛,以精彩的"十二大板"奠定了中国体育解说评论一个经典,时至今日仍被人们提起;而他在20世纪80年代解说评论的中国女排系列比赛更是深深地留在了众多国人的脑海里。

"高亢式"开幕式的解说评论营造了一种紧张刺激、身临其境的比赛氛围,可以充分调动受众的情绪,这无疑是值得肯定的。

或许正因如此,宋世雄和宁辛搭档,在央视首次以男女组合的形式解说评论了1996年第24届亚特兰大奥运会开幕式,而这一年也是宋世雄的退休之年。

但是,也有人对于"高亢式"开幕式的解说评论指出两点不足:一是从业者难以复制,认为这种"嗓音超尖、语速超快、分贝超高"的解说评论人才难以自然培养成功,从业者要具备的"天赋成分太多";二是在实际工作中如果从业者单纯地追求所谓"三超",实质上会最终流于对开幕式及赛事形式上的图解,而疏于对开幕式及赛事本身的关注,给人一种技术含量不足的感觉。

(三)"唯稳式"开幕式的解说评论

继张之、宋世雄之后,孙正平成为央视第三代体育解说评论员的扛旗人。

孙正平1981年进入中央电视台之后先后解说过6届奥运会的开幕式或闭幕式,这在目前国内体育解说评论员队伍中堪称第一人。

为此,韩乔生甚至送他一个"孙开闭"的绰号;而孙正平之所以如此与各项重大体育开、闭幕式有缘,可用一个"稳"字来概括——"对于'不出错'这3个字,孙正平引以为荣。在20多年的体育解说生涯中,'我没有太出格的错,成绩没有5分的话,4分应该没问题'"。

在讨论2008年29届北京奥运会开闭幕式人选时,孙正平被领导"钦点"为开幕式担纲者,理由便是领导认为"你解说,不会出错,我们放心"。

与此同时,相对丰富的从业经验也是"唯稳式"开幕式的解说评论要素的组成因素之一。"经常会有一些意想不到的突发事件,这就要求我们有很强的应对突发事件的能力。譬如台湾问题、朝鲜问题,加上今年奥运会火炬传播时,出现了一些国际关系比较紧张的问题。不说场内,万一看台上有问题发生,你会怎么处理?没有经验是做不好的[①]。"这也是孙正平的亲身体会。

[①] 孙正平.声涯[M].北京:华艺出版社,2007.

一般认为,"唯稳式"开幕式的解说评论的最大价值体现在政治层面,而若将此价值最大化,作为从业者就必须在解说评论工作中"时刻紧绷政治这根弦",这样的开闭幕式解说评论基本上是不会出现所谓"纰漏"的,其衍生价值还可体现在对从业者自身的职场生涯保护等方面。

但是,如果"唯稳式"成为解说评论员追求的一种工作状态和目标,从业者就可能会忽略自己的专业角色定位,客观上容易拉大受众对体育赛事或开闭幕式欣赏质量的距离。

需要指出的是,"唯稳式"解说有其存在的历史背景和历史价值,在"媒体喉舌论"的 20 世纪之前,"唯稳式"体育解说评论是必须遵循的一个基本原则;当然,从专业角度衡量,体育赛事解说评论员如果秉承这样的从业理念显然难以满足一般受众的期望值,所以随着时代的进步,这种"唯稳式"体育解说评论方式已经与受众渐行渐远了,这也是一种发展的必然。

(四)"现代式"开幕式的解说评论

"现代式"开幕式的解说评论的形成,源于业界一些优秀体育解说评论员的共同努力,如大家熟知的黄健翔、洪钢、贺炜、段暄、白岩松等。

需要指出的是,尽管他们当中有些人并没有担任过真正意义上的开/闭幕式解说评论工作,但是,正是他们在实际的体育解说评论过程中的积极探索与主动改变,才有了如今令人耳目一新的"现代式"体育解说评论员的形成。

相比较此前诸多开幕式的解说评论类型,"现代式"开幕式的解说是一种质变与飞跃。

概括来说,"现代式"开幕式的解说评论主要有以下两方面有别于以往。

一是更具专业水准。

解说评论员在实际工作中不再单纯追求解说语速、夸张的激越嗓音,也不再只是单纯地描述现场及介绍现场背景等一些外在和形式上的东西,而是以某一体育项目的行家里手身份出现,尽可能从专业的角度、用专业的知识进行有深度的解说评论——例如黄健翔在解说足球项目比赛时,如果他预判场上某球员要吃牌了,那么十有八九会得到应验的判罚,而若再进一步,无论黄健翔预判要吃红牌还是黄牌,与场上裁判的最终判罚也都鲜有出入。

二是更具亲民意识和娱乐精神。

作为一场体育赛事的组成部分,无论开幕式的规模大小、规格高低,能够让受众娱乐和开心其本身就是力求达到的重要目的之一;如果将其人为地附加进去过多的其他内容多半是意义不大和没有必要的,所以动辄从政治层面对体育赛事(包括开幕式)进行附庸,事实证明效果并不理想。

正因如此,"现代式"开幕式的解说评论员们已经开始自觉摈弃了以往习惯了的那种以所谓"文言体"为代表的假大空虚式解说模式。

"文言体"式解说模式又称"朗诵体"、"诗化体"等,其主要特点是解说内容概念化、程式化,追求形式上的"隽永诗意、工整对仗",如第29届北京奥运会开幕式解说内容即属典型的"文言体"代表。

而由白岩松引领,最早问世于2010年广州亚运会开幕式上的"白话体"解说评论模式,甫一问世即将此前延续已久的"文言体"斩于马下;2012年伦敦奥运会开幕式,白岩松再接再厉,以其朴实自然的解读,给人以如沐春风的听觉享受。

上海体育学院体育新闻与外语学院曹江漫在总结"白话体"受欢迎原因时,给出了以下三点基本概括①。

1."自然平和的解说"

"解说员与受众是平等的关系,要让受众感觉到解说员是在对他'说',而不是'讲'。在这方面,白岩松版自然平和的解说风格大受推崇,没有激动的情绪,娓娓道来,给人一种面对面解说的感觉,亲切幽默,贴近观众。"

"白话体"的解说评论风格还将体育赛事的娱乐功能给予充分发挥和放大,伦敦奥运会开幕式上当幽默滑稽的"憨豆先生"在弹奏电子琴即将结束表演时,现场突然出现了一声巨大的"排气声",白岩松便对他做了一次如此精彩的娱乐:"请相信您的直觉,他的确放了一个屁。"而之前在007克雷格从直升机上"空降""伦敦碗"时,白岩松则跟了一句"请相信跳下来的那个是替身,但007是真的。"

"娱乐功能"是体育赛事的重要属性之一。据此理念,将娱乐精神贯穿于包括开幕式解说在内的体育赛事之中显然大有文章可做。

2."富有哲理的评论"

在解说伦敦奥运会开幕式结尾部分时,白岩松评论道:"经历了从田园生活到工业革命,工业革命既带来了财富,也带来了战争,带来了很多思考,人们似乎必须重新回到童年,去面对自己我是谁,我从哪来,我要去哪,我们还可以用孩子的眼光去看待世界吗?简单的评论让受众不自觉地陷入思考之中,一个新闻点的价值得到延伸。"

3."体育信息含量大"

体育解说评论员在某种意义上就是受众的服务员,包括体育赛事开幕式在内,"受众认为体育解说员说得不好,很大程度上是由于他们的信息需求没

---

① 曹江曼.伦敦奥运会开幕式解说风格分析——以白岩松版与CCTV-5版为例[J].青年记者,2012(12).

有得到满足。"这便要求体育解说评论员"在解说的过程中,要始终以受众的需求为出发点,做到心中有观众。"只要稍加留意和比较我们就不难发现,"白话体"在解说闭幕式的过程中也自觉做到了这一点。

仍以伦敦奥运会开幕式解说为例,为了让受众获取相对集中且便于记忆的有效信息,白岩松语出惊人地总结出"七个B":"第一个是邦德007;接着是贝克汉姆,他要第二个出现;第三个是披头士,出来麦卡特尼的照片,他最后领着全场的人唱《Hey Jude》;第四个很有意思,不翻译还真不太明白,这是英国人对英国女王的昵称,当然是主角了,她要宣布开幕式的开幕;第五个'B'为Bright brilliant,代表此次伦敦奥运会将会是一场灿烂杰出的奥运会。我觉得还要再加上两个B,第六个是什么? 大家非常熟悉的憨豆;第七个,如果您要是今天晚上看新闻频道的开幕式直播,我的名字开头也是B。"

三、开幕式解说评论的注意要点

鉴于开幕式解说评论的自身特点,作为开幕式的解说与评论都有哪些特别注意事项? 王群、徐力在其《电视体育解说》一书中总结出七个"时刻注意[①]",归纳得十分全面而到位,这里逐一解析分述。

1."时刻注意舆论导向"

任何一场体育赛事都有着潜在的价值观体现,而体育赛事开幕式的这一属性尤其突出和强烈,因此,解说员要有着清醒的政治导向意识。

2."时刻注意情绪控制"

精彩的体育赛事容易让人激动甚至为之疯狂。但是,作为体育解说员必须把这种激动甚至疯狂控制在一定的限度之内,否则可能会引发意想不到的严重后果。

3."时刻注意言之有物"

解说过程中,解说员要努力说到点子上,开幕式的解说评论涉及人物广泛而复杂,更不能只是停留在一般的"照本宣科"层面上。

4."时刻注意心中有人"

既要善于对赛事运动员的表现做出准确的介绍与评价,还要兼顾开幕式的解说评论涉及人物广泛多样和受众的所思、所想、所愿。

5."时刻注意宁白勿抢"

开幕式的解说评论具有一定的礼仪色彩,而所谓"宁白勿抢"是指在解说

---

① 王群,徐力.电视体育解说声涯[M].第1版.北京:中国传媒大学出版社,2005.

进行时,有时直播画面被观众看得一目了然,这种情形下解说要学会"闭嘴"敢于"留白",让观众享受赛事的自然之美而不是去煞风景地插话、抢话,将解说变成"多余的噪音"。

6."时刻注意自己的身份"

常规的体育解说员身份定位是"赛事现场服务员",报比分、介绍赛事情况是解说员的主要服务职责。解说员不是赛事专家,所以要善于把赛事现场的自我表现和"作秀"的机会留给解说嘉宾去体现,开幕式的解说评论特别需要注意这一点。

7."时刻注意深入浅出"

体育解说员多有大致分工,一般会根据自己所熟悉的赛事项目去承担相应的解说任务。毫无疑问,解说员对所解说的赛事项目比之一般受众要熟悉和了解得更多更全面一些,但也正是因此,在具体解说过程中一定要注意用尽可能"平易平实"的态度去完成开幕式的解说评论工作。

此外,由于开幕式具有重要的仪式感和象征意义,准备工作千头万绪,因此,解说必须提前做好充分的准备。

第二节 闭幕式的解说评论

比较而言,闭幕式的解说评论与开幕式的解说评论,既有相似之处,又不完全一致,这是由开幕式与闭幕式的内容差异所决定的。

一、闭幕式解说评论的概念

关于闭幕式的定义,百度百科是这样解释的:"闭幕式(Closing Ceremony),会议、展览会结束时举行的正式仪式。"

与开幕式突出的庄严、隆重特征相比,闭幕式则更多了一些欢乐的气氛。

体育赛事闭幕式的起源同样来自于奥运会。通常而言,狭义的闭幕式是指:在公开举行的成规模体育赛事结束之后,以喜庆的文艺节目表演为主要构成要素的若干程式化环节。

闭幕式的主要特点有:环节较少,时间较短,仪式感强,气氛喜庆欢乐。

二、闭幕式解说评论的特点

闭幕式是运动会或大型体育赛事结束时举行的正式仪式。

闭幕式的解说评论与开幕式的解说评论,在主要条件要求上都是一样的:解说员必须具备较好的体育专业知识素养,对所要解说的赛事规则比较了解,要掌握较规范的普通话,能够结合赛事内容,寓情于景进行自如的解说和评论。

但是,对于体育解说评论员来说,闭幕式与开幕式毕竟是两个不同范畴的工作环节,二者的差异也是非常明显的。

我们认为,闭幕式解说评论的角色定位主要有以下几个表现特点。

(一) 轻松的解说语态

如果说开幕式突出的是庄严与隆重,那么,闭幕式的解说评论在语态面貌上则相对轻松愉悦得多。

一场重要体育赛事中,经过若干项目、若干场次的比赛顺利结束以后,解说评论员一般从心理上会与举办方一样有种"如释重负"的轻松感。正是由于这种源自心理上的自我放松,在对闭幕式的解说评论过程中,自然而然会在语态面貌上呈现轻松愉悦的欣慰感。

轻松的解说语态,一般会结合回顾方式来实现。

"本届运动会上,中国代表团获得了199枚金牌,距离200枚金牌仅差了一枚,有些人似乎认为有些遗憾,但实际上这又何尝不是一种完美。如果真夺得200金,对于亚洲其他国家和代表团来说无疑是又一个额外的压力。广州亚运会的199金,看似比1990年北京亚运会的183金要多,但用百分比去衡量,20年前中国拿到了全部金牌的59%,几乎是垄断,但本届比赛我们拿到的金牌数不足42%,这说明整个亚洲的体育都是在进步的,这一点非常重要……当下中国体育可圈可点的项目实在太多了,当然,国足是个例外:唉!中国足球没有最差只有更差。"

以上是2010广州亚运会闭幕式上白岩松的解说内容节选,通过对这届赛事的回顾,白岩松一改往日正襟危坐的"严肃形象",以一种诙谐幽默、又不乏俏皮轻松的解说语态令人印象深刻。

(二) 较大的发挥空间

与开幕式的解说评论一样,闭幕式的解说评论也有一定的流程。以奥运

会为例,它的闭幕式流程有如下主要环节:

(1) 各代表团的旗手按开幕式的顺序一列纵队进场,在他们后面是不分国籍的运动员队伍;各国的运动员旗手站在讲台后形成半圆形。

(2) 国际奥委会主席和当届奥运会组委会主席登上讲台,希腊国旗从升冠军国旗的中央旗杆右侧的旗杆升起,主办国国旗从中央旗杆升起,下届奥运会主办国的国旗从左侧旗杆升起。

(3) 主办城市市长登上讲台,并把会旗交给国际奥委会主席,国际奥委会主席把会旗交给下届奥运会主办城市的市长。

(4) 奥运会组委会主席讲话,国际奥委会主席致闭幕词。

(5) 奥林匹克圣火在号声中熄灭,奏《奥林匹克圣歌》的同时,奥林匹克会旗徐徐降下,并以水平展开形式送出运动场,旗手紧随其后退场;同时奏响欢送乐曲,各代表团退场。

(6) 文艺表演。

如果说上述流程是闭幕式解说评论的"规定"动作,那么,解说员在整个流程进行中还可以即兴加入一些"自由"的解说内容。

"自由"的解说内容,一般结合即兴娱乐的方式来实现。

伦敦奥运会闭幕式上,当开始演唱歌曲《是什么让你如此美丽》时,白岩松是这样即兴娱乐解说的:"答案就是:运动呗,恋爱呗。"而在随后进行的两个文艺节目表演中,也被白岩松调侃为:"破铜烂铁(乐队)继续敲,这是中国武术提前进入奥运会的标志吗?他们现在表演的是千手观音英国版。闭幕式4000多名的演艺人员每个人的报酬是1英镑,不知道是否还要缴税。"

一般来说只要不涉及政治内容或敏感话题,解说员在闭幕式解说评论过程中的具有相对宽泛的个人自由发挥空间,而且会收到锦上添花的解说艺术效果。

(三) 狂欢气氛的渲染

在体育赛事相对发达的欧美和一些西方国家,大型或重要的体育赛事闭幕式,往往会被看作是一场狂欢节,解说员也常常会有意识地通过自己煽情的解说评论,尽可能地将人们观看完精彩赛事后的热烈情绪点燃并调动起来。

狂欢气氛的渲染,一般结合总结的方式来实现。

我们来看一下2008年北京奥运会NBC主持人转播闭幕式时是怎样通过总结方式进行气氛渲染和煽情解说的。

正如马拉松是奥运会的结束项目一样,我们的转播马拉松也要告一段落了。

这次奥运会上,美国队赢得了110块奖牌,这在所有非美国举行的奥运会中是最多的。

中国赢得了奖牌总数第二,而且轻而易举地赢得了金牌数第一。

51块金牌是自苏联解体以来最多的。很多中国运动员的凯旋不仅仅应该用优秀来形容。它们是完美而精确、美不胜收的。在国家机器的支持下,中国体育已经成为巨头。他们将在伦敦和之后的很多届比赛中独占鳌头。

同时,我们美国队也有很多值得欢呼的时刻:男女沙排都获胜了,纳斯迪亚柳金和肖恩约翰逊不仅赢得了金牌也赢得了人心,篮球梦八队完全实现了他们的承诺——对,胜利;而且他们更挽救和重新定义了美国篮球的形象!

这次比赛出现了一次又一次的华彩乐章:从一开始我们就有迈克尔·菲尔普斯,他现在是历史上最出色的奥林匹克运动员之一,也是当代体育界最耀眼的明星!

这在菲尔普斯之前可不会发生在游泳运动员身上——就在菲尔普斯刚刚离开游泳池的时候,一名牙买加运动员横空出世。理论上,短跑比赛是以毫秒来决定胜负的,但博尔特的速度是那样令人震惊,以至于他的对手,和全世界观众一样,是目送这位全世界也是历史上跑得最快的人登上巅峰。

204个参赛国家,比历史上任何一届都多;87个国家赢得了奖牌,也是史上最多的。

超越小小的领奖台,奥运会更是一个人类展现自我的舞台;很多人奋力跑过终点却还是被淘汰,但他们的故事会被他们自己、被他们的家人、朋友、国人传颂。

这次赛事从张艺谋那震撼人心、构思大胆而完美实施的开幕式开始,从而为同类活动设下了一个无法逾越的标准;而今晚,随着更多的精彩表演,大幕徐徐垂下。

全世界的人来到了北京,全中国人向世界展现了自己,你不需要懂普通话就可以理解这点。

我很幸运地参与转播了很多令人怀念的奥运比赛,而从各种角度来看,这届奥运会是最令人难忘的。

很多人夜以继日地努力工作从而能把这样的一次奥运会带到千家万户,我向我的同事们致以崇高的敬意,他们的名字将伴随着美丽的中国画面和在过去十七天伴随你我的一幕幕奥运镜头出现在电视上。

最后一次,我们从中国说,晚安!

与以往一样,本届奥运会闭幕式转播结束以后,众多参赛国的民众都以不同的方式、不同的规模在各自的国家和城市举行了形式各异的庆祝与庆典活动,通过为本国运动员取得的优异成绩而欢呼的情绪表达,把闭幕式庆典演变成一次难得的民众狂欢——而这一切都与解说员在闭幕式上的激情解说与气氛渲染密不可分。

(四)惜别情绪的渲染

随着一场体育赛事盛会的大幕徐徐降下,自然而然,无论对于参赛运动员或是收听和观看比赛的受众来说,都会或多或少地在心底涌起一种即将惜别的伤感情绪。

某种意义上,这种惜别往往是一种诗画了的唯美情绪体现,因此,优秀的解说评论员会借助闭幕式这样一个特定时刻来有意烘托、渲染这种惜别情绪。

事实上,对于一场重要体育赛事的闭幕式,编导们在创意设计之处也经常会把惜别情绪作为重要因素给予融入和放大。

惜别情绪的渲染,一般结合主题设计的方式来实现。

例如,广州亚洲残运会闭幕式负责人、组委会庆典及文化活动部副部长宁肖周在介绍本届运动会闭幕式的创意设计时便强调:闭幕式要打"情感牌",要突出"以惜别情动人"的核心理念。因此,本届闭幕式的主题被确定为"大团圆和惜别的情怀"。

无独有偶,第五届全国特奥运动会闭幕式的重头戏设计被集中在以一首惜别为中心思想的诗朗诵上:"当我们彼此告别,即将分手的时候,我要把大爱无言装进你的行囊。期盼你的每一天,都写下不同以往的生命华章。"

闭幕式上,随着这首题为《大爱无言》诗朗诵结束,众多参赛运动员眼里闪烁着晶莹点点的泪光,再辅以低缓深情的现场解说,受众从中领略到一次非常惬意的唯美艺术体验,使得本届闭幕式令人回味⋯⋯

再来看一下第21届温哥华冬季奥林匹克运动会闭幕式的设计流程:

首先,本届冬奥会圣火在人们的欢呼声中熄灭;然后是闭幕式大型文艺演出,主题是《喔!加拿大!》,其中包括《我是加拿大人》和《加拿大制造》两大部分,流行音乐串烧掀起高潮,最后著名加拿大女歌星艾薇儿演唱著名的《FINALE》。当动听的本届冬奥会主题歌《更高一点,更快一点》响起时,分手时刻的惜别情绪被极度渲染⋯⋯再见了,温哥华!我们4年后索契再相会。

显然,设计者同样也将"惜别元素"置于本次闭幕式的重要位置,而且取得了良好的艺术效果。

既然惜别情绪只是一种"润物无声"的唯美意识体现,那么解说员在解说评论过程中就不能生硬地夸张渲染或无病呻吟地"牵强调动";解说员应该提前与编导人员认真做好沟通,充分理解编导的整体创意设计意图,在完整理解和消化的基础上,解说员才有可能将这种惜别情绪在闭幕式上自然得体、恰到好处地传递表达,继而自然引发受众内在情感上的共鸣。

三、闭幕式解说评论的注意要点

轻松愉悦是闭幕式解说评论的一个重要特征,基于这一特点,解说员在完成闭幕式解说评论工作中应该具备以下"三个意识"。

1. 总结意识

对于闭幕式解说评论工作,解说员要有很好的总结意识:对整体赛事运行过程所取得的成绩、运动员的表现等各个方面,结合赛事的即将结束做出尽可能全面详细的总结,这就要求解说员的总结既言简意赅,又能结合闭幕式的举办仪式恰到好处地融合在一起。

2. 评价意识

解说员在完成闭幕式的解说工作中,要站在整体赛事的高度,要善于"跳出赛事做评价"——需要强调的是,这一阶段的评价与赛事进行中技术层面上的评论在概念是不一样的——前者讲求技术层面上的精准,主要由嘉宾来完成,后者侧重于对赛事意义及价值层面上的评价,主要由解说员来完成。

3. 鼓动意识

一场赛事的成功举办具有鼓舞士气的宣传作用。因此,解说员一般都应在闭幕式上对参赛运动员、举办单位、领导来宾、参与观众等做出热情的赞许,达到提气鼓劲的目的,这也是提高赛事影响力和知名度的需要。

第三节 大型活动的解说评论

从技术层面来说,作为重要体育赛事的重要组成部分,大型活动的解说评论与开闭幕式的解说评论要求基本相同:解说员具备较好的相关体育赛事项目知识,掌握较规范的普通话水准和即兴口语表达能力,能够结合赛事特点善于临场发挥以,善于调动受众观看比赛的兴趣和热情。

一、大型活动解说评论的概念

这里所说的大型活动特指体育赛事范畴内的大型活动。

一般认为,大型体育赛事活动是指:"经上级主管部门或人民政府批准,在某一省市区域举办的具有一定规模(参赛运动员在150人以上或观众达到3000人以上)的国际性、全国地方性综合、单项体育比赛活动。"

我们认为,狭义的大型体育赛事活动(Large-scale sporting events)是对一些规模较大体育赛事的统称;大型体育赛事活动具有项目特色鲜明、内容相对单一、气氛热烈喜庆,民众参与性强等主要特征。

二、大型活动的解说评论特点

同样必须指出的是,从赛事性质本身而言,大型活动与开闭幕式相比较也有一些自身特点。所以在解说评论过程中,解说员又不可完全照搬开闭幕式的解说评论模式"依葫芦画瓢",而应结合大型活动这些自身特点,有所区别、有的放矢地完成解说评论工作。

(一)"大型Party"的内在属性

与奥运会、世界杯这类以竞技比赛为主要目的的严肃赛事相比,大型活动的内容构成则随意的多,其侧重点不会放在竞技成绩上,而仅仅是把比赛作为一种载体,"轻绩重娱"、娱乐游戏是大型活动的内在属性。

从这个角度来说,大型活动在某种意义上可以看作是一场参与广泛的"大型Party"聚会。

以大家熟知的"那达慕"为例,蒙语那达慕本意就是"娱乐"或"游戏"的意思,它是内蒙古、甘肃、青海、新疆的蒙古族人民一年一度的一次传统大型活动,在每年水草丰茂、牲畜肥壮的7月份举行,时间长度一般为3～5天。

如同其他大型活动一样,"那达慕"也不是单一的体育项目赛事,而是把多姿多彩的民族杂技、服装、蒙古舞蹈和蒙古歌剧把蒙古民族的风土人情集于一台,展示了草原人民勤劳勇敢、豪爽热情的性格。

过去"那达慕"大会期间要进行大规模祭祀活动,喇嘛们要焚香点灯,念经诵佛,祈求神灵保佑,消灾消难。现在,"那达慕"大会的内容主要有摔跤、赛马、射箭、赛布鲁、套马、下蒙古棋等民族传统项目,有的地方还有田径、拔河、排球、篮球等体育竞赛项目。此外,"那达慕"大会上还有武术、马球、骑马射箭、乘马斩劈、马竞走、乘马技巧运动、摩托车等精彩表演。

举行"那达慕"时,牧区方圆数百里的牧民穿起节日的盛装,骑着骏马或乘坐汽车、勒勒车,不顾路途遥远从四面八方来参加比赛和观赏;会场上,彩旗飘扬,人闹马嘶,平日宁静的草原,顿时变成繁华的彩城(见图7-1)。

夜幕降临以后,草原上飘荡着悠扬激昂的马头琴声,篝火旁男女青年轻歌曼舞,男女老少经常会一起狂欢到深夜……

图 7-1　宛如大型 Party 般的那达慕现场

鉴于一般大型活动这种浓郁的团体"Party"色彩,解说员在进行具体的解说评论时可以亦庄亦谐,不必拘泥于以往那种庄重严肃的正规赛事解说模式——"亲切的口语化表述与轻松随意的自然语感和有意渲染的喜庆色彩"可作为此类解说评论的特征体现。

(二)"穿针引线"的解说角色定位

大型活动涵盖的赛事内容也相对简单,没有过于复杂的技术要求和高水平的竞技比赛。

根据这一特点,解说员在参与解说评论过程中应该将自己定位成一个"穿针引线"角色。在活动进行中,做到"该出声时再出声",例如,对场上比赛项目或特色表演做出必要的解释说明等;而对于那些受众一看便知、一听就懂的比赛项目或特色表演尽量不要插嘴,不然会起到喧宾夺主、对受众的干扰作用。

解说员在参与赛事解说评论工作中,往往会产生认识误区:由于害怕"冷场",因此习惯于多说多评,甚至没话找话,其结果却经常适得其反,这点是要特别注意的,尤其是在参与大型活动的解说评论工作时,解说员可说可不说的话尽量不说,应该由着观众的眼睛和耳朵自己去看、自己去听,这样可能会收到"此时无声胜有声"的艺术效果。

画家作画时,对于用墨多少的辩证关系,有这样的形象概括:"疏能跑马,密不透风。"解说员在具体解说评论过程中,对于话多话少的关系把握情同此理。

(三) 富于动感的表现形式

流动性强是大型活动的重要表现形式,这是由大型活动赛事内容特点决定的。

2011年在贵州召开的大型活动赛事第9届全国少数民族传统体育运动会（见图7-2），非常典型地诠释了这一表现特点：开幕式上来自全国各省区少数民族代表队采取游行的形式，分别表演了具有本民族特色的文体节目，场面壮观而热烈。

图7-2　2011年第九届全国少数民族传统体育运动会上行进中的节目表演

另外，与以往相似，本届全国少数民族传统体育运动会主要参赛项目包括龙舟、射弩、陀螺，以及竞技类、技巧类和综合类三大类表演项目——这些参赛项目本身便决定了它的流动性与富于动感的表现形式。

2012年8月在鄂尔多斯市举办的第二届国际"那达慕"大会暨内蒙古自治区首届体育大会闭幕式更是突出了"动感主题"：举办方把闭幕式舞台搭建在了水面上！水中央设有可以升降的钻石舞台，通过"流动的行进"体现"时尚、唯美、浪漫"的主题……

那么，据此特点，解说员在参与大型活动赛事的解说评论过程中，就不可能采取演播室内一板一眼、慢条斯理的语感语气进行解说了，而应该有意识地提高自己的音高和音强，特别是在户外进行解说评论时，需要将自己的情绪调动起来，与动感十足的现场赛事有机相融，让受众感受到快乐的激情享受。

（四）注重与嘉宾的配合

一般来说，大型活动赛事构成大多具有"窄众性"和不普及性——"那达慕"的赛事内容就有赛布鲁、赛驼、搏克、毽球、套马、马球、马竞走、蒙古棋、骑马射箭、乘马斩劈、乘马技巧运动等极具特点的民族传统项。

解说员对于这些赛事项目规则、历史渊源、选手的现场表现等问题，显然在短时间内无法做到游刃有余地进行介绍，至于评论部分就更无从谈起了——所谓"术业有专攻"，此时此刻，解说员应该"舍得让出话语权"：让现场嘉宾来担当"主角"，这样才能起到相得益彰的理想效果。

解说员与解说嘉宾善于配合，共同完成一场赛事的解说人物，这也往往是另外一种技能高低的体现。

有的解说员在进行任何体育赛事解说评论过程中，置嘉宾于不顾，喜欢自说自话般地说个不停。或许对于常规比赛项目倒还应付得过去，但是，在遇到特殊赛事项目时，如果依然故我，就有可能贻笑大方。

在2012年某地举办的"那达慕"蒙古式摔跤比赛现场，有位解说员应邀与一位嘉宾共同担任解说。这名解说员便习惯占据场上的"解说主动权"，甚至连和解说嘉宾交流的时候也很少，从比赛开始就滔滔不绝。

比赛进行中，场上出现了两位体重悬殊的选手，解说员看到刚拿到的资料以后，先是非常主观武断地以为两位选手的情况介绍"可能打印错了"；待两位体型悬殊的选手上场以后，目瞪口呆的解说员又信口胡诌般地大赞体重较轻的选手"勇气可嘉"，"敢于向重量级选手挑战"云云。

实际上，慕蒙古式摔跤比赛并没有体重高低之分，由于这名解说员的想当然而出了一次不该出的解说纰漏。

本质上，解说员的角色是为受众提供赛事消息实时播报的服务员，如果把比赛现场视为自己的作秀舞台，这种认识显然是非常危险和错误的——恰恰相反，与己为伍的解说嘉宾才应该是在赛事现场作秀的主角，因为嘉宾毫无疑问一定是本场赛事项目的专业人士，他对场上选手表现做出的评论才是专业的，他的点评角度才是独到和有新意的。

显然，解说员进入工作状态时，特别是对于自己不熟悉甚至是比较陌生的赛事项目解说过程中，适度得体的学会"闭嘴"是大有必要的——充分发挥嘉宾的作用，让受众对你的解说感到满意、不厌烦甚至"意犹未尽"，若能达到这一境界，应该说是一名优秀解说员的重要标志；而在大型活动的解说评论工作中，解说员能够有意识地做到"主动让贤"于现场嘉宾尤为重要。

三、大型活动的解说评论注意要点

解说员在进行大型活动的解说评论工作中,要特别注意把握好以下三方面的关系。

1. 把握好与赛事的关系

前面我们已经谈到,与奥运会、世界杯这类以竞技比赛为主要目的的严肃赛事相比,大型活动的内容构成则随意的多,其侧重点不会放在竞技成绩上,而仅仅是把比赛作为一种载体,"轻绩重娱"、娱乐游戏是大型活动的内在属性。

那么,根据大型活动的这一内在属性,解说员在进行大型活动的解说评论工作中就应该既要兼顾对赛事活动本身的解说和评论,同时还需要特别融入一些与赛事相关的其他内容介绍——例如,赛事举办地的民俗民情、商情资源、旅游资源、优惠投资政策,等等,这些都是大型活动举办方所期望听到的;而如果解说员仅仅单纯地围绕大型活动赛事本身来做一些相关介绍与评述显然是不够的。

2. 把握好与嘉宾的关系

由于大型活动的赛事通常具有典型的地方色彩和浓郁的民风民俗性质,赛事项目的"窄众化"和不普及性,客观上会导致一般非专业人士的陌生感。解说员同样也不会例外,因此,在这种情况下,解说员应该把对赛事内容的技术介绍与评论部分主动交由嘉宾来完成,而且尽可能在事前就要彼此分工明确;且不可出现赶鸭子上架逞能式的勉强行为,以避免出现外行人说外行话,"出力不讨好"的现象发生。

3. 把握好与受众的关系

大型活动的赛事内容具有受众(多为赛事举办地群众)参与度高、积极性强的特点,有鉴于此,解说员在进行大型活动的解说评论工作中,把关注的目光适度地放在他们身上,并有意识地给予热情地鼓励,那么,对于活动的成功解说与评论无疑会收到非常良好的效果——任何一场赛事活动如果能够赢得受众的认可与首肯都是非常重要的。

作业题

1. 如何评价开幕式解说的"四种代表类型"?你认为孰优孰劣,为什么?
2. 试分析"白话版"闭幕式解说体走红的主要原因。
3. 为什么说解说员在解说大型活动赛事项目时需要特别注重与嘉宾的配合?

参考文献

[1]金汕.重回历史现场张之:体育的开荒时代[J].新华航空,2010(7).

[2]中国体育解说泰斗非宋世雄乃张之说[EB/OL].http://www.luaninfo.com/blog/Item.aspx?Id=49&LogId=655.

[3]孙正平.声涯[M].北京:华艺出版社,2007.

[4]曹江漫.伦敦奥运会开幕式解说风格分析——以白岩松版与CCTV-5版为例[J].青年记者,2012(12).

[5]王群,徐力.电视体育解说声涯[M].第1版.北京:中国传媒大学出版社,2005.

推荐阅读文献

亚运会开幕式解说词对照本

开场

【白话版】

2010年11月12号,中国广州,这里是中央电视台新闻频道为您现场直播的第16届广州亚运会开幕式的实况。

我们今天将用5个时间的维度去关注这个开幕式。

第一个是2000年,广州这座城市的建城历史是2224年,它将怎样浓缩在这个开幕式里面?

第二个是200年,今天是在室外举办的开幕式,承载这个室外舞台的是海心沙岛,它是被珠江水冲积200年形成的。

第三个时间是20年,中国人的记忆当中,从1990年的北京亚运会到2010年的广州亚运会,走过了20年的道路,这20年我们在变,中国在变。

第四个是2年,从2008年的北京奥运会到2010年的广州亚运会,总导演就是当初北京奥运会的副总导演。开幕式会带来什么样的创意?

最后一个时间段是2个多小时,那就是8点将要开始的开幕式了。

在北京奥运会以及多哈亚运会已经形成精彩的印象之后,它究竟会有哪些独特?

会否在2个多小时之后,这精彩的瞬间就成为我们记忆的开始?

在这5个时间维度当中,我们走进广州,走进这座重新会给大家带来新的亚运记忆的城市。

【文言版】

中央电视台！中央电视台！各位观众，欢迎回到第16届亚运会开幕式的直播现场。刚才为您转播的是第16届亚运会的开幕式序曲——珠江巡游，稍后，我们将在广州海心沙岛为您现场直播开幕式的仪式和文艺演出的盛况。

夜色下的广州，华灯初上，交相辉映，璀璨耀眼的灯火闪亮了一座城市最清澈的眼眸！

夜色下的广州，楼宇林立，相互映衬，高高耸立的楼群绚烂了一座城市最自豪的表情！

夜色下的广州，珠水如镜，穿城而过，奔流入海的江水打开了一座城市最包容的胸怀！

夜色下的广州，大桥跨江，沟通两岸，坚实稳重的桥身挺拔了一座城市最坚硬的脊梁！

这是一个值得纪念的夜晚——从今晚开始，欢腾的广州将向亚洲人民献上一场"激情盛会"！

这是一个值得珍藏的时刻——从现在开始，发展的中国要把"和谐亚洲"的讯息向世界传递！

此时的海心沙岛，盛满了欢乐与祥和，再过一会儿，亚洲45个国家和地区将在这个美丽的小岛上实现团聚，共叙友谊！

此时的中华大地，承载了激情与梦想，未来的16天里，亚运健儿将在这片生机盎然的土地上拼搏努力，同创奇迹和辉煌！

2010，广州，欢迎你！

2010，中国，欢迎你！

【白话版】

好，如果这个节目的速度和节奏你觉得已经心跳加速的话，你做好准备迎接下一个节目了吗？

这个节目总导演只做了这样一个推介，如果演完了之后您是鼓掌，这个节目就失败了，只有您尖叫，它才是成功的。

为什么现场观众看到第一段表演的时候就迅速地兴奋起来，而在电视机前似乎没有呢？那是因为在现场更能直观地感受到，这是演员在一个90度垂直于地面的大屏幕上来进行表演，他们没有任何依附。

等于说您站在墙上表演，它可能吗？但是现在在这个演出段落的时候，它成为现实。

在平常的日子里，我们任何一个人完成一次几十米落差的蹦极的话，会难受好多天。但是，正在给我们表演的演员，要在这一个屏幕上进行多次的几十米距离的蹦极，而且是来回地。这是电脑操控的吗？

不是,在8个大屏幕上表演的演员一共有180名,顶上的屏幕上是22个,底下的屏幕是23个,在他们每个人身上都绑着钢丝,每个人要靠底下7个人为他服务,要拉钢丝,5个人是拉,另外2个人是备份,完全是人工的方式调控着他们的节奏和造型的摆放。

内容不复杂,回到游戏,回到简单的人与人之间的关系,回到童年,但这最简单却用了最复杂、最富挑战性的一种表演方式。

LED屏的高度是80米,大家就想象,他们一瞬间要完成的落差急降急起是多高。

看,他们是垂直于地面表演,所有的演员来自于河南少林塔沟武术学校。

色彩的造型是由大屏幕提供的,而在上面进行垂直表演的演员,跟这个造型完成了非常默契的配合,因为他们已经练了一年半的时间了。

有人对他们训练之后的身体测试说,他们已经可以成为海军陆战队的队员了……

【文言版】

接下来,我们将看到一组富有创意的表演,180名运动健儿在地面上1320名操作者的配合下,展开动人心魄的立体式表演,这是一次全新的尝试,体现了广州"敢为天下先"的创新精神。

他们将在奇特的空间中完成俯冲、跨越、奔跑、攀爬等多种行为,其中容纳了冲浪、游泳、跑步、登山、跨栏等诸多体育元素,精彩地诠释了人类更高、更快、更强的体育精神,形象地表现了中华民族全民健身运动的蓬勃发展。

享受运动带来的快乐,促进身心和谐发展,是体育精神的真谛。

国运盛则体育兴,亚运脚步对于中国的第二次眷顾可以充分说明:广州,对体育精神的热诚,已让亚洲感动!中国,对体育精神的诠释,已被世界认同。

结束

【白话版】

焰火又一次绽放起来,之前有很多的新闻去说,这一次广州亚运会的焰火表演将超过16万发、超过北京奥运会等等。其实没有,据现场的负责焰火的导演向我们介绍,总量只有4万发,并不超过北京奥运会。

在圣火当中,在焰火当中,可能很多中国人的思绪会回到20年前的北京亚运会,在想这20年国家发生了怎样的变化,而我们每个人又发生了怎样的变化。

其实回忆过去,不如更多地开始好奇未来。从现在就开始好奇,20年后广州会怎样,中国会怎样,而我们每一个人又会怎样?

好运广州,好运中国,好运每一个人。

这是中央电视台新闻频道为您带来的第16届亚运会开幕式的解说。

【文言版】

女士们,先生们,第16届亚洲运动会开幕式结束,祝大家晚安!

烟花灿烂,让我们共同铭记今晚欢腾的中国!

礼花漫天,让我们共同铭记今晚喜悦的广州!

此刻,属于中国的亚运时间才刚刚开启!

此刻,属于广州的亚运征程才刚刚启航!

未来的16天里,45个国家和地区的亚运健儿将在这里享受运动带来的满足和快乐!

未来的16天里,中国将用真诚和热情为亚运健儿的每一次拼搏喝彩加油!

祝福亚运健儿在亚运赛场上勇攀巅峰!

祝福中国健儿在祖国辽阔的土地上再铸辉煌!

中央电视台!中央电视台!第16届亚洲运动会开幕式的盛况就为您转播到这里!

朋友们,再见!

(原文由赵大伟根据播出视频节选整理)

第八章

单场赛事的解说评论

学习目标

通过本章学习，了解单场赛事解说评论的基本过程与内容，包括赛事直播前的准备、赛事解说的过程与逻辑，以及赛后的分析评价等。学习如何进行单场赛事的直播解说与评论。

章前导言

对于单场赛事的解说评论，体育节目的解说员需要做好充分的前期准备，同时还要遵循一般的程序，完成直播解说和赛后分析评价的过程，并使其具有可看性。

本章从赛事直播前的准备工作入手，分析了体育解说的过程与逻辑，并对赛后的分析与评价进行了阐述。准备工作的充分与否、解说的方法、过程与逻辑是否符合科学、常理与工作流程，直接决定了体育赛事直播的效果。

第一节　赛事直播前的准备

有人说过,一场没有解说的比赛会失去一大半的光芒,一段精彩的解说会为比赛增添百分百的魅力。

从某种意义上讲,体育节目最引人关注、令人兴奋之处就在于结果的不可预见性。与其他的电视播音样态相比,电视体育解说的准备工作是比较困难的。对于一个尚未发生的事情的解说,准备工作的难度是可想而知的。

了解并正确运用赛事直播的方法与内容,事先掌握足够多的信息,分析比赛走向,确定基调,制定预案,做好充分的准备,可以达到更好的直播效果。

赛事直播前的准备主要从准备的视角和准备的周期来讨论。

一、准备的视角

准备的视角可以分为客观与主观两个方面。前者包括了对于大的环境、现场情况、参与者的情况等方面所做的了解与准备,后者更多地从体育节目解说员自身的角度,探讨如何提炼赛事的看点,如何对受众定位、如何对解说员自身进行定位。

(一)客观视角

1. 大环境的准备

体育赛事所存在的大环境,是指该项活动发生的历史的、地理的、政治的、经济的、文化的环境。

赛事直播之前,电视体育节目解说员首先要明确体育比赛的内容、举办时间、地点、参加人员与举办的原因,要对体育活动的大环境进行分析。一方面是因为体育活动是社会日常生活中不可或缺的内容,会对社会结构中的其他要素产生一定的影响。电视体育解说员要在正确的舆论导向中发挥作用,要通过对体育活动大环境的分析来了解当前社会的主流观点和体育活动的社会影响。另一方面,社会是一个复杂的系统,各要素之间存在着千丝万缕的联系,诸多的社会要素会在不同程度上影响着体育活动及赛事的进程与效果。通过对体育活动大环境的分析,可以让解说员的思路更加开阔,解说内容更加丰富。

对于体育比赛大环境的准备,既是解说员在接到解说任务后根据赛事的需要所进行的准备,更与他们在日常生活与实践中的积累密切相关。要对大环境进行合理、可信的分析,电视体育解说员必须具有全面的知识,所谓天文地理、古今中外,无所不知,无所不晓。电视体育解说员要对不同的学科,如:哲学、历史、地理、社会学、政治学、经济学、文化学等有一定程度的了解,这样才能以开阔的视野、整合的思维在短时间内高质量地完成对于大环境的准备工作。

开阔的视野,是指电视体育解说员能够全面、细致地观察社会系统,即大环境的问题,能够看清一个问题的不同方面、看到不同现象之间的关系。整合的思维,则是指电视体育解说员不仅要看到环境要素的方方面面,还需将其综合起来去考虑它们与体育活动之间的互动与影响。

对大环境进行分析,要求电视体育解说员平时要关注国内外时事,了解国内外局势,把握国内外政治、经济、文化的发展趋势,清楚目前国内倡导的舆论主流,考虑体育活动对社会大众心理上的影响,并设计一些手法将体育活动对大众心理的影响转化为正确的舆论导向。

2. 现场情况的准备

电视体育解说员在对体育赛事举行的大环境有了了解之后,需要将目光聚集在体育赛事的现场。

在体育赛事直播开始之前,解说员有必要了解体育活动举行的具体环境。比如事先了解举行该比赛的体育场馆,包括它的历史、设施、座位人数、建筑特色等。在比赛开始前,电视体育解说员还可以到赛场上,或是通过前方的记者了解一下现场的氛围,如观众人数、年龄结构、性别比例、赛场文化点(如赛场上的条幅、观众手中的彩旗、助威道具等)。对于国际性的比赛,还需要了解来自不同国家观众大致比例或数量。国内不同地区的比赛也是一样。如果是非比赛现场解说,不能亲临现场去了解情况,也应该尽量通过一些渠道获取与比赛现场相关的信息。

除此之外,比赛门票的销售情况、各媒体对比赛的反应和反映、当天比赛地所在城市是否还有其他相似或更大规模的社会活动等,也都是解说员需求提前了解和准备的信息。

相对于大环境的准备工作而言,现场情况的准备是一项身体力行、内容具体的活动。体育赛事现场的一些情况往往是受到大环境影响的。对现场情况的准备,既可以检验电视体育解说员在大环境的准备上是否充足、准确,还可以为在解说过程中以大环境的影响去分析体育活动进程提供具体的依据。电视体育解说员(或其助手)在可能的情况下,一定要到体育赛事举办的现场去观察、搜集信息,并将其与大环境相结合,为比赛过程中可能出现的各种情况准备一些论述的材料。

现场的资料也包括了当天的天气实况,包括天气情况、气温、湿度、风力风向等基本信息。

3. 参与者情况的准备

体育赛事参与者的相关信息当然是电视体育解说员需要认真准备的内容。

体育活动是人类特有的一种文化活动。与会奔跑、会跳跃、但没有主动意识的动物不同,人类是在明确的思想支配下,以身体活动为手段,通过对身心的锤炼与改变,达成特定的运动效果。这是一种不断追求完美的实践过程。体育比赛之所以吸引人、感动人,与其说是由于体育活动本身的魅力,不如说是源自体育活动中体现出来的人文精神,源自体育比赛中人与人之间力量与智能的较量和竞争,源自竞技比赛中的大喜大悲、大苦大甜。可以说,体育活动就是人类展现自我本性的舞台。人们对于体育比赛的关注,本质上就是对人的关注。从这个意义上讲,电视体育解说员在工作之前对大家共同关注的对象——体育比赛的参与者进行深入了解就是十分重要的。

根据项目的不同,体育比赛的参与者分为个体和团队两类。对于个体性的比赛(如游泳、田径)而言,除了掌握参与者的身高、体重、年龄等基本信息之外,还要知道他在该项体育活动中的技战术特点、个人性格、比赛中的表现、平时的训练水平等。如果可能,还要了解这个人的生活信息,比如他的成长经历、思想观念、生活状况、伤病情况等,因为这些也可能会影响到他在体育比赛中的表现。对于团队型的比赛来说,在了解个人信息的同时,还要了解这个团队的技战术特点、团队的组织模式、团队的凝聚力、团队中各位成员的角色定位、以往的成绩,以及团队中哪些成员处于停赛期间和伤病状况等有关信息。

以田径比赛为例。2014年度国际田联钻石联赛上海站的比赛,重头戏就是中国选手谢文骏参与的男子110米栏比赛。解说之前,需要准备很多材料,包括项目背景。包括110米栏的基本规则、世界纪录成绩、历史上该项目的顶尖选手和成绩等,还有赛事的背景。资料还包括什么是钻石联赛、钻石联赛上海站的历史、赛事纪录成绩、选手背景,主要是重点选手的背景介绍,比如,田径比赛中第三、四、五、六等重点赛道的选手介绍、东道主选手介绍,如谢文骏等。选手介绍具体包括他们的身高、体重、技术特点、近期成绩,以及历史成绩,等等。

(二)主观视角

1. 资料的处理

如前所述,解说员需要进行充分的资料收集工作,主要包括:了解球场的资料,熟悉球场的特点;熟悉球员的背景,了解有哪些球员参赛,如果比赛不是第一天,要了解前面几天发生的事情;了解比赛的历史,熟悉赛事的发展和沿革过程;同时还需要查阅相关的背景资料。

在收集了相对充分的信息资料之后,电视体育解说员需要对其进行处理,根据所获取的信息,在思维中模拟一下即将进行的体育活动的进程。以一场体育比赛为例,在解说员了解了交战双方的基本情况之后,根据该运动项目的规律,就可以大概预测一下比赛的进程。这样的思维模拟过程,可以使解说员事先对比赛可能的进程有所认识,并做好相应准备。但正如本章开头提到的那样,体育活动的魅力就在于它的不可预测性。解说员一定不能将这种主观的想象与体育比赛的实际情况混为一谈。当出现与事前想象不符的实际情境时,解说员要立即调整思路,迅速思考出现差别的原因,还可就此向解说顾问进行提问和讨论。解说员在事先的想象中,可以模拟出多种不同的结果,准备相应的解说预案。

资料的处理需要我们具备一定的专业素质。解说员平时要向教练们请教技术、战术的问题,向专家请教规则问题,多收集球场资料、球员花絮、多看比赛,充实自己。

2. 看点的提炼

通过客观视角上的准备,如大环境的分析、比赛现场的观察、对观众与选手的了解,电视体育解说员已经拥有了相对充足的信息。接下来,就要着手对这些信息进行处理,要从一个广泛的、综合的角度去审视一场比赛,提炼该项赛事的"看点"。

"看点",就是关注点,也是体育活动吸引人眼球的地方。它指的不是总体的那种抽象的、具有感染力的精神或激情,而是一种具体的事物或细节,是给观众留下的悬念和期待。

"看点"有不同的类型。

从形式的角度看,电视体育解说员可以注意一下本场体育比赛的参与者或观众与其他类似的体育赛事的参与者和观众有何不同。比如一场球赛,场上交战的两支队伍中,是否有新转会的球员,在这场比赛中是否会出场亮相,观众席上有没有知名人士(如各国政要、演艺明星或运动明星等)。

解说员要关注一些和比赛相关的、能够挑起观众兴趣的"话题"性质的事件,也就是所谓"比赛看点"。比如某场比赛,男子110米栏前世界冠军、前世界纪录保持者刘翔到场观战,就是该场比赛一大看点。如果解说员在赛前知道这个情况,是完全可以将其作为本场比赛引发观众兴趣的重点来介绍的。

此外,还可以注意一下体育场馆的设施。比如,2008年北京奥运会比赛解说时,很多解说员都会花一定的时间去向观众介绍鸟巢和水立方。作为当时世界上最先进的运动场馆,鸟巢和水立方的外形和功能都被频频提及;又比如作为网球四大满贯公开赛之一的温布尔登网球赛,为了应对英国多变的天气,其主场馆的中央球场增加了顶棚开闭的功能。这个功能在2009年温网比赛中首次运用。第二周的首个比赛日,赛场突然降雨。顶棚迅速关闭并开启灯光,使得比赛得以顺利进行。解说员在转播该场比赛时,适时地将此功能介绍给电视观众,并对温网赛场的此功能赞不绝口。

有人把竞技体育的赛场比作科学技术的试验田,许多新技术、新发明都可能拿到体育赛场中进行测试。比如,2014年巴西世界杯转播当中被不止一次地提到的"裁判喷雾"技术和"门线鹰眼"技术。几乎在每场比赛都会被提及和介绍。又比如当运动公司为明星运动员推出量身打造的运动鞋时,也都会被解说员专门提及和介绍。

体育比赛在形式上的"看点"还包括气候、地理等方面。比如,意大利足球队出访俄罗斯,当地寒冷的天气是否会使习惯于地中海气候的意大利人产生不适的感觉。再比如,1986年世界杯在墨西哥举行,当地的高原地貌究竟会对前来参加比赛的各国选手造成怎样的影响。这些都可以被电视体育解说员用作"看点",以刺激电视观众更大的观看乐趣。

从本质上来看,一场体育比赛的"看点"也可以视作这场体育活动的"意义"。这种意义不仅仅局限在体育这一领域。它可以是一种政治意义,也可以是一种经济意义、文化意义。例如,2000年世乒赛是世界乒联对乒乓球设施和规则改变之后的第一次世界级大赛,设施和规则的改变会给乒乓球运动技战术以及各国选手造成怎样的影响,就成了这次大赛的看点。同样是乒乓球赛,1971年举行的中美乒乓球友谊赛,则具备了"小球推动大球"的政治意义,这就是人们所称的"乒乓外交"。尽管解说员不能在体育比赛解说的过程中过分渲染这种政治目的,但传递的信息和营造的氛围是有正面意义的。

冠军争夺的悬念、技术动作的特点、战术的体现、球道攻略、公众喜爱的球星等,一场比赛的解说,可以提炼出许多的"看点",在解说中尽量提示观众,本场比赛的一些看点,请观众注意观看一些细节。同时,必须明确解说的主题,要分清主次,在各种信息充足的基础上,理出一条或多条清晰的解说线索,使"看点"为解说服务。

作为专业的球类比赛解说员,平时要多和球迷接触,注意收集信息,了解他们的兴趣点,从球迷的角度,与大家分享看球的乐趣与感受。

3. 正确的定位

这里所说的定位,包括了对于受众的定位和电视体育解说员自我的定位。"受众"不仅是体育比赛的现场观众,更包括电视机前收看电视体育比赛转播、收听电视体育解说的观众群体。所谓"正确的定位",就是要厘清解说员与受众之间的关系。这种关系,从本质上讲,是服务与被服务、传播与被传播的关系。当然,具体到每一场不同的比赛,这种关系又会存在些许的差异。比如,大众所熟悉的赛事(如足球、乒乓球),解说员的任务重点在于讲好比赛的过程。公众普遍比较陌生的比赛(如冰壶、射箭、保龄球等),解说员不仅要讲解比赛的进展与过程,还承担着普及该体育项目的知识的职责。总的来说,电视体育解说员在解说评论的过程中所用的语言、态度、讲解的深度和层次,都会因受众的关系而有所不同。因此,做好受众与自我的定位,是非常重要的。

对受众的定位主要是对他们的年龄、性别、职业、知识层次等基本情况进行一个大概的估计,根据他们对该项体育的了解情况,设想他们会关注赛事的哪些方面,需要解说员提供什么样的信息。这样,解说才能有的放矢,才能为受众所接受。

如果把体育比赛比作一部电影,那么解说员就是半个导演。解说员无法控制赛事的进程,也左右不了赛场上的运动员与裁判,但他可以通过解说吸引观众,调动和调解观众的情绪,让观众的思绪随着比赛进程的发展起伏跌宕。解说员的解说与评论甚至能够成为他人津津乐道、反复引用的"经典"。

体育解说评论的本质特征包括服务性、引导性、专业性和娱乐性。体育解说是否成功、是否满足了受众的需要、是否起到正面的作用,就是依据这四种特性来评价的。

电视体育解说员既是服务者,也起着舆论导向与把关的作用。解说的内容不仅要针对体育活动的本身,还需要从一个社会的角度去审视和诠释一项体育活动和比赛的意义,增加电视体育解说内容的厚度和深度。

4. 情绪的准备

情绪的准备也是赛事解说之前需要考虑的问题。它通常受到比赛双方的"亲疏关系"的不同、项目类型的不同,以及赛事重要程度的不同等多方面因素的影响。

是否带有明显的主观倾向性,会对解说员的清晰产生明显影响。

如果对于解说的一场赛事,存在明显的主观倾向性,而且这种倾向性是合理的、非个人因素所导致的,比如中央电视台解说中国队对其他国家球队的比赛,自然而然地,解说员会与自己国家的球队融为一体。又如,湖北电视台直播或转播湖北队对山东队的比赛,解说员自然会有明显的情绪倾向性,希望湖北队会取胜。在这两种情况下,解说员都会在比赛之前做好情绪的准备。

需要注意的是,以上两个情形下的情绪准备是存在差异的。

中国队对他国球队的比赛,解说员的主观倾向性再明显都不为过。一方面,这涉及一个国家荣誉的问题,同时,外国人也未必会看中国中央电视台的转播。而国内两个不同地区球队的比赛情况就不一样了。还以湖北队对山东队为例来说,山东的球迷是有可能看湖北电视台的转播与解说的,假设主场在湖北,当地也会有不少山东人,解说员过分地"'捧'此'压'彼",会对球迷产生伤害。从这个意义上讲,解说员的讲解是需要建立在客观的基础上来进行的。

情绪的准备也包括了在解说过程中用词的差异。比如,中国队对韩国队的比赛解说。当中国队进攻时,解说员会以亢奋的声调说"机会!""好球!"而当韩国队逼近球门时,解说员紧张的声音表达的会是"危险!""防住!"情绪和语言表达完全是不一样的。

例如:2014年度中超比赛第7轮比赛中,北京国安主场迎战山东鲁能。比赛进行到第83分钟,鲁能队洛维接到队友传球挑射将比分锁定为3∶0。在这球的解说当中,北京媒体和山东媒体呈现出了完全不一样的情绪。

山东媒体的解说:"……后场长传!非常精准!……这是个机会!2打2!……直塞!球到了洛维脚下!进入禁区!挑射!球进啦!!!3∶0!!锁定胜局!!!"

北京媒体的解说:"国安队乌塔卡这个转身没必要啊……失误了,鲁能队反击……这球很危险!郎征漏人了!……球到禁区里头!球进了……0∶3,这下国安更困难了。"

有一些重要的、甚至是里程碑式的赛事,解说员在解说的时候出现超乎寻常的激动、兴奋的情绪,是可以理解的。比如,2009年柏林田径世锦赛,"牙买加闪电"博尔特在男子百米比赛中跑出了9秒58的成绩。当这个成绩出现在屏幕上时,解说员杨健疯狂地呼喊:"9秒58!9秒58!博尔特再一次不可思议地创造了人类奇迹!……没有人知道博尔特用全力发挥会跑出什么样的状态!他真的是在飞!不是在跑!在柏林的苍穹下,博尔特在蓝色的跑道上飞了起来!闪电之翼划过了柏林夜空!"这样的描述是解说员难以抑制的真情流露,也引发了观众的激情与共鸣。

一些特别有名的运动员在重大赛事中参加比赛并有可能取得突破性的成绩时,解说员的前期情绪准备可能会很充分。一个典型的例子是在2004年雅典奥运会田径项目男子110米栏决赛中,央视体育频道解说员杨健眼含热泪、高声呐喊的激情释放:"刘翔赢了!刘翔获得了奥运会冠军!"现场比赛的特写镜头配上解说员的激昂情绪,使所有收看比赛的中国电视观众受到了极大感染,解说员与受众之间产生了强烈的共鸣,这种共鸣多产生在有本国选手参加的体育比赛的解说中。解说员表现出的倾向性是为观众所理解和接受的。反过来说,在一场没有本国选手参加的国际赛事的解说中,解说员喊出"××(国)万岁"的口号就会让人别扭和厌烦了。事实上,对于刘翔在那一场比赛中可能创造的优秀成绩,解说员事先是有期待的,也许早早就开始激动了,这就是情绪的准备。

还有一些比赛,虽然本身具有纯中立的性质,不涉及解说员的立场问题,但因为项目本身的"热血"特性,比如NBA,在解说之前就需要做好充分的情绪准备,要选择看点、关键点,要制造悬念,让观众产生足够的期待,这样,情绪也就自然被调动起来了。

需要指出的是,根据比赛项目的不同,情绪的准备是有区别的。

解说一场足球赛和一场冰壶比赛,所要表现出来的兴奋程度本身就是不同的,所以,情绪的准备也是不一样的。

即便是同一类的比赛项目,也会存在具体的差异。比如,游泳的32块金牌,并不是同等重要的。接力和自由泳,它们的金牌难度就大不相同。菲尔普斯的8块金牌中,最难得、最重要的是100米蝶泳金牌。对待这些比赛,解说员事先要做好情绪的准备。

5. 体能的准备

体育解说可以说是一件既劳神也费力的工作,解说员需要做好一定的体能储备,才能以充沛的精力与激情讲好比赛。尤其是解说在国外举行的比赛,因为存在时差的问题,解说的难度会增加。比如,四年一次的足球世界杯,多数是在我们的半夜里进行的。电视体育解说员必须具备良好的倒时差等环境适应能力,要能根据电视体育直播的需要及时调整生物钟,从而以最佳的精神状态为电视观众服务。应该事先保证自己有足够的休息,早一些进入睡眠,并适当提前一段时间醒来开始做直播准备。如果起床太晚,迷迷糊糊,不够清醒,声音的状态也不好,想要把一场球赛解说得很漂亮也是很困难的。

要保证充足的精力和体能,对于单场赛事来说,相对容易。对于那些大型的赛事,比如奥运会,前后十几天的时间,天天都会有转播,工作的密度和强度都很大,如果没有很好的体能储备和体能分配,就可能过劳生病,无法高质量地完成解说任务。

要成为一个出色的解说员,还要具备强大的内心和极高的抗压能力。要以高度的热情和平静的心态,以不变应万变,随时准备好接受各种各样的考验。

二、准备的时间

单场赛事的解说需要多长时间来做准备,这个问题不能一概而论,从几天到几周,都有可能。它主要要看解说员的熟练程度。如果熟练的话,时间需要得短一点。

有些比较冷门的比赛,准备的时间就要长一些。比如冰壶比赛,在不是很熟悉的情况下,要了解历史和背景,要多看一些中英文的资料,了解冰壶比赛怎么打,有哪些具体的规则,在讲解比赛进程的时候,顺便普及一下冰壶比赛的知识,告诉观众可以从哪些角度去欣赏。

要讲解一个冷门的或者自己不熟悉的项目时,对选手,尤其是外国的选手也不太认识,所以需要多一点时间的准备。要逐一认识比赛的队员,尤其是大牌运动员。要为比赛的解说多准备一些谈资。在这种情形下,解说的准备时间用上半个月、一个月,都是有可能的。

对于比较熟悉的比赛,尤其是一些日常联赛,准备工作相对容易一些。比如林丹与李宗伟的决赛,只需要知道最近的比赛记录,他们各自赢了谁,比分如何,最近状态如何等。其他的信息,比如他们的成长过程与往事,早就了然于心,不需要花多的时间去了解、去准备。只需要解说前短时间内简单核实一下基本信息即可。

有一些比赛是一场接着一场进行的,资料的准备应该尽量提前完成。准备工作量的大小同样取决于解说员的熟悉程度。所以,准备周期的长短都是相对而言的。

第二节 体育解说的过程与逻辑

"过程"指的是事物发展所经过的程序、阶段。"逻辑",本意是透过对推论的形式系统与自然语言中的论证等来研究并分类命题与论证的结构。本节的内容简单地说,就是讨论体育节目解说的一般流程。此处将其归纳为"演播室序曲、呼台号、逻辑运用、互动穿插、结尾"等。

一、演播室序曲

解说工作是从演播室开始的,这一阶段的工作也可称作解说的序曲。解说员要先对着镜头做一个简单的自我介绍,同时介绍解说嘉宾(很多比赛都会采用双播,即解说员与解说嘉宾共同合作的方式)、比赛的背景和流程、"看点"等内容。提炼"故事"的关键节点,告诉观众接下来看什么,哪些东西可以重点关注。

演播室阶段的解说对于观众从情绪上提前进入比赛状态或提前感受比赛的氛围,或事前对这个比赛产生期待是很有帮助的。

比赛开始之前的一段时间,比如 5～10 分钟,解说员(和嘉宾)进入演播室,热身暖场,做好前一节所说的各项准备工作,如了解现场、了解观众,以及他们的期待。

有一些比赛时间较长，需要讲解的内容比较多，比如中超，解说员可以更早一点（比如提前 20 分钟）进入演播室，解说员和解说嘉宾事先充分沟通，解说时相互配合，分析并提炼"看点"。换句话说，如果把一场比赛当作是一个故事来讲的话，要让一个故事能够吸引人、打动人，我们会在讲故事之前给大家提示几个关键点，告诉观众在接下来的 90 分钟或 60 分钟中需要去关注什么，这就是演播室的作用，也就是"序曲"的内容。

通常，在比赛正式开始前的 1~2 分钟，镜头会切入赛场。

二、呼台号

对于电视机前的观众来说，场景从室内换到比赛场地的同时，会听到一连串的"某某电视台"的声音，这就是呼台号。早些年，中央电视台转播各种比赛时，都是连续两遍情绪饱满地呼台号："中央电视台、中央电视台"。现在，更多的是采用口语化的方式呼台号。以 2013 中超为例，观众朋友们，大家好。您现在收看的是由 XX 电视台为您带来的 2013 年度万达广场中超联赛第 X 轮的比赛。与以往不同的一点，在于直播冠名的表达和广告效应的体现。呼台号需要不加思考便能用流畅的语言"顺嘴"说出，这是很考验解说员的基本功的。

"呼台号"会在几个典型的时刻出现。

第一次是当画面从演播室切到现场的时候，台号的呼叫起到一个转场的作用。有时，解说员的解说直接在现场进行，也存在一个转场的问题，镜头从桌子、电脑或大屏幕，转向比赛的场地。解说员通常会说一句："好！我们现在把信号切到现场"。这个时候，对于观众来说场景发生了变换，呼台号的声音也同步响起。

第二次是在球员进场过程结束之后。球员进入场地，国歌奏响。在这期间，是不可以有任何声音的。同样需要保持安静的是某些比赛开始之前为某位已故人士的默哀，全场肃静。国歌过后，掌声骤起，解说员开始富有激情地呼台号："观众朋友们大家好，您现在收看到的是……"

第三次的台号呼叫一般是在比赛正式开始的时候。实际上，不论是田径比赛还是游泳比赛，或是足球、篮球的比赛，在开场哨响的那一刻前解说员也是要保持安静的。这就是"欲扬先抑"的原则。

在几个关键的时间节点之前，解说员往往都是用安静的方式来达到从"抑"到"扬"的效果的。

需要注意，开场哨响起之前的那一片刻，解说员是保持安静的。比赛开始时，如田径比赛，选手上道，全场是鸦雀无声的。直到"各就各位，预备"的指令发出，枪声响起，场上"哇"的一下躁动起来，解说员高亢的声音也同时出现。

在这个提起情绪的气口,解说员会呼台号。

无论是哪一次的呼台号,解说员都需要掌握气口,"欲扬先抑"是最基本的准则。

呼台号的原则是自然、有效。台号的呼叫,不是为呼叫而呼叫。它应当是解说员的一种解说习惯,应当自然、连贯、恰到好处地响起。呼台号并不一定要让观众记住我们是哪个频道,对于观众来说能记住这个的可能性真不大。很多时候,它是解说员的解说习惯,也是一种情绪的渲染。

"呼台号"的这三个典型的时刻,也称三个气口。是否一定在这三个气口呼台号,没有统一的规定,这只是大多数解说员的惯常做法。

三、逻辑运用

这里所说的逻辑运用实际上指的是对于一场比赛,解说员如何把握进度与内容,遵循什么原则,说什么,怎么说。

不同的项目比赛有不同的特点,解说的内容也不一样,所以没有一个固定的逻辑流程。但无论如何,赛事的解说都需要遵循一个最基本的原则,那就是为赛事服务。大体上讲,一场比赛的现场解说从逻辑层次上可以分为描述、解释和评价几个阶段。

开场阶段,选手在做准备时,解说员需要归纳"看点",介绍运动员,对于特别出色的运动员(或核心球员)需要更为详细的介绍,田径或游泳等比赛,还需要讲解黄金赛道(第三、四、五、六道)上的选手。除此之外,当天的天气、比赛场地与场馆、现场的观众情况等(这些都是在赛前准备好的背景资料),也是通常会去解说的内容。

每个不同的赛事都有自身合适的讲法。比如足球,在开赛后的3~5分钟之内通常会根据场上的情况开始介绍双方的首发阵容。篮球比赛也是一样。球类、团体项目大多都会在比赛的最开始阶段介绍阵容、站位等。但对于田径和游泳比赛来说,解说方式就完全不一样了。对于个体性的项目,如单道速滑等,从一开始就会关注比赛的进程了。

游泳比赛的结果是基本可以预知的,只要赛程中不出现罕见的、太大的、所有人都无法预见的冷门,游泳比赛的解说内容可以从第一秒到最后一秒都事先准备好。游泳比赛的运动员进场之后,镜头会分别给8位选手。100米自由泳只有40多秒,这个时间对于解说员来说根本说不了太多的内容。解说内容可以针对黄金赛道(第四道和第五道),上几个核心选手来准备。游泳出发的时候,说谁的出发反应快,现在谁领先,然后进入第一个50米途中,可以事先设置要说什么;到第一个转身时,要说是第几道(哪位选手)领先、转身效果如何;15米冲刺之前的一点时间可以简单讲一点背景,最后冲刺之后就说谁取胜了,之后就是欢呼、情绪宣泄,等运动员上水就完成解说任务了。

游泳比赛中对于8个赛道上运动员的逐一介绍在语气和语调上是不一样的。第一道是平和的语言、正常的语速;到了第四、第五道,如索普,或菲尔普斯,或孙杨,说话的密度和速度肯定就不一样了。有可能第一道的选手只获得一个值得称道的成绩,如上一届世锦赛的第三名,第二个选手是这一届世锦赛的第二名,介绍到孙杨的时候可能不一样了,他是世界纪录保持者,连续三届世锦赛冠军获得者,也是本次比赛的冠军。尽管镜头的时间一样,但在同样长的时间里要说的东西是不一样的。

有一类比赛项目被称作短时比赛项目或瞬时比赛项目,比如男子100米比赛,或国人比较熟悉的男子110米栏,整个比赛周期只有十几秒钟,很快就过去了,根本来不及讲更多的内容。对于这种比赛的解说会采取另一种方式。例如男子100米,世界级水平的比赛是在10秒之内决出胜负。这么短的时间里能说些什么?一般来说,可以将这短短的100米比赛分成"起跑"、"途中"、"冲刺"三个阶段。前30米是第一个阶段,即起跑阶段。30到70米属于途中跑阶段,也是加速阶段。最后30米为冲刺阶段。这10来秒的时间里,解说的两个高潮点就是一头一尾,即起跑和冲刺两个阶段。起跑决定了哪位运动员能"先声夺人",取得优势,而冲刺则能最终决定冠军的归属。所以,这是两个情绪的制高点。用逻辑方式来解说,这个100米的情绪波动的变化曲线就呈现一个"高——平——更高"的状态。

比赛开始前的准备阶段,就是运动员在热身的阶段,解说员要用一种比较平稳的解说方式逐个介绍运动员,重点介绍关键道次的选手。然后介绍"看点",介绍相关比赛的成绩。

解说员的介绍可以跟电视里的画面配合起来,这时,镜头会给每个队员一定时间的亮相机会。介绍完各赛道上的多个运动员之后,他们就开始上道准备了,这时解说员可用一两句话再次提示一下本场比赛的看点。比方说中央电视台解说员杨健经常使用的一句话就是:"好!现在选手都上道了,让我们屏住呼吸来关注这转瞬即逝的13秒钟。"说完这句铺垫的话语之后,在选手去做准备的这段时间解说员是不讲话的,将情绪和声音压到最低点。

随着比赛枪响,第一个情绪高潮点出现了,解说员会说:"好!比赛开始。"语速逐渐加快,然后迅速地分析现在体现出了谁的优势,如,"现在第四道×××的出发比较顺利。""第四道,博尔特的出发很不错!"先把这个情绪激发出来。在进入到30米之后的途中跑阶段,解说员往往会用一两句话来简单分析一下这场比赛的走势和特点,比如"博尔特今天状态还不错",或者"他的对手泰山盖伊今天整个的跑步节奏已经被旁边的带乱了",或者类似的话,等等。

到了70米之后,更需要通过解说的情绪来带动电视机前的观众。实际上，电视机前的观众在观看百米冲刺的时候根本听不到解说员在讲什么，但他会被整个比赛的气氛和激情所感染，解说员就是要用情绪和解说来陪伴观众，点燃他们的激情。当年杨健在解说博尔特打破世界纪录的那场比赛时，实际上没有说太多的句子，在冲刺的时候只是不断地喊着博尔特的名字："博尔特！博尔特冲线了！博尔特第一位！"在这个9秒58成绩出来的时候，他特别激动地高喊："9秒58，这是人类一个新的极限！"

事实上，这时解说的内容具体讲的是什么句子已毫不重要了，关键是此时此刻的情绪。对于瞬时项目就是这样，它本身就是很容易点燃观众激情的。

体育比赛除了前述的个体项目与团体项目、瞬时性项目之外，还有回合性项目、连续性项目等。描述、叙述、解释、评价，各种不同的解说方式应当如何运用，无法一言以蔽之。解说过程中是以描述为主还是评价为主，不存在一个硬性的逻辑套路。

乒乓球和排球属于回合制的比赛类型。解说中需要注意，运动员从发球开始，到死球，应该以描述为主。死球之后，以评价和说明为主。

足球、篮球、冰球、曲棍球等属于连续比赛类型，中间没有明确的规定性间断。解说员需要知道在有效时间内说什么，死球时间内说什么。足球经常出现突发情况，比如受伤，有时候第一时间无法知道受伤情况的严重程度，因此无法获知什么时候停止比赛什么时候恢复比赛。解说中要以描述为主，配合着画面来讲解。评价应该是在死球的时间（即非有效比赛时间）进行。描述和评价可以穿插进行。

四、互动穿插

解说是为比赛服务的。解说工作应以赛事进程作为出发点和原则，然后加以互动、评论。

互动包括多种不同的角度。

1. 解说员与解说嘉宾的互动

很多时候，在赛事解说时电视台会请来一位（或多位）解说嘉宾，解说嘉宾通常都是在某个领域有很强修为的专家，有的是退役运动员。嘉宾可能对某种比赛或运动研究得比较透，但未必能够用很清楚、准确的语言把自己的见解传达给观众，这时候就需要解说员很好地"翻译"嘉宾语言，取得理想的解说效果。

体育解说员应提前对解说嘉宾的知识结构、擅长项目、语言风格和习惯等方面进行尽可能全面的了解，进而商定合适的配合方式，这是合作解说成功的基础。

解说员应当放低姿态，谦虚礼貌地向嘉宾请教。可将解说员和嘉宾之间的关系视作学生与老师的关系。前者是一个爱提问、会提问的学生,代表所有观众提出问题,后者根据自己的专业知识来做解答。解说员要知道观众感兴趣的是什么内容,引导嘉宾多说一点。对那些观众不感兴趣的东西就不需要说得太多。

解说员与解说嘉宾之间应该在赛事解说的全过程中保持良好的互动。在合作解说过程中,解说员应谦虚、礼貌地邀请嘉宾进行现场评论和分析,并适时加以引导。很多内容的讲解可以采用一问一答的形式来完成,这样会使讲解的过程变得更加精彩、令人印象深刻。解说员与嘉宾都需要明确自己的职责。解说员可以作为一个赛事讲解的引导者,除了描述现场状况之外,还要根据比赛的进程不断地抛出各种问题来调动解说嘉宾的发言。比方说,在局间休息,或者在上半场进行到一定阶段的时候,解说员可以主动地提问,如:"某某指导,您觉得比赛进行到现在,某某的发挥怎么样",或者"某某某今天为什么采用了这样一种战术发挥。"通过这样的互动可以充分发挥双方的作用,并使得解说现场的气氛不会沉闷。

当比赛的讲解过程中出现突发状况的时候,应当充分利用解说员和嘉宾的经验,通过双方的配合与灵活的处理将突发状况应付过去,使得解说的过程更加流畅。

要成功地讲解一场体育比赛,一个重要的前提在于解说员与现场嘉宾之间沟通得很好,相互补充,整个过程如高山飞瀑,酣畅淋漓。但沟通往往也是最难的,如果出现问题,就会感觉磕磕绊绊,有时都没话说,有时又互相抢话。解决这样的问题,一靠双方的磨合,二靠各自处理问题的经验积累。当一方的解说出现问题甚至错误时,另一放能很迅速、很巧妙地纠正过来,天衣无缝地接过去。这样的互动就是完美而成功的。

2. 解说员与观众的互动

解说过程当中除了演播室里解说员和解说嘉宾之间的互动之外,还有解说员和现场及电视机前观众之间的互动。既让电视机前的观众觉得不那么单调,也能够体现解说的专业性。

和电视机前观众的互动可以通过多种渠道来实现,比如短信、微博、微信,以前还有电话。如今,短信平台和微信是比较重要的两个环节,解说员要将这样的互动交流穿插到比赛进程的讲解中。有一个基本原则就是不在比赛进行到最关键的时刻去进行互动。互动的作用除了调动电视机前观众的情绪之外,还能够有效地改变解说节奏,让解说变得不那么枯燥。

与观众的互动不仅是念念短信留言或微信的内容。现在,包括央视在内的各电视台在比赛的直播或转播过程中所采取的互动方式都越来越灵活了。比如,中央电视台在转播 NBA 比赛的时候,每一节都会送出一件球衣或一双球鞋。转播解说世界杯或者足球联赛的时候,每进一个球就会送一份礼物。这是电视媒体吸引观众,和观众互动交流的一种方式。这样的互动一般穿插在一个特定时间点或者说不重要的时间点。如果时间选择不当,就有可能起到相反的效果。比如说,足球比赛马上要罚点球了,解说员在这个时候念两条短信,所有的人都会觉得解说员疯了。但是当比赛处于一个比较沉闷的阶段时,如游泳比赛1500米,或田径比赛一万米跑,这类比赛相对冗长。一万米得跑小半个小时,跑步中间又没什么变化,很难一直吸引着观众的目光,这时穿插一些互动就是很合适的。

五、结尾

任何一个体育比赛在临近尾声的阶段都会是一个比较有特点的时间节点。因为结束就等于要出结果了。除非这个比赛已经是完全地一边倒,比如,足球比赛接近尾声时已是十几比零的比分,那么这个比赛已经提前进入到"垃圾"时间,也就是说,这个时间已经失去了比赛的悬念。

一般来说,比赛结尾处的解说是比较重要、比较讲究的。不同的比赛进程和预期结果决定了不同的结尾方式。如果一场比赛特别地激动人心,或者说这场比赛特别圆满,特别成功,那么解说员往往会在结尾的时候做一个回顾。

结尾处的解说,最重要、最基本的是要宣布比赛的结果。比如,这场比赛结束了。在这场比赛中中国队以几比几战胜了某某队。或者说,比赛结束,刘翔以几秒几的成绩夺得了冠军。然后,要介绍第二名和第三名分别是谁。这个完整的比赛结果要给观众重现一遍。

有的时候,在比赛结果的呈现之后解说员还会有一些特殊的表达,比如2014年巴西世界杯,在西班牙和智利比赛结束后,上届冠军西班牙惨遭淘汰。刘建宏念了一首诗《当你老了》送别西班牙黄金一代。2013年的欧冠决赛结束之后,贺炜配合着场上的庆贺也讲了一段对于整个欧冠赛季总结的一段话。这些带有浪漫主义色彩的感性的话语是很煽情的,会给大家留下深刻的印象,并有可能为众人所推崇和传诵。

比赛结束的时候,一般来说,需要有一个礼貌性地结尾,说明解说员的姓名和转播媒体等,例如:"感谢大家收看!我是×××,观众朋友们,再见!"如果是联赛的话,可能是"我们下周末再见"。如果是奥运会,可以说"四年后,我们哪里(下届奥运会举办城市)再见。"这些都是给现场解说画上一个圆满的句号。

如果现场解说后面还接着有演播室的节目,那么,现场解说员一定要说的一句话就是"好的!现场的解说就是这样",或者"现场的情况就是这样,让我们把信号切回演播室",或者"我们现场的情况就是这样",要给导播一个切换镜头的气口,也就是一个切换的暗示。等镜头切换回来以后,一般都会进行一个赛后的评价和分析。

六、解说中需要注意的问题

1. 解说礼仪

解说礼仪是非常重要,但又常常被忽视的问题。

并非所有的解说都是需要高声调、大嗓门的。有一些比赛是需要"安静"地、优雅地欣赏并解说的。比如网球,全世界解说员都遵循一个原则,就是比赛期间不怎么说话。尤其是在击球的过程中,解说员是不出声的,只有当这一球成为死球,或比赛暂停的时候,才可以开口讲解。又如台球选手在瞄准的时候,高尔夫选手在推击或准备挥杆的时候,场上鸦雀无声,观众静静地观赏,解说员也是一样,不能破坏了赛场的气氛。

比如某一场高尔夫球赛,伍兹的一次推杆,开始时看上去完全偏了,却突然拐回去,慢慢地滚入洞中。这样精彩的瞬间让直播间里完全地安静下来。想象一下,此时如果有一个解说员在喋喋不休地聒噪,的确是非常不合时宜的。

2. 节奏与"留白"

节奏可解释为一种有规律的、连续进行的完整运动形式。用反复、对应等形式把各种变化因素加以组织,构成前后连贯的有序整体。

对于电视体育解说来说,节奏就是充分掌握和利用所转播的赛事所特有的规则和秩序,并通过这些秩序和规律把它特有的节拍、美感通过这项运动的变化宣讲和准确评述。在直播中调解好解说节奏,才能使解说达到真善美的统一,达到体育直播旁述的艺术境界。这也是体育解说应当追求的目标和准则。

节奏把握得是否合适,从某种角度决定了解说的质量与水平。

比赛的时间有长有短,比赛的内容有的温和有的激烈。

情绪需要很好地把握,体能也要合理地进行分配。

一场时间很长的比赛,解说员不能一直都在情绪的巅峰。在讲解这样的比赛时,需要通过解说技巧的掌握与运用,讲出节奏来。就像一首有韵律的诗,体现出美感。

好的解说,不仅需要合适的节奏,还需要"留白",这就像一幅画作,"紧凑"与"松弛"恰到好处,方能显出美感。讲解过程中的某些时刻稍作停顿,既让解说员休息,也让观众休息,然后再次开口,把情绪调动起来,这就是所谓"欲扬先抑",能取得比较好的效果。

3. 情绪控制

看比赛和说比赛是完全不一样的两件事，也就是说，一个体育爱好者跟一个体育节目的解说员是完全不同的角色。解说比赛的时候，需要把所有看到的、想到的东西变成语言表达出来，还要时时考虑到观众的需要。

解说员也可能一个体育迷，他可能有自己喜欢的比赛项目，有自己喜欢的球队，有自己喜欢的选手。跟普通的球迷一样，他可以着迷，也可以疯狂，但那得在平时。当他手持解说筒的时候，他的身份不一样了，他不能滥用被授予的话语权，他要很好地控制自己的情绪。镜头中出现了自己喜欢的运动员、支持的球队，也只能微微一笑，将一切想说的化为你的"潜台词"。如果一个解说员是曼联的铁杆球迷，对阿森纳极其没有礼貌，一有机会就冷嘲热讽；某人是罗马队的球迷，整天嘲笑尤文图斯。他的解说一定是令大多数人反感的。

解说员一定要控制自己偏激、过分的情绪。比如，中国队输了，大家心里都难受。解说员不能一直唉声叹气，顾自难受。因为此时解说员的情绪会成为电视机前球迷的情绪导向。而解说员在这个时候也有责任让比赛的负面影响降到最低。所以我们往往听到解说员会说：这次比赛中我们看到了差距。在未来的一段时间内，我们应该好好总结经验、吸取教训，下次再来！尽管这样的语句不能完全化解观众心中的郁闷，但作为解说员，我们不能用随意的言语给观众"添堵"，更不能煽动观众的负面情绪。

解说员的讲解要有感染力。现场感染力和讲解员个人情绪失控是两个截然不同的概念。前者代表着体育解说员较高的专业素养，是综合素质的体现，而后者就完全不同了。

强调情绪控制，并不是说解说员要正襟危坐、声调平缓、一板一眼地讲解体育节目。恰恰相反，激情解说是观众所欣赏、所期待的。解说员的声音充满着激情，语调时高时低，速度时快时慢，完全随着比赛的节奏走，把球迷对比赛的喜怒哀乐都宣泄出来，这样才能得到肯定和受到欢迎。

有人说，体育解说没有激情，其实也就是对受众需求的一种冷落。

需求特别注意的是，解说员在讲解比赛时必须客观、中肯，站在中立的角度解说比赛，不能带有太多的个人感情色彩。解说时要明确自己的角色，要有足够的见解，但不能越俎代庖，必须把自己放在一个合适的位置。观众们看的是比赛，不是解说员。

4. 关注细节

有人认为大部分的观众看比赛都是看热闹，只有少部分人才是真正从内行的角度去欣赏和分析。但是看热闹的本身就是愉悦自我的过程。而且，从看热闹到看门道，需要一个修炼的过程，这个过程可能比较漫长。解说员的工作就是要通过项目知识的普及，缩短这个过程。

有一些细节是需要解说员特别注意的,如:

采用尽可能精准的专有名词、动词、专业术语和体育行话来解说;

尽量不要讲废话,尤其是观众自己能看懂的,不要把观众当傻瓜;

语言朴素、简单。解说时最好用短句、感叹句,避免冗长句子让受众理解困难;

不要和其他解说员或解说嘉宾发生争执,比如为选手用杆当面争论,这样很不好;

遇到选手失误时,可以表示惋惜,但不可以用"太臭了"之类贬低性、攻击性的词语加以评论;

要给别人说话的机会,不要卖弄,要给观众留出一些想象空间;

为了使解说更加生动形象,引起观众的兴趣,可适当使用一些修辞手段。

5. 机智、应变

体育现场直播的魅力在于比赛过程中悬念重重,有很大的偶然性,电视体育解说员要有敏锐的观察能力和迅速的判断反应能力,全神贯注,不放过赛场上每一个细微的变化,以便及时、准确地解说和评论比赛。

电视体育解说员必须具备随机应变的能力,要能够根据体育比赛形势的变化和电视转播画面镜头的切换,及时、准确、生动地将赛场上的信息传达给观众,这要求解说员要努力提高自身素质,包括观察分析能力、适应能力和合作能力的提高等。当比赛中出现了难以预料的事件或结果时,要做出相应的处理,保证解说的连贯性。

对于解说员来说,最见功力、最能分出高下的是在突发事件的点评上。在瞬息万变的赛场上,当突发事件出现的时候,要把握好心态,及时做出准确到位的点评。2008年北京奥运会的射击场上,美国选手埃蒙斯重演了四年前的悲剧,最后一枪打出了不可思议的4.4环,把冠军的奖杯拱手送给了中国选手邱健。这是难以置信的结果。作为冠军选手所在国的解说员,既为本国运动员的成绩高兴,也得适时表达出对优秀射击选手埃蒙斯的同情和宽慰。这样的点评才是符合奥林匹克精神的,才是值得肯定与赞扬的点评。

另外,并非所有的赛事、整个的过程都是精彩绝伦、随时充满悬念的,就算是直播,过程中也会有平淡得让观众昏昏欲睡的时候。但是作为解说员,不仅要有忍受赛事平淡过程的能力,就必须做好随时唤醒观众的准备,在赛事平淡无奇的时候能把观众的注意力吸引到与赛事相关的事物上来,要准备充足的谈资,如:天气信息、比赛各方备战新闻信息、参赛队员或教练的最新动态、比赛相关的一些花边新闻、运动场内外一些有意思的事情、运动员的一些生活习惯、兴趣爱好之类的小花絮、小趣闻等。还可以给观众一个观赛导向,尝试着预测赛事的结果、比赛的胜负。

有的比赛是可以提前打探到一些内幕消息的，但也不尽然。一个极端的例子是刘翔，2008年的北京奥运会比赛之前，解说员是不知道内幕的，因此准备也不充分，弃权是临场决定的，非常意外；但是在2012年的伦敦奥运会上、北京时间8月7日那场比赛，解说员和解说嘉宾第一时间便得到信息。在上下沟通顺畅、信息传达及时的基础上，杨健做了预案，考虑到比赛四种有可能发生的情况，打好了腹稿，做好充分准备，于是就有了8月8日那天打动全国观众的、声音哽咽地现场评论。赛前已有准备，内幕已经得知，就不会太感意外了。

6. 错误纠正

赛事解说的过程中，解说员难免出错。比较典型的错误包括口误、资料错误、判断错误、观点错误，有时还会说错人名或裁判的判罚。这些错误都有可能误导观众，有时还会让解说员尴尬。如果是录播，可以停下来，重新配音，加以弥补。直播的时候就不可以了，说错话就播出去了。如果发现了错误，要及时纠正，不要怕认错。也不能因为出错就乱了阵脚。要集中精力，解说好后面的内容。

双播方式中，可以通过解说员与嘉宾的配合，在出现问题时互相提醒，及时补救，不能冷场。

幽默感是衡量一个人情商及综合素质的一个重要尺度。解说过程中出了差错，解说员可以采用调侃，尤其是自我调侃的方式来解决。如果是严重错误，就必须向观众解释清楚，求得谅解。

第三节　赛后评价与分析

赛后分析没有一个统一的"套路"。比赛的项目和类型不同，分析评价的角度和归纳总结的方法也可能是完全不一样的。

赛后的评价与分析要做到简练、简洁。因为这个时候比赛结果已经出来了，从心理上来说，电视机前的观众对于解说员的分析和评价已经没有那么高的期待值了。但他们依旧可能还沉浸在刚才激烈的比赛中，余兴未了，渴望交流，渴望分享，解说员的赛后评价与分析就能满足他们的这一需求。

当采用双播形式的时候，在赛后的评价与分析阶段，解说员通常会回顾一下这场比赛的过程，然后向解说嘉宾提出问题。比方说"您觉得中国队这场比赛为什么会取得胜利"，或者"您觉得刘翔在这场比赛发挥得怎么样"，这就是提出问题,由演播室的解说嘉宾来评述一下。这样的问答方式会显得条理清晰,容易引发共鸣。

这样的对话可以围绕不同的话题来展开,比如:某位运动员的场上表现和反映出来的问题、某个具有争议的判罚、胜方取胜的原因、失利方挫败的致因、教练员的排兵布阵是否合理等。解说员和嘉宾要尽可能从专业的角度加以评论,所谓见仁见智,只要不是攻击的态度和语言,都是可以理解、可以接受的。

有的比赛结束之后,导播和慢动作导演会整理出比赛中的一些精华片段,解说员和嘉宾可以根据回放画面,再对比赛中的一些细节和运动员表现做出分析和点评。除了提问之外,很多赛事直播往往还会用互动的方式结尾。比如抽奖、公布中奖观众等。此时解说员一定要简洁、干脆地完成互动内容,将名单公布之后,礼貌地向嘉宾道谢、向观众道别、相约下次再见。例句:"今天的中奖观众分别是:×××× ××× ××××,恭喜他们!好了,今天的比赛转播就到这里,感谢XX嘉宾的精彩点评,感谢电视机前观众的收看,让我们下次比赛再见!"

在说完结语后,不要急于脱离直播状态。有的时候因为时长和上字幕等原因,尽管结语已经完成,但解说员和嘉宾仍然不能松懈,此时可以整理一下桌面的稿件,或是和嘉宾小声、小幅度地交流,直到接到导播通知,才可以离开直播岗位。

第九章

不同项目的解说评论

学习目标

通过本章学习,了解不同类型体育项目解说的基本方式,把握各类体育项目的解说特点与注意事项。

章前导言

体育解说的对象是各类体育运动项目,以2012年伦敦夏季奥林匹克运动会为例,共设置有26个大项目,300余个小项目。这些不同体育项目之间,竞赛规则、运动特点往往各不相同,这也决定了这些体育项目之间的解说方式应该针对各自运动项目的竞赛规则、运动特点而有所差异、区别。

本章我们将以我国著名体育学者田麦久先生的项群理论为划分依据,将诸多体育运动项目划分为两大类八亚类,即:体能主导类与技能主导类,其中体能主导类中又包括快速力量性项目、速度性项目、耐力性项目;而技能主导类又分为同场对抗性项目、隔网对抗性项目、格斗对抗性项目、准确性项目、难美性项目。

本章针对这些不同运动项目各自的特点,继而剖析不同运动项目各自解说过程的特点与应该注意的细节与问题。项目规则是各运动项目体育解说的起点,限于本章节篇幅有限,无法在本章中将各类运动项目的详细规则介绍给读者,各类运动项目的详细规则介绍请参阅随书附赠的电子教材。

第一节 项群理论看各类体育项目解说的总体特征

项群理论是我国著名学者田麦久先生与他的同事在竞技体育领域所建立的重要的基础理论。

一、项群理论的含义

(一)项群的定义

项群训练理论是竞技体育的一般训练理论和专项训练理论之间的一个层次,它是以不同项目的本质属性所引起的项目之间的异同点为依据,将一组具有相似竞技特征及训练要求的运动项目放在一起进行比较研究。

项群理论认为由于训练活动的基本任务在于提高和发展运动员的竞技能力。因此,应按决定运动员竞技能力的主导因素所建立的分类体系划分项群,并进行相应的研究。

(二)项群的分类

项群理论将竞技体育分为体能类和技能类两大类。在体能类中又有快速力量性、速度性、耐力性三个项群;在技能类中有表现难美性、表现准确性、隔网对抗性、同场对抗性、格斗对抗性五个项群。

二、项群训练理论的基本内容

运动训练理论的研究主要针对"为何练、练什么、练多少、怎样练",即训练目标、训练内容、负荷量度及训练的组织这样四个问题而进行。不同层次的训练理论都担负着在各自层次上回答上述问题的任务。除此之外,项群的形成与发展也应作为项群训练理论研究的内容。因此,可以把项群训练理论的基本内容概括为以下四个方面:

——各项群的形成与发展;
——各项群竞技能力决定因素的系统分析;
——各项群运动成绩决定因素的系统分析;
——各项群训练的基本特点(负荷内容与量度,训练的组织与控制)。

（一）各个项群的形成与发展

各个项群内部所包含的许多竞技项目都有着密切的亲缘关系。在一些古老的基础运动项目的发展及演变中不断地衍生出一批新的运动项目。例如，1880年英国的体育用品制造商，为适应贵族生活的需要，把网球搬到室内桌子上打，便出现了乒乓球。1860年的夏天，一批英国足球迷在足球赛后带着足球下水游泳嬉戏，这就是水球的起源。从古老的德国古典体操中衍生出现代竞技体操、艺术体操、技巧、蹦床等运动项目。现代铁人三项则把长距离游泳、长距离自行车骑行和马拉松跑这三个看来似乎截然不同的耐力性运动项目连在一起进行竞赛，展示出这些体能主导类周期性耐力项目的同群性特点。

（二）各项群竞技能力决定因素的系统分析

任何一个运动项目运动员竞技能力的高低，都是由运动员的心、技、体、战、智五个方面的能力所决定的。其中，体能又包含形态、机能及素质三个方面。

依项群特点的不同，各因素对运动员竞技能力总体所起作用的大小，也有着明显的区别。例如，技能类对抗性项群运动员训练的重要任务之一是培养在激烈的对抗性活动中强烈的战术意识和能力，提高其随时对对手的活动做出适宜的反应，进而克"敌"制胜的战术能力；而在射击训练中，则须着力培养运动员不受对手与环境的干扰，高度集中注意力于自我发挥的心理自控能力。艺术体操和花样滑冰选手一举手、一投足都要注意姿态的优美，表现出优雅的气质或奔放的热情；而对投掷、摔跤选手来说，则根本不必顾忌自己的姿态是否给人以好感，当然，也不必去有意识地塑造形态的美感，他们高度发展的竞技能力则充分地表现在把器械掷得更远或把对手摔倒在地。①

（三）各项群运动成绩决定因素的系统分析

不同项群对于运动成绩有着不同的理解和表述。在速度滑冰、田径、举重等可测量类的运动项目中，人们习惯于把运动成绩理解为可定量表达的时间、距离、重量、环数等指标的具体数值；而各对抗性项目则直接理解为比赛的胜负。考虑到不同运动项目的特点，应该给予运动成绩这一概念更为广义的解释。

运动成绩的决定因素主要包括运动员在比赛中的表现、对手在比赛中的表现、比赛结果的评定行为三个方面。运动员及对手在比赛中的表现，又可分

---

① 田麦久，麻雪田，黄新河，等．项群训练理论及其应用[J]．体育科学，1990(6)：31．

为竞技能力和比赛发挥。竞技能力的高低则主要取决于运动员先天性生理条件和后天性的训练水平。这两方面，共同组成了运动员的形态、机能、素质、技术、战术、心理、智力等多方面的综合竞技水平。而比赛发挥则主要取决于运动员的竞技状态及竞赛条件，竞技状态主要取决于运动员的训练安排和生物节奏，竞赛条件则包括场地、器材、观众、气候、饮食等多方面因素。对比赛结果的评定行为，主要包括竞赛规则，评定手段，以及裁判员道德和业务水平。

一般而言，体能主导类运动项目的成绩主要取决于运动员自身及对手在比赛中的表现；而技能主导类运动项目的成绩除了运动员及对手的表现外，比赛结果的评定也在一定程度上影响甚至决定运动员的比赛成绩。

（四）项群理论的对体育解说的意义

随着体育运动项目的不断发展、衍变、增多，以2012年伦敦奥运会为例，仅奥运会的正式比赛项目就有26个大项目，300个小项目。这还不包括一些著名的非奥运项目、区域性项目及民族项目，例如台球、高尔夫球、橄榄球、藤球、毽球、武术等。在体育解说员的训练培养过程中，要根据现有运动项目，有针对性地培养各运动项目的专项体育解说员显然是不切实际的。从以往重大赛事的体育解说实践来看，解说员一般采用的都是一专多能解说方式，即解说一个专项，同时兼项解说其他运动项目。因此，在体育解说员的训练培养过程中，急需一种中观体育理论，帮助体育解说员既能够概括总结不同运动项目的共同规律，又能够从宏观层面区分各运动项目的不同特征。

项群理论作为一种中观层面的体育理论，将各类体育项目按照各自不同的竞技特点，分成两大类、八个具体类别的体育项群，在一般体育训练和专项体育训练之间建立起一座桥梁。

应该说，这样一种分类方法，对于体育解说的准备与实践也具有重要的借鉴意义。各项群内部所包含的许多竞技项目都有着密切的亲缘关系。在一些古老的基础运动项目的发展、演变中不断地衍生出一批新的运动项目。例如，网球上桌而成为乒乓球，足球下水发展成水球。从历史悠久的德国古典体操中，衍生出了现代竞技体操、艺术体操、技巧、蹦床等运动项目。[①] 项群理论将体育解说员从无止境的单项体育项目解说准备和训练中解放出来，在平时的业务熟悉和培训环节中，不必再针对具体每一项体育项目进行专门的解说准备与训练，而可以结合项群理论，了解每一类别项群的运动规律、运动特点及项群内部具体不同项目的竞赛规则，再根据自己的解说实践，进行有针对性的解说练习。

---

① 田麦久，麻雪田，黄新河，等.项群训练理论及其应用[J].体育科学，1990(6):31.

三、各项群比赛的基本特征

项群理论将竞技体育分为体能主导和技能主导两大类。体能主导类运动项目较多地强调运动员以体能为主的某一项运动素质,例如速度、力量、耐力等。而技能主导类运动项目,则较多依赖运动员各类运动技能的综合运动能力。从竞赛规则来说,整体来看,体能主导类竞赛规则较为简单,而技能主导类项目则相对复杂。此外,体能主导类项目个人项目较多,集体项目多集中在以个人能力为依托的竞速类接力项目;技能主导类项目则既包括个人项目和强调团体配合的集体项目,例如足球、篮球、排球等。

因此,从体育解说的角度看,体能主导类运动项目的解说相对容易,而技能主导类运动项的解说存在一定难度。

(一)体能主导类快速力量性项群比赛特征

体能主导类快速力量性项群包括跳跃、投掷和举重等项目。

在本项群比赛过程中,运动员独立完成运动技术动作,较少受到其他选手和裁判员的影响,场地、器材及装备相对固定。所以运动员自身的竞技能力及在比赛中的发挥情况,是决定运动员比赛成绩诸因素中首要的决定因素。

例如,在2008年北京奥运会男子69公斤级举重项目上,我国小将廖辉在抓举、挺举开把皆失败的不利局面下,凭借自身超强的能力,在抓举和挺举的最后一把中,分别举起了158公斤和190公斤,最终以总成绩348公斤,超过第二名法国选手达巴亚·蒂安切10公斤的成绩摘得金牌。在这场比赛中,起决定因素的毫无疑问是廖辉自身超强的竞技能力。

(二)体能主导类速度性项群比赛特征

体能主导类速度性项群包括短跑、跨栏跑、短距离游泳、短程速度滑冰、短程速度滑雪、短程自行车和短程划船等竞技项目。

本项群运动员比赛成绩的获得,是主客观多种因素的综合效应。其中,运动员自身的体能水平,特别是身体素质的发展水平是比赛成绩的决定性因素。相对来说,本项群的比赛裁决公正、赛次机会均等、时间计量准确、运动员间相互干扰较少等方面就为运动员集中精力参赛创造了相对客观和均等的条件。但对手比赛成绩和裁判行为也会对运动成绩带来一定影响,也需要运动员制定正确的战术方案和具备一定的应变能力。例如,2007年大阪世界田径锦标赛男子110米栏决赛,刘翔身处最靠边、比赛环境最不利的第九跑道。但刘翔最终揭开悬念,完成了大满贯的目标,实现了中国在田径世锦赛男子项目上金牌零的突破。之前从没人能在最边上的跑道夺得世锦赛110米栏的冠军,"第九道奇迹"一时也传为田径史上的佳话。

(三) 体能主导类耐力性项群比赛特征

体能主导类耐力性项群包括竞走、中长距离跑、中长距离游泳、中长距离自行车、赛艇、皮划艇、越野滑雪,以及中长距离速度滑冰等众多项目。

运动员在比赛中表现出来的竞技水平,除主要取决于其自身所具有的竞技能力在比赛中发挥的状况外,在同道竞赛中,对手发挥状况对比赛结果也有着重要影响。运动员通过训练所获得的竞技能力在比赛中发挥的程度受到竞技状态及客观的比赛条件的影响。其中,运动员的训练安排与自身的机体生物节律会直接影响竞技状态。而比赛场地、器材、地点、气候,以及裁判员和观众等因素,都构成了客观的比赛条件,对运动员运动成绩的取得造成一定影响。

应该说,体能主导类项群决定比赛成绩的主要因素均是运动员自身的竞技能力,这是这一大类项群竞赛的共性。而在具体要求上,快速力量性项目主要依靠运动员的力量、瞬间爆发力、身体平衡协调能力;速度性项目主要依赖于运动员在短距离无氧条件下的速度表现;耐力性项目主要依赖于运动员在长距离有氧条件下的速度表现。它们之间的差异,主要体现在不同类别对运动员具体竞技能力的要求上。

(四) 技能主导类表现难美性项群比赛特征

技能主导类表现难美性项群包括跳水、体操、艺术体操、花样滑冰、花样游泳和技巧、武术套路等竞技项目。

难美性项群运动员比赛成绩是由裁判员根据运动员临场发挥的技术水平进行评分,再与众多对手得分相比较后判断名次而决定的。因此,运动员的成绩取决于多种因素的综合效应,有运动员技术水平发挥的主观因素,也有竞赛条件、裁判员评分,以及对手状况等客观因素的影响。对手得分的高低会直接影响运动员排名成绩,竞赛规则的不断修改、评分标准的变化,以及裁判员的公正、准确与否都会对运动员的比赛成绩产生重要影响。

(五) 技能主导类表现准确性项群比赛特征

技能主导类表现准确性项群主要包括射箭、射击和弓弩三个竞赛项目。运动员比赛成绩的取得,主要靠自身技术的发挥和心理状态的控制,主要内容包括确立辩证的比赛指导思想,全面作好赛前准备,以及教练员与运动员正确的参赛行为,等等。另外,枪弹、弓箭质量的优劣,以及对其性能的熟悉程度,对比赛成绩也有不可忽视的重要作用。

(六) 技能主导类隔网对抗性项群比赛特征

技能主导类隔网对抗性项群包括乒乓球、羽毛球、网球、软式网球、排球、沙滩排球、藤球和毽球等项目。

本项群的比赛成绩除受到运动员自身竞技能力水平的影响外，还受到比赛的时间安排、比赛地点、对手水平、观众，以及比赛的评定行为等多种因素的影响。

(七) 技能主导类同场对抗性项群比赛特征

技能主导类同场对抗性项群主要包括足球、篮球、手球、曲棍球、冰球和水球等项目。

决定本项群比赛成绩的主观因素，是本队的竞技水平和教练员的临场指挥水平；其客观因素，则包括对手水平、竞赛办法、比赛环境、比赛时间、裁判行为等。运动员的比赛成绩是以上众多主客观因素综合作用的结果。相较于隔网对抗性项群，同场对抗性项目由于与对手存在更对的身体接触及对抗，因此比赛的激烈程度更甚于隔网对抗性项群。同时，通常对抗性项群，一般而言，多为集体比赛项目，因此，在比赛过程中，运动员之间的相互配合、教练员的临场指挥、裁判员的判罚，在一定程度上都能左右比赛的最终走向。

(八) 技能主导类格斗对抗性项群比赛特征

技能主导类格斗对抗性项群包括摔跤、拳击、击剑，柔道、跆拳道等项目。具有一对一竞技、按体重分级别比赛、以绝对胜利或得分取胜等竞技特点。

格斗项目比赛场地是具有一定高度的赛台，其设施质量对于运动员发挥自身水平具有直接影响。比赛方式都是一对一的对抗，赛制分为淘汰制和循环制两大类。一般情况下，运动员要靠实力取胜，但在许多情况下，机遇也会影响成绩。比赛的胜负评定也有得分和制服两类，因而裁判因素对运动员发挥成绩具有较大影响，裁判过程和犯规处理对裁判员水平要求较高。

第二节　体能主导类项目的体育解说

体能主导类体育运动项目主要包括快速力量性、速度性、耐力性等三个亚类。体能主导类体育运动项目的体育解说主要涉及田径、游泳、举重、自行车、划船等运动项目。

一、快速力量性体育项目的解说

快速力量性体育运动项目，主要包括田径项目中的跳跃、投掷项目及整个举重项目。快速力量性体育运动项目，一般都具有比赛多轮次，运动员竞赛时间短，比赛节奏感强，要求运动员一气呵成、瞬间爆发的共性。因此，这类项目体育解说的总体特点是：解说员语速整体保持适中，但伴随比赛运动节奏往往会有较大起伏；大量赛事的背景信息介绍和评论主要应放在赛前和赛后，并且这部分内容占据解说的主要篇幅；运动员比赛过程中的解说主要以赛况描述为主，一般要求短、平、快。

（一）跳高、撑竿跳高、跳远、三级跳远项目的解说

跳跃项目的体育解说，解说员应注意以下几点：

跳跃类项目的每名竞赛运动员都需要通过多轮次竞赛①，取其中最好一次成绩来角逐出竞赛名次。优秀运动员的出场顺序往往靠后，因此解说员在解说这类赛事时，需要根据运动员的出场顺序，调整自己的解说内容、情绪、节奏与留白，将最佳解说状态运用到最激烈的竞赛角逐时刻。

部分跳跃类项目存在技术难度相对较大、比赛节奏感强的特点，如撑竿跳、三级跳。解说员在解说的过程中，应当结合电视画面充分地述评该项运动的技术动作要点、难点及转播画面中运动员的完成情况。同时，跳跃类项目也存在一定战术选择，如运动员试跳高度的选择及免跳，也需要解说员在解说过程中加以留意。

还需要注意的是，跳跃类、投掷类、中长跑等体育项目从电视转播的角度来看，因为轮次多、耗时长，比赛精彩程度参差不齐，因此多采用临时插播的形式进行转播，解说员对关键运动员应做到心中有数，同时应注意与导播的配合。

（二）铅球、铁饼、链球、标枪项目的解说

投掷类项目和跳跃类项目一样，也需要通过多轮次竞赛，取其中最好一次成绩来角逐出竞赛名次，优秀运动员往往最后出场。投掷项目都有各自划定的投掷区域，器械必须落在投掷区以内的区域，成绩才有效；解说员在解说过

---

① 一般田径比赛跳跃、投掷类项目，每名参赛运动员共须进行六个轮次的竞赛。

程中必须会辨识裁判员的旗语①。

投掷类项目运动员出手的一瞬间,往往伴随着一声大吼,紧接着一般是器械在空中飞行和落地的电视画面,这是整个投掷类项目最为精彩、最富张力的一瞬间。因此,运动员出手一瞬间及器材飞行的过程中,解说员的解说语言应该尽可能简短、干净甚至可以留白。

投掷类项目的成绩往往受场地客观环境的影响较大,尤其是铁饼、标枪项目在轻微逆风的情况下进行投掷往往容易取得较好成绩。解说员在进行投掷类项目的解说过程中,除了应当关注运动员本身的竞技水平与技术动作外,对场地的客观环境也需要加以留意。

最后,投掷类项目的动作看似简单,但实际上技术环节相对复杂,除了对运动员的力量有较高要求,同时对运动员的身体协调性、身体平衡能力也都提出了较高要求。解说员如果对这几项运动缺乏一定理论认识、了解,往往很难将专业准确的解说评述带给观众。从投掷类项目体育解说的人员配备和赛事组织来看,与前面的跳跃类项目基本相同,也需要解说员加以留意,这里不再赘述。

(三)举重项目的解说

举重是一项历史悠久的运动项目,也是我国的一个传统优势项目。目前,举重运动共有男子八个级别、女子七个级别②。

举重项目的体育解说,解说员应注意以下几点:

奥运会和世界锦标赛的竞赛规则有所区别,奥运会比赛只计算抓举和挺举的总成绩。运动员在抓举和挺举环节各有三次试举机会,按照先抓举后挺举的顺序进行比赛,成绩相同时体重较轻的选手排名靠前。举重项目的出场顺序一般是按照运动员报名成绩的高低排序,一般而言优秀的举重运动员往往出场靠后。针对举重的竞赛规则,要求解说员在解说节奏和情绪的整体把握上将重点放在比赛末端,同时解说员应该在比赛开始之初对报名成绩较高的重点运动员的称重情况、第一次试举开把重量、运动员的技术特点,予以详细介绍评析。

举重项目在国际大赛中,既可以采用单人解说,也可以采用解说员与解说嘉宾双人搭配的解说方式。例如,2008年北京奥运会即是由中央电视台的周

---

① 投掷项目的裁判员手中一般都握有红白两面旗帜,用以示意运动员试投是否成功,成功举白旗,失败举红旗。

② 各级别分别为:分别为男子56公斤级、62公斤级、69公斤级、77公斤级、85公斤级、94公斤级、105公斤级和105公斤以上级,女子48公斤级、53公斤级、58公斤级、63公斤级、69公斤级、75公斤级、75公斤以上级。

英杰和大连电视台的焦研峰分别独自解说的男子举重和女子举重。在2012年伦敦奥运会上，举重项目的解说又是由解说员周英杰与解说嘉宾张国政共同完成的。这就要求解说员首先必须对举重的各项赛事组织环节、技战术都有充分的了解，在此基础之上还应该具备一定引导、提问嘉宾的能力。

从以往的电视转播实践看，运动员在手握杠铃，下蹲准备进行试举时，电视画面一般会给到运动员的面部及手部特写，此时举重场也较为安静。相应地，此时解说员在进行解说时，应以简短的加油鼓劲或留白为宜。当运动员正式开始试举时，伴随着运动员的动作，解说员可根据运动员的动作状况，进行简短的描述说明，如"挺住、翻转、上送、保持重心、稳住等"。当运动员结束试举时，电视画面一般会给出运动员成功或失利的慢镜头重放，这时解说员可以结合电视画面，独自或配合解说嘉宾解释、评述运动员整个动作的完成情况及成功或失利的原因。

在举重比赛中，经常可以看到运动员明明举起了杠铃，但最后却被裁判员判罚失败。此时解说员及解说嘉宾要配合画面回放，根据举重判罚的竞赛规则进行适当解释说明。例如在举重过程中，运动员手臂肘部有屈伸、臀部已经接触到地面、翻转杠铃时手臂肘部触及大腿和膝关节、杠铃举起后掉都会被判罚失败。这需要解说员对举重项目的判罚规则有深刻的理解。

从举重项目的技战术角度来看，抓举的技术动作要求选手伸直双臂，用一次连贯动作将杠铃举过头顶；而挺举则需要先将杠铃置于双肩之上，身体直立，然后再把杠铃举过头顶。挺举又可以分为健步挺、下蹲挺和半挺三种。解说员在解说过程中，应重点关注运动员拉杠铃、翻转、上挺等技术环节。我国举重界有句老话"第一把要成功，第二把要成绩，第三把上水平"。举重比赛中运动员和教练员如何制定开把重量，杠铃重量如何增加，如何通过临时增加重量将竞争对手先推上举重台进行连续试举，都是举重运动中运动员、教练员斗智斗勇的精彩过程，也是解说员应该重点予以分析评述的内容。

整体来看，举重项目属于瞬间爆发、一气呵成的运动项目，因此解说员的语言风格也应以简短、沉稳而又不失激情为主，央视解说员周英杰即属于这类风格。

二、速度性体育项目的解说

速度性体育项目，主要包括田径项目中的短跑、跨栏、短距离游泳、短程速度滑冰、短程速度滑雪、短程自行车和短程划船等竞技项目。本小节主要以短跑和短距离游泳项目的解说为例。

速度性体育项目一般都具有比赛多轮次、运动员竞赛时间短、速度快、赛场瞬息万变，比赛竞争激烈刺激，视觉冲击力强的特点。因此，这类项目体育解说的总体特点是：解说员整体语速相对较快，语言速率、音量变化起伏较大；大量赛事的背景信息介绍和评论主要放在赛前和赛后，并且这部分内容占据了解说内容的主要篇幅；比赛过程中，解说应富有激情、现场感。

（一）短跑及跨栏项目的解说

短跑通常指 800 米以下长度的径赛，一般包括 50 米跑、100 米跑、200 米跑、400 米跑、4×100 米接力跑。由于跨栏项目与短跑项目都从属于田径项目，整体运动特点、解说风格相对较为接近，因此我们也把跨栏项目纳入一并分析说明。短跑项目的运动特点是人们同时以最快的速度，在确定的跑道上跑完规定的距离，并以最先跑完者为优胜。

短跑项目的竞赛规则并不复杂，一般要求比赛时，选手须采用蹲踞式起跑，并使用起跑器，不允许抢跑；选手间不得穿越各自的跑道和相互干扰；参赛运动员较多时，须先进行分组淘汰赛，最后选出 8 人参加决赛。针对短跑项目的竞赛规则，解说员在解说过程中需要注意以下几个方面：首先，注意运动员预赛、第二轮、半决赛、决赛成绩的衔接。其次，目前田径比赛实行零抢跑原则，规定任何运动员只要抢跑，就将被取消比赛资格。所以解说员应当特别注意起跑时，运动员可能发生的抢跑情况。再次，比赛过程中，解说员应注意运动员之间有可能出现的相互干扰及赛后的申诉。例如在 2011 年韩国大邱世锦赛上，率先撞线的古巴选手罗伯斯因为在比赛冲刺阶段打手刘翔，赛后遭到了中国代表团的申诉而取消了金牌资格。这就要求解说员在解说过程中，必须具备敏锐的观察能力，以及良好的应变能力，能够根据慢镜头的回放，提出自己观点、看法。最后，跨栏及接力项目的竞赛规则相对较为复杂，解说员应在解说前熟悉规则细节，避免解说出现低级失误。

短跑项目多以单人解说为主，这主要是由于短跑项目时间较短。男子 100 米跑全程甚至不足 10 秒，用时最长的女子 4×400 米接力跑，全程也仅 3 分多钟，即便有解说嘉宾，在如此短的时间内两人也难以形成解说上的默契配合。例如 2008 年、2012 年的男子 100 米跑决赛，都是由解说员杨建独自解说完成的。这就要求，从事短跑项目的解说员在解说过程中，应该"以我为主"，全面、客观、富有激情而又不失理性地进行解说评论，这就对解说员提出了很高的业务要求。

从以往电视转播实践来看，电视画面的转播一般从运动员上道起，在运动员上道后，电视画面会逐一从第一道至第八道给出参赛运动员的半身中景、近景及面部特写镜头。此时解说员应伴随着电视镜头介绍相应运动员的相关信息，一般包括参赛运动员的姓名、国籍、所取得的头衔、最好成绩及前两轮晋级所取得的成绩等。在运动员进入蹲踞式起跑动作，比赛即将开始，全场一片寂静时,此时解说员也应相应压低音量,并保持相对的安静,甚至可以做一定时间的留白处理。当比赛正式开始后,解说员也应按照短跑的技术环节,依次关注运动员的起跑、加速跑、途中跑及最后冲刺状况。解说过程中,应将解说注意力放在处于领先位置的运动员及本国运动员身上。

在这方面,解说员杨健在2008年北京奥运会上男子4×100米堪称经典:

马上将要进行的是男子4×100米接力的比赛。第二道是中国队,中国队能站在这个舞台上,站在这个跑道上,实际上已经是成功了。第一棒是温勇毅,在自己的主场,在9万人的关注之下,中国的四位飞人,将会向世界上最强的代表队发起挑战。第三道是巴西队,巴西队第一棒是利马,第二棒维阿纳,第三棒巴罗斯,第四棒是穆亚。第四道是特列尼达多巴哥,第一棒是布莱德曼,第二棒是马克伯恩斯,第三棒是卡兰德尔,第四棒是在百米比赛有出色表现的汤谱森。来看看即将向前辈——强大的美国队发起挑战的传奇的牙买加队,第一棒是卡特,第二棒是米希尔弗拉特,第三棒尤塞恩·博尔特,第四棒是阿萨马·鲍威尔。他们能够完美的接棒吗?能够像15年前的美国队37秒40的人类极限发起冲击吗?我们拭目以待!第四道①是加拿大队,第一棒是帕尔梅尔,第二棒亨利②。第七道是日本队,日本队的四棒昭元宣至、陶平甚武、莫须甚武、主苑直贵。他们的两棒的领军人物——第二棒是莫须甚武,最后一棒是昭元宣至。第八道荷兰队,第一棒是海森,最后一棒道格拉斯。第九道英国队③,第一棒安格尔,最后一棒是凯勒。牙买加人派出了他们的最强阵容,爆发力启动最快的弗雷泽弗拉特尔,途中跑能力也非常强的卡特,第三棒是尤塞恩·博尔特,第四棒是他们团队中最有经验的阿萨马·鲍威尔,他们面对的对手是15年前的美国队,传奇的卡尔刘易斯领衔的美国传奇的接力队,37秒40的人类极限。他们本场比赛最大的挑战,是四棒的交接。(留白约16秒)

看看比赛开始,中国队的启动,温勇毅也非常的快,温勇毅的启动应该是不输给其他对手,来看看一二棒的交接,中国队也是要完美接棒,中国队交接棒有些紧。从前面来看,牙买加队明显处于领先的优势,处于第二位的是日本队,第三棒尤塞恩·博尔特,他启动交接棒有些降速,但是仍然凭借他超强的能力,(此处略微停顿,确定位次)跑在了第一位。最后的传奇的交接棒,看看阿萨马·鲍威尔,阿萨马·鲍威尔在向着人类极限发起冲击,37秒40(此处语调升高),世界纪录(最高音),新的世界纪录(略平缓),牙买加队创造了新的世

---

① 此处口误,加拿大队应为第六道。
② 此处电视画面直接切换到日本队,故杨健也跟随画面介绍日本队,加拿大队并未介绍完。
③ 此处口误,第九道应为德国队。

界纪录（语调再次升高）。

（赛后即兴评论）再见了伟大的美国接力队，安德雷卡森、丹尼尔米切尔、罗伊博尔勒、伟大的卡尔刘易斯，牙买加队已经超越了你们，37秒10牙买加队再一次创造了新的人类极限，完美的交接棒，极度完美……牙买加人在2008年北京奥运会的舞台上打破了100米、200米、4×100米的世界纪录，他们已经远远地把这个项目的统治者美国队远远地甩在了身后。

杨健的这段解说详略得当，很好地平衡了主场作战的中国队与冠军牙买加队之间的解说篇幅；解说富有激情和感染力，极具现场感；赛后评论也较为得体，既回顾了曾创造世界纪录的美国队，又褒奖了刚刚刷新世界纪录的牙买加队，虽有几次不应有的口误，但整体仍不失为一次绝佳的短跑赛事解说。

（二）短距离游泳项目的解说

游泳项目是奥运会竞赛项目中的一个大项，一般来说奥运会共设置男女各17项，共计34枚金牌。其中短距离游泳项目主要是指游程在400米以下的游泳项目[①]。

游泳项目的竞赛规则以及各种泳姿的技术动作较为复杂，对运动员的出发、各种泳姿的划水打腿动作、转身、比赛服装都有非常严格的规定。但从以往国际大赛的解说实践来看，游泳解说大多采用解说员与解说嘉宾搭配的形式，解说员主要以游泳赛程的描述为主，较少涉及、甚至基本不涉及运动员的技术动作、竞赛规则等专业性评论；而当出现专业性的问题时，一般交给解说嘉宾予以回答。例如，2008年北京奥运会的游泳项目是由体育解说员韩乔生与前奥运冠军钱红合作解说的，2012年伦敦奥运会的游泳项目同样由韩乔生与前世界冠军周雅菲搭档解说。这一方面大大降低了解说员的解说难度，同时也可以让解说员更好地专注于赛程本身。

短距离游泳项目的解说要求与短跑项目类似，但在竞赛过程中由于存在转身、变换泳姿等技术环节，运动员的体能分配也与短跑项目存在较大差异，因此短距离游泳项目的变化、不确定性比短跑项目要大。例如，伦敦奥运会上我国小将叶诗文在200米混合泳中，在最后50米还处在第三位，凭借最后强大的自由泳冲刺能力，在最后25米实现了反超并一举打破世界纪录。因此，短距离游泳的解说往往是一个渐进直至最强音的过程，相比短跑而言，短距离

---

① 主要包括：男子项目，50米自由泳、100米自由泳、200米自由泳、100米仰泳、200米仰泳、100米蛙泳、200米蛙泳、100米蝶泳、200米蝶泳、200米个人混合泳、4×200米自由泳接力、4×100米混合泳接力。女子项目50米自由泳、100米自由泳、200米自由泳、100米仰泳、200米仰泳、100米蛙泳、200米蛙泳、100米蝶泳、200米蝶泳、200米个人混合泳、4×100米自由泳接力、4×200米自由泳接力、4×100米混合泳接力。

游泳项目的解说应该是理性与激情并重的。

三、耐力性体育项目的解说

耐力性体育项目,主要包括竞走、中长距离跑、中长距离游泳、中长距离自行车、赛艇、皮划艇、越野滑雪,以及中长距离速度滑冰等项目。我们以竞走、赛艇项目的解说为例。

耐力性体育项目大多属于有氧运动,这类体育项目往往具有节奏感强、耗时较长、速度相对较慢、参赛人数多、存在一定战术配合的特点。因此,这类项目体育解说的总体特点是:解说员整体语速较为平缓,语速、音量变化起伏不大;大量赛事的背景信息和评论往往穿插在比赛进程中予以介绍;解说应以全面、客观、理性、稳重为主。

(一) 竞走项目的解说

竞走是奥运会传统项目之一,在奥运会设有男子有 20 公里、50 公里、女子 20 公里公路竞走三个项目。其他一些重大比赛,一般还设有男子 20 公里田径场地竞走,女子 5 公里、10 公里田径场地竞走等。

竞走项目最大的特点就是耗时较长,男子 20 公里竞走,一般耗时在 1 个小时以上;男子 50 公里竞走,一般耗时在 3.5 个小时以上。从以往竞走项目的电视转播实践来看,由于在竞走项目上,我国具有一定优势,但同时比赛本身相对枯燥,耗时长,所以既采用过全程直播的转播形式,也采用过中途插播或延时录播的转播形式。转播方式的不固定,对解说员的快速应变能力提出了一定要求。

就竞走项目本身而言,比赛规则相对简单,竞走比赛规则规定:每步中,运动员在后脚离地之前,前脚必须着地,脚落地时,该腿必须有一瞬间的伸直。竞走运动员在比赛途中,如违犯了上述规定,第一次犯规裁判员举白旗给予警告,若再次犯规,裁判员举起红旗,取消其比赛资格。运动员在最后 1 圈犯规,可根据具体情况给予警告或直接取消其比赛资格。从规则上需要解说员注意的细节是,公路竞走由于影响因素较多,所以不设世界纪录,仅有世界最好成绩这一说法。

腿部动作是竞走项目的主要技术环节,所以解说员在技术细节的解说过程中,主要也应围绕腿部动作展开。同时,竞走项目由于参赛人数较多,经过一定比赛时间后,往往会分割成若干个竞赛集团,解说过程中应有所兼顾。最后,竞走包括中长跑项目多名本国运动员之间存在一定战术配合,例如实力较弱的选手为实力较强的选手在比赛开始阶段领跑,两名本国运动员并排行进,给后面选手超越增加难度等,也需要解说员在解说过程中予以留意。

（二）赛艇项目的解说

赛艇也是奥运会传统项目之一，按参赛人数多少，操桨方式，有无舵手，赛艇可以分为：单人双桨、双人双桨、双人单桨无舵手、双人单桨有舵手、四人双桨、四人单桨无舵手、四人单桨有舵手、八人单桨有舵手。其中男女单人双桨、双人双桨、双人单桨无舵手、四人双桨、四人单桨无舵手、八人单桨有舵手为奥运会项目，并且按照选手体重一般还分为标准级和轻量级两个级别，世界锦标赛还增设有青年级。

赛艇项目是体育解说中解说难度较大的项目之一，这主要是由于赛艇项目竞赛规则较为复杂，对运动员、比赛器材、航道、通信设备、裁判甚至安全救生都有非常严格的竞赛要求；同时赛艇比赛的科技含量高、专业术语较多、在我国普及率相对较低，这些都为赛艇项目的解说增加了难度。赛艇比赛是在2000米长的航道上进行比赛的，一般比赛时间在5～6分钟，因此解说员要在较短时间内面面俱到显然是不现实的。这就要求，解说员应当将赛艇运动的相关规则、器材设备、专业术语等背景信息尽可能在赛前进行介绍，而一旦正式进入比赛，则应该主要以赛况描述为主。

从观赛的角度，赛艇项目主要观赏：运动员的动作是否整齐划一、协调自然，桨叶出水是否轻盈、入水是否快捷，船行走时的起伏是否流畅，桨叶在水下的做功距离与运动员的身材是否相称，桨频与船速度的关系，等等。因此，这样一些细节也是赛艇解说员在解说过程中应该予以注意的。

从以往的解说实践看，赛艇这个项目略微不同于竞走、中长跑，还是具有较强的观赏性，最后冲刺阶段的竞争往往也非常的紧张刺激，因此赛艇项目的解说风格应该以理性而不失激情为宜。从这点来看，北京、伦敦两届奥运会赛艇解说员刘星宇在赛艇项目上的解说应该是成功的，这一方面得益其本身曾是一名赛艇运动员的良好专业背景，更重要的在于其对这项运动发自内心的热爱，能够将自己饱满的情感带入到解说中。

2012年8月4日，伦敦奥运会女子轻量级双人双桨决赛中，刘星宇的解说给人留下了深刻的印象：

非常的轻松，在进入到最后的200米冲刺区内，她们（英国队）仍然遥遥领先，徐东香、黄文仪要向着中国代表团在本届奥运会上赛艇项目的首枚奖牌去冲击，我们希望能冲到这枚银牌，至少。希腊选手桨频上来了，41桨（每分钟），徐东香、黄文仪还在37桨（每分钟）左右；把桨频争取再调得高一些。还有最后的50米，徐东香/黄文仪还落后一个桨位，桨频上来（声调提高）！黄文仪往上领！桨频再快一点，再快一点（大声），两桨再冲一桨，好的（短促果断）！银牌（大声）！

（赛后评论）镜头对准了英国选手凯瑟琳和苏菲，她们掩面而泣，在这届的伦敦奥运会开幕式后，整整4天英国代表团在金牌榜上颗粒无收，而当英国队迎来了自行车和赛艇这两个项目之后，他们的金牌源源不断的收入囊中，而在自行车的赛场上，他们已经拿到了4枚金牌。（镜头对准中国队员）而徐东香、黄文仪表现得非常出色，我们要把掌声送给29岁的老将，坐在1号位上的徐东香，这位一路坎坷曾经过诸多的波折，但是一路坚持下来的29岁来自广东的老将，同时也要送给初出茅庐，21岁的黄文仪，这位年轻的中国赛艇队未来的希望之星。今天在最后阶段的冲刺，中国队还是非常好地顶住了希腊队的冲击。

第三节　技能主导类项目的体育解说

技能主导类体育运动项目主要包括同场对抗性、隔网对抗性、格斗对抗性、准确性、难美性等五个亚类。技能主导类体育运动项目的体育解说主要涉及足球、篮球、排球、乒乓球、羽毛球、网球、拳击、摔跤、柔道、击剑、射击、射箭、体操、跳水等项目的体育解说。

一、同场对抗性体育项目的解说

同场对抗性项目主要以身体接触进行直接对抗的各种球类运动项目为主，包括足球、篮球、手球、水球、曲棍球、橄榄球、冰球等运动项目。本小节主要以足球、篮球的解说为例。

同场对抗性项目往往具有同场参赛人数多、比赛规则较为复杂、临场技战术变化丰富、身体对抗激烈、观赏性强、运动员的竞技水平与教练员的临场指挥是影响比赛结果的重要因素、其他客观因素（如裁判、主客场、气候）等也会对比赛结果产生一定影响的特点。因此，同场对抗性体育项目解说的总体特点是：解说员整体语速应保持适中，但随着比赛进程的起伏，解说语言速率、音量的变化起伏较大；大量赛事的背景信息介绍和评论主要应放在赛前、赛中间歇以及赛后，但同时在比赛过程中，也应当根据比赛进程变化及时穿插简短的评论；解说主要应以球的转移为中心展开，解说过程中需要大量运用相关技术统计数据，帮助观众更好地分析理解赛况；比赛过程中，解说应力求准确、全面、客观公正并不乏激情与现场感。

（一）足球项目的解说

足球作为当之无愧的世界第一运动，在世界范围内拥有最广泛的影响力与受众群体。我国自1989年即开始转播意大利甲级联赛，时至今日，国内各大电视媒体的足球电视转播几乎囊括了全球所有的顶级足球赛事，也培养出了一大批高水准的足球迷。

足球解说可以说是各类体育项目中解说难度最大的项目，在解说中应把握注意以下几点。

足球项目是一项讲究多人配合的整体运动，解说员在解说过程中，首先应注意足球整体性与个体性的统一。足球比赛每队有11人上场参赛，场上各队整体的战术打法、阵型的保持、攻防的协调一致往往能左右比赛的主动权和结果。这就要求解说员在解说足球赛事时，首先应从整体性入手，对足球的基本战术、阵型、阵型中具体位置的司职要求做到心中有数。现代足球阵型的划分有更趋精细化的趋势，已逐步摆脱了以往后卫、中场、前锋的金字塔划分模式，往往派生出后腰、前腰、影子前锋、自由人等位置角色，阵型也由以往的"4-4-2、3-5-2、4-5-1"转变为如今的"4-2-3-1、4-3-1-2"等，甚至部分高水平球队进攻时采用一种阵型，而防守是则采用另外一种阵型，一场比赛要变换若干次阵型打法。这就要求解说员首先在足球业务上要有一定造诣，能够深刻认识理解各支球队的战术打法，并能在比赛解说的过程中清晰地将比赛双方的战术打法、战术动机、战术特点表达解说出来，帮助观众更好的理解、欣赏比赛。

足球虽然是一项强调整体性的运动，但同时，个别明星球员高水平的发挥也可以影响甚至左右比赛的结果。例如，1986年墨西哥世界杯决赛中，阿根廷球王马拉多纳连过英格兰队整条防线7名球员，最终打入制胜一球。这就要求足球解说员在注重整体的同时，也应当对比赛双方的明星球员有所了解，包括明星球员的场上位置、场上作用、技术特点等，在解说过程中，尤其要注意明星球员的射门、定位球、拿球、盘带球、传球及无球跑动。

其次，在足球解说过程中，解说员应较好地掌握控制解说的语言节奏。一场足球比赛上下半场加上伤停补时，往往超过90分钟，进入杯赛的淘汰赛阶段还可能出现加时赛甚至点球大战。比赛过程也不大可能从头到尾都精彩激烈，往往会在比赛的某一阶段出现比赛焦灼、僵持甚至略显沉闷的场面。这就要求解说员在解说过程中，应控制好解说的节奏，避免说得太满给人以聒噪之感。足球解说语言节奏的控制，应把握以下一些基本规律：比赛精彩、激烈时多说，比赛僵持、沉闷时少说甚至留白不说；活球时多用词组、短语结合电视画面快说（例如：好球、过他、直塞、射门、球进了），死球及慢动作重放时多用完整的句子进行简短的分析、点评。当然，在场面过于沉闷时，解说员也不能过于安静,这时可以适度增加一些背景信息的解说、风趣幽默的点评甚至调侃,避免受众观赛的枯燥乏味。

再次,在足球解说过程中,解说员应该合理利用数据支撑自己的解说评论。现代足球电视转播,转播方一般会提供一定的比赛附加信息,包括双方首发阵容和各项技术统计。足球转播中常用的统计数据主要有:双方交锋的历史战绩、射门次数、射正球门次数、角球任意球次数、犯规次数、越位次数,部分高水平的国际大赛甚至还提供比赛双方控球率、传球成功率和全队平均跑动距离的技术统计,解说员在解说过程中,也需要养成自行记录主要技术统计的习惯。解说员在比赛解说过程中,一般在三种情况可以使用数据进行解说。

(1)转播电视画面字幕中出现相应技术统计时,可以对技术统计进行播报、解说。

(2)出现相应技术动作及场景时,可以对该项技术动作的数据统计进行播报、解说。例如,A队主罚角球,此时解说员可以补充说明,这是A队上半场比赛到目前为止的第X个角球。

(3)比赛半场或全场结束时,可以对各项技术统计进行播报、分析。

当然,足球最大的魅力就在于比赛具有一定的偶然性,技术统计并不代表足球比赛的全部,因此解说员在解说过程中也应当辩证地看待技术统计。

最后,足球解说员应当重视解说过程中的评论。随着国内球迷欣赏水平的不断提高,传统现象描述式的解说已经无法满足观众的欣赏需求,这就需要解说员更加重视足球解说中的评论。足球解说的评论主要有以下四个方面。

(1)对赛况的评论,主要以对双方球员的技术动作、犯规以及双方战术打法的评论为主。例如,"这个点球是一个理论上的绝杀!""曼联上半场打得略显保守!"

(2)对裁判员、教练员的评论,一般来说对裁判员和教练员的评价应该谨慎并且留有余地。例如,在没有播出慢镜头重放前,不应武断地评价裁判员的判罚出现了失误,即便裁判员确实出现了误判,解说员也应注意自身"意见领袖"的身份,不宜发表过激的评论,而应以疏导、安抚观众为主。同样,解说员对教练员的排兵布阵、战术打法、换人可以提出合理的质疑,但不宜将话说得太绝对、太满。

(3)赛前评论,主要是对本场比赛的意义,以及双方排兵布阵、首发阵容的评论。

(4)赛后评论,一般在比赛终场哨响结束直播前,对本场比赛总结性的评论。总结性的评论一般要求尽可能的全面、客观、平衡、理性而又不是激情。例如,2012年欧洲杯德国队与意大利队的半决赛中,解说员刘嘉远最后的评论让人印象深刻:

"比赛结束了,来自法国的主裁判阿诺瓦吹响了全场比赛结束的哨音,意大利队90分钟凭借巴洛特里的两粒进球,2比1战胜了德国队。意大利队延续了1962年以来在世界大赛对德国队保持不败的记录。而德国队本届赛事创造的国际大赛正赛15场连胜到此也停止了。

(评论开始)这样的结局对于勒夫来说是残酷的,但是对意大利足球来说也是感人的。今年意大利队在欧洲杯开始前,首先遇到波洛希尼突然逝去的事情,影响了国家队的集训;而在欧洲杯开始前,克里西托又因为赌博的事情又被逮捕,也影响了集训;随后在备战当中,锋线上罗西的伤情影响了普兰德利的人选,卡萨诺又有心脏病的这种伤情,地震呢又使意大利队对阵卢森堡的热身比赛被迫取消了。

但是今天的这场比赛要感谢意大利和德国,他们使得比赛在90分钟内打出了非常精彩,非常丰富的战术变化。就两个国家的足球都曾经品尝过现代足球的巅峰荣耀,也曾经遇到过各自前进路上的挫折和坎坷。德国足球正在从德意志森林哲学的这种严肃中,向精巧和灵动变化;意大利足球则在从比较功利的比赛哲学里,努力恢复他们天生的地中海浪漫情怀,勒夫和普兰德利是各自身后传统勇敢的改革者,在改革的路上遭遇失败,就像蝴蝶飞不过沧海,没有谁忍心责怪!感谢各位收看这场比赛,我们在华沙国家体育场的现场解说就到这里,在波兰的工作也告一段落,我是嘉远,再会!"

此外,从足球解说的形式来看,近年来国际大赛我国的足球转播以单人解说的方式为主,但足球解说也常采用解说员和解说嘉宾双人配合解说的方式进行解说,这时解说员应具备一定引导、提问的能力,可以将部分评论工作交给解说嘉宾来完成。

(二)篮球项目的解说

如果说足球是世界第一运动,那篮球毋庸置疑就是世界第二运动了。篮球在我国也有着非常广泛的群体基础,新中国第一场体育解说即是由陈述和张之合作解说的中苏篮球友谊赛。

作为同一项群的两项运动,篮球解说与足球解说具备一定的共性。例如,同样应注重整体性与个体性之间的关系;同样应把握好解说节奏;同样需要解说员注重评论;从解说形式上,也是单人解说与双人解说并存,这些解说上的共性这里不再赘述,仅就篮球解说中的个性问题做出说明。

首先,篮球比赛解说应注意国际篮联规则(FIBA)与美国职业篮球联赛(NBA)规则的区别,两者主要区别有:

(1) NBA每场比赛为48分钟,分4节进行,每节12分钟;FIBA规则下的比赛为 40 分钟,分 4 节进行,每节 10 分钟。

(2) NBA 球场的 3 分线距离篮筐距离为 7.24 米;FIBA 球场的这一距离为 6.25 米。

(3) NBA 球场面积为 90 英尺×50 英尺(27.43 米×15.24 米);FIBA 为 28 米×15 米。

(4) NBA 每场比赛暂停次数为 7 次,加时赛期间暂停次数为 3 次;FIBA 比赛中暂停为 4 次,加时赛暂停 1 次。

(5) 在 NBA 是场上的队员请求暂停;而在 FIBA 叫暂停的是教练。

(6) NBA 暂停时长每次为 1 分 40 秒;FIBA 的暂停时长为 1 分钟。

(7) NBA 在上半场(前两节)和下半场(后两节)各有一次 20 秒的电视暂停(广告);FIBA 无此规定。

(8) NBA 有防守三秒的规定;FIBA 则没有。

(9) NBA 每场比赛个人限犯规限制次数为 6 次;FIBA 为 5 次。

(10) NBA 的罚球时间限制是 10 秒;FIBA 为 5 秒。

(11) NBA 临场裁判人数为 3 人;FIBA 为 2 人。

(12) 每场比赛超过犯规次数的罚球,NBA 为球队第 5 次犯规或每半场最后两分钟犯规;FIBA 为每节球队第 4 次犯规。

从规则制定上,近年来国际篮联规则正呈现向美职篮规则逐步靠拢的趋势,过去国际篮联的三秒区是梯形的,没有合理冲撞区,目前则跟美职篮一样变成了长方形,也增加了合理冲撞区;而以往美职篮不允许防守方进行联防,现在则改为允许防守方联防。解说员在解说过程中,应注意两者之间的区别,避免在解说中可能出现的低级失误。

其次,由于篮球比赛场地较小,攻防转换节奏也比足球快得多,因此,对于解说员节奏的把握也提出了较高要求。有的解说员喜欢在解说过程中展得太开、说得过满,往往自己还在沉浸于解说评述 A 队上一个球的进球过程中时,B 队已经通过快攻得分了,这时容易造成解说与画面脱节。因此,解说员在比赛过程中,解说评论应尽可能地短小精干,甚至在关键分、比赛激烈对抗阶段可以适度留白;深入的评论应放在慢动作重放、比赛暂停以及单节或半场休息时间内进行。

再次,篮球解说中使用到的技术统计,无论从使用种类到使用频率都高于足球,而且技术统计更加细化,甚至成为解说员解说的重要依据。篮球解说中主要用到的技术统计有得分、命中/出手、篮板球(前场/后场)、盖帽、抢断、失误、犯规等。而这些技术统计又可以细分为全队单场技术统计、个人单场技术统计、全队赛季场均技术统计、个人赛季技术统计。这些技术统计之间还可以通过组合的方式进行说明,例如,20+10、两双、三双等。在美职篮的解说中,甚至还包括历史技术统计,例如个人职业生涯总得分超过2万分等。当然,解说员在解说过程中,也不能过于迷信技术统计,而沦为"数据控"。

最后,篮球解说应更加注意比赛中的换人变化。由于篮球比赛中运动员可以反复换上换下,因此解说员在解说过程中要留意分析、评述教练员的换人安排及其背后的战术意图。

此外,篮球解说中的专业术语较多,例如挡拆、跑轰、三角进攻、错位防守、普林斯顿体系等,国内部分解说员甚至喜欢使用英文术语代替中文进行解说。我们认为,解说员在使用专业术语时应尽量避免使用英文,并且在条件允许的情况下,应结合电视画面进行必要的补充解释、说明,避免部分非专业球迷理解、欣赏上的困难。

二、隔网对抗性体育项目的解说

隔网对抗性项目主要以身体非接触进行隔网对抗的球类运动项目为主,包括乒乓球、羽毛球、网球、排球、沙滩排球、藤球和毽球等项目。本小节主要以排球和乒、羽、网球项目的解说为例。

隔网对抗性体育项目往往具有同场参赛人数相对较少(排球除外),多为1~2名运动员,藤球、毽球为3名运动员、比赛规则相对简单、临场技战术变化较为丰富、观赏性强、运动员的竞技水平与教练员的临场指挥是影响比赛结果的重要因素,其他客观因素(如裁判、风向、观众等)也会对比赛结果产生一定影响的特点。因此,同场对抗性体育项目解说的总体特点是:解说员整体语速应保持适中,随着比赛进程的起伏,解说语言速率、音量有一定起伏变化,解说节奏整体上与同场竞技类项目相当或略微偏慢;大量赛事的背景信息介绍和评论主要应放在赛前、赛中间歇及赛后,但同时在比赛过程中,也应当根据比赛进程变化及时穿插简短的评论;解说应围绕运动员击球的技术动作及球的飞行线路展开;比赛过程中,解说应力求准确、全面、客观公正并不乏激情与现场感。

(一)排球项目的解说

排球也是一项讲究多人配合的整体运动,由于20世纪80年代中国女排创造的"五连冠",国人对排球尤其是女排的热爱总有一种难以割舍的情节。

由于排球站位的轮转规则,排球项目在解说过程中特别注重对球员场上位置的描述与分析。例如,3号位的王一梅强攻扣球得手。按照排球规则,排球场上一共有6名队员,这6名队员分两排站立,前后排各3人,在每个发球轮,球员场上位置相对保持固定。后排最右侧是一号位,是发球的位置,从一号位逆时针方向依次为二号位至六号位,前排右边是二号位,前排中间是三号位,前排左边是四号位,后排左边是五号位,后排中间是六号位。后排的队员不能参与拦网,进攻必须要在3米线后起跳。场上球员按照职责一般分为主攻、副攻、一传、二传、接应二传、自由人。不同职责球员的站位,往往决定了球队目前的打法,解说员在解说过程中,应注重分析目前球队站位是处于较强的轮次还是较弱的轮次,教练员是如何进行换人调整的。

其次,排球的各种技战术变化种类繁多,涉及较多排球专业术语。例如,主攻的平拉开、前排掩护后排进攻,副攻的前快、背快、背飞、短平快,接应二传的前交叉、背交叉,防守时的单人拦网、双人拦网、三人拦网等,非专业球迷往往难以理解。解说员在解说过程中,应结合电视画面中的实例予以讲解,提高观众的欣赏水平。

再次,排球解说应注重对击球细节与击球效果进行解说评论。例如,排球进攻中根据手型的变化,存在重扣、平击(易造成对方打手出界)、轻吊,防守中也存在一传、二传调整是否到位,解说员应结合电视画面进行必要的解说评论。

排球解说应注重裁判员的判罚,排球有第一、第二裁判各一人,一般以第一裁判员的判罚为准。在电视转播中,解说员应及时读懂裁判员的各项判罚手势、哨音,以及司线的旗语,并对观众进行解释说明。

此外,从近年来世界大赛排球的解说形式来看,排球解说多采取解说员与嘉宾的双人解说,因此排球解说员也应具备一定的引导提问和配合能力。

(二)乒乓球、羽毛球、网球项目的解说

乒乓球、羽毛球、网球都属于小球,解说风格较为接近,因此归为一类进行阐述说明。

乒乓球是我国的国球,在我国拥有最广泛的群众基础与普及率。乒乓球规则较为简单,但在解说时应注意近年来乒乓球规则的变化,如小球改大球、11分制、局间暂停、无遮挡发球、使用无机胶水等。乒乓球解说前,解说员应注重对运动员技战术打法的梳理。例如,直板握拍还是横板握拍,是近台快攻还是中远台相持或是削球手,是以两面攻为主还是以正手侧身攻为主,采用的胶皮类型,等等。

乒乓球因为球台小、球速快,所以对解说员解说节奏的把握提出了较高要求。解说员解说时应把握以下规律:活球时少说甚至适当留白不说,死球时多说;活球时以现象描述为主,死球时适当引入评论;活球时多用"人名+动词+线路"的方式短说、快说,例如,"张继科摆短,王皓正手挑小斜线,张继科反手挑打王皓反手位……";死球时用完整句子评述刚才一分双方技战术中的控制与反控制等等。

乒乓球解说还应注重动词运用的准确性,例如球员手腕细微的动作的变化就会造成完全不同的击球效果,这时应该如何选择相应的动词进行解说。乒乓球解说常用的动词主要有扣、抽、拉、搓、摆、拧、拐带、削,等等。日常没有乒乓球运动体验的解说员,往往很难在实际解说过程中进行准确的区分。

最后,解说员在解说乒乓球的过程中应注意球的旋转、线路、落点的变化与技战术选择,如压反手偷袭正手、打回头、打追身等。

羽毛球运动在我国也有较高的普及率,尤其是在我国南方省份有较好的群众基础。由于羽毛球的场地较大,羽毛球的解说节奏比乒乓球要略慢一些,留白也比乒乓球要多。

羽毛球解说的总体原则与乒乓球类似,但羽毛球运动中,优秀运动员动作一致性较好、假动作多、击球具有隐蔽性迷惑性,如扣杀、劈杀、劈吊、滑板吊球等等,在非专业人士看来,动作往往区别不大,往往需要解说员细致的观察并结合击球效果的画面进行细致讲解。由于羽毛球没有旋转,所以解说员应将解说的重点放在运动员击球的线路组合上。同时,羽毛球双打比赛节奏较快,而且更加注重发接发的环节,运动员的跑动站位变化也更加丰富,需要解说员加以注意。

此外,羽毛球比赛受风向的影响较大,一般而言逆风便于进攻下压,顺风则容易击球出界,解说员在解说过程中需要密切留意观察风向,并结合比赛进行剖析。

网球运动目前在我国的普及程度越来越高,以四大满贯为主的网球赛事也成为我国电视媒体重点转播的体育赛事。网球是一项较为高雅的运动,由于网球场地更大,网球比赛的解说节奏要比乒乓球、羽毛球更慢一些,解说员在活球阶段应尽可能少说、留白应该更加充分;甚至在比赛现场的解说员,在活球阶段基本保持安静不说话,这已经成为一项约定俗成的网球解说礼仪。

网球相较于乒乓球、羽毛球在解说过程中更加注重技术统计的运用,在网球解说中常用到的技术统计有:一发成功率、二发成功率、一发得分率、二发得分率、双误、ACE球、制胜分、非受迫失误、网前截击得分等。此外,除了红土场地,网球一般设有"鹰眼"挑战的环节,当出现有争议性判罚时,解说员应注意即时回放的画面。

三、格斗对抗性体育项目的解说

格斗对抗性项目主要包括拳击、柔道、跆拳道、摔跤、击剑、散打等项目。格斗对抗性项目往往带有强烈的身体对抗性、攻击性甚至暴力成分,一般是以击打对手的有效部位计分,或直接将对手制服来判定比赛的胜负。从观赏的角度看,格斗对抗性项目往往具有紧张、刺激的特点,喜爱格斗对抗性项目的受众一般多为中、青年男性。

格斗对抗性项目的解说,除了需要熟悉这类项目各自的竞赛规则,解说过程中主要以描述、评价运动员的技术动作和战术打法为主。由于格斗类项目本身节奏较快,且带有一定血腥、暴力的成分,所以,从解说节奏看,解说员反而应适度放慢解说节奏,控制好自身的情绪,用相对理性、平和的语言来解说比赛,并坚持正确的观赛导向。

此外,格斗对抗性项目在比赛过程中往往具有一定的"突然死亡"性,例如拳击比赛中的K.O(knock out 的英文简称)对手,柔道比赛中的一本获胜。因此,解说员在解说过程中应紧跟画面,并具有较强的应变能力,否则容易在解说中闹笑话。例如,在一次柔道比赛的转播中,国内某解说员拿出事先准备好的材料宣读比赛双方运动员的基本情况,而脱离了比赛现场的情况,结果材料还没宣读完毕,比赛场上的运动员已经通过一个一本获得了比赛的金牌,而这时解说员的事先准备的背景材料还没有念完。

四、表现准确性体育项目的解说

表现准确性体育项目主要包括射击、射箭、台球等项目。表现准确性项目具有趋于静态的特点,强调瞬间击发、击打的精度、准度,一般以击发环数的高低或击打进球的累积分值来评判比赛的胜负。

这类项目的解说,一般要求解说员控制音量,解说节奏偏慢,在运动员准备击发、击打的过程中,解说应充分留白,解说风格应该以沉稳、理性为主。同时,从电视转播角度来看,射击、射箭项目往往采用每个击发轮次双人分屏转播,解说员除了注意画面上运动员的击发成绩,还应密切留意排名前三的运动员与本国运动员本轮次的击发成绩,并且应该在解说过程中注意计算运动员之间的成绩差距。射箭项目由于是在室外进行的,解说过程中还应该注意风向、风速,以及气候的影响。

台球项目的解说,还应注意运动员下杆的杆法、造成的击球效果及母球的走位。台球项目的解说也需要计算运动员之间的分值差距,以及运动员由此选择的击球策略。当出现击打目标球被阻挡住(造成斯诺克)的时候,一般电视导播会有专业的画线员给出可行的击球线路,解说员此时应结合电视画面,对击球线路的选择与可能存在的困难给出较为细致的剖析。

五、表现难美性体育项目的解说

表现难美性体育项目主要包括体操、跳水、艺术体操、花样游泳、花样滑冰、蹦床、武术套路等项目。本小节主要以体操和跳水项目的解说为例。

表现难美性体育项目往往具有技术动作难度高、艺术表现力强、具有较强观赏性的特点,运动员的比赛成绩除了受自身技术水平的发挥制约外,裁判员的打分存在一定的主观性,往往也对运动员的比赛成绩有较大影响。因此,表现难美性项目的比赛成绩往往带有一定的偶然性和不确定性。以上这些特点就要求表现难美性体育项目的解说,应该建立在充分理解运动员技术动作难度与项目评分规则的基础上,围绕运动员的技术发挥和裁判员的评分展开。

(一) 体操项目的解说

体操项目也是我国的传统优势项目,在我国具有一定的群众基础,也是受关注程度较高的运动项目之一。从体育解说的角度看,体操解说也属于解说难度较大的项目之一,解说员必须对体操项目的各项技术动作和评分规则了然于胸,才能熟练从事体操项目的解说工作。例如,我国体操项目的著名解说员金宝成,就是通过自身多年的刻苦钻研,取得了国际级裁判员资格。

解说员在进行解说的过程中,应在运动员出场前尽可能的获得运动员的成套动作,在此基础上对运动员的完成情况进行解说评论。解说过程中,解说员应伴随着运动员的技术动作,对运动员的技术动作名称、难度组别、完成情况、动作连接是否有加分进行介绍,在运动员完成整套动作后,给出总体评价及分数预测。

从赛制安排上,体操比赛又分为团体赛、个人全能赛和单项赛。需要解说员特别留意的是,团体赛和个人全能赛采用的是两队一组或两人一组,同时展开多个单项的比拼。例如,团体赛中,中国男队在进行自由操比赛时,日本男队可能正在进行鞍马的比赛,而俄罗斯队则可能正在进行吊环的比赛。这就要求解说员在留意本国选手比赛情况的同时,也应及时播报主要竞争对手的最新进展情况,及各队之间的分差。

从体操解说的节奏控制上看,体操解说的节奏应保持和运动员技术动作节奏的一致,语速、嗓音都应保持适中,解说风格以客观、沉稳、理性为宜。

(二) 跳水项目的解说

跳水项目也是我国的又一传统优势项目,中国跳水队也有跳水"梦之队"之称。

跳水项目按照跳台高度可以分为:一米板、三米板、十米台,按照跳水人数可以分为单人跳水和双人跳水。跳水解说与体操解说类似,解说员也需要对运动员的成套动作、动作的难度系数、起评分和评分标准做到心中有数。与体操解说相区别的是,跳水运动主要看运动员的腾空高度、空中姿态、入水角度和水花效果,双人跳水还要看两名运动员的同步一致性。

从解说节奏来看,跳水运动每名运动员起跳的时间间隔较长,因此相对体操解说而言,跳水解说的节奏更慢,语速、嗓音保持相对平和,解说风格也以客观、沉稳、理性为主。

课后练习

在体能类和技能类两个大的项群类别中,请分别挑选个人项目和集体项目各一个(如:举重,4×100米接力,网球单打,足球),进行模拟解说,并体会不同项群间解说的异同。

参考文献

［1］田麦久,麻雪田,黄新河,等.项群训练理论及其应用［J］.体育科学,1990(6).

［2］海德里克.体育播音艺术［M］.北京:中国广播电视出版社,2008(1).

［3］王群.电视体育解说［M］.北京:北京广播学院出版社,2005(3).

［4］魏伟.体育解说教程［M］.北京:人民体育出版社,2012(12).

第十章

体育展示与现场播报

学习目标

通过本章学习，了解体育展示和现场播报的含义、地位与其在重大体育比赛中承担的功能，明白体育展示与现场播报之间的关系，掌握体育展示与现场播报的操作流程和方法。

章前导言

在综合性运动会，如北京奥运会、广州亚运会、深圳大运会等大型体育盛会上，除了激烈的比赛，大家更被现场热烈的气氛所感染。而营造出这种氛围的，除了体育本身的特点与观众的热情之外，不能忽视的就是体育展示。从2008年北京奥运会开始，体育展示在重大体育赛事中的地位日益凸显，那么体育展示需要什么样的专业团队运作，其内涵、特点和功能是什么，体育展示团队如何构成、如何运作，体育展示的一般流程是什么，如何促进体育展示的蓬勃发展将是本章重点讨论的问题。

第一节 体育展示概述

国际奥林匹克委员会(简称国际奥委会)对体育展示进行了界定,并赋予其赛时承担的特定功能。随着重大综合性体育赛事运作的专业化,体育展示越来越显示出其地位的重要性。

一、体育展示的来历与内涵

在经济发达的今天,人们对休闲娱乐的追求使得人们对体育比赛的关注日益提高。在电视机前观看体育比赛就成为弥补人们不能直接参与体育活动、不能亲临现场观看比赛的重要途径。于是,赛事传播就成为电视传播的重要内容。体育解说评论与体育比赛已经成为孪生兄弟,有比赛就必然有解说已经成为普遍存在。事实上,从 1996 年亚特兰大奥运会开始,伴随体育比赛的,还有"体育展示",尤其是体育展示现场播报,更是与体育解说评论相得益彰,各自在体育比赛的赛时不同层面发挥着越来越重要的作用。

(一) 体育展示的内涵

同样是为比赛服务,相对"体育解说评论","体育展示"更加陌生。它跟体育比赛之间存在着怎样的关系,体育比赛现场的诸多构成要素中哪些属于体育展示的内容,这是体育展示理论研究与实践探索必须弄清楚的问题。

1. 体育展示命名

体育展示的英文名经历了从 Display、Venue Presentation、Sport Production 到 Sport Presentation 的数次改变,从其变化轨迹中我们可以窥见其不断发展、丰富的过程。从体育展示英文名称的变迁,我们也看出了人们对其内涵认识上的变化与探索。

Display 是一个一般概念,含义就是展示、呈现,其外延不明确、内涵不具体。当把它放在体育比赛这个场域的时候,我们不能准确了解它特定的内涵所指。或许,这正是体育展示初始阶段的一种状态,在体育比赛现场对赛事进程某一环节的说明、提示,补充、丰富单一的比赛对抗现场,比赛暂停、中场休息等比赛中断时段能够承上启下。对参赛人员、参赛队伍而言是提醒功能,对现场观赛人员而言则是审美娱乐功能和比赛解读功能。在 1996 年之前,一些单项赛事诸如 NBA、欧冠等篮球、足球比赛开始使用,诸如赛场上靓丽的篮球宝贝等就是其中展示的方式之一。

Venue Presentation,由"Venue"和"Presentation"两部分构成。在概念的外延上,有了明确的界定,将之规范于"Venue"之内,即"场馆"中的某项活动,提示了这一行为的存在场域。概念的外延越小,揭示的含义就越准确。再看用"Presentation"取代了简单的"Display",其内涵变得更加丰富。"Presentation"包括了"演示""展示""陈述""报告"等含义,其内涵包括两个方面:一是外在形象的展现——演示、展示,给观众看的;一是内在意义的传达——陈述、报告,给观众听的。不难看出,这一名称已经接近了"体育展示"的本质。

Sport Production,从字面上讲它的含义是"体育产品","Production",生产、制造,以及生产制造的结果:产品。显然,这一名称传达给我们的信息是体育展示这一事物是体育事件的衍生产品,透露出它与体育赛事不可分割的渊源。从 Venue 到 Sport 的改变也反映了人们的关注核心从场域转变到了内容。场域提供的是行为的范围限制,而内容提供的则是行为的具体表现和重心指向。解读赛事、丰富赛事、传播赛事才是体育展示根本的出发点和归宿。

所以,在 2000 年悉尼夏季奥运会体育展示被称为"Sport Presentation"并一直沿用至今。不过,在 2002 年和 2006 年的冬季奥运会上使用的是"Sport Production"这一名称。"Sport Presentation"——体育展示:在体育运动的活动场域,为了某种效果或目的,进行与此相关的系列展演和呈现。即,在体育场展现体育。无论是内涵还是外延,"Sport Presentation"与目前大型综合体育赛事中该行为的表现和特点都趋于吻合。

2. 体育展示概念界定

体育展示发展到现在越来越受到国际体育单项联合会、媒体和观众的关注。它为竞赛服务,呈现于赛场,直接面对现场观众,并最终通过电视媒体综合呈现给电视机前观众面前。体育展示是一项系统工程,是竞赛组织中与体育赛事传播中不可或缺的组成部分。

对于"体育展示"这一概念的界定,目前业界和学界均有探讨。从目前已经面世的文章和相关著作来看,多采用国际奥委会(IOC)技术书册中对"Sport Presentation"的阐述:

从字面上来看,体育展示是指向现场观众和电视观众展示体育的方式或者是通过现场的播报员、解说评论员、音乐、现场大屏幕、计分屏、各类表演(啦啦队、吉祥物和文艺表演),以及灯光组成的将赛场包装为类似于舞台的表现形式。

诸多专家学者对该概念的界定多源于此,对此从不同的表达角度进行演绎和引申。综合起来有以下几个方面。

一是突出服务赛事、服务观众的特点。张楠等在《多哈亚运会赛场上的体育展示及其对北京奥运会的启示》一文这样描述体育展示：

作为竞赛服务的一个重要环节，现场的音乐、大屏幕、解说，以及啦啦队表演等，被统称为"体育展示"。

体育展示是一个由专业人士设计和组织的、多种工种紧密合作的专为比赛和现场观众服务的复杂系统。

二是突出体育展示的构成元素。赵苏妙、李征在《奥运会体育展示与北京奥运会体育展示对策的研究》中对"体育展示"的描述是：

体育展示是一个由精彩的体育表演，高涨的情绪及盛大的会场组成的独一无二的综合体，它由很多元素组成，目前主要由播音、音乐、视频、现场表演及娱乐与互动的形式来进行运作；体育展示的目标是要在比赛之前、赛中和赛后，通过协调可用的资源来完成每一个项目的视音频展示；体育展示的元素主要有视频、音频和现场表演以及娱乐互动。

三是强调文化传播和形象塑造的功能。药宏亮在《北京奥运会体育展示运作规律的研究》这样表述：

体育展示是在竞赛组织工作发展过程中逐步出现并发展的一个较新的概念，是通过竞赛现场的播报、音乐、视频、表演等元素的有机组合向现场和电视观众充分展示体育竞赛魅力的方式，同时也是更好地营造比赛气氛，保证比赛顺利进行和使现场观众更好地欣赏和享受主办国文化的重要途径，被国际奥委会称为奥运会的"脸面和形象"。

同样，扬州大学李振在其硕士毕业论文《跨文化传播视野下奥运会体育展示的研究——以 2008 年北京奥运会为例》更是以文化和跨文化传播功能为核心揭示其内涵：

在竞赛场馆内，通过利用各种独具特色的文化符号，将主办国文化与世界各民族优秀文化以最为直观的形式展现给现场和电视观众，建构主办国文化身份，促进主办国文化与世界各国优秀文化不断交融的跨文化传播活动。

四是关注到了体育展示对于体育赛事营销的助推作用。北京体育大学李永丹硕士毕业论文《CBA 职业联赛体育展示研究》对 NBA 体育展示的描述：

体育展示是将竞赛和文化活动结合起来，以视觉、听觉、感受传播的方式将竞赛信息、文化符号、商业信息等传递给赛场内外观众的综合系统。体育展示活动通过播报、解说、音乐、大屏幕播放视频和现场表演等途径，在比赛现场提供相关竞赛信息和富有特色的娱乐活动,制造竞赛举行场地热烈的观赛情绪和气氛,扮演服务竞赛、服务观众的角色。

这一描述率先提到体育展示传播商业信息的内容,烘托赛场氛围以更好地进行体育赛事与文化传播,是体育赛事运营中的一个环节。不过这一界定在传播方式上提到了"感受",对此我们并不认同。感受是一个综合的概念,是接收视听符号之后引起的心理反应,与视觉和听觉属于不同的意义层面。

综合以上对体育展示不同角度的界定,我们可以梳理出"体育展示"的内涵。事实上,对体育展示内涵的揭示按照逻辑层面,依旧是 5 个 W 的问题:what,展示什么;who,谁向谁展示;when,什么时候展示?why,为什么展示,即展示何用?对于传播而言,还包括一个 how,怎么展示?因此,我们从以下几个方面,全方位关照体育展示这一概念所体现的内涵:

在活动场域上,体育展示出现于体育比赛进行的场馆,属于体育赛事传播内容的组成部分。

在表现的符号上,对应视觉符号和听觉符号。视觉符号——电子影像、现场表演;听觉符号——人声和音乐、音响,人声即现场播报和解说。

在表现的介质上,包括借助电子技术间接传达和现场表演人际直接传达。间接传达是通过电子屏幕和广播的视频、音频表达;直接传达则是通过赛场内的声音、表演、互动活动来呈现。

在表现内容上,包括具体器物层和抽象精神文化层两个层面的内容:表现为赛时各类信息、各类表演和互动活动;体育文化、场馆文化、举办国文化等不同层面的精神文化内涵。

在服务对象上,服务赛事和服务观众。也就是体育展示团队专门人员是体育展示的主体,赛事和观众是服务客体。体育展示承担着解读赛事、丰富赛事、传播赛事、促进赛事营销的功能。在这里我们需要指出的是,现有的研究常常忽视体育展示对现场运动员的提示作用,记分牌、赛事流程、比赛场馆和时间提示对参赛运动员和参赛队伍来讲也是非常重要的提示信息。这属于服务赛事的表现之一。另一方面,体育展示为不同层面的观众服务,为现场观众营造观赛氛围、增加观赛趣味性、提示赛事进程、辅助现场观众理解比赛,最终更好地观看比赛。对于电视机前的观众而言,体育展示丰富了赛程内容,提升了体育比赛的观赏性,增强了体育比赛传播的休闲娱乐和文化传承的功能。当然,服务赛事是起点,赛事精彩的最终目的则是赋予观众以绝伦的视听盛宴,于是服务观众才是归宿。

我们对体育展示面面观之后,发现它是一个涉及多个层面的复杂的综合体,是体育赛事组织工作中的一项系统工程,是多部门组成、多技术支持、多方位呈现、多人员参与的体育赛事服务活动,也是体育赛事与文化传播的重要表现形式。

(二) 体育展示的历史

我国是从2008年北京奥运会才真正接触体育展示这一概念。一般认为是在1996年亚特兰大奥运会正式引入"体育展示"这一概念和组织形式的,那么在此前体育展示是否存在,其表现形式有哪些? 在国际上,体育展示经过了怎样的一个产生和发展过程? 其不同发展阶段的表现形式和特点怎样呢? 这些疑问是我们对体育展示进行理论探讨不可绕开的问题。

李振在其文章中将奥运会体育展示的产生与发展分为四个阶段,为体育展示的历时研究奠定了基础:

(1) 奥运会体育展示的萌芽阶段:古代奥运会——1992年巴塞罗那奥运会。

(2) 奥运会"体育展示"正式引入阶段:1996年亚特兰大夏季奥运会。

(3) 奥运会体育展示的进一步发展阶段:1998年长野冬奥会——2002年盐湖城冬奥会。

(4) 奥运会体育展示的完整展现阶段:2004年雅典奥运会——2008年北京奥运会。

我们从体育展示的系统性出发,考查其在不同阶段的表现形式与功能特点,将体育展示分为三个阶段。

一是非典型体育展示阶段,1996年亚特兰大奥运会之前。包括了奥运会等大型综合性赛事和单项赛事中体育展示相关元素的表现形式。这一阶段的体育展示还不是真正意义上主动而为的"体育展示",没有专门的组织机构分管,展现赛事创办宗旨的大型表演活动,形式也较为单一。当然,早期体育展示的内容和形式也受到技术手段的限制。

事实上,奥运会从诞生之日起,就不是单纯的竞技活动。现代奥林匹克运动的宗旨是"和平、友谊、进步",用体育竞技运动的形式承载着宏大的人文目标。也是因此,伴随奥林匹克运动会的必然是展现主办国精神文化的大型活动。一方面展示人文理念,传播体育文化和举办国传统文化。借此拉近参赛各国和地区的距离,提高观众的参与意识。另一方面,奥林匹克运动本身就是一种狂欢行为,战争的,放下武器;有仇的,放下屠刀。在奥林匹克的竞技场上,人们身心自由达到一种狂欢状态,没有身份差异,没有地位高低,没有种族歧视,没有日常的规约限制,全城出动、甚至全球狂欢。音乐、舞蹈、表演、聚会、饮酒、欢呼,多形式、全方位地使体育竞技运动达到狂欢化境界。这些表现形式就是体育展示的最初来源。历数各界奥运会,莫不如此。只是因举办国的差异，选取的元素和展示的内容各有侧重，但是基本的形式和根本目的没有改变。

例如，1896年第一届现代奥运会，作为"全人类共同的盛会"，开幕式上唱起了一首赞美诗般的古希腊歌曲《撒马拉斯颂歌》，在虔诚神圣的歌声中，开启了伟大的奥林匹克盛会。而这，在1958年国际奥委会决定，将之确定为奥运会的永久性会歌，引领人们无限追慕奥林匹克的高远与荣耀。

二战之后，随着经济的复苏和科技的进步，举办国对借助奥运会弘扬举办国的文化、传播体育精神和人文理念、塑造国家形象更为重视而主动追求体育展示的效果。例如1964年东京奥运会，日本国以多种手段展现了本国代表性的饮食文化，将寿司推向全球。

总体来讲，早期的体育展示多是以开幕式为展示平台，以音乐、舞蹈、戏剧等大型文艺表演为主要形式。延伸到场外的依旧离不开文艺表演，加上各种聚会、狂欢。因为受到传播方式的限制，早期的体育展示活动更多的是与现场观众互动，为现场观众服务的。

二是正式隶属大型赛事组织工作的阶段，以1996年亚特兰大奥运会的官方报告正式提出"体育展示"（Venue Presentation）的活动组织内容为标志。

这一阶段，以电子信息技术为主要手段的传播媒体日臻成熟，广播电视以及与此相关诉诸视听的传播媒体使赛事的传播更为广远。为了更好地传播效果，全方位使用各种元素烘托赛场氛围、展示精神文化、促进赛场内外的交流与沟通。体育展示这一行为逐渐走向正规化、系统化、专业化、精细化的策划和实施阶段。

1996年亚特兰大奥组委将体育展示工作作为组织工作的一个独立项目来实施，成立由35人组成的专门团队负责策划和组织体育展示各项具体内容，成功运用视听元素综合表现文化特色、渲染赛场气氛。包括现场的啦啦队表演、语音播报，也包括借用电子媒体传播信息的计分屏、给人视听享受的视频，以及不同风格的音乐、音效等音频形式。

本届奥运会的体育展示使用了一个32小时的超大音乐图书馆，5个为亚特兰大奥运会特别压缩的光盘，超过200个为奥运会专门制作的视频，用来说明竞赛规则、展示历届奥运会的精彩瞬间。使用英语和法语现场播报赛场信息，实现与现场观众的交际目的。

从此以后，体育展示成为奥运会的正式组织活动，体育展示团队成为组织架构中不可或缺的部分。这一特点，集中表现在1998年长野冬奥会（Venue Presentation）、2000年悉尼奥运会（Sport Presentation）、2002年盐湖城冬奥会（Sport Production）上。

悉尼奥运会延续了亚特兰大奥运会体育展示的成功范例，并且在大屏幕视频展示上有了新的突破,不仅展示历届奥运会精彩镜头,更是将当天比赛的精彩画面制作成视频集锦,让现场和电视机前的观众欣赏比赛、回味比赛,更好地传播比赛。此后,奥运会共时和历时精彩集锦成为奥运会观众无限期待并能带来强烈感染和震撼的内容。

这一阶段,体育展示已经突破了以开幕式为主要平台的状况,贯穿于体育比赛的始终,包括赛前暖场、赛时串联、赛后颁奖等各个不同时段。形式也从着重于现场表演和互动,而走向多手段、多渠道的展现方式。充分利用电子信息技术手段,通过视频、音频和现场表演,通过语音、音乐、音响、影像、综合艺术等具体形式向场内外观众传播信息、渲染情绪、烘托气氛、丰富赛事进程。

三是典型体育展示阶段,标志是2004年雅典奥运会将体育展示与颁奖仪式组合为奥运会组织工作中的一个独立的职能部门;这一届奥运会体育展示用词延续了始于悉尼奥运会的"Sport Presentation",并从此稳定下来。这一阶段,体育展示的功能性和艺术性同时得以凸显。

2004年,奥运会的举办地回到了她的发祥地,也因此,那一届奥运会的口号是"欢迎回家",以弘扬古老的希腊文明、希腊文化、体育精神为体育展示的目的。据统计,在本届奥运会中,体育展示团队共476人,其中319名专业技术人员;157名志愿者,即体育展示团队人员。他们负责每个竞赛场馆的各项体育展示工作。

雅典奥运会体育展示工作系统化、专业化、精细化特征日益凸显,其后的北京奥运会更是将这一特点完美展现。正如国际奥委会主席罗格所言:"这是一届真正的无与伦比的奥运会。"体育展示工作在这一届奥运会上也更加成熟,不论是技术、形式、还是组织、运作,都表现出极强的专业性,在各部门的共同打造之下,体育展示体现出功能性和艺术性并举的局面。

第一是组织架构,体育展示属于独立职能部门,包揽酝酿、策划、创意、技术支持、人员培训、组织实施等每个场馆体育展示的整个体系,专职负责、运作该项工作。

第二是团队运作,各司其职。团队工作人员有明确的分工和技术要求,视频、音频制作、音乐选取和播放、信号传输、播报解说、现场表演、主持人、啦啦队,互相协调又互不干扰,完美配合、共同完成体育展示这一系统工程。

第三是与竞技比赛相得益彰,成为赛事组织中不可或缺的组成部分。丰富赛事、传播文化,使赛事更像盛典,人们在不同形式展现的视听盛宴中达到身心的自由状态,实现对体育盛会的审美观赏境界。

第四是展示形式和内容多样化。视频、音频、现场表演分别都有了形式和内容的创新。视频信息更加丰富,包括了赛事集锦、运动员感言、比赛规则、发展渊源、比分信息,以及外围的赛事信息,诸如天气预报、比赛日程、场馆介绍等等,使不同角度的现场观众都可以完美欣赏比赛,享受比赛。音乐的选取更加精细化,跟不同场馆的比赛氛围、比赛节奏相适应,很好地渲染了观众的情绪。现场表演所涉及的项目由篮球等少量的项目拓展到32个分项比赛,且表演的形式丰富,有啦啦操、吉祥物、技巧、武术、杂技、舞蹈等富有文化特征的表演形式。

确实,发展到今天,体育展示将体育竞技场变成了展示大舞台。

二、体育展示的组织架构与作用

体育展示成为大型赛会组织运作中的一个必不可少的组成部分,它贯穿于赛事进行的整个过程,其组织架构和运作流程将是理论探讨和实践操作重要的内容。

(一)组织架构

体育展示是一项系统工程,体育展示团队工作人员的工作岗位及相应职责,是体育展示组织运作中必须掌握的内容。

体育展示对团队工作人员的素质要求很高,不仅需要体育专业知识与相关技能,还需要不同岗位所需的专业技能,诸如语言、灯光、音乐、视频制作、信号传输等。各司其职,分头管理。

在大多数情况下,一个体育展示团队负责一个比赛项目,配合竞赛部运行该项目及项目分项的音视频、表演和播报工作。体育展示团队一般由经理、导演、音频师、视频师、中文播报、英文播报等岗位组成。在大型运动会中导演、音频师、视频师、中文播报、英文播报等职位属于付薪人员,中文评论员、英文评论员由国内(外)技术官员出任。

1. 体育展示经理

经理负责管理本团队的场馆所有运行管理工作,包括场馆内外的相关业务口的协调、组织体育展示实施过程。一般一个场馆会有一个体育展示经理。

2. 导演

完成赛时现场导演工作,负责流程单的制作、分发及保存等管理工作,同时对播报稿、音乐、视频制作等做出最终审定。相当于一个场馆体育展示形式和内容的总指挥。

3. 志愿者团队

志愿者团队分管不同的工作,有表演人员,播报人员,视频师、音频师、灯光师等各种专业展示和技术支持。他们大多来源于不同的专业领域,有在校大学生,有来自不同岗位的专业技术人员。

4. 全职工作人员和国内外专家

在体育展示运行组织工作中,还有一批人,他们在体育展示的筹备、组织工作中具有指导性意义。他们受聘于奥组委,有国内某一技术领域的专业人员也有国外富有体育展示管理经验的人员。

2010年,广州第16届亚运会的体育展示体系设在庆典和文化活动部,其主要工作包括播报团队组建、音视频制作、现场表演和设备保障等四大部分。工作岗位遍及53个竞赛场馆,55支播报团队,42个竞赛项目4514条视频片,2500余场现场表演,2178台音视频设备保障,共有各类工作人员3000余名参与其中。

(二) 体育展示在比赛中的重要性

发展至今,体育展示在综合性体育赛事及单项体育赛事的运用日臻完善,在体育比赛中的重要性也日益增强。大众文化的消费时代,打造视听盛宴满足受众的感官享受已不仅是文化娱乐领域的目标追求,体育赛事随着休闲娱乐功能的凸显同样需要全方位的包装,在受众感受竞技体育带来的悬念、冲突激情张力之外,同样可以得到音乐、表演等充满艺术性的感官体验。而体育展示就是实现这一目标的途径和手段。它的重要性表现在以下几个方面。

1. 信息性

体育展示传递的信息有两个层面:一是竞赛信息,包括赛事流程、比赛时间、地点、比分情况;一是赛事相关外围信息,包括运动项目的起源、发展历史、竞赛规则,天气情况,竞赛流程,竞赛礼仪,场馆介绍等不同层面的信息。一方面服务于运动员和参赛队伍,一方面服务于现场观众以及电视机前的观众。

2. 趣味性

现场的表演、互动,不同风格的音乐、音响效果,以及电子大屏幕不断滚动的赛事集锦和各种视频,增加了体育比赛的趣味性和观赏性。从而吸引受众的关注,实现良好的传播效果,是体育赛事运营组织中不可小觑的环节。

3. 艺术性

通过灯光、舞美、音乐、音响、视频和音频的配合,辅助竞技比赛的整个运行过程,在增加趣味性的同时,更是追求艺术效果的实现。通过不同类型的体育展示,体现主办国的审美趣味和文化底蕴,打造富有艺术性的展示风格和手段,给受众带来艺术性的审美享受。

4. 语境性

所谓语境性,主要是指通过体育展示,将特定的体育竞赛置身于特有的文化艺术氛围和情绪情感氛围中。根据赛场情势的需要,通过不同形式的展示,渲染赛场气氛,将观众的情绪引向赛场需要的氛围当中,消弭对抗,引向和谐与高潮。

5. 引导性

体育展示团队是赛场除比赛本身之外唯一的声画来源,那么,赛场中不同层面的人群需要体育展示团队的声音和画面引导。运动员、教练员、裁判员等的入场、比赛开始、颁奖仪式等组织运行要靠体育展示的声音提示来指示。观众观赛中的疑惑和不解,对于比赛流程的认知也要靠体育展示来完成。更重要的是突发性事件产生之后,体育展示进行疏导和提示,可以有效维护现场秩序,降低突发性事件带来的各方面影响。如遇恶劣天气直接影响竞赛本身,体育展示应加以配合播报相应内容。场馆内出现暴动、火灾等紧急突发事件时,向现场观众播报相关须知,安抚观众情绪,有序撤离。

(三) 大型赛事中体育中体育展示的作用

通过对体育展示存在重要性的剖析,我们已经触及体育展示这一行为在大赛中能够承担的责任和发挥的功能。按照不同的角度观察体育展示的形式,从而全方位分析其承担的功能。

体育展示的形式有音频、视频和现场表演。

1. 音频

诉诸听觉,以声音的形式存在,包括音乐和语音。音乐烘托赛场气氛,渲染情绪。包括总开场音乐(体育展示标志音乐)、运动员入场音乐、裁判员和运动员介绍音乐、信息通报音乐、提示音音乐、颁奖仪式系列音乐、比赛结束音乐、观众退场音乐等。语音进行比赛提示,传递赛场信息及相关外围信息,对运动员、观众起告知、引导的作用,在突发事件发生时发挥应急指示作用。

2. 视频

指的是视听结合的展示方式,包括依托竞赛场馆的大屏幕播放制作好的视频短片,也包括记分屏上显示的动画、图标和文字。视频展示的内容前文已有所述,包括了赛事集锦、运动员感言、慢镜头回放、比赛规则、发展渊源、比分信息,以及外围的赛事信息,诸如天气预报、比赛日程、场馆介绍等内容。不仅满足不同角度的观众更好地观赛,并且丰富了赛事内容,增加比赛的观赏性和趣味性。使单纯的竞技运动变得丰富多样,彰显了体育展示视频的认知功能和娱乐功能。

3. 现场表演或互动活动

包括吉祥物、啦啦队及各种富有民族特色的体育表演项目和艺术表演项目。第一层面的作用就是丰富赛场内容,渲染赛场气氛,吸引观众专注于赛场。第二层面的作用就是填充比赛间歇的空当,使赛事进程顺承流畅,减少突兀感。第三层面的作用就是展示舞台表演艺术,实现审美功能。

体育展示服务的对象有人的因素和时空因素两个方面。

1. 人的因素

参赛人员,运动员、教练员、裁判员、领队等,获取比赛信息,提示比赛进程;观赛人员,现场观众和电视机前的观众。

2. 时空因素

时间上是赛事发展的全过程,空间上是现实体育场馆和拟态电视时空场。

综上所述,我们将体育展示的功能概括为认知功能、娱乐功能和审美功能。

1. 认知引导功能

它是竞赛组织的必要组成部分,也是国际单项体育联合会、境内外媒体及观众关注的焦点。传播赛事信息,确保比赛正常进行,辅助观众理解比赛;突发事件发生,引导和指示赛场保持井然有序,引导观众文明观赛,维护赛场安全。

2. 文化娱乐功能

丰富赛事内容,活跃赛场气氛,增加赛事趣味性,吸引观众关注比赛,促进赛事营销;传播精神文化,塑造国家形象,构建跨文化传播话语平台,创造非物质文化遗产,辅助观众体验文化氛围。

3. 审美欣赏功能

以舞台表演的方式进行体育展示,有效利用声、光、影的技术手段,增强赛事的艺术性,引领观众进入艺术审美的境界。

第二节 体育展示的赛前筹备

体育展示是赛时服务于大赛的,如何更好地服务于大赛,在赛时进行完美的展示和呈现,对体育展示团队来说,赛前的准备是非常必要也是非常重要的。开赛前体育展示团队要做的准备工作涉及哪些方面,要做怎样的准备呢?

一、制定体育展示流程单

体育展示流程单,是所有展示团队在比赛时工作运行的根本和依据。特别需要注意的是,流程单制作完成之后,需要交给竞赛主任审核并签字,方可使用。一般流程单制定步骤如图 10-1 所示。

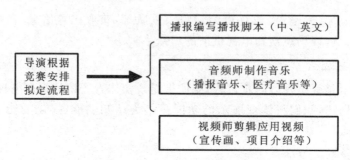

图 10-1 体育展示流程单制定步骤图示

首先是导演根据竞赛安排拟定体育展示的全部流程,这一流程包括了三个层面的内容,关涉三个层面相关人员的因素:播报人员、音频师和视频师。不同人群负责相应的工作准备。

二、模拟演练

作为赛场中控制声画,为运动员、观众提供信息的角色,体育展示团队能否默契配合,顺畅运行就显得非常重要。而模拟演练(见图 10-2),就成为正式比赛前体育展示团队的重中之重。成员对设备的熟知程度、岗位间的配合、团队整体的运转,都需要不断演练、适应、磨合。演练过程,将严格按照赛时竞赛部门的要求,时间精确到以秒计。根据拟定的流程单操作全程,在此过程中发现问题,做出及时更正和修改,以免正式比赛失误的发生。

图 10-2 广州亚运会体育展示演练间

模拟演练分为不同岗位的分别演练和各岗位配合的大规模、全方位演练。

第三节 体育展示的赛时运行

经过赛前的反复演练,体育展示团队已经将比赛流程了然于胸,能够顺利完成不同岗位职责,实现各岗位间的默契配合。赛时,根据组织管理流程运行每个场馆的体育展示具体环节,完成赛时的体育展示。

一、体育展示团队成员以岗位(以广州亚运会设置为例)

了解体育展示团队的岗位设置、不同岗位的职责和要求,对于我们更好地了解体育展示工作业务实践,进行理论探讨是非常重要的。

我国经过 2008 年北京奥运会体育展示的实践,到 2010 年广州亚运会体育展示已经积累了丰富的管理和操作经验。所以,我们以广州亚运会的体育展示团队设置为例,说明体育展示团队岗位设置与职责要求(见表 10-1)。

表 10-1 广州亚运会体育展示岗位设置与主要职责说明表

职位	职位说明	主要职责	其他要求
体育展示经理(1 名)	负责场馆或场地内与体育展示有关的事务	管理本团队的场馆运行管理工作	具有管理工作经验,善于沟通,较强的文字和口头表达能力。能够独立建立工作系统,并掌握时间进度,能够充分发挥领导的作用
体育展示助理(1 名)	协助体育展示经理完成场馆体育展示工作,与各部门的沟通协调	根据体育展示经理的要求,完成与体育展示运营有关的具体事务,与其他部门协调。与场馆其他各职能部门保持密切联系与沟通,特别是负责接收比赛成绩、获奖运动员和颁奖嘉宾名单、发放和接收其他部门的播报需求信息等	较强的沟通、协调能力,熟悉体育项目和体育竞赛;熟练操作各种办公软件

续表

职位	职位说明	主要职责	其他要求
体育展示导演（1名）	完成赛时导演工作，同时对播报稿、音乐、视频等做出最终审定	负责流程单的制作、分发及保存等管理工作	对导演业务有一定的了解，熟悉并热爱体育项目。较强的领导、管理和沟通能力
体育展示中文播报（2名）	撰写播报脚本，在场馆内负责各种中文信息的播报	赛前负责中文播报脚本和应急播报脚本的撰写，并征询主管负责部门的意见，确定最终的中文播报脚本；赛时在导演的指导下，负责向现场观众播报已确定的内容和经其他部门负责人签字确认的应急播报内容	播音专业，优秀的中文、良好的英文口头和文字表达能力，熟悉体育项目
体育展示英文播报（2名）	撰写播报脚本，在场馆内负责各种英文信息的播报	赛前负责英文播报脚本和应急播报脚本的撰写，并征询主管负责部门的意见，确定最终的英文播报脚本；赛时在导演的指导下，负责向现场观众播报已确定的内容和经其他部门负责人签字确认的应急播报内容	播音专业，优秀的英文、良好的中文口头和文字表达能力，熟悉体育项目
体育展示视频师（2名）	负责体育展示视频工作	赛前，收集整理本项目的历史视频素材，根据体育展示项目模板和播报脚本，撰写小片策划案，完成小片的拍摄、配音、后期合成及送审修改与确定。在导演的指导下，赛时根据现场情况调度摄像机位，按照体育展示模板和体育展示流程单对大屏幕、记分牌的音视频信号和现场音频系统信号进行切换，与播报员、视频编缉、音响师共同合作	相关视频专业知识及经验；热爱体育项目和体育竞赛

续表

职位	职位说明	主要职责	其他要求
体育展示音响师（1名）	负责体育展示现场音响工作	赛前，在熟悉本项目的基础上挑选适合本项目风格的音乐，有必要的情况下对音乐进行编辑，并将需要的音乐与国歌提前录入；赛时，在体育展示导演的指令下，负责整个音频系统的操作。同时，音响师还负责麦克风的设置与调试，联络音频设备承包商对设备进行必要的保养和维修	相关音频专业知识或经验；热爱体育项目和体育竞赛
体育展示音响助理（2名）	协助音响师，负责现场音乐的播出	赛前，在熟悉本项目的基础上，配合体育展示音响师挑选适合本项目风格的音乐，并将需要的音乐与国歌提前录入；赛时，在体育展示导演的指令下，配合体育展示音响师负责音频系统的操作	相关音频专业知识或经验；热爱体育项目和体育竞赛

二、赛时流程

体育展示团队会根据项目的特点，制定相应的流程，并在正式比赛前开始体育展示的工作，由导演下指令，播送音乐、视频，宣告服务信息等。

场馆开放前，体育展示开始工作，一般距离比赛的时长根据比赛类型决定。这时候的主要任务是检测通讯联络系统是否正常，对体育展示音乐播放和现场播报业务进行确认。文字编辑负责检查文字信息资料并对播报内容进行最终确认，播报员核对当日比赛运动员的基础信息资料并对内容进行模拟练习，音响师检查音频系统是否工作正常，等等。

场馆对观众开放后，赛前1小时至赛前10分钟，工作任务主要是播音员通过扩音设备进行现场播报，包括场内须知、天气预报、项目介绍、观众须知、比赛日程安排、场馆的介绍，同时与观众互动、暖场。

比赛开始后，主要是播音员通过现场扩音设备进行播报介绍运动员、教练员、领队、裁判员；当场比赛开始后，主要是大屏幕显示展示内容，适当时刻插播音乐，比如在暂停和替换时有特殊音乐插播等。

当然,不同类型的体育赛事,体育展示流程也各有不同,根据赛事要求做出相应调整。例如,"2010年广州亚运会软式网球"(见图10-3)与"大众汽车2011国际乒乓球精英赛"(见图10-4)的体育展示流程就各有侧重(见图10-5、图10-6、图10-7)。

图 10-3　广州亚运会软式网球体育展示流程单

续图 10-3

图 10-4 大众汽车 2011 国际乒乓球精英赛体育展示流程单

大众汽车2011国际乒乓球精英赛体育展示流程单

SPP Cue Sheet Of VW 2011 Cup. GuangZhou

场馆：	广州天河体育馆		竞赛单元：MS/WS		日期：2011.3.23-24		负责人签字：陆虹		竞赛主任签字

序号 No.	倒计时 Countdown	持续时间 Duration	内容 Action	播报脚本 Scripts	音频 Music/Audio	视频显示屏 Videoboard	互动表演 Interaction/Activity	液晶挡板 LED barriers	备注 Note
5	0:25:00	0:02:30	大众广告宣传	大众汽车公司作为本次大赛的冠名赞助商，是全球最大的汽车制造商之一，大众汽车集团旗下拥有7大汽车品牌以及大众金融服务业务，整个集团内有近40万员工为大众汽车企业的发展而奋斗。本届比赛将以全新的精彩演绎大众精神的超凡魅力，精英汇聚，大众同享！…… To the title sponsor, Volkswagen, the world's largest car manufacturer, with an RMB 300,000 prize money, plan for the winners a sparkling new Volkswagen Tiguan!	VOLKSWAGEN - Love Generation (s'90")	大众广告预计		大众logo投放在LED的各种播放动态上同，配合其他logo	
6	0:23:30	0:02:30	嘉宾信息		backs policy(12'30")	动态预设			
7	-0:20:00	0:01:00	宣誓介绍	大众汽车国际乒乓球精英赛是由大众汽车(中国)投资有限公司、国际乒联和上海巨星体育文化股份有限公司联合主办的国际乒联顶级赛事。2010年，大众汽车国际乒乓球精英赛已经在都市激情秀的完美演绎下一经亮相世界，征服各国。没有国界的国际比赛，每个角落都有充满期待的忠实粉丝，观众们在顶级赛事中跟随他们心中的明星经历着他们的梦想。在今天，大家即将见证新一轮全新的角逐。今天，张继科、王皓、马琳、王励勤、马龙、张超、许锐锋、侯英超、李平；丁宁、刘诗雯、郭跃、李晓霞、范瑛、姜华珺、彭陆洋、武杨将再次代表2010大众汽车国际乒乓球精英赛走进赛场，他们中谁又将成为2011大众汽车国际乒乓球精英赛的冠军呢？让我们拭目以待。 Volkswagen 2011 Cup was held by Volkswagen joint with the ITTF in Guangzhou. The 1st Volkswagen Cup 2010 has attracted the top players from all over the world by six prizes and points. Let's back to 2010. Ma Long and Liu Shiwen, who represented China, won the champions. However, who will be the first place this time? Let's hold our breath. 很严格地检测运动员的卷体动作和等待时机，让观众跟随着每个运动员的精彩动作，感受他们的支持与鼓舞，希望现场的每个球员都可以得到大家的欢呼，那么，让我们再次、观众 让我们倾情呐喊！ In addition to the men's and women's singles. The Spectacular fairs will show us of tension match with fun and competition. With joy and friendship. Ladies and gentlemen, let's expect it!	视频音频	赛事台logo 18'30" 几种长度循环显示 在角排窗口显示3'所读屏的台标		每个台标此台标（随时更新）	

大众汽车2011国际乒乓球精英赛体育展示流程单

SPP Cue Sheet Of VW 2011 Cup. GuangZhou

场馆：	广州天河体育馆		竞赛单元：MS/WS		日期：2011.3.23-24		负责人签字：陆虹		竞赛主任签字

序号 No	倒计时 Countdown	持续时间 Duration	内容 Action	播报脚本 Scripts	音频 Music/Audio	视频显示屏 Videoboard	互动表演 Interaction/Activity	液晶挡板 LED barriers	备注 Note
8	-0:14:00	0:02:00	观赛注意事项	观众朋友们，在乒乓球比赛的过程中，由于运动员的精神高度集中，所以请您不要高声喧哗或追逐打闹，并请关闭您的手机或者将手机调到振动状态。另外，在比赛进行时请不要使用闪光灯拍摄。当需要支持比赛的运动员时，感谢您的支持与配合！希望现场的每一位观众能收获与享受这个精彩的周末。 Ladies and Gentlemen, during the match, please remain seated and have your mobile phone turned off or silent. If you want to take photos, please shut down flashlight. Thank you for your coorperation.	air (4'02")	不要喧哗动画 手机静音动画 关闭闪光灯动画			
9	-0:12:00	0:02:00	备播音乐		tron (2'30") / cruel summer (3'35")	动态预设			
10	0:10:00	0:05:00	歌手演唱	各位观众，接下来即将出场的是本次大众汽车乒乓球精英赛的特别表演嘉宾——澳大利亚著名歌星Paulini，Paulini小姐成名于2003年的"澳洲偶像"，后以天籁之声风靡澳洲。朋友们，作为地道的乒乓球运动员之后，让我们一起为paulini那种美妙的歌声中为今晚的决赛拉开序幕。 Next is the super star of Volkswagen 2011 Cup: Paulini from Australia. As a keen table tennis fan, she will sing her charming song "don't leave me this way-free of love", Ladies and gentlemen, let's welcome Paulini!	Don't Leave Me This Way 4'55"	歌手表演现场号/歌手图片	歌手演唱/伴奏		24号晚上

续图 10-4

图 10-5　广州亚运会体育展示音视频工作间

图 10-6　广州亚运会体育展示播报席图示

图 10-7　商业性比赛体育展示工作席位

三、赛后工作

比赛结束了,体育展示工作人员的工作并未结束。他们需要进行工作总结,并对下一场次的比赛体育展示工作进行准备。

一是向体育展示经理汇报运行进展,与竞赛等部门沟通整天流程,撰写每天总结。等待新一天的竞赛日程安排或者赛事流程下发,据此编写第二天的体育展示流程单。

二是部门内部总结,调试及保养音视频设备,播报提前熟知第二天比赛需要宣告的内容,诸如比赛场次、运动员信息等。

四、注意事项

作为体育展示团队的成员,掌握了体育展示的重要作用和组织运行,具备某领域专业技能还不能很好地胜任体育展示工作。我们还需要从以下几个方面提升自己。

(1)成员需具有良好的比赛阅读能力和外语基础。综合性体育赛事的竞赛部主任,一般由其相应项目国际协会指派,负责相关重要工作的人员,也以国际技术官员为主。体育展示部门为了获取足够正确、及时的信息,少不了与这些外国友人打交道。良好的外语水平有助于迅速有效地建立沟通渠道。

(2)为防止赛时工作受到干扰,体育展示团队只对竞赛部提出的要求做出迅速反应,不对其他部门负责,而其他部门也不能随便干预正在运行的体展工作。

(3)赛前必须制定应急预案,对赛场内外可能发生的情况第一时间做出处理,服务观众,服务竞赛。大型赛事可能会遇到一些突发情况,比如大雨、停电、斗殴、伤病、拥堵、坍塌等,组委会一般会在赛前对这些可能出现的情况,制订相应预案,并安排赛前演练。凡是在预案之中的,播报员就要在第一时间及时播报事先准备的应急方案,及时疏导人群,安抚观众情绪,确保赛事的顺利进行和观众的人身安全。

如果突发情况不在应急预案之列,那么,现场播报员一定要沉着冷静,根据具体情况,学会危机处理。

附录1

应急预案1:天气

中文:各位观众,由于天气原因,比赛将延时开始。请您坐在座位上不要走动,听从工作人员的指挥。如需任何比赛信息或帮助,请联系现场的工作人员。谢谢您的合作。

英文：Attention please, the sports meet is postponed because of rain, please stay in the rain shelter section. The latest news will be presented as soon as possible. If you need any help, please contact our staff. Thanks for your cooperation.

应急预案 2：起哄

中文：各位观众，请给予运动员一个舒适的比赛环境。我们的比赛将继续进行，请您坐在座位上不要走动和大声喧哗。谢谢您的合作。

英文：Ladies and gentlemen, let's give a comfortable phenomenon to the players and our game will continue. Please remain seated and do not make a racket. Thanks for your cooperation.

应急预案 3：火灾/爆炸品/引火自焚

中文：观众朋友们，以下是重要的公共安全通告。我们会对现场情况进行紧急处理，请您暂时停留在座位上，不要随意走动，听从现场工作人员的安排。谢谢合作。

英文：Your attention please this is an important public safety announcement. We ask you to please remain in your seats at this time. Due to unexpected delays and to relieve public congestion in the public domain, please remain seated until directed to exit the venue. Thank you.

（4）音频、视频与中英文播报，各个岗位最好至少有两名以上的成员，以便保证工作质量与效率。

第四节 播报员的重要地位

一、现场播报的作用

现场播报属于体育展示的重要组成部分，在体育展示中发挥着举足轻重的作用。

（一）提示与引导

1. 观众赛时引导

综合性体育赛事的现场观众很多，单靠现场工作人员和志愿者不足以引导观众尽快落座,现场播报员可以朗读不同项目的观赛礼仪,将注意事项等信息播报给到场观众,方便观众观看比赛,同时配合场地和安保部门,维护场馆的秩序。

2. 比赛进程提示

比赛进程包括欢迎词、项目介绍、比赛规则、运动员介绍、观赛礼仪、运动员入场等内容,这些都要靠现场播报进行提示。这种提示是赛场最重要的指示信号,它能确保比赛顺利进行,确保观众专注赛事本身。

例如:"女士们,先生们!下面有请运动员入场!""Ladies and gentlemen, let's welcome the players!"

提示的结果是,全场安静,然后集体鼓掌。

3. 突发情况引导

出现突发事件,第一时间播报应急预案。疏导观众、维护现场秩序,确保赛场安全。不在应急预案之内的突发事件,更需要播报员的机智和经验,引导观众保持镇静并做出相应提示。

(二)烘托比赛现场气氛

体育比赛充满激情,激情来自比赛本身,同时也来自观众的加油助威,如果现场播报能够感染和带动观众,观众就能与运动员形成良性互动。

以广州亚运网球比赛为例,在运动员赛前热身时,播报员这样说:"女士们,先生们,2010广州亚运会网球比赛将在5分钟后,正式开始,让我们共同期待运动员们的精彩表现,分享运动的激情与快乐!"

"Ladies and gentlemen, the women's single of 2010 Guangzhou Asian Games is going to start, let's hold our breath to witness the glorious moment!"

通过这样的语言提示,增强观众对比赛的期待感,调整情绪,使比赛节奏和观众的心理节奏吻合。

(三)维持比赛现场秩序

不同的比赛项目会有其相对应的观赛要求,在比赛过程中,经常会因为一些偶发因素引起观众或运动员的不满,在这种时候,现场播报就要配合团队成员,果断处理。

从观赛礼仪角度看,一般比赛应该遵循下列原则。

第一,入场前应根据场地要求着装,不可随意,有些场馆对观众穿鞋有特殊要求;不能携带易燃易爆等危险物品及酒瓶、刀具等硬件物品入场;不带易拉罐等危险罐装物品入场；不带宠物入场。如有安全检查规定，应积极配合；有序入场，注意礼让老弱、妇女儿童及外国朋友入场，如有需要，为其引路指座。

第二，若要提前退场，在不打扰他人的情况下尽快离开。比赛结束时，向双方运动员鼓掌致意。应主动将饮料杯、矿泉水瓶、果皮果核等杂物带出场外。

第三，部分观赛礼仪还有特别要求，比如：

观赛时建议不要携带零碎食品入场。公共场合禁止吸烟，吸烟应到专用吸烟区。从北京奥运会开始，越来越多的比赛场馆设立为无烟场馆。

花样游泳比赛中，观众应在音乐开始时保持安静，在比赛中不要喊口号加油，保持安静。

观看网球比赛时，不宜穿背心或短裤，作为贵宾出席须穿正装。并且只允许在单数局结束后走动。

为防止观众在比赛中，随便呐喊助威，对运动员的发球或接球造成强烈干扰，应提前做好提醒，播报员可以这样向观众说明："女士们，先生们，比赛期间，请您将手机关闭或调到静音状态，拍照时请不要使用闪光灯。比赛过程中，请选择在局间休息时，即单数局结束或一盘结束的时候，迅速离开，以免影响运动员比赛。谢谢！"

"Ladies and Gentlemen, during the match, please remain seated and have your mobile phone turned off or silent. If you want to take photos, please shut down flashlight. Your cooperation is the best support to us. Thank you."

（四）运动项目内容的解释与阐释

不是所有观众熟悉比赛规则，现场播报员应不失时机地对该项目的常识、规则进行必要的解释，有时还需要对一些有争议的判罚进行必要的讲解，避免观众因不解而产生不良情绪。在换人、判罚等关键情况应做出及时的解释。

例如，"在网球比赛中直接得分的发球，都叫作 ace，我们会把 love 代表零分。这是因为最早的网球比赛规则是采用法语的。0 在法语中的发音就是 LOVE。另外一局中对手未得分就叫作 Love game"。

（五）颁奖仪式的主导

综合性运动会的颁奖仪式多为全球直播，其影响力巨大，是体育展示工作的重中之重。有人说，颁奖仪式的成败意味着体育展示工作的成败。张泰源在《奥运体育展示现场播报初探》中这样认为：

"其中,体育展示现场播报又是整个颁奖仪式的核心与主导,现场播报决定着颁奖仪式的起始、进程,体育展示的各个部门都是在现场播报指令下进行运作。体育展示现场播报出现一个小小的错误,其后果都是不可挽回的。"

"零失误"完成颁奖仪式,是考验一个体育展示团队是否有足够的合作性、专业性及集体荣誉感的标尺。获奖运动员名字与国家的核对,颁奖嘉宾资料的确定,中英文播报内容的审核,颁奖时根据进程及时调整语速等,都是平时的演练和磨合积淀下来的结果。

二、播报员的基本素养

根据上文对现场播报功能的解读,我们很容易发现在体育展示团队的工作运行中,播报员一职占据着举足轻重的地位。

在大型综合性运动会当中,播报员的分工会比较明确,工作范围界定相对严格,如:中文播报和英文播报会独立执行任务,互不涉及彼此的内容。程序上每次都须得到导演或现场指挥的指令后,方可进行播报。一般的竞技比赛或商业比赛,对播报员的要求更为广泛,在照顾竞赛信息的同时,还需兼顾赛事赞助商信息等内容。由此,现场播报需要播报竞赛信息、场馆信息、观众服务信息,是组织方与参与方之间最重要最及时的沟通桥梁。

播报员素质的高低直接影响到播报的水平,关乎赛事的成败。一个合格的现场播报员,需要具备哪些素质呢?

1. 得体的语言表达能力

播报员是通过声音传递信息,实现体育展示的功能的,所以,其播音发声技能的掌握是基本素质。流畅得体的语言表达,是应对现场突发情况的先决条件。播报的语调适中,切记喧宾夺主。

例如,在2011年WTA广州国际女子网球公开赛,现场的中文和英文播报在介绍中国球员出场时过于热情,在宣告运动员资料及赛事信息时,对于主场的支持感太强烈。赛后,当场两位选手向裁判长和比赛监督提出抗议,导致体育展示工作的进行受到更多的阻力,也显示出播报员职业操守的不足。

2. 机智的现场控制能力

体育比赛现场有其即时性、不确定性,有别于广播或电视的播音员,现场播报除了发音吐字标准,熟读稿件外,比赛中的必须要有足够的控场力,熟悉体育比赛、体育专业术语、了解场馆运作,以应对突发情况的发生。

3. 信息资料储备的能力

各参赛国运动员的基本信息,背景资料甚至是个人的兴趣爱好等,都是在准备工作时必须要注意到的。同时也要准备一些冷场时候的补救措施,如:每个运动项目的介绍,重点运动员国家的一些简单介绍。尽量在每个比赛之前做到全面的资料收集,再配合比赛实际状况说出。

4. 体育专业理论与实践素养

专业、准确的体育术语是播报员工作的关键。体育展示团队其他成员的工作属性与播报员有明显的分别,专项体育知识、发展史、规则与技术动作术语必须依靠播报员的自我积累。播报脚本的用词选择,往往体现着播报员的体育知识专业素养。

5. 饱满的精神状态

作为麦克风前的操控人,现场播报时必须保持饱满的精神状态,带动全场的情绪。但是,语气仍需客观,切勿以带有明显倾向性的语言进行播报,以免引起不必要的纷争,甚至引起观众的不满。

三、现场播报的规范要素

(一) 播报语气要求权威、客观、亲切

体育展示作为运动会组委会和举办地的"传声筒",其现场播报语态具有绝对的权威性。

比如,奥运会各赛场比赛前的开场白:"女士们,先生们,大家好!欢迎您光临北京奥林匹克公园网球中心,观看2008年北京奥运会网球比赛。2008年北京奥运会是第29届现代奥林匹克运动会。"

这段话的播报,语气要沉稳,声音要高昂,音质要厚实,重音"2008年北京奥运会网球比赛",时间、地点、名称用的都是全称,没有用简称,这是权威性所在。

客观性体现在播报词语的选择及播报语气语调的表达,都不能带有鲜明的感情色彩。比如,可以说"负于",不能说"惜败",要考虑到比赛双方的共同感受。

亲切性体现在播报服务性内容时,不用那么严肃,而应该亲切、随和,以场馆主人的身份,欢迎四方宾客,享受愉快时光。

(二) 播报节奏要慢中求稳

与演播室播音不同,现场播报的回声与混响明显,播报太快,容易导致听众听不清,从而产生错觉。慢中求稳,一方面能保证播报信息的有效传达,另一方面也符合播报语气的权威、客观、亲切性原则。

（三）准确是播报的生命

体育展示是国家或城市的形象与脸面,任何错误的信息都有可能造成严重的后果。特别是关于运动员姓名的发音和颁奖仪式的播报,要求现场播报零失误。一旦出现错误,就会导现场观众不再信任播报员;更严重的是有损国家或举办城市的形象。

四、播报员的现场解说之路

单项体育比赛,往往只需播报员广播赛事信息、观赛礼仪、观众服务信息等基本内容。这时的播报员更像是宣告员,接受指令之后做出规定动作,在规定时间内完成。一些表演性强而对抗性弱的项目,如田径、跳水、体操等,则对体育展示的播报员提出更高的要求,在完成基本宣告的任务外,还需进行"现场解说"。

因此,我们可以把播报员区分为:现场播报员和现场解说员。

现场解说工作的核心目的,就是在保证比赛顺利进行的情况下,利用适当的时间间隙,把现场的比赛生动的用有声语言还原出来。增强观众对比赛的理解和认知程度。

以田径为例,从 2008 年北京奥运会始,现场解说部分由中、英文两位播报员担任,其中英文解说由国际田联选派。由于主办地在中国,故中文与英文内容量,大概以前者占七成后者占三成分工。这是体育展示中英文现场解说第一次出现在中国举办的大型体育盛会当中。时至 2011 年深圳世界大学生运动会,我国已有相对成熟的现场展示系统,中英文解说员皆为中国面孔,其中中文解说员为中国传媒大学的陈晨,英文解说员为广州体育学院的李嘉铭。他们对赛事有足够的认知和把握,现场解说工作多次受到国际田联官员的表扬与称赞。

现场解说,不同于一般体育展示程序中导演下达指令后才进行播报的情况。解说员必须依靠对比赛进程的整体把握,控制自己解说的内容。依据每个项目不同的规则,在适当的时候进行评述。与电视解说或广播解说不一样,现场解说的受众包括运动员、裁判员在内的参赛主体,评述的内容对他们会有直接的影响。客观、公正的工作态度,才能使解说的内容更显张力。

附录 2

现场解说案例:2011 年世界大学生运动会 田径项目 男子 200 米决赛

各位现场观众,赛道上正在进行的是,本次大运会男子 200 米最后的决战。8 位选手进入到最后的角逐。(等候发枪)比赛开始,进入弯道加速,选手们起跑都十分不错。进入直道，领先的是六道选手，来自牙买加的德约尔，看德约尔最后的 50 米冲刺，漂亮的甩开了其他所有选手。参考成绩 20 秒 20。非常不错的一个成绩，年轻的牙买加选手再一次惊人的短跑天赋让现场的 4 万观众记住了他的名字，祝贺"拉希德·德约尔"，牙买加代表队的又一枚来自田径项目的金牌。

优秀的现场解说员，实际上，与优秀的电视广播解说或信息评论员一样，他们要预先准备，认真聆听，反复研究他们听到的东西，最大限度地掌握相关资料信息。

现场解说比现场播报有着更高的素质要求。这一角色必须发挥自身的创造力，利用自身的知识储备和解析能力解释说明比赛中的关键环节。

第五节　体育展示的延伸

体育展示的运作是严格按照竞赛的要求，按照既定的程序以高水平的播报向运动员和观众传达官方的、有效的信息，并尽可能地用恰当的评论性语言使运动员在良好的比赛氛围中发挥最佳的水平。同时营造热烈的现场气氛，带领观众欣赏比赛并享受比赛带来的乐趣和审美体验。

从 2008 年起，经过北京奥运会、广州亚运会、深圳大运会的历练，体育展示在哪些方面还有拓展的空间，我们又将以何种形式延续体育展示的功能和精彩呢？

一、增设现场主持

增设现场主持人，作为观众与赛场沟通的桥梁。在比赛间隙或赛前赛后，能够在比赛场地适时地与观众或球员直接交流（见图 10-8）。一方面弥补了体育播报与观众之间的距离感，另一方面使体育展示更加丰富，凝炼赛场亲和力。

现场主持人即时与观众、球员的交流，弥补了观众对运动员的好奇心，通过主持人传播的信息增进了对运动员的了解。现场主持人在比赛间隙的串场和采访，有效缓和了比赛的紧张气氛，根据需要将赛事引向适切的情感氛围中。主持人的话语配以播报音乐和暖场音乐，赛场气氛和谐，充满人文关怀，富有感染力。

图 10-8　2012WTA 深圳金地公开赛现场主持即时采访李娜

另外,比较有名的体育赛事中英文现场主持人本身就是观众关注的焦点之一。如吴大维、王东等,他们的出场为赛事带来了更多的看点,提升了比赛的可看性。

二、拓展媒体平台

合理利用新媒体,开通微博平台,与赛场内大屏幕展示相结合,打造体育展示的立体展示空间。有效利用微博有效反馈、即时互动、评论转发等特点,使观众多渠道了解赛事、参与赛事。某种意义而言,现场观众成为比赛的一部分,他们的信息传递与反馈很大程度影响了赛场外观众对于赛事的欣赏和解读,促进了赛事传播和营销。

三、创新背景音乐

有效提升背景音乐的系统性和完整性,根据比赛的项目特征和比赛进程,制作自成体系的音乐。风格选取贴近比赛、贴近观众、贴近运动员,使赛场不同层面的人们都受到音乐的感染而提升体育比赛的魅力。例如,在深圳大运会时,一些选手在比赛结束后,仍然留在场地听完音乐曲目才会离开球场。可见,背景音乐的魅力与潜移默化的感染力是何等巨大。

作业题

1. 如何理解体育展示的内涵?
2. 你认为开幕式表演是不是体育展示?简述体育展示的发展过程。
3. 体育展示的重要性表现在什么地方?
4. 体育展示在大型赛会中发挥的作用有哪些?
5. 现场播报和体育展示的关系如何?现场播报的作用是什么?
6. 现场播报应该注意的事项是什么?在校运会召开期间,组建体育展示团队,模拟演练大型赛会体育展示和现场播报的组织流程和实践操作。

参考文献

[1]亚组委.广州亚运会体育展示培训教程,2010.

[2]张泰源.奥运体育展示现场播报初探[J].现代视听,2008(12).

[3][美]汤姆·海德里克.体育播音艺术——如何建立成功的职业生涯[M].任悦,王群,等,译.北京:中国广播电视出版社,2008.

[4]奥运会组织工作的新兴发展项目——体育展示.
http://sports.sina.com.cn/o/2007-07-26/10393063276.shtml.

[5]张楠,许万林,高朝阳.体育展示与奥运会组织工作[J].西安体育学院学报,2008(4).

[6]药宏亮.北京奥运会体育展示运作规律的研究[J].西安体育学院学报,2009(5).

[7]张楠,许万林,高朝阳.多哈亚运会赛场上的体育展示及其对北京奥运会的启示[J].吉林体育学院学报,2007(5).

[8]李永丹.CBA职业联赛体育展示研究[D].北京:北京体育大学,2011.

[9]李振.跨文化传播视野下奥运会体育展示的研究——以2008年北京奥运会为例[D].扬州:扬州大学,2010.

[10]周梅.北京奥运会赛场体育展示的理论与实践研究[D].北京:北京体育大学.

[11]徐文海.从北京奥运会看体育展示系统的发展——兼论体

育展示与智能化系统的关系[J].智能建筑与城市信息,2008(5).

[12]体育展示为赛场添彩.http://www.jinghua.cn.2008.

[13]体育展示团队构成.http://www.beijing2008.com.

[14]赵苏妙,李征在.奥运会体育展示与北京奥运会体育展示对策的研究[J].北京体育大学学报,2007(S1).

奥运会组织工作的新兴发展项目——体育展示

广播里流淌出清晰、准确的解说;时而舒缓、时而高昂的现场音乐;滚动播放精彩镜头的大屏幕;激情四射的啦啦队表演……在一些国际性体育赛事中,伴随观众看完整场比赛的现场解说、音乐、大屏幕视频和啦啦队表演都属于体育展示的范畴。从1996年亚特兰大奥运会开始,"体育展示"(Sport Presentation)这个概念正式进入了奥运会的组织工作,它的英文名也曾经历了从Display、Venue Presentation、Sport Production 到 Sport presentation 的数次改变。可以看出,"体育展示"在奥运会组织工作中是一个新兴的发展项目。

体育展示是什么

翻开国际奥委会技术手册,有这样一段说明:体育展示是指向公众和观众展示体育的方式或者是现场的播报员、音乐、视频,以及灯光组成的舞台节目,通过有效的表达,展示奥运会在场馆内的脸面和形象。

竞赛展示和文化展示是体育展示的两个主要组成部分。竞赛展示是指按照国际单项体育联合会规则和竞赛规程规定的赛前仪式、电子记分屏的显示、与体育竞赛直接相关的现场广播和比赛信息。文化展示则着重于加强观众与赛场的互动,比赛前后及间隙时间进行的文体娱乐活动,以及借助视频、音乐、表演等形式营造奥运文化氛围,展示举办国文化。

视频、音频和表演是体育展示的三种主要表现形式。

视频表现指在所有竞赛场馆的现场大屏幕播放的视频内容,以及在记分屏上显示的动画、图标和文字的设计内容。比如,在2000年悉尼奥运会上,体育展示团队每天都会制作当天比赛的精彩镜头集锦,送到各场馆播放,受到观众的好评。从此,精彩镜头集锦成为奥运会的一种传统,很多国际赛事也纷纷效仿,并从场馆大屏幕走向了电视屏幕。

音频表现包括开场音乐(体育展示标志音乐)、运动员入场音乐、裁判员和运动员介绍音乐、信息通报音乐、提示音音乐、颁奖仪式系列音乐、比赛结束音乐、观众退场音乐等。2002年盐湖城冬奥会开设了一个运动员音乐点播网站,运动员可以上网点播他们最喜欢的音乐在其比赛场馆播放。受到启发,北京奥组委体育展示核心团队正在全力创建"音乐图书馆",目前已搜集了涵盖70多个国家和地区、长达200多个小时的音乐素材。

现场表演指在比赛开场、退场和间歇期,为了烘托赛场气氛进行的表演。据北京奥组委负责人透露,北京奥运会赛场上将有多种类型的表演节目:啦啦操表演、吉祥物表演、武术及技巧表演、中国文化和民俗表演、现场互动表演等。

建立一支高素质体育展示场馆团队

6月初,北京奥运会体育展示与颁奖仪式场馆经理及核心骨干人员的培训工作在北京奥运大厦拉开了序幕。来自中国传媒大学的大学生边雨濛通过层层选拔,成为一名体育展示文字编辑。"我从现在开始要更加扎实地学习专业知识,为培训结束后的下场馆实习做好准备。"她认真地说。特意从沈阳赶来的举重国际一级裁判宋光洁也有了个新身份——北京航空航天大学体育馆的体育展示经理,"下场馆后我要一直待在北京,虽然离家远,但为了奥运这件大事,再累也不怕。"

"要完成高质量的体育展示工作,必须建立一支高素质的体育展示场馆团队。"北京奥组委文化活动部部长赵东鸣一语道破体育展示工作成功的关键。体育展示是一项专业性极强的业务工作,又是一项复杂的系统工程,对人员的专业素质及技能要求较高。对此,北京奥运会体育展示核心团队将由北京奥组委文化活动部体育展示与颁奖仪式处的工作人员组成,并在赛时转化为"体育展示运行及表演管理办公室"。同时,为了抓住奥运会这个机遇培养国内人才,北京奥组委决定聘用一些资深的外籍体育展示专家,并挑选部分国内体育专业人士及大学生承担奥运会的体育展示工作。

在所有的33个体育展示场馆团队里,700余名工作人员将在经理、导演、播报员、文字编辑、视频编辑、音响师、摄像师和助理等岗位上,完成北京奥运会28个大项和38个分项的体育展示工作。他们之中,有国际级裁判,有从事体育教学工作的大学教授,也有从中国传媒大学、中央戏剧学院等高校中挑选出来的优秀大学生。在通过奥组委组织的统一培训后,他们将在即将举行的"好运北京"系列体育赛事中经受实战考验,获得服务奥运会的最终通行证。

今年4月底,北京奥组委、国际篮联、NBA签署了《北京奥运会篮球项目体育展示合作谅解备忘录》。这意味着NBA将协助北京奥组委和国际篮球联合会进行奥运会篮球比赛的现场音乐、大屏幕视频、解说以及表演等体育展示活动。对此,北京奥组委负责人表示,"NBA在体育展示方面的经验是值得借鉴的。北京奥组委将在保证奥运会体育赛事顺利、安全进行的前提下,倾心打造出渗透着中国文化的体育展示。"

(原载《北京日报》http://sports.sina.com.cn 2007年07月26日10:39)

第十一章

富有特色的解说评论

学习目标

通过本章学习,加深对体育解说评论的理解,熟悉女性解说、方言解说和新媒体解说等富有特色的解说评论。

章前导言

体育解说评论不仅是一项新闻传播活动,同样是一种艺术活动。而作为艺术的体育解说评论自然就形成不同的艺术风格和流派,在这其中又不乏一些独具特色的体育解说评论。

本章我们将介绍几种富有特色的体育解说评论形式,继而剖析不同的解说风格,力图充分展现体育解说评论的魅力。

第一节 女性解说评论

在整个体育新闻界,男性工作者的数量远远大于女性,这是一项由男性居于主导地位的工作,在体育解说评论界亦是如此。然而仍有不少的女性解说在这一领域以自己独特的魅力给球迷留下了深刻的印象。

一、女性解说的优势

体育解说在很多年里都是"男人的世界",究其原因主要是体育比赛强调激烈的对抗性,男性声音的刚猛浑厚本身也很适于体育解说。此外,体育爱好者中男性占绝对的主力,很多体育项目少有女性参与,更不要说是体育解说。然而这并不意味着女性解说在这一行业毫无立足之地。随着女性运动员的日益增多,女性解说员独特的优势也逐渐为观众所接受,许多女性解说员在这片男性领地中闯出了一片天地。

(一)形象柔美,更具亲和力

ESPN主持人琳达·科恩曾说过一句话:"在业内,看着漂亮不是重要的事——是非常重要的事。"[1]不得不承认的一个现实是:在一个男性占多数的职业圈中打拼,女性解说员是否具备良好的外在形象确实十分重要。英国艺术评论家约翰·伯杰在《观看之道》中一针见血地指出:"女性自身的观察者是男性,即被观察者是女性。这样她将自身转化为一个客体,尤其是转化为一个视觉的客体,即一种情景。"[2]传统男性本位的审美文化把男性和女性置于"看/被看"的模式中,女性成为男性目光中的审美对象、观赏对象,而社会往往会按是否符合男性审美标准衡量女性美,并且不断地改造女性的审美观和对自身的认识。

出现在屏幕上的女性形象都比较靓丽和柔美,这其实反映出传统男性审美观念,对于在体育迷当中占绝对多数的男性观众而言,一个漂亮养眼的女性解说员确实能吸引他们更多的眼球。再者,体育比赛节奏快、对抗性强,女性的亲和力能够调节这种紧张与冲突。

在众多成功的女性解说中,外形靓丽的例子比比皆是。比如CBS的橄榄球解说员菲利斯·乔治,她是1972年的"美国小姐",由于形象出众,颇具亲和力,对美式橄榄球运动有着与男人们完全不同的柔性视角,她的解说改变了大众对女性解说员的偏见,获得了广泛的认可。

另外一位为国内观众所熟知的美女解说当为日本朝日电视台的游泳项目

---

[1] [美]汤姆·海德里克.体育播音艺术[M].任悦,王群,金北平,徐力,译.北京:中国广播电视出版社,2008:177.

[2] 转引自顾铮.我们的视觉表达——当代西方女摄影家的探索[J].中国摄影,1999(2).

女解说竹内由惠(见图11-1),在2011年的上海世界游泳锦标赛上,她清新可爱的主持风格,给观众留下深刻印象并迅速走红。

图 11-1　竹内由惠

（二）感性特质,更具感染力

体育解说员一般较少出镜,他们用自己的声音给予比赛最好的注解,故解说的声音特质就极其重要。女性的声音特质不同于男解说,男性声音低沉、浑厚,而女性的声音则多清脆、温婉,女性解说的声音特质恰恰更适合抒情。有人说女性天生就是细腻敏锐、多愁善感的,感性也恰恰是女性解说最为迷人的地方,当然女性解说的感性一定要建立在理性基础上,在专业性前提下充分体现女性的特殊魅力。而女性又具有良好的语言因子,研究表明,女性语言表达能力比男性发育得早,在语言的流畅性以及叙述文句的长度、语法、造句、阅读能力等方面更是显示出特有的优势。① 当体育比赛进行到最为激烈的时刻,或者那些令人动情的瞬间,女性解说在语言表达和感染力方面的优势就可以发挥出来,也往往能够营造较好的传播效果。

（三）女性项目上的专业优势

在一些女性项目中,女性解说更了解运动员的身体和心理状态,也更能感同身受。对于那些退役后转而从事该项目解说的女运动员而言,优势则更为明显。

---

① 陈虹.论中国电视女主持的生存策略[J].新闻界,2006(4).

比如，担任央视解说嘉宾的周雅菲（见图11-2），曾是中国女子游泳队的队员，被称为"亚洲蝶后"。广州亚运会开始搭档韩乔生，负责游泳项目解说，再到2012年的伦敦奥运会，在此期间她在解说席上的表现得到了电视观众的一致好评，连中国游泳队的教练和队友都称赞她是有史以来最出色的游泳比赛解说员。作为由运动员转型的解说员，周雅菲的专业性无人能比，她对于国家游泳队的运动员和教练都非常了解，再加之自己的个人经历，这些都让她在专业性之外又融入了情感性，这些都成为她解说游泳项目的天然优势。

图 11-2　周雅菲

2012年伦敦奥运会上，在女子200米蝶泳决赛中，中国队的焦刘洋和刘子歌开始一直落后，直到最后50米的冲刺，焦刘洋才迎头赶上并超越。最终以2分04秒06的成绩夺冠，并打破奥运会纪录。在焦刘洋冲刺时，带病解说的周雅菲情不自禁，呐喊的同时，激动到哽咽。

焦刘洋！焦刘洋加油！焦刘洋等待了四年的时刻！焦刘洋！这个冠军属于焦刘洋！焦刘洋！

随后平静下来的周雅菲及时对比赛进行了点评：

刘子歌也是拼尽了全力，但可能是赛前的调整出现了问题，她的教练说她赛前的训练没有问题。也是非常的不容易，能够最后拼进到决赛，这个结果有一些令人遗憾。但是真的祝贺焦刘洋。四年之前，北京奥运会，她就被誉为最有希望的选手。

周雅菲在比赛中整场的解说既不乏专业的技术分析，亦不乏动情处的加油呐喊。韩乔生在赛后评价道："周雅菲的出现让所有女播音员都有了危机感。"

二、国内富有特色的女性解说

国内的体育解说评论界的女性解说虽然数量不多,但仍有几位在风格上可谓独树一帜,本书试列举其中的几位。

(一) 童可欣

童可欣(图11-3)可谓央视体育解说当之无愧的一姐。每逢法网、澳网等重大网球赛事,观众们总能听到童可欣的声音。童可欣从1993年起担任河北电视台文体部主持人,曾任河北电视台《体育新闻》制片人,2001应聘加入ESPN STAR,只身赴新加坡工作,担任赛事评论,创办网球专业节目《ACE》。2008年为实现转播奥运会的梦想,放弃海外高薪回国,应聘加入央视体育频道,参与奥运会报道。[1]

图11-3 童可欣

童可欣并不是播音主持专业出身,她大学所学的专业也与体育毫不搭界,但她对体育充满热情,工作后也一直不曾离开过体育新闻工作。加入央视体育频道后,童可欣开始担任网球和羽毛球等项目的解说,随着中国网球运动发展尤其是中国金花在大满贯赛事的优异表现,解说员童可欣开始为广大电视观众所熟悉。

童可欣的解说对赛事的技术分析十分到位,尽管她并没有运动员的经历,但在ESPN数年时间里,网球是她投入最多的一项运动,接手《ACE》节目后,童可欣一个人完成了节目的翻译、配音、录像。她对比赛及球员的了解非常深

---

[1] CCTV-5伦敦奥运会评论员组.2012剑指伦敦[M].武汉:长江文艺出版社,2012.

刻，曾被网友称作是ESPN主持人中普通话最标准的。国内著名的网球推广人许旸在看过童可欣对大满贯赛事的解说后误以为她是职业选手出身。

童可欣的个人气质与网球运动非常契合，她本人就极具亲和力，她对网球的解说，常被球迷称为"世界级"的解说。网球赛事不同于足球篮球之类，不需要充满激情的呼喊，反而需要平和的语气和冷静的分析，以适应比赛气氛，童可欣对网球的解说分析合理、解说到位、评论客观公正。

在解说风格上，童可欣的特点是平实、亲切、轻松自然，当然也不乏激情点评。不论是资深网球迷，还是初入门者，童可欣都能够获得他们的喜爱。她对网球运动基础知识和赛事背景的介绍能很好地帮助刚刚接触网球的电视观众，而对球员及比赛的犀利点评也总能得到资深球迷的赞扬。熟悉网球的观众都知道，网球赛事解说需要大量的留白，解说员过多的解说评论，往往会影响观众的观赛感受。2005年的澳网，身在ESPN的童可欣首次尝试解说网球，解说结束后被评价为"话太多"而被卫视体育雪藏下放。这样失败的经历也让她重新思考学习，并获益良多。2006年，她主持的《ACE》节目大获好评，也让她重新回到网球解说台上。全面的介绍、精辟准确的点评及适时的留白恰恰是童可欣的风格。

另外，童可欣是为数不多的全能型解说员，她对除网球之外的运动项目也颇有研究，而她本身阅历广泛，对体育比赛有着自己的理解，包括词语、修辞的运用都形成了自己的特色。配以细腻柔美的嗓音，童可欣总能很好把握比赛的细节，并将之呈现给观众。其中一段澳网的开场白让观众记忆深刻，"拉沃尔球场在墨尔本公园的旁边，上空总会有许多的海鸥，这里人气旺，鸟气也旺，灯光会引来许多小小的昆虫……"。

[解说实例]

在2013赛季澳大利亚网球公开赛的一场女单半决赛中，中国一姐李娜迎战赛会二号种子莎拉波娃，这场比赛在国内受到极大的关注，而这场比赛正是由童可欣联袂许旸为国内观众解说的。

比赛开始前，童可欣用李娜的"微笑"概括了她在本届比赛前几轮的表现：

李娜一路面带着微笑走进了半决赛的赛场，而这种微笑也是她在本届比赛给大家留下的最深印象。作为一位30岁的老将，李娜已经用微笑展示了对于网球的理解和对新生活的认识。

由于两人之前有太多的故事和缘分作为铺垫，因此两人也都有特别的压迫感,而要作为一个伟大的冠军,你要做的不光是处理好场上的技战术,还有如何来应对媒体的压力,这都是成熟的冠军必须面对的。

开场后莎拉波娃的第一个发球局就被破,但随着比赛的进行,莎娃的发球逐渐展现出了威力,两位解说员解释这与莎娃的身高有很大的关系。其中童可欣在专业的分析后也不忘调侃姜山:

莎娃一米八八的身高可以带来很大的入射角度,这对于对手有很大的震慑力。这种高度基本就等于一般的球员站在板凳上发球一样,所以李娜可能都很难寻找这样的陪练去适应。或许只有姜山站在桌子上才可以吧。

当然,这样的身高也并不全是优势,她这样的臂展有时会成为最锋利的武器,但在处理近身球时也会成为负担。

多年的从业经验也让童可欣有了不少自己的体会心得,她在自己的一篇网球评论员解说技巧的论文中提到对"优秀网球评论员标准"的理解:"优秀的网球评论员应该具备八种基本素质,包括击球技术分析、战术分析、心理分析、观察深度、球员基本资料的掌握、评论的启发价值、语调和态度,懂得何时留白。"她强调体育评论员的解说在基本动作没有做好的基础上随意发挥是颇为危险的事情。在解说上,她对自己的要求是:死球之前不讲话,不去不断重复显而易见的事实。声画一定要对位,不去长时间地谈论与比赛情况无关的话题。解说要努力做到具有启发性,让观众自己去领会和判断,吸引更多的人了解和参与网球运动。[①]

(二)杨影

杨影(见图11-4)原是中国国家乒乓球队队员,曾获双打和混双的世界冠军,还一度作为"邓亚萍克星"而蜚声乒坛。退役后她进入学校深造,于2002年开始就读北京广播学院(现中国传媒大学),四年之后顺利从该校播音专业毕业,进入中央电视台。曾入选2008年"中国奥运报道主持人国家队",担任央视奥运频道乒乓球项目的解说员,成为转型比较成功的退役运动员。

杨影最初开始解说时遇到的最大问题是普通话不标准,经过勤奋练习,她终于克服了这一困难。杨影的解说风格属于稳健全面型,专业性是最突出的特点,曾经的运动员经历让她对于技战术术语能够娴熟掌控,在解说中,常常

---

① 李海良,陈功. 童可欣的解说之路[J]. 网球,2012(2).

图 11-4 杨影

会融入对技战术的详细讲解,也让观众了解到更多的乒乓球最新技术和专业知识。她对世界乒乓球运动的发展及各国运动员尤其是中国乒乓球队的队员、教练都非常了解,这使她在解说中具备更宽阔的视野,能及时根据比赛场上的变化进行针对性的点评。当然,专业术语的过多运用也会让一些观众产生"太专业,显得生硬"的感觉。杨影的另一特点是直爽,这种性格特点与自身运动员经历不无关系,又鲜明地融入她解说的风格里。在一场由王皓对阵柳承敏的男乒决赛中,杨影赞王皓"爷们儿",而评价柳承敏"坐以待毙",事后她也认为对柳承敏的评价不妥。

[解说实例]

2007 年男子乒乓球世界杯决赛,中国虎将王皓对阵韩国名将柳承敏。最终王皓以 4∶0 完胜柳承敏,捧起个人第一个男单世界冠军奖杯,杨影同林志刚搭档解说这场比赛。

柳承敏在之前的比赛中先后战胜马琳和王励勤,已经体现出一种"打疯了"的状态。所以,王皓既要做好最困难的准备,也要有急切复仇的欲望。

王皓的实力要好于柳承敏,王皓拿的比分含金量都相当高。

今天王皓的变化是他最成功的一个地方,而柳承敏对王皓的变化极其不适应。王皓拿到局点后,在大家都觉得没有希望的一个球上,王皓利用高质量的削球,神奇地挽救局面。现在王皓是以 3∶0 领先柳承敏。

王皓现在已经进入一个非常好的状态,尽管王皓已经完全掌握场上的局势,仍然不能够丢失一分。这场比赛无论谁获得冠军,都将创造世界杯的新历史,王皓和柳承敏均没有获得过世界杯男单冠军。王皓近期状态一直很好,今天更是全面爆发。

面对王皓的强大攻势,柳承敏显得束手无策。王皓拿到赛点后,柳承敏发出一声苦笑,此时的王皓连搏杀的机会都不给,柳承敏的任何招数都使不出来。败局已定的柳承敏已经坐以待毙。

王皓以4:0的比分战胜了柳承敏,获得了2007年乒乓球男子世界杯单打的冠军,中国乒乓球队所有的教练和运动员都为王皓高兴! 我们也特别祝贺王皓! 恭喜他创造了新的世界杯男子单打历史,同时也是他的个人乒乓球生涯中世界级单打的第一个冠军,祝贺王皓!

王皓今天的表现给全国人民和我们所有乒乓球迷都打了一针兴奋剂,他今天的表现可以相当够爷们! 王皓今天将个人的优势发挥得淋漓尽致,无论是精神状态上还是技战术的发挥,都可以堪称完美,同时也称得上他个人近几年来的最完美的一次表现。

2012年伦敦奥运会上,杨影担任乒乓球项目解说,在男子团体决赛第一场比赛中,杨影在解说中点评:

韩国队具有一定的战斗力,但是这次出征奥运会的是三位老将,与中国队的三位球员相比,他们的打法相对落后。柳承敏虽然仍是韩国队的精神领袖,与雅典奥运会时相比,由于年龄等问题,柳承敏的能力下降了一些,他的威胁性没有以前大。

中国队在决赛中,不可避免地会面对敌弱我强的局面,对方的威慑力和爆发力是不可低估的。而马龙在中间段防守不好,其实可以用进攻来弥补的,马龙需要发挥自己的特色,打出变化。

11:4,马龙为中国队拿到了第一盘的胜利!

马龙今天不辱使命,为中国队开了一个好头,赢下了第一盘的单打,并且他赢的是韩国队的精神领袖、也是2004年雅典奥运会男子单打的冠军柳承敏,为中国队拿下宝贵一分。

(三) 王娣

王娣(见图11-5)曾任山东卫视足球节目主持人、评论员,是当时甲A赛场唯一的女解说员。并获首届"美澳"杯SDTV十佳主持、最佳主持奖,全国百优电视节目主持人称号。

图 11-5 王娣

王娣在山东台期间，主持了一档名为《侃球时间》的节目，这档节目在当时的电视体育界，可谓独树一帜，受到当时很多球迷尤其是山东球迷的追捧。节目开播的那几年也恰恰是山东球市最好的几年，有球迷说，山东球市的火爆，除了山东球迷的热情和球队成绩非常好之外，与王娣的《侃球时间》也有极大的关系。

令球迷惋惜的是，王娣随后离开了山东体育台，先是去了旅游卫视，而后又来到央视，担任《名将之约》节目的编导，后来转型做起了少儿节目。

王娣离开山东后，球迷一片惋惜怀念的声音，尤其是一些稍有年纪的鲁能球迷给予了王娣非常高的评价，认为"王娣是迄今唯一配得上鲁能泰山队的山东体育解说"。即便到现在过去了十来年，即便王娣已经不再从事与体育相关的工作，我们仍然常常在各大论坛看到有球迷发帖怀念那些年的王娣和她的山东足球。由此也大概可以推知王娣当年的解说是多么深入山东球迷的内心。

从解说风格上看，王娣并不是现在非常流行的激情派解说，也没有连珠的妙语，解说朴实而自然。她的声音婉转轻柔，解说却又不失热情，整体给观众亲近亲和的感觉，与足球比赛非常契合，像是一场球赛最好的背景音乐。对于足球她全情投入，有一种和球迷相通的热爱，她像是与观众们一起站在人群中的一个普通球迷，可在解说中却不失客观与克制。也正是如此，王娣不仅为山东球迷所喜爱，也受到了国内众多解说评论的一致称赞。

[解说实例]

1999年足协杯决赛次回合,山东鲁能泰山队主场迎战大连万达实德队,此时山东队刚刚获得联赛冠军,这场比赛也堪称当时中国足球最高水平的赛事,王娣搭档孙正平一同解说比赛,她的激情解说几乎贯穿整场比赛,两队90分钟战成2∶2,如果比赛就此结束,大连将凭借客场进球数多而夺冠。然而就在比赛补时阶段,山东队罗麦多接队友底线传中倒地扫射攻门,上演帽子戏法,最终山东队在主场惊险获胜,成了第一支联赛和足协杯的双冠王。王娣喜极而泣,她的哽咽声和这场足以载入中国足球历史的比赛一同留在了球迷的记忆中。在直播要结束时还有一个花絮,央视解说孙正平无意中说了一句"这球邪门了,小王娣都哭了!"也随着电波传了出去,留在那个年代甲A球迷的回忆里。

(下半场山东外援罗麦多率先进球,山东鲁能泰山2∶1大连万达实德)

王娣:现在罗麦多成了泰山队场上的英雄。

如果宿茂臻这个球能够扩大战果的话,可以说泰山队就提前将冠军揽入怀中了。

现在这个比分对泰山队还不是很保险,因为如果万达队还能打入一球,将会凭借客场进球多的优势而获得冠军。

现在下半场比赛还剩下五六分钟的时间,看一下这段时间,泰山队能不能把握场上的形势。

现在应该加强自己的后防线,尤其是看好对方的重点尖刀人物。

这场比赛对于山东鲁能泰山队的队员们来说也是为了山东的荣誉而战了。

谭文海冲入禁区!……

王娣:现在下半时比赛进行到第43分钟,泰山队是2∶1领先对手。

孙正平:山东队这段的反击速度更加快了,准备做一个局部的二过一。

两队要减少失误这是至关重要的。

这个赛季对于山东球迷来说也是非常的幸运,能够目睹泰山队在自己的主场取得好的成绩,上一次在联赛最后一轮的时候是等待比赛结束,相信现在大家也是在期待着……

孙正平:后点射门!

44分钟,万达队由皮特攻入一球,如果这个比分能保持下去,万达队就将获得冠军。

(此时场上比分2∶2)

王娣：现在对于泰山队来说唯一的选择就是全力进攻，现在已经进入到伤停补时阶段，要补时4分钟。

王娣：那这场比赛无论谁获胜都将创造中国足坛的一个记录。

突破！

传到中路！

球进啦！

进啦！

(继而传来王娣激动的哽咽声，随后的两分钟，王娣一言未发，后来得知，这时的王娣喜极而泣。)

孙正平：大连队还在抓住最后的时间找机会，现在距离比赛结束已经所剩无几了，有的观众已经在场外提前燃放起了鞭炮。应该说1999年足协杯的比赛打得十分精彩，尤其是这场比赛，一波三折，极具戏剧性。

王娣：我想这场比赛也会在球迷心中留下永久的记忆。

现在已经补时了3分30秒的时间，现在我们从计时表上来看，补时已经到了4分钟时间，恐怕这球发出来之后比赛就要结束了。

孙正平：这场比赛结束的笛声响了，结果山东鲁能泰山队经过90分钟的激战，终于在最后一刻，还是凭借外援21号罗麦多的进球以3∶2险胜大连万达实德队，这样就获得了1999年足协杯比赛的冠军，也成为中国足坛第一支既获得甲A联赛又获得足协杯的双冠王的球队。

三、女性解说存在的问题

大多数女性解说或是科班主持人出身，或是由退役运动员、教练员担任，而这两类的差异也非常明显。前者往往专业知识缺乏，常被体育迷所诟病，后者则语言表达能力欠佳。除此之外，女性解说在解说中还需要注意以下问题。

(一) 过分煽情

上文提到女性天生具有感性的特质，她们情感细腻而敏锐，解说也更具感染力，很多时候，她们动情处的眼泪总能使观众为之动容，这其中不乏一些经典的画面。然而女性解说在感情控制方面较男性解说稍显欠缺，一些女性解说点评比赛时大打感情牌，将观众的注意力带入到情感层面，对比赛或是运动员进行过度的解读和演绎，而不去关注体育赛事本身，继而声音哽咽、泪眼模糊,这样情绪化的解说评论显得太过煽情,也容易招致观众的反感。情感当然是体育比赛不可或缺的一部分,然而作为解说评论员更多的是基于体育比赛本身去体会观众的情绪,更好地呈现比赛事实并给予客观的评论分析,适当与观众在情感层面进行互动,而不是单纯从自身的感情出发,肆意地宣泄。

(二) 过强的主观倾向

体育解说评论作为新闻传播活动的一种,要秉承客观、公平、公正的原则,解说活动中,解说员充当的是记者角色,有时难免会带入个人主观上的好恶情绪,比如,2006年世界杯中黄健翔的激情解说就备受争议。一个成熟专业的解说员,会尽可能保持自己的客观公正,做到不偏不倚。对于女性解说而言,更需要避免主观倾向过分明显。这种主观性在解说中表现为:对偏爱一方大肆赞扬,犯错时为之辩解,对比赛对手进行贬低,对裁判判罚的质疑甚至攻击等。更有甚者,恶语中伤对手及球迷。例如,2011-2012赛季,在意甲的一场焦点比赛中,国际米兰对阵尤文图斯,PPTV某女解说在比赛中爆粗口,她本人是国米球迷,在直播中言语中伤尤文球迷,引发了众多尤文球迷的一致声讨,该事件轰动一时,解说员在赛后迫于压力,不得不公开道歉。

(三) 体育相关的各类知识储备不足

"不够专业"大概是女性解说为观众所批评最多的,当然其中存在不少观众对女性解说的偏见,认为女性对体育的了解不如男性。但不可否认的是,体育赛事的确需要广博而深厚的知识储备,除了对体育项目本身及运动员、运动队的了解外,还需要熟知各类体育周边的相关信息,现代体育比赛尤其重大赛事往往受世人瞩目,各国政要的出席、娱乐时尚界的明星、社会名流的参与及体育比赛中各类体育文化现象都需要解说评论员给予介绍和解读。观众在观看体育赛事的过程中常常遇到这样的情景,现场导播将镜头切向观众席的社会名流,或是比赛开赛前的一些仪式甚至球员佩戴的某种装饰品或是球衣上的图案,此时观众急切地想了解这些信息,而解说员却在言及其他或是干脆留白,其实这也反映了解说评论员知识储备的不足。某些女性解说员在这一方面的表现也确实令观众失望,这就需要她们在平时花费大量时间,做充足的功课,女性解说员只有更专业、更权威,才可能征服更挑剔的观众。

第二节 方言解说评论

在国内的体育解说当中,中央电视台的解说评论无疑代表了业内的最高标准,标准普通话成为衡量解说评论员的最基本要求。然而随着地方电视台差异化竞争日益激烈,方言解说也悄然出现,并获得不少本地受众的认同。

一、方言解说的优势

(一)受众的地域认同和心理接近

从受众角度看,方言作为区域内一种特定语言表达方式,往往能够获得本区域内民众更多的地域认同,产生心理上的接近感。一些研究者分析,方言节目活跃的地区大都具备文化厚重而活跃、经济发达、生活悠闲而富足、自然地理条件优越等特点。生活在这样优越环境中的市民,对自己的家园产生自信感。因此,方言节目给当地观众的不仅是节目,更是当地人对自我的一种认同,对本地文化的呼应。①

(二)更具幽默感、娱乐性和艺术性

娱乐性是现代电视体育的一大特性,字正腔圆的播音腔并不适合体育解说评论,方言在这一方面独具优势,对受众而言,它更为轻松自然,更贴近当下"说新闻"的流行趋势。另一方面,我国国内的众多方言在语体表达上非常生动形象。比如,央视解说员刘建宏曾在一档《三味聊斋》的节目中提到一句用来形容进球的陕西方言"科利马擦",意思是别磨磨叽叽,快一点。再如,东北方言和天津方言就更具幽默效果,主要得益于东北二人转和天津相声的广为流传。这样的方言解说配以体育赛事总能获得出人意料的效果,往往使节目娱乐性效果更加突出,也使整个解说富有艺术性,而方言又恰恰是最贴近受众的艺术。艺术性指艺术作品通过各种艺术手段反映社会生活、表现思想情感

---

① 黄杰.我国方言类电视节目传播生命力研究[D].开封:河南大学,2011(5).

所达到的鲜明、准确、生动的程度。艺术性作为对一部艺术作品艺术价值的衡量标准,主要指在艺术处理、艺术表现方面所达到的完美程度。[①] 从这一角度看,方言解说的形象生动恰恰具备了艺术性的特点。近几年各地区的方言解说百花齐放,堪称体育解说界的一大胜景。

(三) 更加平民化,更具亲和力

平民化是方言最大的特点。对电视节目而言,"人们的需求也不再是过去那种政治味浓厚的信息,受众更需要从电视上找到一种消遣娱乐,缓解工作和生存带来的压力。他们需要暂时放弃严肃、高雅,而寻求轻松、流行、时尚、刺激。他们希望从电视上得到生活的调剂,情感的交流参与,角色的认同和自我身份肯定"。[②] 对于解说员来讲,采用本地方言这样一种平民化表达点评体育赛事,拉近了与本地普通观众的距离,使解说更具亲和力。

从"使用与满足"理论的角度来看,受众是基于特定的需求动机来接触媒介的,并且希望从中得到满足,所以,受众主动选择信息以满足自己需要的行为是合理的。对于方言解说评论的受众更是如此,受众们希望在体育解说中找到文化的认同感,并且获得视听上的娱乐,这也就要求方言解说员们了解受众的使用动机和希望满足的程度,从而进一步扩大方言解说的优势。

二、方言解说评论的类型

国内方言解说大致可分为两种类型:一是全方言解说(以粤语全方言解说为主),二是普通话夹杂地方方言的解说。

(一) 全方言解说

全方言解说在国内主要以粤语全方言为主,这主要是由于各地区的地域文化和语言条件不尽相同,尤其是普通话推广后已经成为绝大多数地区的主要交流语言,广东地区成为为数不多的由本地方言(粤语)占主导地位的地区。粤语是我国第一大方言,它还保留了大量的古语,由于历史原因,粤语在港澳地区及海外非常盛行,再加之广东地区的民众对粤语有着非常高的忠诚度,由此,广东的广播电视节目中有很多方言类节目,即便是当地的报纸也会有专门

[①] 马增强.论体育播音的艺术性[J].新闻知识,2008(2):72-73.
[②] 蔡尚伟.方言节目的一方之言[EB/OL].[2005-11-02].人民网.http://media.people.com.cn/GB/22100/54430/54431/3822811.html.

的粤语版块。而在体育解说评论当中,粤语全方言解说堪称我国体育解说评论的一大流派,粤语解说是非常市民化的,其中掺杂了幽默、调侃和想象,但风格上却不失专业,而且在对比赛技战术甚至球员动作的解读上都更为细致。粤语的比赛解说整体上则非常紧凑,很少会出现冷场的局面。有一款非常流行的足球游戏《实况足球》,竟然也出现了粤语解说的版本,这也足以证明粤语解说在球迷中已是深入人心。

粤语全方言解说主要流行在包括香港在内的华南地区。到了20世纪80年代,随着"东南西北中,发财到广东",粤语也迅速向内地各地散布,就连足球评述及语也不例外。如"国脚"一词,便是来自粤语,还有"世界波""五五波""乌龙波(球)"和"香蕉形"等,全都来自粤语讲解球赛时的用语,现在央视的评述员都用上了。①

广东的粤语解说可分为两派:港派和本地派。

港派解说员往往接受香港的教育,并在有着香港、新加坡等海外工作经验,他们的粤语表达以香港粤语为主,并带有较多的国际元素。林伟杰、黄兴桂是他们中的代表。

丁伟杰(见图11-6)是港派中人气最旺的粤语足球解说。他曾作为主力体育评述员任职ESPN亚洲分公司,现效力香港NOW宽频,同时在广州电视竞赛频道担任直播赛事嘉宾评述员。丁伟杰的解说风格与另一位著名解说员詹俊相类似,声音特质优良,解说自然,评论准确,同号称"英超资料库"的詹俊一样,丁伟杰在对足球相关知识全面的了解也常为球迷称道,正由于此,他对比赛的解说评论也更为细致。

提到丁伟杰就不得不说他的搭档黄兴桂(见图11-7)。黄兴桂的解说风格独树一帜,常以"八股"语调,时而"九唔搭八"地说球(即不搭边的随口说球),使球迷捧腹大笑。网络上更流传"黄兴桂足球语录",能够看得出球迷对于他的喜爱。与其他解说不同的是,黄兴桂还曾担任东方、南华等球队的领队。在对比赛的解说中,他不仅常常对技战术做出分析,还喜欢对赛事进行预测,更是被球迷戏称为"灯神"。另一位知名的粤语解说何辉,在华南地区也有着相当的影响力,他也曾任职于ESPN,现在在广东电视台担任英超的主播。与其他几位粤语解说不同的是,何辉曾是一名职业足球运动员,还曾入选过香港足球队,他秉承了粤派解说的细致分析,同时又非常敢于批评,对比赛有着

---

① 列孚."生猛"的粤式足球解说[J].中国新闻周刊,2006(6).

图 11-6　丁伟杰

深入的理解，他在解说席上与比赛无关的话并不多，但也不乏幽默感，网上同样也流传着他的经典语录。

图 11-7　黄兴桂

粤语解说中的本地派多是在广州本地发展起来的体育解说，他们虽然受到香港地区体育解说的影响，但解说语言上仍以广东话为主，解说评论中带有较多广东方言的俚语及外国球队、球星的粤语音译词，如今则趋向于使用香港地区的音译。本地派的代表人物有李伟建和谢亮。

李伟建是广东电视台体育节目的主持人，人称"四哥"，他是广东最具代表性的粤语体育主持人，也是广东本地最早的粤语解说员，他的解说贴近生活又不失专业,风格与香港的足球解说宗师林尚义有几分相像。

谢亮是出身于电台的解说员,他一直担任广东电台的体育主持人,主持过很多电台节目,从20世纪90年代就开始解说足球比赛,有着丰富的比赛解说经验。谢亮的解说风格客观稳重又不乏激情,他的语言表达能力非常强,而且声音很舒服。在电视还未完全普及的时代,很多球迷都通过谢亮的声音来关注比赛。对于许多老球迷而言,谢亮的解说正代表了他们那个年代有关足球的回忆。

(二)普通话夹杂地方方言的解说

普通话夹杂地方方言的解说主要流行于东北、京津、西北等地区,这些地区的方言随着当地的综艺曲艺节目或是当下热播的电影电视剧而为国内观众所熟知,如东北二人转、天津的相声节目和情景喜剧《武林外传》等电视作品都对当地方言在国内的传播起了很好的作用。近些年,在这些区域的地方体育频道的解说员开始立足于当地,尝试普通话夹杂地方方言进行评论,使观众倍增亲切感,即便外地的观众听起来也觉幽默有趣,事实证明,这种尝试取得了较好的效果。

西安电视台的足球解说黄稚轩在对中超联赛的解说中,曾有多次使用陕西方言的解说,"科利马擦"和"忒色"(音译)等陕西方言也从他的解说中开始被更多的球迷所了解,中央电视台的《足球之夜》节目也特地播出了他的解说。在2011年的一场联赛中陕西人和浐灞主场对阵上海申花,解说黄稚轩就在比赛中为球迷奉献了一场陕西味的普通话混杂着"秦腔"方言的激情解说。

西安电视台,我们现在为您奉上的是本年度中超第64场比赛,陕西人和浐灞在主场迎战上海申花,我是黄稚轩。

赵旭日!

罚到中点!

头球攻门!

球进啦!忒色—忒色—忒色……忒——色!(陕西方言音译,意为漂亮、好)。

陕西浐灞队在比赛进行到9分35秒的时候,由巴哈利卡打进了本场比赛的首例进球。这是巴哈利卡为这支球队在中国顶级联赛贡献的首粒进球。

嘹咋咧(陕西方言音译,意为好极了、不错)。

"泡馍男娃"于海在左路,两下!传进去!应该是打到手上了我们看……

梅尔森!

打门!

诶哟!这个球,打的是非常正宗!

赵旭日刚才是用一个二踢脚的动作,将球拦截下来,我们看,嘴上还念叨着"啊cei"(音译,跆拳道中常发的一个语气词)。

"泡馍男娃"于海又一次倒在了草坪上,于海在下半时几次被对手侵犯。

下一场比赛球迷可能会给于海起一个新名字,叫"眼睛飞侠于海"或者叫"眼镜侠"。

今天的主裁判周钢确实感觉下半时将隐形眼镜放在了休息室。(借隐形眼镜讽刺当值裁判)

好咧!随着本场比赛的争议裁判周钢的一声哨响,2011赛季中超联赛第八轮,陕西人和沪濒队在主场最终凭借塞尔维亚人巴哈利卡的进球战胜了上海申花,也结束了自己在联赛中四轮不胜的尴尬局面,同时也终结咧上海申花五轮不败的纪录。

本场比赛是由黄稚轩为您带来现场的评述。

除此之外,天津电视台的足球解说王喆和搭档高复祥也曾屡屡为球迷奉献普通话夹杂天津方言的津味解说。由于天津是相声的发源地,传统的相声节目都带着浓浓的天津味,这也使得天津台的体育方言解说别具一番风味,他们的解说很多时候更像是相声段子。

高:现在这两个队局势僵持,也就是麻秆打狼——两头害怕。

芦欣这个小伙子长得挺俊(天津方言发音"zun")的,别看没有头发也没有眉毛。

(天津队一脚远射很有威胁,但是没进)

高:这就对了,这叫一射三慌,进不进吓唬吓唬他们。

王喆:短信竞猜,发送……联通用户……移动用户……猜天津队赢发送……,猜中的观众将有机会获得500块现金。

高:这个竞猜可是答对了以后再抽奖,要不答对了的都给奖,咱们天津电视台得准备多少钱呀!

王哲:对,其实这500说多不多,说少也不少……

高:是啊,要是一块钱4个馒头能买不少呢……

王哲:好嘛,得两车皮……

王:看看马特拉吉,一点也不紧张,就像一场练习比赛。

高:对对,你看,小二郎腿又跷起来了!

王:这球趟大了,茄子绊蒜,两条腿没捯饬(北京土语,意为修饰、打扮、整理)离索。①

三、方言解说应该注意的问题

方言解说评论在这些年的发展中,自成一格,对于方言区当地的观众而言,更是多了一种收视选择。很多方言解说评论获得了体育迷极高的称赞。然而不得不说方言解说仍然存在许多问题,这些问题成为限制方言解说良性发展的障碍。

(一)观众群狭小,更大范围的传播受限

方言解说评论从开始就针对方言区当地的观众,并无意于更大范围的传播。然而体育赛事资源尤其顶级赛事又具有稀缺性和垄断性。时常有方言区的媒体购买了某赛事的转播权,而国内其他媒体或是由于资金或是由于合同规则限制而无法购买到转播权,这就导致其他地区的观众无法收看到该赛事,这时方言解说就成为观众的唯一选择。另一方面,国内解说评论员的资源有限,以粤语方言解说员为例,他们中很多人在体育解说评论领域都有很高的造诣,然而方言的限制使得其他地区的观众无法领会到他们的解说风采。

改革开放后,我国各地区的人口流动开始加剧,尤其是沿海发达地区。这也使得各地方电视台的观众群体构成发生极大改变。在一些沿海城市,外来人口所占比例已经大于当地人口,甚至构成了当地人口的主体。对于体育解说评论而言,方言解说评论不仅使得节目的传播效果大打折扣,而且对于外来人口也略显不公平。

另外在新媒体背景下,各地区的电视媒体都积极开发网络电视,这也意味着地方台的电视节目将直面网络世界里的千千万万个受众,尤其当地方台拥有独家体育赛事转播资源的情况下,如果只有方言解说,众多外地的网络观众恐怕也只能望而兴叹了。

---

① 网友"边走边拍"博客.天津足球解说员(王喆、高复祥)经典语录[EB/OL].[2007-03-31]. http://blog.sina.com.cn/s/blog_490024dc0100089y.html.

（二）解说的用语不当和娱乐化倾向

方言解说评论能够受到本地观众的接受和欢迎，很大程度上是由于方言解说的平民化和娱乐化。很多地方的方言解说委婉而花哨，其中有很多妙趣横生的用词或比喻。然而，方言解说中也有很多不雅的词汇，尽管在当地的民众中被普遍接受，但作为大众传媒的用语则稍显不当，也有方言解说在评述比赛的过程中使用方言俚语讽刺挖苦甚至戏谑辱骂球员教练的现象。

另一方面，方言解说更注重解说的娱乐效果，常常插科打诨，胡拉乱扯。尽管也取得了不错的效果，但对比赛解说的专业性却不无影响。就世界体育解说发展的主流方向而言，还是更倾向于将解说评论作为一种新闻传播活动，这就要求解说评论回到客观的新闻报道层面，向观众展示体育比赛本身的客观事实，或是基于赛事本身的评论。方言解说的娱乐化风格和做法有可能会使体育解说脱离它的本意。

第三节　新媒体解说评论

随着数字化时代的来临，网络等新媒体的影响力日益加强，越来越多的年轻观众转向新媒体来了解体育赛事，据搜狐网的相关调查，网络体育赛事直播的受众集中在15至35岁年龄段，其中年轻白领和大学生最多。新媒体的崛起给电视造成了空前的压力，独具个性的体育解说评论也吸引了众多观众，因此有必要单独来介绍一下新媒体的解说评论。

一、新媒体解说评论的优势

（一）交互性

从信息传播过程和传播学理论上讲，从事传播活动的人员被统称为传播者。受众由报纸读者、广播听众、电视观众和网络使用者构成，也可称为传播接受者。传播者与受众二者在传播活动中构成了一个对立统一的整体，彼此相互依存、促进。没有传播者便没有传播活动和受众，受众更是传播者进行传播活动的对象和价值。传播者从受众的反响和激励中获得从事传播活动的动力。① 在这其中,媒体与受众之间的交互就极为重要,交互性恰是新媒体与传统媒体相比而言所呈现的最大优势,新媒体的交互性是即时的,它包括两个方面,一是传者与受众的交互,二是受众与受众之间的交互。在新媒体的解说评论中则表现为观众与解说评论员的交互和观众之间彼此的交互。在新媒体环境下,观众可以及时与解说评论员进行交流,亦可以直接向他们提出疑问,也可以在比赛进行时和其他网友交流看法和观点,就某一话题展开讨论。可以说,这种交互性使受众成为比赛的一部分,而不是被动的看客。从解说员的角度来看,通过网民的反馈可以及时为观众答疑解惑,也可以不断调整解说评论的方式,以收到更好的传播效果。

(二)新媒体资金更为充裕,解说模式更为灵活

在新媒体中,尤其新浪、网易、搜狐、腾讯等四大门户网站,以及乐视体育、PPTV等资金实力雄厚,运作机制灵活,相对来说受政策限制较少。因此,近些年网络媒体体育赛事转播的质量并不亚于电视媒体,而且在转播场次和类别上要远远多于电视媒体。资金上的大投入还吸引到了更多优秀解说员的加盟,同时又有足够财力邀请业界的大腕作为嘉宾,包括足球界的张路、黄健翔、刘建宏,篮球圈的张卫平、苏群、杨毅等都曾担任网络媒体的嘉宾解说。这种搭配使得体育赛事解说评论的质量达到很高的水平。比如,新浪在很多焦点赛事中采用的詹俊搭配嘉宾张路的解说就被球迷称为足球解说评论的"无解模式"。

(三)解说评论发挥空间更大

从语境的角度看,新媒体解说评论不同于电视媒体。语境是指使用语言的主客观情境,它包括主观的,比如谈话参与者的身份地位、心理背景、文化背景、谈话目的、方式及他们之间的关系,客观因素则包括了谈话的时间、地点、使用的介质等,实际上语境是交流过程中说话人运用语言表达思想是所依赖的各种因素,是语言运用的基础。对体育解说员而言,他的语境存在于所主持的节目和转播的比赛中,而节目语境又存在于传媒语境和社会宏观语境中。② 新媒体基于网络的平台,解说评论员对自己的身份定位、所参与的节目及所面

---

① 徐敏佳.网络场域下的体育解说研究[D].西安:陕西师范大学,2012(5).
② 徐辉.突破"解说门"——由主持人语境解析体育解说员的形象把握[J].东南传播,2006(8).

对的受众都不同于传统电视媒体,这自然影响到对体育比赛的解说。另外,从大的环境看,新媒体在言论、用词、着装等方面的限制更少,解说面临的压力也更小,发挥空间更大,多数解说员在新媒体的解说中,会表现出一种与电视解说不同的状态。比如在2010年,广电总局向央视下发通知,在主持人口播、记者采访和字幕中,不能再使用诸如NBA等外语缩略词,这样的要求对于已说惯了NBA的观众和解说员来说都感到极为不适应,于是在NBA的电视转播中,经常出现解说评论员习惯性出错又急忙纠正的例子,耳熟能详的"NBA"不得不以"美职篮"来代替。在新媒体的解说中,解说员更为放松,语言和措辞上也会更加风趣幽默、大胆,网络直播中常常会听到解说员对球员教练的各类调侃,娱乐效果更加明显。

二、富有特色的新媒体解说评论

直播中的评论解说是当前新媒体解说评论的主流,网络直播的解说一般会采取主持人与嘉宾同播的模式,嘉宾一般会邀请业内的权威人士。随着众多优秀的解说评论员的加盟,网络媒体的解说阵容空前强大。

在新媒体的解说评论员中,当首推足球解说詹俊(图11-8),现在乐视的詹俊原是ESPN解说员,2012年回国内发展,加盟新浪。詹俊的解说极受观众追捧,时常有球迷赛前在论坛或是微博发帖求詹俊解说的直播链接。詹俊最大的特点是基本功扎实,解说极为专业。他丰富的知识储备也被球迷称为"英超资料库"或"英超专家"。在ESPN的时候,由于众多解说员回国,詹俊开始尝试独自解说比赛,这一尝试取得了非常好的效果,观众中也出现了一大批詹俊单口解说的粉丝,到新浪后,依然有很多比赛由他一人解说,他对比赛解说的掌控显得游刃有余。詹俊的解说节奏快,信息量大,他嗓音富有磁性,语言表达能力很强,解说中也很少出现中断,他对比赛或是球员的评判也比较客观中立,见解也颇为独到。在解说词上,詹俊措辞丰富,比喻、排比等修辞手法的运用也极为娴熟,各种俗语典故、网络用语都能出现他的解说中,可谓妙语连珠,再加上詹俊本人极具亲和力,在微博上也常常与网友互动,还时不时地卖萌调侃,他谦逊的作风获得了球迷们的一致喜爱。

[解说实例]

以2012-2013赛季英超第19轮曼联对阵纽卡斯尔的比赛为例,这场比赛由詹俊一人解说,比赛进行到第57分钟,曼联以1∶2落后,此时曼联在中场由斯科尔斯拿球发动进攻:

图 11-8　詹俊

斯科尔斯！

曼联队是本赛季通过定位球破门次数最多的球队,而且头球进球也是最多的。

(此时球传到禁区弧顶,埃弗拉突然起脚)

埃弗拉！

这次进了！扳平了比分！

还是要靠三爷来救驾！

连续两轮比赛埃弗拉都取得进球,这脚低射,角度打得还真刁。

埃弗拉,此前211场英超比赛只进过两个球,近13场英超比赛进四个了。

这个意外的得分手恐怕谁也没想到。

埃弗拉这个赛季四个进球里面前三个都是头球破门。

这次是用他的左脚,一脚扫射！

随后的比赛双方各入一球,比分打成3∶3。比赛进行到第90分钟,曼联再次发动攻势：

(卡里克前场拿球,起脚传向禁区)

卡里克！

塞到中路！

跟进！有没有！

终于有了！

小豌豆！

三番四次！终于是形成了绝杀！

小豌豆曾经是有过两次的头球,都没办法把球送进对方的大门。但曼联队不断的压迫,不断地把球传到禁区里面,纽卡斯尔联队还是招架不住。

这个时候老爵爷可能要换上一个后卫来加强防守,顶住对方最后几分钟的反扑。

Javier Hernandez!("小豌豆"哈维尔·埃尔南德斯)

小豌豆本赛季的第十个球,第六个出现在英超赛场上。

完全没有越位,来自卡里克的一脚直传球。小豌豆跟进,右脚脚弓把球撞进了对方的大门。

卡里克今天在中场,下半场非常卖力。

如果保持这样的比分,曼联队将是本赛季第八次反败为胜,将会在落后的情况下抢到 24 分。

上赛季逆转专家是阿森纳队,整个赛季先丢球的情况下一共是抢回了 24 分,可是现在赛季刚刚过半,曼联已经成为逆转新专家。

除了观众熟知的詹俊、颜强、黄健翔等主流解说评论外,还有一些独具特色的个性解说。比如 SMG 百事通的解说陈正昊、刘勇、新浪网的足球解说李欣及新浪 NBA 解说柯凡等。

陈正昊是专业篮球运动员出身,曾是中国男篮国青队的队长,也曾是国家男篮的主力队员,他在 ESPN 工作了 11 年,担任赛事转播解说工作,对篮球比赛的解说专业而精辟。2010 年起任 SMG 百事通 NBA 联盟通行证直播现场评论顾问。他的声音非常舒服,总能很好把握比赛的节奏,也拥有很好的表达能力,风格沉稳,偶尔也不乏幽默。他的搭档刘勇同样是专业运动员出身,和陈正昊相比,刘勇在解说中将专业和娱乐结合得非常好,他用词风趣,极具幽默感。有喜爱他们的观众将他们的组合称为"华语圈最好的篮球解说团队"。

新浪网的足球解说李欣(见图 11-9)曾是北京电视台的足球解说员,后来转投新浪,他的解说也深得球迷的喜爱,很多时候自己单独解说比赛,也常搭档黄健翔、王涛等。李欣的解说风格属于插科打诨一类的,足球比赛的场面有时会比较沉闷,而对我国球迷而言,各大欧洲赛事的直播又恰恰都在深夜或凌晨时分,一旦比赛场面上不好看,球迷往往会昏昏欲睡,打不起精神,如果解说评论员插科打诨来那么一下,开个玩笑,就能够让球迷放松许多,也会让沉闷的比赛变得有滋有味起来。从这个角度看,李欣的解说正像是足球比赛的调味品,也有喜爱他的球迷称他是"足球解说界最好的单口相声演员",而李欣多年来在解说席的表现也配得上这一称号。

图 11-9 李欣

以 2011-2012 赛季的一场英超比赛为例,曼城做客古迪逊公园球场挑战埃弗顿,上半场双方均无建树,比赛进行到第 40 分钟,当值主裁判沃顿突然吹哨暂停了比赛,原来在曼城队的球门一侧,一位球迷冲进了球场之内,并用手铐将自己与球门的立柱锁在了一起。此后,球场的安保人员立即赶到。就在保安忙着解铐的时候,这名球迷又与前来劝阻的曼城门将乔哈特激烈地争吵了起来,现场乱作一团。大约 5 分钟后,这位球迷在安保人员的押送下离开球场。而对于比赛的这一插曲,新浪解说李欣和王涛配合电视画面进行了一段妙趣横生的解说。

王涛:嗯?哨子怎么响了呢?
李欣:这边是不是球网有什么问题了?
王:工作人员已经来到了球门。
李:啊?是球迷啊?把自己给铐上了。
王:这球迷有点创意啊!进来之后,用手铐把自己铐上了。
李:那行了,这事得好好说说。(随后李欣开始配起了画外音)
安保:"钥匙呢?"
球迷:"钥匙……钥匙……钥匙在我女朋友那呢。"
安保:"你女朋友呢?"
球迷:"女朋友她和我分手了……"

王：这太有意思了。

李：是拆迁的事么？

王："在利物浦的房子，现在给我弄郊区去了。"也有可能是欠薪。

李：这哥们别是利物浦的吧？

可能是让乔哈特（曼城队门将）替他反映一下，不行要把沃顿叫过来，沃顿可能没遇到过这事。

王：这确实有难度啊，用手铐……

李：因为你不知道钥匙在哪儿么。这招！确实世界足坛难得一见，有创意啊！

（这时埃弗顿主教练莫耶斯把球员教到场边，安排战术）

你看莫耶斯绝对是专业人士，你看吧，这事他绝对不管。赶紧就在场边，把站前准备会没讲到的赶紧讲。我估计这事没个三五分钟，完不了！

王涛：这最极端的就是把球门给拆了。

李欣：嗯，把备用球门端过来，对吧。

王涛：要不再狠一点就是把这球迷绑在旁边，比赛直接开打了。

李欣：问题是绑在哪边，要绑在球门前边，那惨了！

（此时画面上，该名球迷和安保人员发生争执）

李欣：这球迷还很愤怒。

王涛："你无权强行打开手铐，我有人权！"

李欣："你不能让我受伤。"

有意思，春节添点这事挺好啊，不错！

要绑在球门前面，这……幸亏纳斯已经射完门了。

一会儿阿圭罗再来一脚，阿圭罗倒也罢了，要哲科来一脚重炮，这哥们贴在立柱，估计要成相片了。

有各种小招，看着也够损的。

唉哟！小哥们被带走了。

王涛：这估计是出于保护英超赛事的考虑，也是出于保护球场安保人员的考虑，没有表现出怎么把手铐解开的。

估计是有安保人员说"我年轻时候也干过开钥匙的，也撬过别人的门，我有招"。

直接拿把钥匙给撬开了。

李欣："我的电话号码就在后背上。"

我们看看这个球门,看不出大问题吧。立柱还是完整的,球网也都挂在这,那可能是姓刘的过来(指魔术师刘谦),变了个戏法。

王涛:对!"见证奇迹的时刻!"

新浪网的柯凡属于新生代的解说,他 2007 年任职于 NBA 中文官网,后来转到新浪 NBA 进行解说,他的解说不紧不慢,幽默风趣。虽然专业性有所欠缺,但因为与张卫平、苏群、杨毅都有搭档,这些嘉宾很好地弥补了他的短板。他还经常与前国家男篮队员马健搭档解说,两人的解说更为幽默,娱乐性更强,笑料百出。他们在比赛的间歇,常常会通过微博或聊天室与网友互动,从他们解说中也能够看出新媒体解说评论的风格。

柯凡:史蒂文森上篮,漂亮!但是被雷霆队员撞倒了。哎?我们看,好像是伤了手腕。

哦,不是,好像伤了关键部位。咔咔两声……

马健:怎么你都能听见咔咔两声?

柯凡:嗯,一看到关键部位受伤,我都能想到厨房,咔咔两声,就出了一个荷包蛋。

马健:柯凡你是饿了吧?

马健:柯凡,你的偶像是谁啊?

柯凡:那多了去了。最呕的偶像是个叫马健的人。

三、新媒体体育解说自由度的控制

相对传统媒体的体育解说而言,新媒体的体育解说限制较少、自由度较高,更大限度的允许解说的自由发挥。这一方面促进了新媒体各类解说评论风格的发展,使新媒体解说独具特色。但也在一定程度上给新媒体解说的发展带来一些问题。

(一)解说忌太过随意

由于新媒体解说的限制更少,整体的解说气氛也较为轻松,导致大多数新媒体的解说评论员在解说中都要较传统媒体放松许多,显得更为随意,也利于解说评论员的发挥,时常妙语连珠。然而也会使解说不够严肃,不够专注。尽管解说不同于新闻播报,理应更加口语化,但新媒体的解说员在太过随意状态下却也常常犯错,口误的比例明显增多,各种口头禅甚至不雅的词汇均在不经意间脱口而出,而反观电视媒体,这样的比例明显要少于新媒体。另外,解说评论员随意的态度也使得解说的气氛与整体比赛激烈的气氛极不搭调,有时缺乏激情和专注的态度,反而影响了受众的观看感受。新媒体解说中的留白也较电视媒体更多,这样莫名的空白常使观众莫名其妙。

(二) 注意解说措辞的尺度

新媒体解说以网络解说为主,且受众主要是年轻人,他们接触网络的时间要远远多于电视,独特的平台和独特的受众使得新媒体解说在整体的解说风格上不同于电视媒体,可以很容易地在新媒体解说中找到各种当下流行的网络词汇、网络事件等,而时下最火的网络人物也往往是解说评论员们调侃的对象,为体育赛事配上这样的解说调侃,可谓妙趣横生。然而网络用语词汇当中有很多不雅的成分,有的更是低俗粗鲁。例如,我们上文提到的解说柯凡和马健,他俩的解说风格虽说受到了很多网友的追捧,但是解说过程中措辞尺度的把握就稍有欠缺,大尺度的玩笑常常使球迷们汗颜。

(三) 解说忌插科打诨过度

解说评论是解说员对比赛进行的通过声画结合的二度创作,必须通过解说使得整个比赛更具观赏性,而且又不脱离体育解说的本质,应该说体育解说首先是新闻报道,其次才是艺术创作,客观性与公正性仍是需要把握的首要原则。新媒体解说偏重娱乐性过强,很多球迷感慨"现在的很多网络解说员哪里是在解说比赛,分明是在瞎侃胡扯"。在新媒体解说当中,确实有很多解说评论违背了体育解说的本意,他们在解说中对比赛本身一语带过,更多关注场外或其他与比赛无关的部分,肆意发挥、插科打诨,甚至哗众取宠。作为掌控话语权的解说评论员,应该让解说回归体育新闻报道本身,在专业性与娱乐性中找到平衡。

作业题

1. 试分析为什么在足球领域少有女性解说评论。你认为女性解说评论适合足球比赛吗?为什么?
2. 比较新媒体解说同主流电视解说在风格上的差异,并分析造成这样差异的原因是什么。
3. 如何看待体育解说评论娱乐化的倾向?

参考文献

[1] 朱小阳,陈春敏.NBA网络直播解说语言探析[J].当代,2010(6).

[2] 张德胜.体育媒体通论[M].广州:广东人民出版社,2006.

[3] CCTV-5伦敦奥运会评论员组.2012剑指伦敦[M].武汉:长江文艺出版社,2012.

推荐阅读文献

央视体育解说早已走下神台宋世雄高度无人匹敌

徐梅

《南方人物周刊》记者

2006年夏天,德国世界杯,喊出"海啸音"的黄健翔还没回国,韩乔生老师带着我穿过京西宾馆与恩菲科技大厦(《足球之夜》及世界杯特别节目栏目组均在此办公)之间的地下通道,碰上他一个年轻同事背着包上班去。韩老师说,"他叫贺炜,我的小同事,这次在后方转世界杯,非常优秀,将来肯定能出来"。

四年后,贺炜"文艺帝"+"知识帝"的名号迅速蹿红。当"有一位诗人名叫贺炜"成为网络流行语,"知识帝贺炜"在热门话题榜居高不下时,人在南非的贺炜通过微博回应,"诸位的指正,都是我的荣幸。从来没有一场比赛的解说会是完美的,我深知自己犯过的那些错误,正因为如此,大家的谬赞,让我忐忑不安,唯有尽量少出错,对得起自己的责任"。

贺炜的低调可以理解为一种自我保护,今天的一切得来不易,他想掌控住把自己卷进意见漩涡的这股热流。他的好友,央视篮球、田径项目评论员杨健说,互联网时代网友的反馈非常快,"水能载舟也能覆舟,在他支持你的时候,这里有强大的推动力,稍有不慎,这水也能把你这船给打翻"。

7月15日回国之后,贺炜"以倒时差之名,睡得天昏地暗"。他礼貌地回绝了本刊记者的约访。在微博里他说,"我亲爱的祖国,现在就像一大锅煮开的水,热气腾腾,但静不下来;我们则像锅里翻滚的饺子,起起伏伏,但不知方向。"

贺炜的比喻也适用于互联网时代身陷网民意见包围圈的其他体育评论

员。在国家电视台的评论席上坐稳并非易事,已经有两位前辈的命运因为沸腾的舆情发生了转变。"韩老师"背着好几本"语录"彻底走向了娱乐化,自称"我就是(解说)行业标准"的黄健翔则离开了央视这个强势平台。

话筒前的权威早已动摇　一代人有一代人的命运

第一代解说员常常收到"观众朋友"好几麻袋表扬信,当然偶尔也有几封指出错误或不足的,但语气通常温和谦逊。

年轻一代解说员在话筒前的权威早已动摇、稀释,一场比赛解说完毕,第一件事就是迎接网络上真伪球迷的语言大批判,"从第一天干这个,就是这样"。大伙共同的感触是,球迷水平越来越高,脾气越来越大,这碗开口饭越来越难吃了。

在"知识帝"借助南非足球盛宴进入公众视线之前,他已连续8年背着书包穿行在我们曾经相遇的那个地下通道,专司西甲联赛解说的他,多年过着晨昏颠倒的非正常生活。他的小同事、1984年出生的刘嘉远恰如多年前刚入台的贺炜,寂寞地行进在成名前的悠长时光里。

刘嘉远到央视第一天,张斌就对他说,一定要耐得寂寞。可能你说五六百场之后,才会真正掌握拆解一场比赛的路数:第几分钟说资料,球在后场时说什么合适,打到前场就要进球的时候不要说资料……"这过程本身是很寂寞的,你说几百场比赛,没人听、没人知道,长年累月熬夜,人很受挫,那感觉非常痛苦。"

"70后"洪钢喜欢一切体育项目,在央视服从安排专攻排球和羽毛球解说,"篮球跟足球竞争太激烈了,轮不到我去说"。

事实上,排球是中国体育解说员的"传统优势项目",宋世雄在老女排比赛中激越高亢的"民族主义解说"影响深远。洪钢从业8年,许多网友盛赞他的解说"专业、理性",但也常有人批他,"没有感染力,冷酷无情! 外国球员都把球扣到中国队员头上了,他还要叫一声'好'!"

洪钢认为,20世纪90年代是中国体育解说员代际分割的分水岭。他把宋世雄、孙正平、韩乔生都归为"90前"一代,"电视刚开始在中国普及,体育对于中国人来说也是特别新鲜的一个东西。当时很多人对足球、篮球的了解可能就跟现在我们对美式橄榄球、棒球这些项目的了解一样少。宋老师他们那一代是在这样的环境下开始解说的,球迷喜欢他们,因为他们知道得多。"

"黄健翔、刘建宏、张斌、我、杨健,包括生于80年代的于嘉、贺炜、刘嘉远,其实都同属一代,是在大量赛事直播、体育专业媒体丛生、互联网大发展这个大背景下成长起来的一代,我们看到的东西,比老一辈要多得多。跟我们一起成长的观众对体育的了解也远远超过了老一代观众。"

他们几位都是参加比赛,从球迷中"海选"出来的职业解说员。球迷中究竟潜伏着多少高手,他们是最清楚的。

专业、精研某一两个项目是解说行业逐渐成熟的一大标志。以篮球为主项,解说过冰雪项目、直播过网球赛事的于嘉与ESPN(美国"娱乐与体育节目电视网",24小时播放体育节目)的一个朋友聊天,问人家是怎么分工的,朋友告诉他说,"我们这边哪怕就是一个摄像,干F1的,一年就只干F1,其他都不敢去。"

"专业性对体育电视来说实在太重要太重要了,但是条件所限,我只能说,对于篮球来说我肯定是最专业的,如果让我去解说别的,比如举重、短道速滑,我能做到的是,不让人家一听就说这人完全外行。足球、篮球作为大项,每个看球的都认为他可以当教练,'你们说得还不如我呢!'人家很容易那么想,你怎么办啊?就得像钻牛角尖一样地不停往尖儿上钻。"

这是他入行以来不曾间断的功课:

每天下午看雅虎和ESPN的NBA要闻报道;定了30个球队的当地报纸的电子版,每天都得看;球赛,每天都看,除了自己转的比赛,还有别人转的、别的台转的、网上的……这队是怎么个打法,来了一些什么球员,这教练他愿意干什么不愿意干什么;具体转播场次之前再看看有什么更新:谁伤了,这个队到这个城市来,有些什么新鲜事……

球迷在网络上看球,借着海量搜索同现场评球的解说员"斗法"。要想不输给他们,解说员除了正常的技战术资料的准备,还要做许多场外功课,比如及时叫出那些坐在比赛场边的大小明星。

百密一疏。于嘉讲了个趣事儿,"这次总决赛,屏幕上突然出现一个吉米-巴菲特,我不炒股但也知道股神巴菲特,我就说,'股神也来看比赛了!'有一朋友马上就发短信来说这不是股神沃伦-巴菲特,我赶紧更正说,'观众朋友们,抱歉,股神巴菲特刚给我们打来电话,说感谢我们对他的关注,但他真没来,还在纽约继续股市生意。'"

我是公众人物,不是公众动物

于嘉是1999年从雪碧NBA主持人大赛中胜出的,现在走到外面常遇到"听你的解说长大的"球迷,回看来路,他说自己最大的变化是应付得了无来由的批评和责骂了。

"开始的时候看到夸自己的就特别高兴,看到骂的就特别不高兴。现在我也学会了'二皮脸',就是厚脸皮,您想骂就骂吧!生活节奏快了,生活压力大了,大家不能说像刚开始听收音机、看黑白电视、没有网络的时候那么轻松地去看比赛。网络又是相对自由、不用负责任的地方。假如您骂骂我,能缓解一下被领导批评的坏情绪,从拧巴变成不拧巴,那您就骂吧。"

杨健最怕网友指出解说中的硬伤,"'杨健你怎么老用错这词啊?'人家诘问你'能不能先查一下字典啊',我会别扭好多天。"

洪钢更多将网络作为测试解说底线的工具,"我有些拿不准的说法,说完了之后,会去网上看大家的反应。如果大家没反应,说明他们接受了;如果反应比较强烈,特别多的人说这种说法不对,那以后就不说了。比如我解说时说过,'冰壶这个项目看上去是集体项目,实际上是个人项目,短道速滑看上去是个人项目,实际上是集体项目。'你跟懂冰壶懂短道速滑的人去说,他们是可以接受的,但大多数观众接受不了。我说了之后,就看网友发帖子议论,发现大家很难接受,后来我再也没有说过,虽然我知道我说得对。"

洪钢是几个年轻一代解说员中唯一没有开博客、"围脖"的。于嘉在网上则很活跃,粉丝众多,但他对网上关于自己的各种议论"根本就没工夫看"。他说自己一直是自卑的人,但十年的打磨,专业上,他有足够的自信,很感谢与自己常年合作的张卫平、徐济成、苏群、杨毅这四大篮球解说顾问。

"我第一次去现场就是张老师做的顾问,他对我特别宽厚,有时候我着急想说点什么,但没组织好语言,他就会把'咳嗽键'摁下去。那个键摁下去后,就不会把话筒里的声音传出去了,他跟我说,'别着急啊,你慢慢说。'他跟我父母岁数差不多大,那样对待我,让我心里特别暖和。"

于嘉说球迷是自己的衣食父母,遇到球迷找他签字,他总要说声"谢谢"。但尊重球迷不等于迎合球迷,如果大家观点不一,他一点也不忌讳跟网友对阵。他有个比较"彪悍"的崇拜对象——霍华德-科赛尔(Howard Cosell)。

我所敬仰的美国体育转播史上最有争议的NFL解说员霍华德-科赛尔曾经在1980年11月8日晚11时30分——NFL的迈阿密海豚队对阵新英格兰爱国者队比赛期间——中断他正常的体育解说来报告整个美国:约翰-列侬在自己的寓所前被歌迷刺杀。对此科赛尔的解释是:面对一个行为足以影响世界的伟大生命的陨落,一场普普通通的比赛又算得了什么呢?

我特别欣赏他这种随性,我根本不需要去迎合谁。在业务上,我是特别坚定的。我已经干十年了,有自己的定力和判断力。解说的时候有什么就说什么,如果说我的解说有一个什么基调的话,就是不装。我是公众人物,又不是公众动物,凭什么你能骂我,我不能骂你啊?谁规定的?

解说员其实没有好或坏之分,只有观众喜欢和不喜欢之分。你心里要有一个刻度,这个刻度就是你的职业操守和职业性。一场比赛,如果我精心准备了,肯定不会说外行话,不会胡说八道,这是你的职业操守。什么时候说、是不是准备了100条东西就要全部说出去、怎么说出去,这是职业性的问题。我全说了,我痛快了,这解说不见得就好。100条只说了10条、5条,但是大家听了很顺畅,没有卖弄之嫌,我觉得我就成功了。

喊还是不喊,这是个问题

韩乔生从不讳言他对黄健翔的偏爱。1996年欧锦赛,他与黄健翔一同飞赴赛场,"那是健翔第一次出国解说比赛,飞机上我就跟他说了,小黄,你要用这次解说确定自己中国第一足球解说员的地位。"

如今,贺炜的博客链接中,以"我师傅"来标注黄健翔,央视年轻一代的解说员中,视黄健翔为师的不只他一个。即便是入行最晚的刘嘉远也得到了黄健翔的关照。他在央视风云足球频道解说了不少比赛,本届世界杯小组赛瑞士对洪都拉斯,第一次在央视一套"发声"。"比赛前健翔老师给我发短信,说,'不要想别的,也不用紧张,也不用讲得出彩,只要做自己就行了,千万不要想着一场就让人家记住你,也不要想着说砸了该怎么办,你就当作平时普通的联赛或是一场欧冠。'开头的5分钟,声音很紧,感觉放不开,在风云足球频道说和在一套说还是不一样。"

"专业准确,情绪到位"是黄健翔给解说员立下的行业标准,这个标准得到了年轻一代解说员的一致认同。相比有衡量标准的"专业准确","情绪如何才算到位"似乎更让他们苦恼。面对沸腾的赛场,喊还是不喊,是个问题。

2004年雅典奥运会,杨健一"喊"成名。"刘翔赢了!刘翔创造了历史!"他也将那一刻视为职业生涯的第一次巅峰体验,"在现场声嘶力竭地咆哮,就是这种感觉。"那几声大喊让球迷爱上了他的激情,然而到了2008北京奥运会男子4×100米接力赛时,他一段充满激情的解说却被扣上了"黄(健翔)式怒吼"的标签。

洪钢苦于总被球迷指责为缺乏激情,"这可能是人的个性在解说中的一个体现吧。我在解说时主要希望和大家一起把比赛看懂——为什么赢的,为什么输的?有人看比赛就是为了情绪的宣泄,或者为了输赢的刺激,比如说我就是希望西班牙赢,西班牙赢了我就高兴,过程我不管。但我关注的是,比如西班牙和荷兰这场比赛,我想弄明白赢的为什么会赢,为什么只赢1∶0,为什么到加时赛才能够进球。"

于嘉坚决反对在转播席上"假high",洪钢把这些人描述为"叫得非常凶,显得很有激情"。杨健的总结是,情绪到位必须建立在专业准确的基础上,"不能为了让大家记住就故意喊些哗众取宠的特别怪的东西,绝对不能怪。"

什么时候喊、怎么喊,是有很高技术含量的,同时你还要具备一定的声音条件。洪钢甚是苦恼,"我的声音条件就不太容易表现出激情,我也有激动的时候,但我的声音通过电子设备出来后,即便我已经很激动了,观众听起来仍然觉得很平静。"

与大多数受访者认为刹那的激情迸发是顺势而为、自然而然不同,杨健把它视为"一个机会",是可以事先设计的。"我想于嘉解说冬奥会、贺炜解说世界杯,包括黄健翔以前的解说,有几段肯定是有设计的,不可能完全没有想过就突然'咣叽'来那么一段。"

怒吼,什么叫怒吼?它就是一种宣泄。我刚入行的时候有个特别大的体会,你的解说激情达到某一个高点的时候,如果你不连续地用你的声音把这种内在的激情完全地宣泄出来,把这个画面填满、把时间充满,是一种非常尴尬的状况。

1996年欧洲杯比尔霍夫的那个球打完之后,黄健翔喊:"比尔霍夫!比尔霍夫!"(模仿)如果他高声喊了两下之后把声音拉下来,那比赛你就看不下去了,会觉得难受死了。合适的时候,通过积累,让你喊出的东西有点意思被人家记住这有什么错!但是绝对不能怪,不能脱离场景。你可能有所准备,甚至写下了一些准备好的东西,但是如果现场完全靠不上你的预判,你还要硬生生地把这个东西给搬出来,那就怪了。

用你的声音和解读使比赛升华,使它更加精彩,使牛气冲天的东西更牛,我觉得解说员就是要做到这个。但必须要有好的比赛、真正的大赛,如果说一场普通的联赛你弄成这样,而且不是在现场而是在播音室里,就显得有点假了。单纯是为突出自己,显摆,哗众取宠,蹦出那些华丽的词汇、成语去让人觉得你挺有意思啊什么的,太没意思了。

我们都是自己的掘墓人

德国世界杯后,"黄师傅"离开央视,同事们心中都有不小的震动。黄健翔曾说,"我简直快累死了。这是过早到达山顶的副作用。你在往前推动着观众的认识和欣赏水平,观众的挑剔和责难也都集中在你头上。"

韩乔生对他的一句论断记忆犹新:"他说,我们其实都是自己的掘墓人,早晚都要被观众厌烦。"

被观众小看甚至抛弃,是大家共有的恐惧。互联网时代人人都在发言,却少有人专注倾听。电视业原就有喜新厌旧的天性。白岩松说,一只狗在中央电视台叫上三个月,就成了一只名狗。杨健笑言,"问题是如果它继续叫下去,很快有人会骂,'神经病啊,整天瞎嚷嚷什么!'"

年轻一代解说员出道大都已将近十年,名气也都有了那么一点点。但是球迷中高手云集,常常一个帖子把人说得汗流浃背,套用一句韩老师语录,那是"前有追兵,后有堵截"。

杨健是半专业田径运动员出身,求胜好强的运动员气质很重,他说自己"真的害怕有一天不论我怎么努力都达不到大家的要求"。

他已经习惯了每天做功课,在网络上看最新的比赛视频、美国资深体育评论员的文章。每有解说任务,都提前两个小时到台里,抓紧时间上网搜集更新赛前信息。

理性的洪钢更悲观,在他看来被抛弃几乎是铁律,再努力也无法改变某些现状。

黄健翔为什么走?我认为他在这儿待得很苦闷。这种苦闷一个来自于工作环境,再一个来自工作本身。可能所有行业都遇到过这个问题,就是你觉得自己的付出和收入不成比例。如果工作中周围是一群很合得来的人,工作愉快,也就算了,少挣点钱就少挣点钱。如果工作既不能提供足够的物质,也不能提供足够的精神,他的工作环境就有很大的问题。

再一个就是工作本身。他走的很重要的原因,他没说过,我觉得应该有,就是他在业务追求上已经非常迷茫了。比方说认可他的人最开始就达到了70%,但是他希望达到90%甚至是100%。可多年努力之后发现,认可他的人不仅没增加,反而降到60%了。你去看网上对他的评论,开始好评如潮,从2000年欧洲杯,特别是2001年中卡之战后就是一半一半了。他不知道自己什么地方出了问题,而且他已经达到一个高度了,不知道该怎么去突破了。

这是我们每个人都要面对的现实。电视是强调新鲜感的一个东西,你刚出来观众觉得真好,过些年他不觉得你那套有什么新鲜的了,慢慢开始烦,很正常。我也体会过这种落差。刚来时认可度越来越高,说你好的人越来越多。然后你明明在认真地工作,时间一长突然发现,说你好的人越来越少,说你坏的人越来越多。

互联网时代，你的受众会越来越细化，你不可能奢望大家像过去追捧宋老师那样认可你。当年宋老师说女排的时候，全国人民都说："哎哟，说得好啊！"现在你不可能去奢望这个了。前几年排球论坛上有过一次调查，说你希望谁解说排球，选我的有7成，我当时觉得不满意，觉得该100％才对。但是这几年过来之后，我觉得那已经是一个很高的比例了，七成都是很难奢望的了。

洪钢的朋友跟他开玩笑，说如果真的到了那天，"你也别在前边硬拼了，该下来就下来吧。别一个劲儿在上头让人骂。"

杨健有一个念头很倔强很强大，"最成功的解说员，必须始终和运动员同步成长。他20岁的时候你也20岁。他打完最后一场比赛，背着跑鞋或者拿着球杆离开赛场的时候，一路同行的你对他的评论和感慨是世上任何别的人都不能替代的。我觉得这是最高的一个境界。不过要想在巅峰到来之前不被甩掉，你就要永远比球迷快一步。"

(原载《南方人物周刊》2010年7月)

第十二章

体育解说评论员的培养与发现

学习目标

通过本章学习,了解我国各高等院校播音与主持艺术专业体育解说评论员的培养现状,用人单位选拔体育解说评论员的途径,掌握求职技巧。

章前导言

体育解说评论员如何培养,怎样的高校具有培养体育解说评论员的优势?播音与主持艺术专业在部分体育院校开办以来,在培养体育解说评论员方面有怎样的经验?一方面体育院校播音与主持艺术专业获批,另一方面在岗的体育解说评论员少数是科班出身,业界、学界如何联手培养体育解说评论人才,这是一个值得思索的问题。

业界对于体育解说评论员的选拔,主要通过解说大赛,招聘考核,地方电视台选拔等渠道进行。本章我们从介绍体育解说评论员培养的历程和现状入手,分析中国传媒大学体育通道班、西安体院、广州体院、武汉体院播音主持艺术专业的人才培养方案,梳理业界对于体育解说评论员的选拔标准、途径。反思我国体育解说评论比赛的发展变化;分析在新的就业形势下,学生如何抓住机遇,怎样能成长为一名优秀的体育解说评论员。

第一节　国内外体育播音专业教育

随着广播电视事业和体育事业的蓬勃发展,各高校纷纷开设播音主持专业,据不完全统计全国已有300多所院校开办播音与主持艺术专业,然而各专业定位大多大同小异缺乏特色,体育院校瞄准体育解说评论员的需求不断增加的势头,找准培养体育解说评论员的培养目标,纷纷开设播音主持专业。本节通过对中国传媒大学体育班、西安体院、广州体院、武汉体院播音主持艺术专业的人才培养方案的分析研究,了解体育解说评论员的培养现状。

我国培养体育解说评论人才的高等院校,大致可以分为两类,一类是以中国传媒大学为代表的非体育类院校;另一类是以西安体院、武汉体院、广州体院为代表的体育院校。

体育解说评论员的培养,可以通过两个途径来完成。一是院校培养,二是在岗培训。从目前在岗的体育解说评论员的实际情况来看,在岗培训学习起到了重要的作用,学校培养对其基本素质的培养奠定了良好的基础。从院校培养方面来看分为两个阶段。

一、高等院校培养体育解说评论人才的起步阶段

（一）我国高等院校中体育解说评论人才培养的起步,建立在我国播音主持专业教育发展的基础之上

1954年,为了适应广播电视发展对专门人才的需要,我国建立了培养广播专门人才的学校——北京广播学院。1963年该校正式招收播音专业学生,学制3年。1977年升为本科,1980年建立播音系和硕士学位授予点,1996年9月成立播音主持艺术学院,1999年开始招收语言学及应用语言学"中国播音学"方向博士生。[①] 播音主持专业学科体系日渐成熟。在几十年的专业教育实践中,该专业摸索出了一套行之有效的人才培养模式。为其他院校播音主

---

① 吴郁,曾志华.播音主持专业人才培养研究[M].北京:中国传媒大学出版社,2009:5-6.

持专业建设提供了宝贵的经验。在没有细分专业方向的时候,就有不少毕业生分配到体育播音员、解说员的岗位上,如中央电视台宁辛、沙桐、袁文栋,广东电视台王泰兴,北京电视台梁言等,他们都成为各电视台、电台的体育播音、解说评论的中坚力量。

20世纪90年代以来,我国体育事业和广播电视事业蓬勃发展,1995年中央电视台成立体育中心,开创体育频道,员工一共27人,开始每天首播节目只有4个小时,随后几年央视体育中心不断壮大。2001年7月13日北京申奥成功,我国体育事业和广播电视事业迎来了新的机遇。因此,业界对于体育解说评论员数量和质量上都有了更高的要求。从现在可查的资料来看,2002年下半年一些院校先开始尝试培养体育解说评论的专门人才。例如中国传媒大学播音与主持艺术学院、河北师范大学体育学院等。其中最有影响力的是2002年10月30日开班的中国传媒大学播音与主持艺术学院体育评论解说通道班。

(二)中国传媒大学体育评论解说通道班的基本情况

1. 人才选拔

该班招考对象为该校播音系在读学生。人才选拔的标准主要有两条:首先是热爱体育、酷爱解说,其次是语言表达能力强。通过体育综合知识考试、体育比赛的现场解说、体育比赛的模拟评论等几个环节进行考核,最终录取了21名同学。经过一年多的学习,第一届体育评论解说通道班学习结束,有18名同学拿到了结业证。

2. 培养目标定位明确

通道班旨在培养高水平的广播、电视体育解说员、评论员。王群和金北平作为体育评论解说通道班建设的负责人,在总结经验时指出,当时制定的人才培养思路是:"既能适应广播、电视对解说员、评论员的需求,又能满足广大体育迷和普通观众的口味,在行内有一定知名度,在观众中有一定的影响的高素质从业人员。"

3. 开设的课程

课程设置主要分为三块内容:体育比赛专业知识、体育评论解说的基础理念和体育评论解说的基本技巧。课程如下:"体育概论"、"运动训练学"、"体育史"、"体育社会学与奥林匹克"、"体育解说评论概说"、"当代世界体育解说发展现状"、"经典赛事欣赏与分析"、"电视体育访谈类节目主持艺术"、"体育比赛的采访和报道"、"足、篮球、乒乓球的技术和战术"、"足、篮球、乒乓球比赛的解说技巧"等。

4. 师资力量

聘请的教师主要包括中央电视台蔡猛、张斌、罗宏涛，北京电视台魏翊东、北京人民广播电台的一线解说评论员梁言等；新华社资深体育记者、评论员徐济成等；专业裁判孙葆洁及该校体育专业教师①。

在这一阶段无论是中国传媒大学体育解说通道班还是河北师范大学体育学院播音主持方向等都深挖自身办学优势，利用地域便利的有利条件，积极与中央电视台体育中心合作，开拓办学思路，取得了良好的效果。我们可以说，从2002年起，体育解说人才的培养走上了高等院校专业化培养的道路。

二、高等院校培养体育解说评论人才的发展阶段

2003年中央电视台体育中心规模不断扩大，各地方电视台也纷纷设立体育频道，新媒体迅猛发展。每年国际国内各级各项赛事不断，2006年第十八届足球世界杯、2008年北京奥运会、2010年广州亚运会等，业界对于体育解说评论人才的需求量日益增长，对高层次的体育解说评论人才需求更加迫切。广大观众对于体育解说评论的质量要求也水涨船高，现有的体育解说评论需要创新，以满足观众欣赏体育赛事的需求。在这种形势下，仅仅依靠传媒院校培养体育解说评论人才远远不能满足现实的需求。另外传媒院的体育氛围不够浓厚，校体育通道班的体育方面的师资明显不足，无法满足学生对体育相关知识学习的深度和广度要求，无法达到业界和受众对体育解说评论员的专业要求。而这方面，高等体育院校却有着先天优势，高等体育院校培养体育解说评论人才势在必行。

（一）培养体育解说评论人才的高等院校逐步增加，以体育院校为主

体育院校在体育学科教育、人才培养和科研方面具有雄厚实力，在体育解说评论人才培养方面的具备先天的优势。2006年西安体育学院播音与主持艺术专业获教育部批准，同年开始招生，这是我国体育高等院校首个播音与主

---

① 王群，徐力.电视体育解说[M].北京：中国传媒大学出版社，2005.

持艺术专业。紧接着教育部在《关于公布2008年度高等学校专业设置备案或审批结果的通知》（教育部教高[2008]10号文件）中，批准武汉体育学院、广州体育学院、山东体育学院开设播音与主持艺术专业。其中武汉体育学院、广州体育学院播音与主持专业于2009年开始招生。

（二）充分发挥体育院校培养体育解说评论人才的优势

1. 体育学科专业办学经验丰富，师资力量雄厚

西安体育学院、武汉体育学院、广州体育学院都创办于20世纪50年代，培养了大批体育人才。这些院校的体育教育专业、运动训练专业、武术与民族传统体育专业、运动人体科学等专业具有丰富的办学经验，师资力量雄厚。对奥运大项篮球、足球、跳水、田径、乒乓球、游泳，还有新项目如高尔夫、角斗士、攀岩等，都有研究。从比赛的规则、赛制，到体育比赛的观赏，从竞技体育到群众体育，研究具有一定的深度和广度。

2. 体育文化氛围浓厚

各体育院校中设有武术、乒乓球、田径、足球、篮球、地掷球、健美操、艺术体操、跆拳道、棋牌等业余训练培训中心和俱乐部，学生可以实践各项运动，是对课堂教学有力的补充。

3. 体育新闻专业的发展是体育解说评论人才培养的有力保障

从角色定位上来看，体育解说评论员就是新闻工作者。西安体育学院、武汉体育学院、广州体育学院三所院校的播音与主持专业都是设立在体育新闻院系之下，各院校体育新闻学专业，大都有10年左右的办学经验，一些院校的体育新闻专业，还是该省的重点学科，已培养出一大批体育新闻人才，活跃在各级各类媒体。体育解说评论人才培养方面依托新闻专业雄厚的师资力量，充分借鉴体育新闻人才培养的经验。

（三）播音与主持艺术专业培养目标突出差异化竞争，突出体育特色，课程设置规范系统

从各校播音与主持艺术专业人才培养定位和思路来看，大体相同，各有特色。总体而言，都是以播音学为基础，以新闻学为方向，以体育节目播音主持为特色。体育新闻播音、体育出镜记者都是各校培养的重点，和综合院校播音主持专业形成差异化竞争，体育解说评论人才的培养无疑是重中之重。具体

来看各校播音主持专业目标定位。

第十章　西安体育学院

培养目标：培养德、智、体、美全面发展，具备广播电视新闻传播、语言文学、播音学以及艺术、美学、体育学等多学科知识，具有在广播电台、电视台、体育赛事中采访、报道和现场解说以及各类新闻和综艺节目主持播报的能力，能够从事电台、电视台及其他大众传播媒体和相关国家体育企、事业单位，从事广播、电视节目主持、播音、采编、制作及宣传工作的复合型语言学高级专门人才。

（来源于西安体院招生信息网）

第十一章　武汉体育学院

培养目标：本专业培养具备良好政治素质和思想道德品质，热爱新闻传播事业，掌握有声语言传播相关知识与技能，擅长体育类节目语言传播，集采、编、播等多种技能于一身的应用型专门人才。

3. 广州体育学院

培养目标：播音与主持艺术专业以播音学为基础，以新闻学为方向，以体育节目主播为特色，培养能熟练运用普通话、粤语、英语等多种语言，从事电视台、广播电台及其他大众媒体和相关事业单位体育赛事采访、报道和现场解说，以及在各类新闻和综艺节目中从事播音、主持、采编、制作及影视配音等工作的应用型创新人才。

（来源于广州体育学院2013年播音与主持艺术专业招生简章）

各体育院校播音与主持艺术专业的课程设置，大体沿袭了中国传媒大学播音与主持艺术专业的构架，在强化学生综合素质的基础上，以普通话语音与播音发声、语言表达、广播播音与主持、电视播音与主持、体育解说评论等课程为核心，增加体育理论和各种运动项目的相关课程。并提供院系两级选修课平台，供学生选择相关课程。各院校播音与主持艺术专业人才培养还各有特色，比如广州体院开设粤语体育解说评论方向；武汉体院构建实践、实习、实验、创新、创造、创业"三实三创"的实践模式。实践教学环节贯穿大学四年，通过专业教学和第二课堂组织，利用体育院校体育赛事资源丰富的有利条件，让学生参与现场播报、解说评论、新闻报道等工作。

（四）拓宽体育解说评论研究领域，研究进一步深入，加强对国外体育解说评论的学习和借鉴

科研方面，进一步深入，过去以经验总结为主，现在围绕体育解说、体育评论、嘉宾等方面研究更加深入，研究领域扩展到大型体育赛事的媒体运行服务、体育现场播报等。体育解说的教材编写进一步加快，各院系都在组织师资力量进行体育解说教材的编写，成都体育学院魏伟的《体育解说教程》2012年12月已经出版。

（五）体育院院校播音主持人才培养建议

随着招生规模的不断扩大，体育院校播音主持专业在人才培养方面，又遇到了一些新的问题。

1. 突出体育特色方向外，兼顾其他方向

体育评论解说员的就业数量有限，由于体制的原因，地方电视台体育频道资源有限，而体育院校招生规模的不断扩大（各校每年60～100余人的招生规模），人才培养上不得不考虑突出体育解说评论员培养方向外，兼顾其他方向。根据学生条件，因材施教。

2. 加大教育投入

播音主持专业本身就是一个高投入的专业。演播厅、录音间、编辑室及各种媒体实验室的建设都需要大量投入。

3. 要建立一支双师型的队伍

采用引进来走出去相结合的办法，引进有媒体经验的一线体育解说评论人才，让教师到一线锻炼，到国外学习先进的教学经验。

4. 建立校台合作平台，让学生积累实践经验

体育解说的实践，会受到许多因素的制约。利用学校演播室和电视台等媒体单位合作，可使学生更多参与实践。例如武汉体育学院和腾讯网合作《挑刺体坛》节目，和湖北电视台合作《伤病的故事》等节目。

2012年教育部修订本科院校学科目录，播音与主持艺术专业调整到戏剧与影视学学科之下，各校都以此为契机，结合几年来人才培养的实践，按照"厚基础、重应用、强能力"的要求，进一步修订本科人才培养方案，如何使人才满足业界的要求，具备扎实的播音基本功，深入掌握体育知识，具备创新能力，体

育院校播音主持人才的培养,还需要在实践中进一步探索。

第二节 体育解说评论大赛

体育解说评论大赛不但是一种选拔体育解说评论人才的行之有效的途径,而且也有助于体育项目、赛事的推广。我国最具影响力的体育解说评论大赛是由中央电视台举办的。央视凭借其绝对的优势地位,每次比赛都引众多参赛者,从中选拔出一些优秀的体育解说评论人才。随着我国从体育大国向体育强国迈进,商业体育的蓬勃发展,各项职业联赛的增加,各地方电视台体育频道实力不断壮大,新媒体也加入体育赛事转播的行列。地方电视台、新媒体也纷纷举办体育解说评论大赛。

一、我国体育解说评论大赛的回顾

(一) 中央电视台举办的体育解说评论比赛

目前为止,我国较早的电视体育解说比赛是1997年底中央电视台和CUBA共同举办的中国大学生篮球联赛主持人大赛,之后中央电视台又陆续举办体育解说比赛(详见表12-1)。

表12-1 1991—2006年中央电视台陆续举办的体育解说比赛

时间(年)	比赛名称	获奖人员代表	协办单位
1997	中国大学生篮球联赛主持人大赛	马重阳	中国篮球协会
1999	雪碧NBA篮球解说员大赛	周洋、于嘉	可口可乐公司
2000	可口可乐杯全国体育解说员大赛	甄诚、杨健、洪钢	可口可乐公司
2004	谁将解说北京奥运	张萌萌	
2006	谁将主持北京奥运	不详	

1. 1997年底中国大学生篮球联赛主持人大赛

中国大学生篮球联赛(CUBA),是中国篮球协会主办的高校间篮球联赛,联赛1996年开始酝酿,1997年建立章程,1998年开始正式推行。其模式参照美国的 NCAA 大学篮球联赛形式,宗旨是"发展高校篮球,培养篮球人才"。

为了推广篮球运动在大学的普及和开展,中国篮球协会、中央电视台在 1997 年底举办"中国大学生篮球联赛主持人大赛",这也是中国篮协推广大学生篮球联赛的重要组成部分。当时北京广播学院播音系的学生马重阳获得一等奖。

2. 1999 年雪碧 NBA 篮球解说员大赛

由中央电视台体育中心、NBA、可口可乐中国有限公司联合举办的"雪碧 NBA 篮球解说员大赛"于 1999 年 2 月—5 月,在北京、上海、大连、广州、武汉等 20 多个城市举行。凡年龄在 18 至 24 之间的青少年均可参加。从 1999 年 2 月 11 日起中央电视台在体育频道的篮球公园节目中反复播出 5 分钟的无解说的节目,选手可以自行录制并配音后,寄到指定的地点参赛。比赛分为初赛、城市决赛和北京总决赛三个阶段进行。初赛及城市决赛决出一名优胜选手和十名优秀选手。各地的优胜选手 1999 年 4 月下旬汇集北京举行总决赛,最终的两名特等奖获得者有现场观看并协助解说 1999 年底 NBA 总决赛的机会。

3. 2000 年可口可乐杯全国体育解说员大赛

由于 1999 年举办的"雪碧 NBA 篮球解说员大赛"在社会上引起了很好的反响,收到很好的效果。可口可乐公司决定支持举办更大规模、更大范围的这次全国体育解说员大赛。1999 年 12 月开始在全国各地报名,正式比赛分两个阶段进行。具体报名细则和报名表刊登在 11 月 22 日的《中国电视报》、11 月 24 日的《中国体育报》、第十期的《足球之夜》杂志上。本次比赛由中央电视台和部分地方电视台联合举办,目的是为了不拘一格选拔和培养人才,充实体育解说员队伍,提高体育解说水平,同时因为 2000 年是奥运年,也可以向更多的人普及奥运知识,传播奥运文化。比赛分足球、排球和乒乓球三个项目组进行;各项目的冠军获得者将有机会赴悉尼观摩 2000 年奥运会。

本次体育解说员选拔大赛,全国设六个分赛区。参赛选手可以在足球、乒乓球和排球三个项目中任意挑一项解说。比赛方式是先笔试和综合知识考试,然后当着考官的面解说一段体育比赛录像,之后还有六个分赛区的预选赛,每个项目前两名出线。数千名参赛选手参加比赛,最终有 36 人参加在北京举行的总决赛,总决赛以现场解说、抢答、演讲等形式进行。

甄诚获大赛足球项目冠军,杨健获得亚军。乒乓球项目组北京的选手张中兴获得冠军。来自广州赛区的选手黄启兵摘走了排球项目的桂冠,来自武汉赛区的洪钢获得亚军。现在甄诚、杨健和洪钢已经成为中央电视台体育频道著名的体育解说员。

4. 2004年"谁将解说北京奥运"大赛

2001年7月13日，北京赢得2008年奥运会主办权。为了高标准、严要求地完成巨大的奥运会赛事的转播任务，中央电视台未雨绸缪，举办了我国最大的体育解说评论比赛，目的是在全国范围内选拔优秀的奥运会现场解说人才和电视节目主持人。

本次大赛以新的传播理念对电视主持人进行新的定位，大赛吸收"真实电视"的节目形态和节目制播手段，以演播室为核心现场，紧密结合集训地、外景地多个不同空间，在真实情景中对参赛选手的职业水平、价值观念、心理素质、道德品行、表达能力、才艺特长诸方面进行全方位的实战考核。

大赛不再拘泥于以往在演播室内以知识问答为主的传统模式，而以全新的比赛规则和考核手段，融真实性、事件性、新闻性、职业性、竞技性、互动性于一体，融情景设置与真实行为于一体，融电视视听艺术与综合媒介传播于一体，形成社会全媒介同步展开的巨大的信息冲击波。

选拔赛吸引了来自全国各地的5500多名选手，最终张萌萌获得金奖和最佳电视出镜奖、李然获得银奖、邵圣懿获得铜奖、田宗琦获得最具活力奖、徐莉获得最具合作精神奖、刘嘉远获得最具解说潜力奖、李然获得最佳访谈能力奖。

（二）地方电视台和网络媒体举办的体育解说评论大赛

随着地方电视台体育频道的增多，实力的增强，地方电视台也纷纷举办体育解说比赛。进入互联网时代，以大型门户网站为代表的新媒体茁壮成长，他们对于体育赛事也极为关注，也举办了专题性的体育解说比赛。例如，2008年陕西电视台举办"陕西省首届民间体育解说大赛"；山东电视台举办的2011年"谁来参与伦敦奥运电视体育主持人评论员大赛"；2013年五星体育传媒举办网球、斯诺克赛事嘉宾主持招募活动；2006年21CN网站举办"中国首届世界杯网络足球解说员大赛"；2009年腾讯体育"NBA解说员大赛"；2010年TOM英超解说大赛等。

这些比赛在形式和内容上大同小异，基本上包括模拟体育解说、体育知识问答等环节，聘请一些知名的体育解说员当评委点评，是地方台和新媒体的体育解说人才选拔的一条途径。随着新媒体的发展，我们可以看到，网络媒体对于体育解说人才的需求是迫切的。

（三）体育解说评论比赛方式的比较分析

1. 从体育解说评论比赛的解说内容来看，由单一体育项目向多种体育项目发展

早期的体育解说比赛内容是针对单个体育项目进行的，以篮球赛事解说最为热门。其中"中国大学生篮球联赛主持人大赛"、"雪碧NBA篮球解说员大赛"、"CUBA电视解说员大赛"，腾讯体育"NBA解说员大赛"都是以解说篮球赛事为比赛内容。2000年"可口可乐杯全国体育解说员大赛"项目扩展到排球、足球、乒乓球，之后的"谁将解说北京奥运"，"谁将主持北京奥运"，"谁来参与伦敦奥运电视体育主持人评论员大赛"已是涉及众多体育项目解说的综合赛事。

2. 体育解说评论比赛的方式由简单到复杂

体育解说评论比赛一般都会经过面试和笔试，初赛、复赛、决赛，程序复杂的会经过地方分赛区的初赛、复赛、决赛，然后汇集到北京又经过多轮的角逐，才能产生优胜者。比赛也由评委现场打分过渡到手机投票、网络投票相结合。比赛的奖项设置由冠亚军发展到最佳电视出镜奖、最具活力奖、最具合作精神奖、最具潜力奖等名目繁多的奖项。

3. 从举办单位来看，由央视到地方电视台，再向新媒体的发展

我国体育解说评论比赛存在着一个明显的从中央电视台向地方电视台扩散，再向以网络为代表的新媒体发展的历程。这个历程和我国体育新闻事业发展脉络相吻合，也符合世界新闻和传播业发展的历史潮流，可以预见在将来以网络为传播媒介的体育解说评论会成为体育解说评论的重要组成部分。

二、关于体育解说评论大赛的思考

（一）体育解说评论比赛是选拔体育解说评论人才的一条有效途径

通过对我国体育解说评论比赛的细致梳理，对其中优胜者的资料进行分析，可以肯定地说，体育解说评论比赛是选拔体育解说评论人才的一条有效的途径。

报名参赛的选手来源广泛，年龄从18到50岁，所学专业不限，这给了很多人实现体育解说梦想的机会。一批热爱体育解说的选手，从此走上了体育

解说的道路,并成为有影响的体育解说员。

1999年的"雪碧NBA篮球解说员大赛"两名特等奖获得者周洋和于嘉、2000年"可口可乐杯全国体育解说员大赛"的甄诚、杨健和洪钢、2004年的"谁将解说北京奥运"的张萌萌,都已经成为中央电视台体育频道的骨干解说员,于嘉、甄诚、杨健和洪钢甚至被称为第五代解说员中的"四小龙"。

(二)并非播音专业的学生才能成为体育解说评论员

分析从大赛脱颖而出的体育解说评论员,我们发现仅仅一部分选手是学播音专业的,如马重阳、甄诚、一部分是在播音专业进修过,如杨影、张萌萌等,还有相当一部分是学其他专业的,如于嘉在大学是英语专业,洪钢在大学是学习机械设备设计与制造专业等,但他们都有一个共同的特点,就是对体育的热爱。

(三)部分大赛选才目的模糊化

模拟解说、体育知识问答等比赛方式确实能反映出一个人的语言表达能力、思维能力、对体育的了解程度,在历次大赛中这些环节几乎必不可少,但是随着比赛中真人秀模式的运用,大众评审团的加入,炫目的才艺表演、激烈的辩论等环节的引进,使比赛更像一个秀场,比赛选才的目的模糊化。获奖的选手成为优秀的体育解说人才的越来越少。

(四)职业体育的发展和大型体育赛事的商业推广对体育解说评论事业的发展具有推动作用

NBA赛事在中国深受欢迎、影响巨大,这和美国职业篮球协会在中国的大力推广密不可分,近些年CBA也精彩纷呈,这些都对我国篮球解说评论的发展起到积极的推动作用。与此同时,许多公司为了树立品牌赞助体育解说比赛。可口可乐公司连续赞助体育解说评论比赛其商业目的不言而喻。

三、体育解说评论比赛对培养体育解说人才的启示

(一)热爱体育是选拔体育解说人才的首要标准

体育解说大赛获奖选手都是体育迷,他们对体育几乎达到痴迷的程度。对各种体育项目有广泛的关注。热爱可以驱使他们去思考、去储备和积累体育知识。

(二)强调术业有专攻以冷门项目为突破点

在体育知识积累方面,要细化、要深入、有精通。深入了解一个项目,以解说冷门项目为突破口。由于冷门项目的规则了解的人少,媒体才可能够起用初出茅庐的学生承担解说的任务。民族体育项目、电子竞技、极限运动等可成为体育院校播音主持专业学生重点发展的解说项目。在这些项目上的知识储备过程中,应该组织学生以兴趣小组的形式进行深入的研究,为将来可能出现的机遇做好准备。

(三)加强外语学习

外语好也是好多参赛选手在体育解说评论比赛中胜出的一个重要因素,于嘉在大学是英语专业。现在外语好已经成为转播国外体育比赛的重要条件,因此要加强外语的学习,不单单是学好英语,小语种也许更为有用。

(四)实习、求职与人际关系处理

怎样才能顺利成为体育解说评论员,实习中学习什么,求职有什么技巧,工作中如何处理人际关系,有哪些禁忌,是我们下一节探讨的内容。

第三节 体育解说人才培养

一、实习

本节我们着重从实习、求职与人际关系处理三个层面探讨怎样才能顺利成为体育解说评论员。

(一)实习的含义及作用

实习就是把学到的理论知识拿到实际工作中去应用和检验,以锻炼工作能力。实习是大学教育中必不可少的一个部分,是理论联系实际,应用和巩固所学专业知识的一项重要环节,是培养学生能力和技能的一个重要手段,毕业实习更是学生走向工作岗位的必要前提。一般而言,学生是在大三结束大四开始这一时间段,由学校安排到相关单位部门去实践,在实践中学习。通过实习,学生可以更广泛的接触社会,了解社会需要,加深对社会的认识,增强对社会的适应性,将自己融合到社会中去,培养自己的实践能力,缩短从一名大学生到一名工作人员之间的思想与业务距离,为学生毕业后社会角色的转变打下基础。

(二)实习注意事项

1. 明确实习目的

有志于从事体育解说评论工作的学生,一般会选择体育相关媒体实习,通过亲身实践,初步了解体育解说的性质、内容、特点和作用,基本熟悉实习岗位工作过程的各个环节,掌握实习岗位需要的工作方法。实习中认清自己的就业方向,找出差距,补充相关知识,为求职与正式工作做好充分的知识、能力准备,从而缩短从校园走向社会的心理转型期。

目前各高等院校都非常重视实习,实习次数增加,实习时间延长。根据学生学习的不同阶段,一些学校往往会安排几次实习,比如大一结束后,要求学生到媒体进行社会实践,了解媒体的基本情况,人员构成、部门分工等。大二结束后又要求到媒体进行中期实习,参与采访写作,分析自身不足,回校后加强这方面的学习。大三下学期到大四上学期则开始毕业实习,要求对所从事的岗位工作有更深的认识,在实习老师的指导下能完成相应的工作。

2. 虚心好学

由于各种原因,目前学校的培养和用人单位的要求还有一些差距。从编辑制作软件的使用,到体育解说评论技巧,真实地感受体育解说,采访写作的注意事项等,虚心好学可以帮助你学到更多的东西。

3. 从小事做起

实习中从别人不愿意干的小事做起,实习单位往往首先考察的是你的工作态度,态度决定一切,这能帮助你争取到更多的实践机会。尤其要注意时间观念,体育解说直播是常态,没有人容忍一个做节目时常迟到的人。

4. 选择合适的实习单位

实习单位通常有学校提供、自己联系两种。学生应该客观的分析自己的优势和不足，选取合适的媒体实习。如果有机会，在校期间可以到电视、广播、网络等各种媒体去实践一下，寻找最适合自己的媒体发展。

二、求职

目前我国电视体育频道数量有限，除中央电视台体育频道占绝对优势外，地方电视台体育频道多数在夹缝中生存，体育解说评论岗位需求数量有限。但任何一个媒体既缺人又不缺人，缺的是优秀的体育解说评论员。有志于从事体育解说评论工作的人，必须不断提高自身素质和能力，在求职中要主动出击。

业界对于体育解说评论员的选拔，主要通过体育解说大赛、招聘考核，从地方电视台现有播音员主持人中选拔等渠道进行。无论是哪种渠道，以下几个方面，是必须要注意的。

（一）正确认识自己，从记者、编辑做起

自信而不盲目，分析清楚自己的优势、劣势。体育记者编辑岗位，有助于体育知识的积累，做好体育记者也是成为体育解说评论员的途径。

（二）勇于出击善抓机遇

积极参与各级各类体育解说评论大赛、主持人大赛，在大赛中锻炼自己。各类配音网也提供了展示自己语言水平的平台，让更多的人能发现你。积极关注各类招聘信息，积极主动应聘。

（三）做好充分的求职准备

确定好求职目标后，就开始准备求职材料了。尽可能多了解目标单位的基本情况，所聘岗位的基本要求，有针对性地准备求职材料。求职材料一般包括个人情况简介、在校期间成绩单、参与或主持的各类体育节目录像录音、体育赛事模拟解说录音录像、栏目策划书或建议案等。自己的播音主持小片（样带）能让用人单位更直观地了解你。制作小片推销自己。制作中一定注意每个细节，个人简介要简洁明了，突出自己的优势。把自己最好的体育解说作品编辑到小片当中。之后可以按下列表格中的内容（见表12-2和表12-3），一条条检查，也可以请相关专业老师提出意见或建议。

附：求职小片自查表

表 12-2　语音和表达

自查项目	具体内容	是	否	具体问题
语音	普通话四声是否到位，有无方音			
	语调是否自然，有无固定腔调			
	音长的变化是否规范，语速过快过慢或忽快忽慢			
	词语的轻重音格式是否失当			
	声母是否有错误或缺陷			
	韵母是否有错误或缺陷			
	语流音变是否有错误或缺陷			
控制	气息是否通畅，呼吸声是否过大			
	气息是否有支撑			
	吐字是否清晰			
	归音是否到位			
	有无扑话筒的声音			
	声音是否放松自然			
	声音中是否有共鸣			
理解	是否理解了所播文章的意思			
	看完自己的小片后是否能复述出文稿的大意			
感受	看自己的小片时脑海中是否浮现出相应的画面			
表达	是否有停连不当引起的语义错误			
	关键词是否加了重音			
	播音或主持是否吸引人			
	基调是否和稿件内容相符			
	播讲或主持有没有层次			
	是否有节奏的变化			
	声音是否积极			

续表

自查项目	具体内容	是	否	具体问题
自然程度	是否像在和旁人说话			
	听起来是否拿腔作调			
措辞	所用词语是否准确恰当			
	是否有读错的字词			
语速	语速过快或过慢			

表 12-3　视觉形象

自查项目	具体内容	是	否	具体问题
外在形象	面部化妆是否合适			
	发型是否合适			
	服装和节目是否吻合			
面部表情	眼神是否平视，有无镜头感			
	头部摆动是否过多			
	表情是否适合播讲内容			
	表情是否自然			
手势	手势是否自然			
姿态	姿态是否僵硬			
	腰是否立起			
	肩膀是否放松			
	是否具有职业感			

三、人际关系处理

汤姆·海德里克在他的《体育播音艺术》一书的序言中提到"就像堪萨斯城酋长队的解说员米奇·霍修斯所说的,你的成功30%依靠技巧,70%依靠人际。这是千真万确的。"可见人际关系在体育解说评论员实习和工作中发挥极其重要的作用。体育解说评论员要处理好和运动员、教练员、公务员的关系,这有助于获取新闻线索、把握政策;体育解说评论员要处理好和体育解说前辈及同行的关系,这有助于业务水平的提高;体育解说评论员还要处理好和学校老师的关系,老师的客观分析,有助于对自己保持清醒的认识。人际关系是一门艺术,只有把握真诚、尊重、沟通的原则,才能顺利开展工作。

真心希望热爱体育评论解说的学子们,早日走上自己向往的岗位。

作业题

1. 体育院校培养体育解说员的利与弊。
2. 从央视体育解说大赛,看体育解说评论员的岗位要求。
3. 拍摄毕业求职小片,对照自查表分析存在的问题,再请老师和同学点评。
4. 向你心仪的一家媒体撰写一份400字左右的求职意向书。

参考文献

[1]吴郁,曾志华.播音主持专业人才培养研究[M].北京:中国传媒大学出版社,2009.

[2]王群,徐力.电视体育解说[M].北京:中国传媒大学出版社,2005.

[3]付程.播音主持教学法十二讲[M].北京:中国传媒大学出版社,2005.

[4][美]汤姆·海德里克.体育播音艺术[M].任悦,等,译.北京:中国广播电视出版社,2008.

[5]Carl Hausman,Philip Benoit.[M].王毅敏,等,译.上海:复旦大学出版社,2007.

从职业能力需求看播音与主持艺术专业的学科定位

陈京生

中国传媒大学播音主持艺术学院

[内容摘要] 本文通过对近年国内高校播音与主持艺术专业发展状况的分析,认为当前应对该专业的学科定位、课程设置重新梳理,不应盲目扩张专业数量。通过对播音专业学科定位变化过程的分析,认为广播电视播音员和主持人的职业能力需求是播音专业学科定位和课程设置的基础,当前产生的学科定位问题是由于国内广播电视快速发展和剧烈变革,对播音人才的能力需求发生变化造成的。通过对播音专业与语言学、新闻学的关系,以及它的艺术属性的分析,认为播音专业回归其新闻学定位更适合目前广播电视对播音人才的需求;对新闻和娱乐两类播音员和主持人应加以区分,采用更细致的学科定位,进行不同的课程设置。

[关键词] 播音与主持;播音与主持艺术专业;职业能力需求;学科定位

一

近年来,播音与主持艺术成为国内高校争相开办的热门专业。这样一个应用面很窄的特殊专业,一下子成为各高校新增专业的追逐目标,从常理来看并不正常。其中的原因,除了近10年国内各地电台、电视台频道和节目数量增加,扩大了对播音员和主持人的需求,各级各类电台、电视台对播音员和主持人学历要求提高等正面刺激因素之外,不排除一些院校尤其是那些并不完全具备专业条件的院校,开办这一专业的初衷更多是着眼于艺术类专业高收费可以增加学校的收入。当然,为高校争相开办播音主持专业提供最大支持的,是在各类明星节目主持人偶像效应刺激下充满幻想的大批考生。播音专业在本科招生目录中隶属于提前招生的艺术类,高考录取分数比普通专业低。因此,报考播音专业,成了不少临近高考时文化课成绩仍不理想的高三应届毕业生提前碰运气的一种机遇。以中国传媒大学播音专业为例,2007年本科招生名额为60人,全国报考人数竟达到6000人。

报考人数多是刺激高校开办播音专业的动力。根据教育部网站公布的数字,教育部2001年共批准7家高校设立播音与主持艺术专业,2002年批准11家,2003年9家,2004年2家,2005年14家,2006年12家,仅在6年中教育部就批准55所高校开设播音与主持艺术专业,膨胀速度之快可见一斑。开设该专业的学校不仅有综合大学、艺术院校,甚至还有工程科技学院这样的工科院校。

各类院校争相开办播音专业,说明需求大,生源多,也表明开办这个专业的门槛并不高。由于本科教育周期是4年,该专业急剧扩张的后果还没有完全显现。但目前出现的一些奇怪现象已提示有关部门,应注意这一专业在人才培养过程中的不良倾向。例如,中国传媒大学播音系近年陆续收到一些外校播音专业学生要求插班旁听的申请,这些学生反映在自己学校学不到应有的专业知识,为了前途,宁愿再交一份学费到北京旁听。而有些学校默认学生的做法,索性给学生开绿灯,在学籍管理中承认这些学生在北京的学习成绩。这些情况表明,一些学校的播音专业教学确实存在问题,教学质量不高,引发了学生的不满。

播音与主持艺术专业是一个什么学科,应开设哪些课程,如何教学?对于一个已经存活了40多年的专业,这个问题似乎有点多余。但实际上,由于专业的特殊性,这些与教学紧密相关的基本问题并没有得到根本解决。

二

播音专业的特殊性在于,它所培养的人才是广播电视播音员和主持人,这些人的职业能力需求是随着广播电视事业的发展而变化的,因此,这一学科的学科定位、教学内容和课程设置常常会处在变动之中。当广播电视事业处在剧烈变化时期,要求变动的压力会加大,对旧有的专业定位和课程设置会提出更多疑问,对学科重新定位、对教学内容和教学方法进行改革的呼声会更强烈。我国社会现在正处于全面改革的过程中,广播电视改革的主要形式是节目的变化,而节目变化直接与播音主持的内容和形式相关联。可以说,播音主持是广播电视改革的前沿。改革越深入,广播电视节目播音主持的内容和形式变化越大,按照原有学科定位培养的播音专业毕业生的适应能力就越弱。这种一线需求与学生能力的差距,不可避免地会将责任倒推至播音主持艺术专业教育,产生对专业学科定位、教学内容、教学方法的全面质疑。我们当前就处在这样一个时期。显然,这一时期需要的是对包括专业定位在内的原有教学体制进行改革,而不是在旧教学框架下快速扩张。培养大量不能适应广播电视新体制能力需求的播音员和主持人,是社会人力资源和社会教育资源的浪费。

播音专业的学科定位一直存在争论,各学历层次的学科定位也不统一。根据教育部网站资料,教育部1998年的本科专业目录将播音主持艺术专业定位为艺术类专业,该分类沿用至今。而播音各方向硕士研究生和博士研究生一直归类于语言学与应用语言学专业,2004年改为归入一级学科新闻传播学下的广播电视语言传播专业。除此之外,根据我国1992年颁布的学科分类国家标准,广播电视播音是位于二级学科广播与电视之下的三级学科,广播与电视之上是一级学科新闻学与传播学。国家标准是最高标准,但教育系统的学科设立与此并不一致。

学科分类的不一致,反映了播音专业涉及多学科的边缘性和教育管理部门、专家学者对于这一学科认识角度的不同。不过,从教学实践来看,与播音专业联系最紧密的是语言学、新闻学和艺术三个学科。但对于播音应归入语言学、新闻学、还是艺术,或者三者兼有,人们在不同时期的认识并不相同。值得注意的是,这种认识上的变化与播音员和主持人不同时期的职业能力要求紧密联系。播音与主持艺术专业的前身是播音专业,成立于1963年,当时国内只有北京广播学院(中国传媒大学前身)一家开办。开办这一专业的初衷是为国内的电台、电视台培养播音员。当时,这一专业隶属于北京广播学院新闻系,播音专业从开始建立就从属于新闻学。

尽管播音专业隶属于新闻学范畴,但播音员的工作与语言学似乎有着更紧密的联系。这主要是由于我国的语言政策对播音员的语言有着更特殊的严格要求,也由于过去的广播电视节目制作体制限制了播音员的新闻采集能力,他们的工作范围更多局限在从文字到口头表达的语言转换过程中。从工作特征上讲,播音员似乎是新闻单位中的语言工作者。

播音员的职业特点,不可避免地会体现在播音的专业教育中。播音本身是语言的一种使用方式,与语音、语法、修辞等语言要素都有密切的关系,对播音专业的学生来说,必要的语言学知识非常重要。尤其是语音学知识,它是学生了解吐字发音方法、纠正发音问题、提高发音能力的基础。我国对广播电视语言有明确规定,对播音员的发音有严格的要求。由于普通话具有超方言性质,几乎所有从事播音工作的人,包括北京人,都要对自己的发音进行适当的调整,普通话语音是播音教学中的必修课。

我国广播电视的节目制作方式也使播音员更多地与语言工作联系在一起。中国的广播电视在严格的审稿制度下,从一开始就是以文稿播读为主,几乎所有的节目内容都采用文稿形式,这些文稿通过播音员之口传达出去。这意味着播音员的职责就是说话,但不是说自己的话,而是替写作文稿的记者、编辑说话,说各种不同风格的话。适应不同节目文稿和不同文稿的写作方式,将各种各样的文稿播读得自然流畅、感染受众,这看似简单,实际上需要专门的语言表达技能。

坦率地讲,新中国的广播电视节目走的是与西方国家完全不同的道路。在很长一段时间,我们都认同列宁在20世纪初对早期广播的看法,列宁当时认为广播是有声的报纸。毛泽东也曾有过广播内容以报纸为主的指示。我国的广播电视节目在制作方式上并没有直接使用口语传播方式,而是使用书面语转换的方式,包括新闻节目在内的大量节目主要借助报纸和刊物的文字内容。即使是电台、电视台记者自己采集的节目,也要先写成文稿,再由播音员转换成口语形式。这种节目制作方式使播音员的工作更像一个语言工作者,而不是直接参与新闻采集过程的新闻工作者。这种节目制作方式使播音变得更为重要,成为节目播出的最重要一环。

播音员的工作是将文字转变成声音,这种转变是附加了许多特殊要求的,并不像一般人所想象的读报纸那么容易。它们之间的区别,有点像歌星与一般人的演唱。如果播音真的像某些人想象的那么简单,各地电台、电视台就不会为挑不到播音员而发愁,播音专业也没有开办的必要了。20世纪60年代的高等教育,唯一目标是为了满足国家发展对人才的需要。

播音员的特殊地位和工作特点,使他们更像是语言工作者。播音员将精力集中于发音和表达规律之中,就毫不奇怪了。在播音教学中将语言教学放在教学第一位,也顺理成章。

播音与艺术的联系,即播音的艺术性,主要体现在从文稿到声音的转换上。在把别人写的文稿转换成播音员话语的过程中,播音员实际上是在进行新的创作,这种创作并非是完全真实的,因为播音员使用的声音、语调,以及话语表达的意味,与文稿作者不会完全一致。这种创作可能会使用适度的夸张和适当的感情渲染,带有一定的艺术因素。但另一方面,这种艺术性是建立在真实的新闻事实上,因为内容是真实的,并非虚构。包括新闻播音在内的各种以事实为依据的播音,它们所表现出的艺术性与某些高于现实的语言艺术形式有很大不同。因此,不能笼统地将播音看成是一种艺术活动。当然,一些也被人们认作是播音的艺术作品播读,可以被认为具有独立的艺术性,如文学作品朗读等。

对待播音的艺术性应当区分渗透在新闻文稿播读中的艺术化表现因素和纯粹艺术作品播读两种不同表现形式。在传统播音中,播音员通常也会涉及艺术作品播读,如小说播讲、诗歌朗诵等。一个优秀播音员应当具有语言艺术表现能力,艺术语言表达能力也是播音教学的一部分。

至于教育部本科专业目录将播音专业归入艺术类,除了播音专业要求考生具有一定艺术表现能力外,还与现行的高考制度有关。现行高考制度中,只有外语、艺术等特殊类型考生才可以提前报考,学校才能先行对考生进行文化课以外的其他能力测试。一个播音专业学生,除了文化知识之外,还需要有声音、语音、相貌、反应能力、表达能力等多方面特殊素质要求。将播音与主持列入艺术类专业,才能取得提前招生的资格,才能提前对学生进行专业测试。这也是播音专业在本科目录中归入艺术类,以及在专业定名时使用"播音与主持艺术"这一名称的重要原因。

三

最近一段时间,关于播音专业学科定位的问题又被提起,其中以播音专业教育应归入新闻学,脱离语言学和艺术类的看法为多。这些看法的产生与当前国内广播电视改革中,人们对播音员和主持人职业能力要求的改变有直接关系。

从20世纪90年代到现在,国内广播电视的发展,尤其是节目形式、节目内容和制作方式发生了很大的变化。这些变化极大地影响着播音员的工作方式,也对传统播音教学提出了挑战。广播电视改革对播音工作的影响体现在以下几个方面:

(1)广播电视的传播方式发生改变,口脑分离的状况发生变化。广播电视的语言传播过程与一般人际传播不同,在人际传播的中,个体传播时口脑结合,即大脑思考,喉舌发音。而在广播电视中,这一正常的语言链条由于专业的精细分工而变成编辑记者思考,播音员说话。这种分离有提高传播质量的合理的一面,也有不利于传播的负面影响。长久以来,这种编辑记者写稿,播音员播稿的工作方式一直是广播电视节目制作的主要形式。现在,这种分离已经发生改变。

（2）播音员和主持人可以在许多节目中脱离稿件,表达自己的看法。播音从单纯的喉舌功能向思考表达、口脑合一的方向发展。新的职业特点使更多使用即兴表达方式的播音员被冠以节目主持人之名。节目主持人有了可以部分或完全脱离稿件播讲的权力,可以主动参与到节目内容的选择、组织过程中,而不是被动地播稿。

（3）播音员和节目主持人的播讲方式更多采用与实际对象的双向交流,而不是像过去那样利用面对镜头和话筒,利用想象的心理技巧去进行意念的交流。这种制作方式的变化,使播音和主持更接近日常交谈,对播音员的吐字发音方式有着深刻的影响,促使播音员和主持人改变传统的播音方式。

（4）播音类型多样化。首先是播与说的分离,产生了与播音员并列的主持人。节目类型的多样化使各类节目对播音员和主持人的要求不同,对播音员和主持人的能力需求产生了分化。对播音员的选择从单一需求变为多元需求,选择标准差别逐渐加大从国内广播电视的发展趋势来看,播音员和主持人越来越多地参与到节目制作过程中,他们正从新闻单位中的职业语言工作者,转变为以口头语言为表达工具的新闻工作者。这种转变实际上已经持续多年,只是在节目改版和新节目产生时,人们才更强烈地感觉到这种变化。作为培养播音员和主持人的高校播音专业,应当顺应广播电视的发展趋势,调整自己的专业定位,重新配置相应的课程和课程内容,以培养更适合广播电视发展需求的专门人才。

值得注意的是,在广播电视成为首要的新闻和娱乐工具后,这一媒介平台,尤其是电视,容纳了越来越多的节目形式。许多传统剧场节目也经过适合电视演播形式的改装,以电视节目的形式出现。这些节目在适应电视传播方式的时候,都需要主持人。现在,以娱乐为目的的主持人,已经逐渐与传统播音员分离。尽管目前还有一些娱乐节目主持人具有传统播音或新闻播音背景,但娱乐节目主持人已经逐渐向表演方向靠拢。传递信息的新闻类播音员和主持人与以娱乐为目的的娱乐节目主持人已具有明显界限。由新闻播音员客串娱乐节目主持人的时代已经结束。

广播电视提供的巨大视听平台能产生各种各样的节目。在广播电视中还存在大量介于新闻和娱乐之间的广播电视节目，这些节目的播音员和主持人具有的能力应当更为全面，这些能寓教于乐或寓乐于教的节目主持人能力更为独特，也更不易获得。

从上面的分析中可以看到，高校播音专业的专业定位实际上是由播音员的职业能力需求决定的。

传统播音，播音员受单一文稿播读工作方式的限制，能力要求与语言学更为紧密。播音专业教学侧重于语言能力的培养。

现在的播音员和主持人更多参与节目过程，对文稿的依赖性降低，对即兴表达能力要求提高，他们是使用口头语言的新闻工作者，因此高校播音专业的定位应转移到新闻学。

鉴于新闻播音主持和娱乐主持的界限逐渐明显，不同高校的播音专业，在专业定位上可以有新闻和娱乐的不同。以新闻为专业定位的，应向能现场采访也能在演播室主持的新闻类主持人靠拢；以娱乐为专业定位的，则侧重于说唱和表演。国内有些戏剧和艺术院校开办的播音专业，已经朝侧重于娱乐方向做出了有益的尝试。现阶段，将新闻与娱乐分开是可行的。众多开办播音与主持艺术专业的院校，可以将专业定位重新调整，体现出自己的特色，避免培养人才的雷同。即使是培养综合型播音主持人才的专业，也应当根据学生的特点，在不同阶段选择不同课程，使学生有更适合自己的专业方向。

除了新闻与娱乐的区分，不同高校的播音专业当然也可以根据自己的特点，确定更为细致的专业定位，如体育节目主持人、音乐节目主持人等，但这些主持人类型之间的区别，更多在于知识门类，而不是主持方式。如果学习内容侧重在知识范围，专业定位会模糊混淆。培养这些特殊类型的播音员和主持人可以尝试使用第二学位教育。教育部本科专业目录设立的归属于艺术类的播音与主持艺术专业是一个不分新闻和娱乐的综合型专业。现在看来，随着广播电视的发展和播音主持职业能力要求的变化，这一专业的名称和学科定位都需要做适当修正。即使在专业目录没有改变的情况下，相关学校也应对这一专业的特殊性有所认识，对自己的专业有更明确的学科定位，并在不改变基本课程设置的前提下，合理配置与自己专业学科定位相适合的课程和课程内容，仍然可以改进教学，培养出可满足一线需要的合格毕业生。

  国内高校的播音专业曾受到一些人的质疑。有些人拿国外高校，尤其是美国的高校作比较，认为"播音无学"，播音主持并无开设专业的必要。实际上，国外大学虽然没有类似的播音专业，但包括美国在内，不少国家在大学新闻或广播电视专业都开设有播音课程，出版的教科书也日渐增多。播音并非如一些人所臆想的那样，是毫无规律的经验之术。国内高校开办播音专业的最初动力来自20世纪60年代的社会需求，与当时中国社会背景和这一职业的特殊性有关，这一专业或许是中国式的特殊产物。但这一专业培养的人才，在促进我国广播电视发展和推广普通话上，确实发挥了独特和重要的作用。国内现在的广播电视与40年前相比，在节目形式和内容、节目制作方式上已有很大不同，侧重语言表达的文稿播读不再是唯一播讲方式。从表面上看，播音似乎走向衰落。但从另一个角度看，一方面，文稿播读仍然是播音员和主持人必备的基本功；另一方面，离开文稿的播讲方式，恰恰还原了广播电视口语传播的原本状态，为播音员和主持人施展才能扩展出新的天地。与此同时，国内广播电视对播音主持新型人才的需求，也促使我们对播音与主持艺术专业的学科定位和课程设置重新思考，在获得更明确的学科定位后，这个专业将获得进一步发展。

（原载《现代传播》2007年第6期）

第十三章

解说员体育现场采访与报道

学习目标

通过本章学习,了解体育解说员现场采访与报道的重要性,熟悉体育解说员在赛事现场采访与报道的工作流程,掌握体育解说员现场采访与报道的基本业务技能。

章前导言

"第一时间,第一现场"是电视直播报道的基本诉求,解说员在进行体育现场采访与报道时,扮演的是出镜记者的角色,面对镜头如何选择报道方式与报道视角?如何针对不同被采访者进行提问?如何在有限的时间内达到最佳的报道效果?这是解说员体育现场报道中必须面临和解决的问题。

本章从出镜记者的角色界定入手,探讨出镜记者在现场报道中的作用和功能,进而从现场采访和现场报道两个层面来介绍体育出镜记者应具备的业务能力和技巧。

第一节 体育解说员的出镜记者角色扮演

体育解说员在比赛现场的采访和报道工作一定程度上是扮演出镜记者的角色,实现出镜记者的功能和作用,具有出镜记者的共性。同时,由于解说员的特殊身份,他的出镜采访报道与普通出镜记者相比,更具专业性和权威感。

一、出镜记者的界定

电视新闻记者的出镜报道已是当今电视新闻报道中的一种常见的直播报道方式,并由此产生"出镜记者"这一新的电视记者角色。

(一) 出镜记者的定义

随着电视新闻现场报道的深入,出镜记者正逐步成为电视新闻节目重要的一部分。但是,目前国内对于出镜记者的研究略显滞后,以至于"出镜记者"这个概念还不够清晰。

"出镜记者"是个外来词汇,我国的《现代汉语词典》、《辞海》中对"出镜记者"没有明确的解释。在英文资料中,"出镜记者"原文为"On-camera correspondent and reporter",直译过来就是上镜的通讯员和现场记者。朱羽君《电视采访学》一书中将出镜记者的定义为"在电视采访中出现在镜头里的记者或主持人。"[1]该定义的不足是将出镜记者仅仅局限在采访这一环节上,而事实上出现在镜头里的记者和主持人的报道行为还涉及直面报道、即时评论等范畴。笔者认为宋晓阳《出镜记者报道指南》中对于出镜记者的定义更可取:出镜记者是指在新闻现场,在镜头中从事信息传达、人物采访、事件评论的电视记者和新闻节目主持人(新闻主播)的总称。[2]

(二) 出镜记者定义中包含的几个要素

第一,新闻活动现场。这里所谓的新闻活动的现场,即包括新闻事件发生的现场,如比赛的赛场、运动员更衣室、运动员训练现场;还包括新闻当事人所

---

[1] 朱羽君,雷蔚真.电视采访学[M].北京:中国人民大学出版社,2003:13.
[2] 宋晓阳.出镜记者现场报道指南[M].北京:中国广播电视出版社,2008:29.

在的现场。如将新闻当事人邀请到特定的地点进行采访,并通过电视镜头报道给观众。在体育报道中常常邀请运动员进行演播室采访。

第二,通过电视镜头。这个从出镜记者这个名词可以得来,也即相对于一般的文字记者和广播节目中的记者而言的。因为要通过电视镜头直接向观众呈现,所以对记者的语言表达能力、外在形象及自身素养方面要求较高。

第三,进行新闻报道的记者。这里的新闻报道包括信息的传达、人物的采访、事件的评论。在电视新闻报道中,新闻播音员的作用是播报新闻信息;新闻节目主持人的作用是把握节目进程;出镜记者的作用则除了新闻现场的最新信息以最快的速度传达给受众之外,还要链接新闻背景,点评新闻事件,因此,出镜记者的作用远远超过现场报道形式本身。

二、出镜记者的作用

电视记者出镜报道,可以充分发挥电视所具有的传播及时、声画并茂的优势,以最快的速度向观众提供正在发生的现场新闻。随着体育新闻报道从演播室向新闻现场的转移,出镜记者正在成为体育现场报道的"第一视点"。

(一)带领观众亲临现场

受传统的传播模式影响,人们更愿意相信人与人之间的传播,相信口耳相传。出镜记者的存在,使大众传播和人际传播合二为一。出镜记者以记者的身份出现在镜头前,同时更是一个受众的代言人的身份活动在现场。出镜记者就如同受众自身的另一只眼睛和另一个耳朵来探求未知的信息。出镜记者的出现,以一种带领者的身份把观众带入这一真实的现场中。记者通常以"现在是……""这里是……"等出镜语出现,向观众介绍事件发生的时间、地点、人物、现场状况等基本情况(见图13-1)。这种带领式的报道方式使观众产生更强烈的现场感,增强了新闻报道的权威性、可信度、生动性。

图13-1　冬日那采访刘翔

（二）增加报道的可看性和形象性

事件的发生在融入了人的参与后，往往显得更为生动和形象。记者在现场的报道，往往也会融入自己的情感和生理反应。出镜记者的存在，使原本冰冷的新闻报道融入了人文的关怀，渗透了人间冷暖，使得观众的生理感觉和心理感觉得到了最大限度的衍生。

由于赛事现场报道具有预知新闻要素的可策划性特征，因此其无论在内容还是形式上都可以充分调动和运用各种电视手段进行包装策划。例如，在栏目设置上，除强调赛前、赛中、赛后三大板块之外，还可以合理运用消息、专题、评论、调查性报道、解释性报道等多种报道类型，可以穿插事件性报道、人物性报道、现场驻点记者的现场采访报道等多种报道内容，可以考虑以何种方式去串联整个节目，以上所有这些任务在现场直播报道前即可进行充分的酝酿和策划，并且可以提前着手进行资料收集及各种消息、专题片、宣传片、片花的采集制作，这无疑大大提高了节目的可视性。

（三）挖掘富有价值的新闻信息

人们看电视，主要是为了满足自身对信息的需求，现场报道使人们满足了在第一时间接受信息的愿望。但在新闻活动的现场，新闻事件的发展是一个充满变数的过程，观众的心中形成一种强烈的悬念感和欲知感。而事实上，并非所有处于变动之中的信息都能受到观众的关注。传播学中的"使用与满足理论"认为，在某些时候，媒介的使用者在处理媒介信息时是有选择的、理性的。他们只愿意收看那些能够满足他们的需要，对他们有用的信息。换言之，他们在收看直播节目中，期待能看到具有新闻价值的内容。在新闻直播节目中，能够反映事件进程的是现场记者的报道，再有深度的主持人和嘉宾都只能够在记者报道的基础上进行深化。因此，新闻现场的事件是否有新闻价值或价值有多大只能靠现场的出镜记者去把握（见图13-2）。

三、体育出镜记者的职业素质要求

日益复杂的体育新闻现场迫使我们的电视解说员也频频出镜采访报道，以满足电视受众更高层次的信息需求。与其他类型的新闻出镜记者相比，体育出镜记者的素质要求中除了具有电视出镜记者的基本素质，还需要对体育有更专业的认识和积累。

图 13-2　张卫平在航母上采访前公牛主帅唐-凯西

（一）新闻素养

电视出镜记者必须具备良好的新闻素养。然而，从我国电视体育从业人员的内部结构看，严重缺乏新闻素养正成为制约电视体育新闻报道发展的瓶颈之一。

新闻素养作为出镜记者知识结构的原始储备，内容既包括新闻业务知识的梳理和更新，同时涵盖对政治、经济、文化等社会生活不同领域发生的新闻事件、新闻话题的最新进展和发展趋势的判定。新闻素养的广度、深度、厚度，决定了记者的报道视野，思考方式，问题判断及解析角度。

（二）体育素养

体育素养是在先天遗传素质的基础上，通过后天环境与体育教育的影响所形成的，包括体质水平、体育知识、体育意识、体育行为、体育技能、体育个性、体育品德等要素的综合素质与修养。

体育新闻是一类特色鲜明、专业性强的新闻品种。当代体育新闻报道实践表明，了解与熟悉体育运动，是从事体育新闻报道工作的必要前提。体育新闻记者除了热爱体育新闻事业，个人对体育运动的兴趣与爱好是做一名合格体育新闻工作者的必要前提。作为对直播要求很高的体育类新闻节目来说，出镜记者的体育素养不可忽视。

体育记者应该懂得体育精神、公平意识、人文关怀等。然而在一些体育报道中也遗憾地看到这样的画面：央视体育记者冬日那对110米栏半决赛拼尽全力冲过终点最终颓然倒地的史冬鹏说，"没关系，这次跑进半决赛也是你的一个突破，上一次你都没进第二轮……"；一名体育记者向遗憾地获得奥运会铜牌的谭宗亮提问，"你奋斗了二十多年，参加了四届奥运会，而只获得了一枚铜牌，你觉得你有愧祖国吗？"，等等。可见，要成为一名出色的体育出镜记者，必须有较高的体育专业素养和基本的人文关怀。

（三）语言素养

语言素养是指出镜记者必须具备一定的有声语言表达能力，具体来说，语音标准、恰当准确地使用语言技巧、有声语言表达流畅、语言链条与思维链条同步、面对镜头交流感强。

出镜记者所有采访行为的最终目的是面对镜头，手持话筒，运用有声语言完成新闻叙事。新鲜的信息、震撼的画面、生动的同期声，这所有的一切都需要出镜记者运用有声语言来将其串联起来报道出去，没有有声语言就谈不上出镜记者现场报道。流畅地说出来、自然地说出来、此时此刻地说出来，"我的现场我表达"，这才是出镜记者最根本的素质体现。相比普通的出镜记者，体育出镜记者的语言组织与表达还具有鲜明的体育特色，需要掌握一些体育项目的专业术语和约定俗成的语词表达，如篮球中的"挡拆"、"抢断"、"内线"、"外线"；体操中的各种"规定动作"的名称；乒乓球运动中的"抢攻"、"前三板"、"弧旋球"，等等。

第二节　体育现场采访

新闻是对新近发生的事实的报道。新闻采访是新闻报道的起点，是新闻事实通向新闻报道的唯一桥梁。所谓现场采访，是指电视记者（包括主持人）在新闻事件发生现场，面对摄像机所进行的新闻采访活动。[①]

[①] 叶凤英，赵淑萍.电视采访学[M].北京：北京师范大学出版社，2000：273.

体育现场采访,则是指体育解说员、记者(包括主持人)在体育赛事现场,面对摄像机所进行的新闻采访活动。这里所说的采访,就其意义和内涵而言,有别于传统意义上的采访,它是与电视的传播方式紧密结合在一起的,能充分发挥电视传播优势的观察和访问的活动。

一、现场采访的个性

电视现场采访的个性特点是由电视媒介的特点来决定的。归纳起来,电视采访的个性特点主要表现在采集手段、采访形式、思维方式、表现元素等几个主要方面。

(一)现代的采集手段

手段是为达某种目的而采取的具体方法。电视体育新闻的采访运用的是现代电子技术,通过电视屏幕,对体育运动进行的一种调查研究活动,是电视体育记者和采访对象之间的互动过程。电视出镜记者离开现代电子化的采集手段,就无法将活动图像素材"记录"和"再现"。可以说,现代电子化的采集手段,是电视出镜记者采访的必备工具。这也是同其他传媒记者采访首要的区别之一。

对于电视采访而言,首要的条件是配备一整套的成系统的采集传送设备。如,2008年奥运会赛事转播中,直播比赛时间达4000多小时,总共动用了70辆高清电视转播车,其中有40多辆高清转播车租用于英国、法国、意大利、荷兰、挪威、比利时等6个国家。可见,系统的采集设备是现场采访报道顺利完成的重要保证。

作为电视出镜记者必须掌握现代电子采集技术手段,并熟知与之相配套的各技术环节,否则就不能适应电视采访的特性规定和要求。一般而言,常规的采访离不开摄像机、话筒、灯光等基本的技术手段;大型的采访活动则要动用卫星转播车及成套人马,包括摄像、灯光、录音、切换、视频技术等人员,所有这一切设备和人员都是为传送电视活动图像而设置的。电视出镜记者则要通过运用这些技术手段,将自己对客观事物的采集以画面的方式报道出去。

(二)形象的画面报道

体育电视现场采访将采访的时空环境、访谈的真实情景,以及采访双方的形象和声音,都还原在观众的眼前。观众无须凭借联想和想象,也不必像听广播那样单纯通过声音去感知采访过程。因此,体育现场采访是一种公开化和可视性的新闻采访,这种向观众公开采访过程的独特采访形式,有利于增强报道的客观性和可信度。

电视现场报道主要通过画面来报道事实。在文字新闻中,时间、现场、细节、人物的表情,都需做详细的描写,在电视新闻中则可以运用特写镜头和丰富画面来呈现。出镜记者作为画面中的重要主体,必须要有很强的镜头感和现场感。要达到形象画面报道的要求,出镜记者在采访时必须在头脑中强调画面意识。以中央电视台体育频道关于2005年第十届全运会开幕式的现场直播报道为例,在主体育场现场记者冬日那的出镜报道的画面中,观众可以在记者身后的背景画面中看到高高矗立的火炬台、体育场上空悬挂的钢索、记者被大风吹起的长发等细节,通过这些细节使报道更加形象生动。

(三) 人本化的采访

屏幕上由电视记者出镜、用特定的新闻现场背景做衬托的采访,是电视采访的独特形式。在现场报道中,记者第一时间到达现场,手持话筒,面向摄像机,以采访记者、目击者、参与者的身份报道,不仅让观众通过荧屏看到新闻事件现场的图像,而且让观众听到现场的音响和采访对象的心声,给人以身临其境、如见其人的感觉。

传播学大师施拉姆认为电视采访是"一个人用整个身体进行传播,并且动用全部的力量来解释得到的信息。"[1]电视采访要能够捕捉现场感,并能在特定的现场环境氛围中引发出新闻信息;电视采访必须给人以不紧张、事先没有摆布的真实感;电视采访以人的活动为主体,并将人的活动直接带入电视荧屏,因此,记者必须能够在大庭广众的现场环境中自如地同人打交道,同时要以快速准确的采访技巧,在短时间内传播有价值的信息;电视采访是人本化的采访,有记者出镜的采访,更加体现了交流的人际化和采访的个性化。

二、现场采访的计划与实施

体育现场采访的计划和实施主要从采访准备、采访对象的确定、精心设计采访提纲三个方面进行。

---

[1] [美]施拉姆.传播学概论[M].北京:新华出版社,1984:61.

(一) 采访准备

要想出色地完成采访工作,之前大量的准备工作是必不可少的。这种准备工作又可分为长期积累准备和有针对性的准备。

1. 长期积累准备

体育新闻具有极强的专业性,一个不懂体育的解说员是不可能完成采访和报道任务的。因此,平时加强对体育知识的学习、竞赛规则的熟悉、体育精神的领悟是成为一名体育解说员长期的工作。假如一位解说员不懂得篮球运动本身,他就不可能从篮球的战术打法、技术风格、人员配备上去剖析比赛胜负的原因,那么,生动有趣、深刻犀利的采访报道也就无从谈起。在电视体育赛事报道中,比赛的整个过程观众可从电视转播中一览无余,观众想知道的是"为什么",而不是"是什么",只有将"为什么"分析透彻了,采访报道的价值才能真正体现出来。

2. 针对性的准备

我们经常看到一些电视体育新闻的采访缺乏针对性和重点性,这里的确存在记者采访技巧不够的因素,但究其根源,还在于记者对于体育比赛新闻焦点认知的偏颇和错位。因此,在体育赛前现场采访报道中需要精心策划,找准新闻焦点。

不同的体育赛事其新闻焦点和关注点是不同的,记者只有准确地把握住这些不同,才能在采访中提出有深度,有针对性的问题。比如,同样是世界杯足球赛的比赛,1994年世界杯上阿根廷与罗马尼亚的1/8决战成为球王马拉多纳的绝唱;1998年世界杯中上演的英阿大战成为贝克汉姆永远挥之不去的伤痛;2002年世界杯上韩国队连克葡萄牙、意大利、西班牙,历史性地打进世界杯足球赛的四强,创造了亚洲球队在这一赛事中的最好成绩。显而易见,这些比赛的新闻焦点是完全不同的,如果记者抓不住这些关键点,仅仅围绕比赛进程和结果展开采访,显然不会收到好的效果。

体育记者要在采访前搜集尽可能多的关于比赛的资料,并且进行归纳和整理,以利于更准确地发现比赛的新闻点。一名好的体育记者要在日常的工作和生活中注意观察和积累材料,如要搜集与采访对象有关的新闻背景素材,做到对采访对象的大致情况"胸有成竹"。

（二）采访对象的确定

在体育新闻报道中，我们不仅关注体育运动员在运动赛场上的表现如何，同时也要听取运动员自己及教练员和管理人员在运动场外表现所发表的意见和观点。赛前采访对象的确定对采访成功与否十分重要。在大多情况下，运动员、教练员和其他体育人士会是赛事采访的主要人选。

第一类是运动员。运动员既是体育运动的主角，也是体育报道的主要对象。参加赛事的运动员是新闻当事人，他们身处第一线，对于本队的内部情况比如本队的士气、竞技状态、意外伤病等都会有更切身的了解。当然，我们应该尽量选择明星运动员作为采访对象，因为他们具有体育专业的眼光，更重要的是他们拥有较高的媒体关注度。

第二类是教练员。教练员是赛事采访的焦点人物，也是非常重要的新闻信息源。他们熟悉队伍中的每位运动员，掌握着各自队伍的全面情况，同时由于他们的专业性强、经验丰富，对于比赛的谋划和安排、对于体育事件的看法，都具有较大的新闻价值。然而教练员大多都善于应对记者，无论记者如何苦心发问，他们都可以不假思索地用空话套话来应付。记者要想在专访中挖掘出独家信息，必须善于运用各种提问技巧。

第三类是其他体育人士。现场经常会采访一些体育人士，主要包括体育官员、体育专家学者、运动员家属、体育迷等。体育官员尤其是新闻发布官对本场比赛的目标、打算会做出相应的表态；体育专家学者可从专业的视角对比赛进行深度解读；运动员家属能够提供有关运动员的一些真实个人近况；体育迷往往代表大部分观众的立场发表观点和见解。

（三）精心设计采访提纲

在体育采访的准备阶段中，采访提纲必须进行精心的策划。一般赛事现场采访提纲的设计主要围绕以下几个方面进行。

（1）锁定观众与体育迷最关心的话题设置采访问题，比如球迷们喜爱的体育明星能否上场，球队有无意外伤病，是否有奇兵等；

（2）针对赛事中可能发生的情况进行采访提问。例如，"对方球队擅长防守反攻，这次在比赛中应不应该抢开局"，"如果对方先进球怎么办"；

（3）对于体育明星、主帅、新闻当事人等新闻焦点人物设计问题；

（4）从体育项目本身的专业性角度来设计提问，如赛事中战术的运用，比分情况,双方实力对比等。

三、现场采访的四大要素

把握采访时机、采取适宜的采访技巧、善于倾听、做好自我的心理调节是现场采访的四大要素。

(一) 把握采访时机

"人们不会主动把什么事情都告诉你,你需要自己去发现。"这是1964年拳王阿里·穆罕穆德曾说过的一句话。他的话也许不是针对记者而言,却也暗示了这一事实:体育记者大部分的信息必须通过"自己去发现"的方式来获得。采访时机的把握就是记者"自己去发现"的重要途径。

1. 第一现场——拉近与采访对象的距离

与其他任何形式的新闻一样,体育新闻最重要的一项技能就是要能够接近新闻的中心人物,得到他们的观点和感受,然后清晰准确地传达他们讲述的内容。

如何接近采访对象?在赛事采访中要善于抓住每一个采访时机,比如,赛后对主教练、运动员的现场即兴采访,赛后在赞助商的背景板前对主力队员的现场采访,在混合区的现场采访和在赛前、赛后的新闻发布会上的采访等,这些都是绝佳的采访机会。

同时,一个好的体育记者必须融入运动员当中,与运动员成为朋友,拉近与他们的距离,这是采访成功的关键因素之一。当运动员觉得记者并不仅仅是一个冷冰冰的话筒的时候,当运动员觉得记者与他们的心理、感情距离十分接近的时候,才有可能真正对记者敞开心扉,主动地配合记者的采访工作。具体来说,体育记者应该做到以下三方面。

首先是形象,这是最直接的第一印象。记者要努力塑造健康阳光的形象,除了特定场合的需要,在赛事现场一般以一身运动服、一双运动鞋的服饰比较合适。

其次是语言,这是记者与运动员交流的直接工具。记者要用运动员习惯的、易于接受的语言对他们进行采访。不卑不亢应该是体育记者对待运动员的基本态度。

再次是情感,记者要投入情感与运动员建立良好的合作关系,平时多关注运动员的生活、训练和心理,经常深入运动队,融入他们的生活之中。这种长时间的交流,才能真正接近与采访对象的距离。

2. 第一时间——加强团队协作

电视现场采访与报道是以团队协作方式进行的,记者所报道的新闻绝非个人的杰作。相比之下,文字记者单枪匹马能够搞出重头报道,广播记者可以独自一人口述或采制重大新闻。电视报道除了极简单的新闻报道,记者一个人可以应付以外,绝大多数报道都是团队协作的成果。因此,在赛事现场报道中要抢占"第一时间",提高采访与报道的工作效率,必须加强团队协作。

一般情况下,日常新闻电视采访组成采访小组共同工作。采访小组人员少则2人,多择3—5人,包括记者、摄像、灯光等人员。如,2013年3月24日的一场CBA(中国男子篮球职业联赛)决赛(山东—广东)的直播报道中,仅参与出镜报道的人员就有8名:由1名主持人和两名嘉宾坐镇演播室,1名解说员和1名嘉宾负责前方的报道解说,现场采访配备了3名出镜记者。另外,摄像、灯光等人员则达数十人。

协同作战的工作方式对出镜记者提出了几大要求。

第一,坚守好自己的位置。在集体采访的过程中,记者是采访报道的主要角色。承担采访构思、口头报道职责,日常采访中还担任指挥调度一班人马的职责。现场报道中要随机应变,即使出现了特殊情况(如转播故障),只要导播不喊停,就要面对镜头保持最佳的报道状态。

第二,熟知其他人的位置。正如美联社总编基思·富勒所比喻的那样,记者好比职业足球队队员,不仅要站在自己的位置之上,还应准确定位其他每个队员应站的位置。记者也好比一个职业歌剧女高音,必须了解自己的声部和其他歌手的声部。

第三,电视记者要有一盘棋的精神。一个优秀的体育记者要学会站在全局方位去考虑各种意见。比如加强与摄像的配合,在记者对运动员提问的过程中,摄像的作用显得尤为关键,对于运动员非语言符号的全面准确地拍摄可以极大地强化采访效果,对运动员语言的回答也是一种有力的补充。通过这种对运动员表情、动作、神态等细节的把握,可以为观众还原一个真实的全面的运动员形象。而这种效果的实现,既依赖于摄像捕捉信息的功力,更依赖于记者与摄像的通力配合。

(二) 采取适宜的采访技巧

在体育现场报道中,往往会因为提问方式或手法的不同而产生截然不同

的报道效果,因此,在现场报道中应该采取适宜的采访技巧。

1. 把握现场性

现场采访首先要有现场性,记者的采访必须注重对现场环境的把握和观察,充分利用环境因素,让观众感受现场氛围,同时通过现场观察,提取有价值的问题。这就要求记者在采访时要贯穿"我在现场"这一情境,除了事先拟就的采访提纲之外,还要能体现记者在现场的观察和发现。采访中记者除了要密切关注比赛过程的不断变化和比赛结果以外,还要注意观察每一个比赛队员、教练员及场下队员的表情、动作等细节,这样采访中才能提出有针对性、有个性的问题,采访对象的回答也才会言之有物。

2. 问题深入化

很多现场采访还只是停留在表面,浅层信息多,过于僵化俗套,提出的问题欠生动和深刻。如记者往往会问运动员一些大而空的问题:"得了冠军,心里一定很高兴吧?"、"你有什么感想?"、"你现在的心情怎么样?"、"今天紧不紧张?"、"你激动吗?"、"你最想说的是什么?"等。类似的问话只是一种"惯性"的提问方式,很难得到精彩的回答。

如果要使现场采访达到较好的效果,应该对被采访者进行循循善诱,比如"哪些因素影响了你今天在比赛中的发挥?"、"相对于比赛的对手,您认为您的队伍有哪些优势?"、"退役之后,你有什么打算?"、"有的报道说,这次比赛失利是由于伤病过多,您的看法呢?"这些提问,给被采访者回答留出了空间,在回答中会自然暴露出被采访者的真实想法。

3. 采访人性化

体育新闻报道是以体育为报道对象的,而体育是以人为载体的一项社会活动,在体育运动中人是处于主体地位的。因此,在进行体育新闻报道时,不能只停留在注重体育比赛竞技性的层面,而应该对"人"给予足够的关注,即关注他们的生存状态、心路历程、喜怒哀乐等,同时尊重他们、理解他们。而这些都应该反映在记者的现场采访中,注入了人文关怀要素的采访报道会更丰富、更富有张力。

这里特别要注意,在体育新闻的采访中,通常要在提问之前加上一些礼貌用语,比如,"请问……","您好,您是否能谈谈……"这样的礼貌语言通常会使采访能在一种融洽的环境中进行下去。

(三) 善于倾听

倾听是一名电视记者的基本功之一。善于倾听有助于打开被采访对象的"话匣子";更为重要的是善于倾听是让采访对象提供有效信息的重要采访手段。怎样才能实现高效的倾听呢?应该掌握以下几个要领。

1. 倾听前的准备

对于倾听而言,准备就是准备倾听你想要的信息,即与采访目的相契合的新闻信息。肯·梅茨勒认为"做好倾听的准备还意味着要同时在身体上和精神上调整自己。它意味着摒弃干扰倾听过程的'情绪因素'。这包括谈话者的一些个人魅力。比如,胖、丑、频频微笑、说话结巴——所有这些都会干扰倾听。"①所以,采访过程中,要时刻谨记自己记者的身份;时刻谨记在自己不远处,还有代表着受众眼睛的摄像机镜头在对着你;时刻谨记在各微小的细节做好倾听前的准备,尽力排除某些可能的干扰因素。

2. 倾听采访对象正在讲的内容

倾听采访对象正在讲的内容,即要"集中注意于听和此刻上"。出镜记者在采访前,一般会根据采访的目的预先准备一些问题。而采访实践中,部分记者往往在抛出一个问题后,就已经把预先准备的第二个问题"含在嘴里",等待着对方话音一落就把第二个问题抛出,并不理睬和体会对方是如何对第一个问题进行回答的。事实上,一些真正精彩的问题是根据采访对象正在谈论的内容而引发的。如果过于把注意力放到预先准备的问题上,就难免会造成不能全神贯注地听采访对象正在讲的内容。

3. 倾听采访对象的言外之意

采访过程中,出镜记者不仅要关注采访对象说了什么,还要关注采访对象是怎么说的。被采访对象的语速、面部表情、措辞的使用、肢体语言等,这些非语言形式是一种有用的信息,记者可以此判断采访对象的性格、采访对象的情绪、采访对象所谈话题的驾驭程度……这些信息往往会成为记者下一个出色问题的重要线索。

(四) 做好自我的心理调节

现场报道工作的高速运转要求记者保持高度集中的注意力,在屏幕上、镜

---

① [美]肯·梅茨勒.创造性采访[M].北京:中国人民大学出版社,2004:89.

头前,记者自身任何一点,微妙的心理变化都会被放大,而记者的心理素质直接影响现场的工作状况。在体育比赛中,往往因为赛事中或出现暴力冲突事件,或有裁判判罚甚至组织者处理问题有失公允的地方,引起了公众议论。作为记者要尽力做到客观公正,避免个人情绪化,能够平等对待和尊重采访对象。

尤其是赛场"注入点"的现场采访记者,既要保持敏锐、清晰的头脑,又不能兴奋过度、张扬失态,最理想的状态是不温不火,沉着稳定。调节好自我心理是顺利完成现场采访报道的重要因素。

第三节 体育现场报道

"新闻发生时,我们不在现场,就是在前往现场的路上。"凤凰卫视这一口号几乎成为20世纪90年代以来所有电视人的新闻理念。优秀的现场报道依赖于出镜记者自身的新闻报道力。同样,在跌宕起伏、激情四射的体育赛场上离不开出镜记者的精彩报道。

一、出镜记者的现场报道

(一)现场报道的概念

什么是现场报道?现场报道是电视报道者置身于新闻现场,面对摄像机,以采访者、目击者和参与者身份向观众描述新闻现场、叙述新闻事实、点评新闻事件,并同时伴以图像报道的一种报道形式。[①]

(二)现场报道的分类

有关出镜记者现场报道的分类,不同的学者有不同的划分标准,按照不同的标准进行划分,会得出不同的结论。

1. 从新闻事件类型来分

从新闻事件类型来分,可以把现场报道划分为预测性事件现场报道、突发

---

① 宋晓阳.出镜记者现场报道指南[M].北京:中国广播电视出版社,2008:30.

事件现场报道以及日常性现场报道三种类型。

（1）预测性事件现场报道。所谓预测性事件现场报道，就是对事件发生的全过程予以报道，大众新闻媒体报道与事件同步进行。预测性现场报道方式较多地运用在大型活动、比赛的直播中，因为这类活动和赛事可以预知并事先做大量的准备工作。体育现场报道主要属于这一类型。例如中央电视台对奥运会开幕式的直播报道及各种赛事的转播等。

（2）突发事件现场报道。突发事件可以分为社会性突发事件和自然性突发事件。突发事件的不可预见性给出镜记者进行现场报道增加了难度。在体育现场报道中，突发事件往往是新闻的焦点，但由于突发事件难以提前准备，因此，对于出镜记者的快速反应能力提出更高的要求。在赛事中偶尔发生的双方队员斗殴事件、裁判误判、观众不理智的行为等都属于这一类型。

（3）日常性现场报道。这是目前我国电视新闻节目出镜记者现场报道主要采用的形式。其表现形式是，在出镜记者做出简短的新闻导语之后，穿插事先拍摄完成的录像报道，即小包（或称之为罐头）。在体育新闻资讯节目和专题节目中往往采用这样的报道方式。

2. 按照现场报道的表现形式来划分

按照现场报道的表现形式来划分，还可以将出镜记者现场报道分为出镜记者独立完成型、出镜记者现场采访嘉宾型、出镜记者与演播室主持人问答型、现场体验说明型四种。

（1）出镜记者独立完成型，指现场报道整个过程包括目击报道，事后总结，信息的传达者都由出镜记者一个人利用有声语言完成；

（2）出镜记者现场采访嘉宾型，指现场报道整个过程是以出镜记者采访相关人员作为信息传达手段，出镜记者与被采访人之间的对话是全部报道内容；

（3）出镜记者与演播室主持人问答型，指整个报道通过演播室的新闻主播（主持人）与身在新闻现场的出镜记者一问一答的方式来完成；

（4）现场体验说明型，要求出镜记者亲身深入现场，边体验边讲述边介绍的报道方式。

在体育现场报道中，这也是最常见的四种方式。

二、单边注入点的报道方式

近年来，随着奥运会、亚运会、全运会等大型赛事转播的增多，现场报道已经成为报道体育赛事的重要形式,并且在实践当中很快摸索出一套相对成熟的方式。其中,"单边注入"这一重大赛事报道形式的直播方式日趋成熟,"注入点"成了体育赛事报道工作中越来越为人熟知的专业术语,它给赛事报道带来的功能与效果有目共睹。

(一)"单边注入"的报道方式的概念与作用

单边注入是一种电视直播方式,指的是在电视台除了转播主办方所提供的公共信号之外,还通过编辑系统注入自己拍摄、编辑和制作的节目内容。制作、插入和播出单边内容的场地、技术设施及人员配备称之为单边注入点。单边注入的方式大大丰富了电视直播的内容,使其更富个性化和多样化。

在1997年全国运动会上,央视体育中心在各个主要赛场设立"注入点"(也称为"单边注入点")。这一由现场记者负责报道、与演播室主持人交流、现场采访焦点人物的报道模式一经采用,便取得了良好的效果。在随后的1998年曼谷亚运会、2000年悉尼奥运会、2001年北京申办"7·13倒计时"、2001年全运会,2002年釜山亚运会的报道工作中,"注入点"的现场报道都发挥了制胜作用。①

首先,"注入点"是现场报道形式上的需要,它向观众表明,我们的记者在这里,你们看到的是现场的观众所能看到的实况,而且还能够了解现场观众不能了解的很多细节。坐在电视机前同样能够感受现场气氛,满足观众对赛事直播的众多要求。其次,"注入点"与其他环节一起向观众传达更多层次的信息量。由于"注入点"设在新闻人物的必经之路,是新闻事件的多发地带,所以更加容易把新近发生的新闻、信息第一时间传递给电视机前的观众,使观众掌握更多的信息量。同时,"注入点"的设置也是烘托情绪、烘托主题气氛的需要。

(二)"注入点"报道中的三大要点

首先,"注入点"的选择。"注入点"的选择至关重要,"注入点"的位置的选择是整个现场报道中很重要的一环。占领一块新闻发生的"制高点",就意味着报道成功了一半。所以,"注入点"必须是新闻发生的咽喉要道。记者要注意新闻焦点人物的必经之路大型赛事中,往往留有一些运动员、裁判员及重要

---

① 张虹.大型体育赛事现场报道重要环节探析[J].国际关系学院学报.2005(5):71-73.

官员必须经过的"混合区",这些通道的出入口都是新闻工作者们要占领的制高点。占据了这样的战略要点,赛事的现场报道工作才能完满完成。

例如,2000年的悉尼奥运会上,在重要场馆内运动员退场必须经过的"混合区"里,中央电视台的记者与技术人员都建立了自己的根据地,为整个奥运会的现场报道能够及时、准确地完成立下了汗马功劳。另外,2001年在莫斯科举办的国际奥委会第101次会议,会上将投票产生2008年奥运会的举办城市。我国首都北京也参加了本次申办,投票的结果是每个中国人都非常关心的焦点。为此,央视体育中心特派报道组赴莫斯科,并在举办大会的饭店大堂入口处设立了"注入点",这无疑是距离事件发生地最近的前哨阵地。当时大堂里盛况非凡,国内外数十家电视媒体汇聚一堂,而大会组委会安排给中央电视台的"注入点"位置在大堂深处,远离大门口和上楼的电梯,给工作带来些许不便。报道组的工作人员想尽一切办法,在投票的当天早晨,把"注入点"的位置挪到饭店大门入口的右侧,离各代表团的安检通道只有10米。这个位置为现场直播的采访、评述提供了极为有利的条件。同样,在2008年北京奥运会上,田径赛场报道组把"注入点"搭建在田径终点处的草坪上,为后来的采访工作的顺利完成创造了先决条件。

其次,"注入点"的位置还应配合赛事场景的需要。"注入点"应该是观察赛场的最佳角度,能够将最有震撼力的场景摄入画面。"注入点"的选择除了要照顾现场采访之外,还要关照整个赛场,关注赛事的进度。所以,要选择一个最佳位置,把整个赛场最具感染力的画面都纳入拍摄视角。1997年,在第11届全运会田径现场的"注入点"报道中,央视体育中心报道组把"注入点"位置安排在田径场二层的看台包厢上,不但空间开阔,而且视野极佳,能够将全场画面尽收眼底。在这样的场景中,每个记者都会受到感染,也同样会把这份感染力传达给电视机前的观众。

再次,有利的地形给记者提供有力的"道具"。一旦确定了"注入点"的位置,记者最好使用一些与场景相关的道具,给观众加深现场感。体育比赛中,这样的"道具"不难发现。比如,现场的比赛日程、运动器具、观众手中的一些有趣的加油助威的工具。在马拉松的比赛中,终点的记者可以向观众展示参赛选手装在鞋里的计时芯片;在世界杯报道中,我们的记者曾亲自穿上韩国球迷们每人一件的"红魔衫",总之,记者要充分利用一切条件,让自己与所在的现场融为一体,让观众真正体会到"身临其境"的感觉。

三、现场报道的语言表达

准确、恰当的有声语言表达方式可以提升记者的报道形象。如何在现场报道中运用有声语言,达到良好的出镜报道效果?下面从现场报道语言组织的要求来进行阐述。

(一)口语化

现场报道的语言应该尽量使用口头语言。那些逻辑严密、层次清楚、因果推理复杂的长句子,以及文采委婉、修辞华丽的铺陈,也许在书面语言中可以称得上是好文章,但在现场报道中,这些都成了短处和诟病。

作为一名普通观众,引起他兴趣的是记者对于现场细节与真实场景的描述。说出口语化语言的关键并不是语言组织能力,而是与口语相匹配的心态,是作为一名普通人认真细致观察事物及周围发生事件的心态。现场报道的记者应该力争语言简洁、言之有物。为了突出语言的口语化,记者有时在现场报道里会使用一两句俗语、昵称,或恰当地引用采访对象的一些大白话、顺口溜,甚至地方方言,都能起到相当不错的效果。

(二)对事件进行引导

现场解说的主要作用是引导观众很好地了解新闻事件本身,这就要求,一方面在内容上,它应该是说明性的,对电视镜头不能反映的内容加以必要的补充,记者叙述的视角必须是从各种可能产生疑问的地方入手,帮助观众解疑释惑。

另一方面,这种引导必须以启发为主、点到为止。换句话说,这种引导既要有明确的目的,将观众的思路逐渐地引导到记者的报道目的的框架里,同时又必须不露痕迹、水到渠成。

(三)现场报道的语言风格必须准确、简洁、明快

现场报道的语言力求准确,语言的偏差哪怕是极小的一点点,都会影响受众对现场报道的理解,也是报道的大忌。简洁明快的语言实际上表明这样一个理念,即现场报道中,新闻事件本身是支撑点,如果我们语言啰嗦,拖泥带水,就等于把事件本身最有价值的信息给掩盖起来了。受众要的是开门见山直奔主题,记者任何喋喋不休的炫耀只会因词害义、得不偿失。

作业题

1. 如何理解出镜记者正在成为体育现场报道的"第一视点"?
2. 体育现场报道中的出镜记者如何把握采访时机?
3. 在"注入点"报道方式中,体育出镜记者应该注意些什么?
4. 以自己学校作为背景环境,模拟"学校运动会"的现场采访报道,注意提前进行采访准备、拟定采访提纲、现场采访的语言组织等。

参考文献

[1][美]布鲁斯·加里森.体育新闻报道[M].北京:华夏出版社,2002.

[2][英]菲尔·安德鲁斯.体育新闻从入门到精通[M].北京:中国人民大学出版社,2010.

[3]郝勤.体育新闻学[M].北京:高等教育出版社,2008.

[4]宋晓阳.出镜记者现场报道指南[M].北京:中国广播电视出版社,2008.

[5]王诗文.出镜记者[M].北京:中国广播电视出版社,2009.

[6]叶子,赵淑萍.电视采访学[M].北京:北京师范大学出版社,2000.

[7][美]肯·梅茨勒.创造性采访[M].北京:中国人民大学出版社,2004.

[8]戚鸣.实用新闻采访[M].北京:新华出版社,2004.

[9]张德胜.我国体育媒体的发展趋势研究[J].武汉体育学院学报,2010(7).

[10]李真.提高电视体育新闻采访质量的对策分析[J].中国广播电视学刊,2008(7).

[11]刘倩.体育赛事报道中的现场采访环节——以北京奥运会报道为例[J].新闻窗,2008(5).

[12]张虹.大型体育赛事现场报道重要环节探析[J].国际关系学院学报,2005(5).

电视体育新闻采访中的"博弈论"

黄璇
福建省广播影视集团电视体育频道新闻采访科

英国学者米勒曾经对体育进行了精彩的叙述:"世界上有五种国际语言,即金钱、政治、艺术、性爱和体育。其中,作为第五种国际语言的体育引人入胜。"一个电视体育新闻的好坏优劣,除了记者独到的新闻敏感性、鲜活生动的画面或文字之外,精彩的同期声(采访内容)也起到至关重要的作用。而这全都取决于记者对新闻事件的把握力和对新闻采访对象的掌控力,不过采访对象也不总是"吃素"的,他们有自己的被采访目的,那么为了达到各自利益的最大化,他们必然要进行"博弈"。

何为博弈?古语有云,世事如棋。生活中的每个人都是一个下棋之人,他每做一件事就如同在棋盘上布下一粒子,精明慎重的棋手们相互研究、相互算计,人人争赢,演化出诸多变化多端的棋局。而博弈论是研究棋手们"出棋"招数中理性化、逻辑化的部分,并将其系统化为一门科学,其英文词"game theory"意为竞赛论,其"博"字含竞争之意,"弈"是对弈,是一种关于在竞争中如何选择策略,争取利益最大化的技艺。博弈论即一些个人、一些团队或其他组织,面对一定的环境条件,在一定的规则约束下,同时或先后、一次或多次对各自允许选择的行为或策略进行选择并加以实施,并从中各自取得相应结果或收益的过程。

同时博弈论的存在还必须有三个前提:参与人是理性的;他们有这些理性的共同知识;知道博弈规则。首先每个人对于每件事都有自己的偏好,他总会选择策略使得自己的利益最大化。其次还要明白博弈的规则,万一造成了"关公战秦琼"的局面,就无所谓博弈了。最后参与博弈的人必须都得想赢,方能形成搏杀,如果双方和和气气或者双方都只想着输,那么这博弈就无法进行下去。而近十几年来,诺贝尔经济学奖大多花落"博弈论"研究学者之手,这代表着博弈论在经济学领域大放异彩,不过博弈论的影响不仅仅在此。目前博弈论的影响力渗透到世界的各个部分,不仅影响着人们的生活观念和工作学习,而且也成为新闻采访活动中所采取的重要手段。

新闻是对新近发生的事实的报道。新闻采访是新闻报道的起点,是新闻事实通向新闻报道的唯一桥梁,笔者认为电视体育新闻的采访就是运用现代电子技术,通过电视屏幕,以平民视角对体育运动进行的一种调查研究活动,是电视体育记者和采访对象之间的互动过程。而根据电视采访的特殊性,我们往往会遇到两种不同类型的采访对象,一个是合作型的,一种是不合作型的。

合作型采访对象又可以分为两类,一类是善于言谈的,另一类是不善于言谈的。善于言谈的采访对象大都具有较强的理解能力,加上记者采访的目标指向又符合其需要,所以在访问中他们会比较热情、大方,乐意满足记者的要求。但是记者的采访常常会给这样的采访对象带来经济上的利益或是使之获得精神上的满足,因而容易使记者得到的信息被采访对象的功利主义态度所诱导,容易造成夸大事实或歪曲事实。

而另外一类的采访对象就是他们愿意接受采访,但是不善于言谈。电视体育新闻以体育参与者为主要采访对象,有些采访对象或因长期刻苦训练而导致交往面过窄,造成情绪不易外露,或因害怕自己文化水平低,谈话谈不到点子上,因此面对镜头和话筒时,他们会表现得不自然,神情紧张不安,说话不流畅,从而影响他们接受访问时的情绪和心态,同时也给记者的采访带来不便。

因此,在与合作型采访对象的竞争中,双方在妥协程度上达到的深度,决定了这个利益的大小。比如在整个采访过程中,采访对象对谈及所取得的成绩是毫无顾忌、畅所欲言的,而在另一些实际存在的不足上却躲闪回避,不能直截了当地回答。那么要是记者没有对采访对象提供的信息进行认真的核实就盲目报道,就容易导致报道缺乏真实性。因此记者必须在采访中获得最大的利益,但是利益的分配问题取决于记者与采访对象博弈时双方力量对比和策略的运用。谁更占据主动,谁的策略运用更加妥当,谁就更胜一筹,谁获得的利益就将更大。而记者要从采访对象那里获得最大的利益,也就是获得报道所需的完整资料,策略运用的得当与否将决定博弈的命运。

这其中,前期的充分准备才能决定策略该如何运用。记者在采访前就应当明白,在这场采访的博弈中,代表公众利益的记者所要获得的最大利益是什么,也就是这次报道的主题是什么,以及如何在采访中获得最大的利益。要是记者没有认清自己的利益所在,就很容易在采访中被那些"侃侃而谈"的人牵着走,进而屈从于对方,最后得到的素材也将没有多大的新闻价值。以笔者采访福建某运动品牌的代言人、NBA球员卡尔-兰德里为例,作为前火箭队员,兰德里在中国球迷中享有很高的知名度,不过由于无法获得专访的机会,采访时间很短,如何获取最关键的消息,对于记者而言很关键,因此采访之前,光人物资料背景就准备多达几万字,最后在短短两三分钟的采访里面,记者就先于其他媒体了解到其下赛季的转会消息。

当然,记者在明确了自己的最大利益和采访对象的利益以后,就应该首先让采访对象的利益最大化,至少要让对方觉得自己的利益正在扩大,这就需要记者学会倾听。积极的倾听是获得新闻信息的重要方法。我国著名记者黄远生在谈到新闻记者的素质时,很强调"耳能听",并指出"闻一知十,闻此知彼。由显达隐,由旁得通,是谓能听。"当然,在倾听的时候,记者就要开始思考,随时判断对方的谈话是否还符合自己的最大利益,并且不失时机地将自己的主题融入问话中,这样才不至于在采访对象讲得兴起时,由于记者的打断而使得采访出现尴尬。例如在采访伦敦奥运会举重冠军林清峰父亲的时候,面对其父的侃侃而谈,笔者通过仔细地听,抓住了其父谈话的重点细节,适时地打断谈话来保证自己的主动权,例如,当他聊到林清峰倔脾气的时候,记者打断他说话,问道"那你呢?",其父马上回答:"父母怎么倔得过孩子呢?"一句话尽显父爱风采,同时也显示了记者在与之博弈当中已经赢得了自己的最大利益。

另外一种采访对象是属于不合作型的。他们有的是对记者的采访动机不了解,怕惹麻烦的心态让他们本能地逃避记者,拒绝采访;有的是意识到对自己不利的事实,对事件采取"保护主义"的态度,不管谁来都一律回避采访……但是面对他们,记者不能选择逃避,即使困难重重,也只能和必须利用合适的手段进行采访。其中就包括了坦白引导法、"群体心理"引导法,以及合理利用隐性采访。

第一,坦白引导法。记者向采访对象说明采访的原因,公开报道的作用和意图,并要机警地隐藏说服的动机,以为对方考虑的方式去说服采访对象,配合完成采访。例如某俱乐部突然发出公告,开除某位著名运动员,可是公告内容中涉及开除原因却含糊不清,一时间众说纷纭,此时频道同事及时联系俱乐部负责人,分析种种利弊,最终通过与俱乐部的一番博弈,记者消除了俱乐部的顾虑,他们决定配合记者,协助采访。

第二,"群体心理"引导法。通过采用能让采访对象产生心理共鸣的情景或透过对方所喜欢、熟悉的人的态度去说服,引导效果显著。每个人都生活在社会的一个阶层、一个环境之中,一定都会受环境的熏陶和影响。因此人作为社会群体的一分子,"群体心理"必然对采访对象的态度产生影响。在伦敦奥运会前,记者负责采访福建某运动员,由于最后时刻落选奥运会,因此在采访过程中,情绪一直不是很高,这让记者感到有些手足无措。突然,记者看到他家电视机后面有一个不起眼的"十字架",记者初步判断他可能信奉天主教,就和他聊起了《圣经》。果不其然他的确信奉天主教,于是他打开了"话匣子",与记者越聊越投机,谈起了自己的职业生涯的开始、训练过程中种种挫折以及生活中的种种趣事,从而记者顺利完成了采访。在这次采访中,记者正是利用了运动员作为天主教信徒这一"群体心理",拉近了彼此的距离,也让自己获得了胜利。

第三,合理运用"隐性采访"。在电视新闻实务中,隐性采访一直是新闻报道重要手段之一,而在体育电视新闻的采访中,特别是在国内的体育新闻报道中,却极少运用到这种手段,不过,在面对越来越广泛的体育采访范围时,合理运用隐性采访会收到意想不到的效果。例如面对一些"负面"的体育事件,采访对象不愿意面对摄像机透露对自己不利的消息,而通过隐性采访,自然容易达到非同一般的效果。例如,在斯诺克"希金斯赌球案"中,《世界新闻报》的一位记者伪装后与希金斯的会面中,见证了希金斯索要回报的过程,并成功拍到了希金斯和他的经纪人在乌克兰见面会谈视频图像,引起轩然大波,最终导致希金斯被禁赛半年,罚款75000英镑。

总之,体育新闻采访中,无论你将和哪种采访对象博弈,记者在采访时都要注意:采访前,要对采访的事件、采访对象有详细的了解,做足采访前的准备工作;采访过程中,记者要善于针对性地使用新闻采访中的各种博弈手段。而采访之后,必须通过各种手段,对信息进行核实,如此之后才能将新闻报道公之于众。

(原载《东南传播》2012年第10期)

第十四章

新中国体育解说评论史

学习目标

通过本章学习，了解新中国体育解说评论发展的历史，把握广播时代、电视时代、媒介融合时代体育解说评论的发展脉络，认识不同阶段体育解说评论的高光人物和发展规律。

章前导言

当前，体育节目越来越受到人们的喜爱，体育解说评论使成千上万乃至数以亿计的观众、听众第一时间观看或者收听体育比赛，产生独具魅力的传播效应，越来越引起人们的关注。

马歇尔·麦克卢汉在《理解媒介——论人的延伸》中提出了著名的媒介的冷热二分法，即根据媒介提供信息的清晰度及与此成反比的受众在信息接收过程中的参与程度，将媒介划分为"冷媒介"和"热媒介"。高清晰度的媒介（如拼音文字、印刷品、广播、电影等）叫"热媒介"，传递的信息比较清晰明确，接受者不需要动员更多的感官和联想活动就能够理解的；低清晰度的媒介（如手稿、电话、电视、口语等）叫"冷媒介"，因为它们的清晰度低，要求人们深刻参与、深度卷入，它们为受众填补其中缺失的、模糊的信息提供了机会，调动了人们创造的能动性。从作为"热媒介"的广播到作为"冷媒介"的电视，再到当前的网络，我国的体育解说评论走过了不同的发展阶段，回顾这60余年的历程，对体育解说评论工作进行一些必要的梳理，分析其在各个时代的特点与发展规律，并探讨其未来发展趋势，对于推动我国体育解说评论工作的开展具有重要意义。

第一节　广播时代的体育解说评论

20世纪20年代,广播在中国出现后,我国就陆续出现了实况广播及广播员。1936年在上海市江湾体育场举行了我国出席的第11届奥运会的男子足球代表队对上海西联会足球队的表演赛,由瞿鸿仁担任对上海市的实况广播。1946年在上海市体育馆举行了菲律宾华侨群声队对华联队的篮球赛,由体育记者马友于担任面向全国的实况广播。1948年在上海江湾体育馆举行第七届全国运动会,篮球决赛实况广播由马友于担任,游泳决赛实况广播员由话剧演员陈述担任,田径实况广播员是电影演员石挥、张伐、卫禹平、凌之浩、史原等担任。由于政治、经济等各方面的原因,广播在中华人民共和国成立前的规模和影响力并不大,赛事实况广播的传播效应也很有限。

新中国成立以后,我国的体育解说评论正式从广播电台起步,第一次体育赛事的直播和解说正是从广播中诞生。

一、广播时代体育解说评论发展概况

我国的体育解说是从张之与陈述搭档解说一场国际篮球友谊赛开始,这次解说开我国体育解说先河,永远载入了体育解说史册。

1951年,苏联男子篮球队到上海访问并与上海学联队进行友谊赛,这是新中国成立后第一支到访的外国运动队。由于当时很多人无法进入承办比赛的上海静安体育馆看台观赛,上海人民广播电台经过研究决定现场转播。张之与电影演员陈述搭档解说篮球比赛实况,由于张之懂得一些球赛知识和规则,所以他介绍两个队的技术特点、打法和战术运动,陈述则善于锦上添花,烘托场上气氛。两个人配合默契,说捧自如,好似演出了一场精彩的"双簧"。这次解说获得了听众很好的评价,大家纷纷称赞篮球比赛转播得好,听到解说如同身临其境。

第一次体育比赛转播成功后,张之随即被借到北京解说全国篮球比赛,在北京先农坛体育场转播了三场篮球比赛,都得到了听众好评。

1951年,张之第二次被借到中央人民广播电台,在天津进行了全国四项球类比赛大会的实况解说,再次引起轰动。

1953年,张之正式调入中央人民广播电台,专职从事体育比赛实况解说和体育新闻采编报道。这也是新中国历史上第一位真正意义的体育解说员。

1961年,中央人民广播电台成功转播了在北京举行的第26届世乒赛,通过电波将体育健儿的精彩表现传播到整个中华大地。随后的十几年里,收听比赛实况一直是大众了解比赛实况的主要渠道。

1982年,中央人民广播电台成立了体育部,从新闻栏目中独立出来,开始朝专业化方向发展,一批专业体育新闻报道人员成长起来,职业体育记者的队伍逐渐壮大。

2002年,北京人民广播电台推出了全国第一家专业体育广播——北京人民广播电台体育广播。

2004年以后,上海和广东等地也相继推出了专业的体育广播节目。在当今这个信息发达的时代,广播依然继续发挥着自己的独特作用。

电视直播技术日渐成熟后,广播解说员风光不再,观众通过电视已经全面掌握赛场内信息,不需要甚至开始排斥描述性的广播解说,在催生电视评论员的同时也使得广播解说在20世纪80年代以来陷入低谷。近五年来,广播解说随着新媒体竞争再次兴起,全国一线城市中,拥有专业体育广播的就有十几家,而在这些频率中,赛事直播基本都是重点关注和提升收听率的节目。在新的传播环境下,广播解说应变求新,正焕发新的活力。

二、广播时代体育解说评论的高光人物

在2006年第28届大众电影百花奖颁奖典礼上,中央电视台体育节目主持人黄健翔特地提及电影表演艺术家陈述,称陈述是"体育播音的宗师"。1948年春,全国运动会在上海江湾体育场举行,喜爱体育的陈述有了第一次体育解说的尝试,拿着话筒跟着进行万米长跑的运动员一边跑一边解说。此外,还解说了链球等项目。1951年与张之搭档解说苏联男子篮球队与上海篮球队的友谊比赛实况后,陈述间或解说过一些体育赛事,但最终并未成为专业的体育播音员。

与陈述共同完成新中国第一次体育解说的张之,则成为我国第一个专业的体育解说员,是新中国体育解说的开山祖师。

张之(1930—2001),北京人,中央人民广播电台高级记者、体育节目主持人。1949年1月到济南华东大学学习,3个月后调华东新华广播电台任播音

员。同年春任上海人民广播电台播音组副组长。1951年,与陈述合作转播新中国成立后的第一场篮球比赛实况。1953年调到中央人民广播电台任体育记者,并参与创办体育节目。从业以来主持过几十次国内外重大体育比赛广播、电视实况转播,将自己毕生精力贡献给了体育解说事业,为我国的体育实况转播做了开拓性的工作。

张之学识渊博,知识丰厚,具有从事这项工作的良好条件。"他的声音高亢洪亮,他的口齿清新快捷,在嘈杂的现场,显得明朗悦耳,节奏鲜明,感情色彩浓厚,颇有感染力……以他语言特有的一种穿透力,把握住了转播的全局。"[1]第26届世乒赛的转播是张之个人体育转播生涯的最高峰。他转播的徐寅生对日本球员星野的比赛,以精彩的"十二大板"奠定了中国体育转播的风格,至今为人津津乐道。

张之在解说中非常重视语言的艺术性。由于解说员需要向听众详细描述比赛,把现场情况生动形象地传达给听众,张之很注重渲染现场白热化的局势,让听众感觉如临其境。请看这段解说:

"中国男篮和世界锦标赛第四名保加利亚队的比赛,还剩下最后5分钟了,双方的比分还没有拉开。场上的战斗白热化了!保加利亚队带球刚过半场,中国队就紧逼上来。钱澄海快速跳起,像雄鹰叼飞雀一样断了球,转守为攻。保加利亚队后卫冲上来阻截。这时候,沿边线挺进的杨伯镛,像尖刀一样空切篮下。钱澄海聪明地传了个地板反弹球。杨伯镛接到球,跳跃,勾手投篮。好球!球空心入网。中国队这迅雷不及掩耳的进攻,使对方防不胜防。观众欢声雷动!"

为了使语言更富表现力,张之很注重语言修养,从古今中外艺术宝库中吸收营养。在第一次解说中,张之就运用了评书语言,把突破上篮说成"单枪匹马杀入重围"、把勾手投篮说成"回头望月"、把双方比分增长形容为"犬牙交错"等。他还在解说中灵活运用古典诗词,如用李白的"一夫当关,万夫莫开"形容足球守门员的严密防守;用陆游的"山重水复疑无路,柳暗花明又一村"描绘比赛过程中的局势变化;用李贺的"黑云压城城欲摧"比喻足球场上重兵压境。此外,张之很注意学习群众中的口语和运动员的语言。他正是以充满智慧的解说、独特的艺术风格和娴熟的播音技巧,在体育实况转播领域获得了成功。

---

[1] 鲁威人.我国体育解说的历史回顾[J].现代传播,2003(4).

1976年,张之突发脑血栓,语言功能受到影响,也使他不能精力充沛地走进20世纪80年代的电视转播领域,在被疾病折磨了二十多年后,于21世纪初离开人世。现在体育竞赛的项目丰富了,转播的形式也多样了。中国的体育转播和评论也进入了一个发展新时期,年轻一代的体育评论员有了发挥自己才能的宽阔舞台,更应该继承和发展张之老师的体育转播艺术,在文学修养、播音技巧、语言功底和体育知识方面下苦功夫,使体育转播和评论这朵艺术之花常开不败。张之的声音是永不消失的。[①]

三、广播时代体育解说评论的发展规律

新中国的广播解说自张之穷心尽力开荒拓径后,历经曲折发展,时至今日再逢机遇焕发活力,广播解说仍展现其独特的魅力。

(一)从摸着石头过河到成为开山祖师

张之开创了中国体育解说先河,实属偶然,也是必然。一个从未解说过体育比赛的门外汉,没有经验,也没有模式可借鉴,摸着石头过河,在体育解说实践中磨炼自己,积累经验,不断提高,成长为新中国历史上第一位真正意义的体育解说员。

在从事体育解说之前,张之已积累了丰富的播音经验。张之曾在华东新华广播电台当播音员,并曾担任华东、上海人民广播电台播音组副组长,负责播报新闻、讲述社会发展史。1949年上海电台转播国庆群众游行的实况,即是由当年19岁的张之解说游行盛况。此外,热爱体育的张之在中学和大学都是篮球队的,比较了解篮球技术和比赛规则。这些都为张之第一次体育解说的成功奠定了良好的基础。

在零基础上起步的张之,无书参考、无人指导,在摸索中艰难前行。第一次被借调到北京解说全国篮球比赛后,他到各队进行大量采访,收集许多第一手的资料,例如队员的身高、体重、技术特点和绝招等,又聘请了篮球专业出身的于纲做技术顾问。正是因为准备充分,张之转播的三场篮球比赛都得到好评。张之第二次被借到中央人民广播电台后,在天津进行全国四项球类比赛大会的实况解说,再次引起轰动。直至1953年,张之调入中央人民广播电台专职从事体育比赛实况解说和体育新闻采编报道,正式踏上体育解说之路。

---

① 刘尧.第二落点永不消失的声音——宋世雄忆张之老师[N].北京晚报,2001-01-16.

在刚从事这一职业时,他遇到了很多陌生的全新课题:球赛的节奏快,解说速度跟不上场上的变化;球赛需要一种独特的词汇,谁都不知什么词汇最贴切;比赛的种类繁多,他需要在短时间内掌握各种规则;运动员打法、性格各异,他如何尽快抓住他们的特征……作为体育解说领域的开拓者,张之付出了大量时间和精力,日后张之开创的许多工作方法和解说风格都成了中国体育实况解说之路的奠基石。

为提高解说速度,张之进行强化式训练。他常常来到赛场,在一旁轻声解说;经常练习快速读报,学绕口令,学山东快书;甚至站在阳台上,面对马路上来往的车辆、熙熙攘攘的人群和黄浦江上的船只进行口头"写生",有时见到一幅画和一张剧照也要绘声绘色地解说。功夫不负有心人,他的苦练使解说速度明显提高,练就看见什么就能张口讲出什么的能力,完全跟上了球场的快攻速度。

正是通过不断的努力,张之从对体育解说的一无所知成了开山之祖,为我国体育解说事业立下了汗马功劳。

(二)从口传心授到培养一代宗师

张之不仅是开拓者,也是传播者,非常关心年轻一代的成长,特别注重给他们创造条件,悉心培养了我国第二代、第三代体育播音员,尤其与宋世雄情同父子。正是在张之的竭力帮助和倾囊相授之下,宋世雄不仅实现了体育解说之梦,更成长为中国体育解说的一代宗师,宋世雄也正是因声音和播音风格酷似张之被称为"小张之"。

张之激发宋世雄对体育转播的兴趣,并引导宋世雄走上了体育解说之路。14岁的中学生宋世雄在操场上无意听到了张之现场转播解说一场篮球赛,为之征服,从而和体育转播结下不解之缘。1956年,宋世雄到中央人民广播电台向张之当面讨教。初次相见,张之即给他讲解了体育转播的一些基本常识,并鼓励他争取从事自己喜爱的职业。4年以后,在张之的帮助下,高考受挫后的宋世雄被中央人民广播电台破格录取,成为体育播音员。

张之更将宋世雄推向体育解说的前台,不仅在业务上给予指导和栽培,也在生活上关心、帮助他成长。1961年,张之负责转播在北京举行的第26届世乒赛,宋世雄担任助手。到电台工作不到一年、尚未正式转播过一场比赛的宋世雄在张之的关怀下缓解紧张情绪,成功完成第一次独立转播,获得一致好评。张之在生活上对宋世雄也关怀备至,会在宋世雄转播时默默地为他倒水、擦汗,给他买巧克力填肚子。

正是张之的言传身教、悉心指导,以父亲一般慈爱的心在宋世雄的身后默默付出,托起了体育解说评论界冉冉升起的璀璨之星。

(三) 从新闻栏目体育新闻到体育频率现场直播

随着经济发展、体育事业和广播事业的繁荣,新闻栏目中的体育新闻已难以满足受众需求,体育比赛的现场直播成为广播节目新的亮点,专业化体育广播相继出现。

中国体育广播的诞生与北京奥运会密切相关,可以说由于申奥成功而生,伴随筹奥历程而长。北京奥运会之前,共有北京体育广播、上海体育广播、南京体育广播等专业化程度不等的8家体育电台开播。①

2002年元旦,北京人民广播电台在北京申奥成功后推出全国第一家专业体育电台——北京体育广播(FM1025),全天播音18小时,2012年1月1日开始24小时直播。北京体育广播旨在打造专业的体育频率,以"大体育"概念立台,进行大量现场直播。2008年1月1日到9月17日,北京体育广播正式使用"奥运之声"的呼号。从8月4日6点——8月25日凌晨1点,"奥运之声"推出每天24小时的大型奥运报道——《全景奥运直播北京》。

五星体育广播(FM94.0)于2004年8月8日正式开播,全天18小时播音。从开播到北京奥运报道,经历了雅典奥运会、德国世界杯、多哈亚运会、上海网球大师杯、F1中国赛等一系列重大赛事的考验。2008年4月30日,五星体育广播奥运频率开播,圆满完成奥运报道。

我国体育广播专业频率的开播,是广播频率专业化发展的产物,更是中国体育事业蓬勃发展的见证。在体育广播赛事直播如火如荼的发展过程中,需要大量解说员投入其中,并适应广播直播的特色和赛场的风云变幻。2008年北京奥运会期间,北京体育广播组建了30人的专业赛事报道解说团队,还招募"民间"体育解说员,邀请教练、运动员等体育界资深人士参加奥运会解说。为了让报道团队获得丰富的体育赛事报道经验,北京广播台特地制定了为期六年的"奥运培训计划",在一系列国际性赛事中几乎都派了3~4人的报道团队,2007年全运会将直播间设在主会场南京。2012年伦敦奥运会,北京体育广播在奥运周期再次变成奥运频率,组建19人前方报道团队,每天推出17个

---

① 张矛矛.后奥运时代中国体育广播专业频率发展战略SWOT分析[J].首都体育学院学报,2001(5).

小时奥运节目,搭建伦敦直播间制作《龙腾不列颠》直播节目,第一次在境外进行全程的直播。

面临现代传播环境的变化、受众需求的提高及传媒界的激烈竞争,广播体育解说评论要继承传统,积累知识,塑造个性,全面提高自身的素质。

第二节 电视时代的体育解说评论

1978年以后,我国社会进入一个新的历史时期。随着改革开放的进行,中国经济得到突飞猛进的发展,人们生活水平迅速提高,电视逐渐走进千家万户。大多数中国普通老百姓可以通过电视观看比赛实况,电视实况转播成为公众了解比赛最直接和最主要的方式。我国的体育解说评论由此进入电视时代,迈上一个新台阶。

一、电视时代体育解说评论的发展脉络

1978年,中央电视台成功地通过通信卫星实况转播了第11届世界杯足球比赛,由著名播音员宋世雄解说比赛。

1981年,中央电视台在第3届世界杯女排赛上实况转播了中国女排的比赛,广大观众通过电视转播观看到了中国女排首夺世界冠军的全过程。

1982年,第12届世界杯足球赛在西班牙举行,我国采用通过香港集体租用卫星的办法进行实况录像转播。中央电视台派出了四人小组赴香港制作节目然后再播放,因为上届世界杯足球赛,我国只转播了两场比赛,深受广大观众的喜欢。因此,本届世界杯足球赛中央电视台加大转播力度,共转播了26场比赛的实况录像并制作了19集专题节目,宋世雄一人担任了解说工作。

从1984年在洛杉矶举办的第23届奥运会起,先后有孙正平、韩乔生等年轻的实力派解说员加盟中央电视台。

1985年元旦,中央电视台体育部成立,为体育新闻传播事业的发展奠定了一个新的基础。此后,中央电视台的体育节目无论在播出的数量和质量方面都有了一个突飞猛进的发展。1986年汉城(现名首尔)亚运会中央电视台播出了120多个小时的节目,1988年汉城奥运会播出时间则为200个小时;从

1990年开始中央电视台直播了世界杯足球赛的全部比赛。一批新人先后登上体育解说的舞台,逐渐崭露头角,成为后起之秀,标志着我国体育解说工作进一步发展。

1995年1月1日开始,中央电视台体育频道开播,这是国内创办最早、规模最大、拥有世界众多顶级赛事国内独家报道权的专业体育频道,每天平均播出16个小时以上。当时业内人士认为,体育频道的开播既是中国体育媒体改革的阶段性产物,又是中国体育媒体改革动向的风向标,不仅对各类媒体影响巨大,对整个社会的影响也不可低估。

1995年,宋世雄被美国广播电视体育节目主持人协会评为"最佳国际广播电视体育节目主持人",是第一位获此殊荣的中国人。

2007年,在北京奥运会前夕,中央电视台牵头组建了奥运解说国家队,此后重大赛事延续了这一模式。

近年来,以国外体育频道为代表的各类体育节目陆续走入了寻常百姓家,以广东为例,全国所有的境外频道都在广东落地,广东省内观众可以非常方便地观看很多国际知名体育台的节目。电视,未来也仍将是关注体育赛事最常见的方式。

二、电视时代体育解说评论的高光人物

电视事业的迅速发展,改变的不仅是体育的传播方式与速度,同时激发了中国体育解说评论事业的大发展。一批又一批优秀体育解说评论员在电视解说中历练成长,活跃在各种体育赛事中,以各自的风格与方式,为中国体育解说评论事业增添华彩。

(一)宋世雄

宋世雄是我国体育解说的一代宗师,从20世纪60年代登上转播台声名鹊起,一直到20世纪90年代末经久不衰,他的体育解说生涯几乎成就了我国体育解说的历史。他不仅是我国体育解说初创时期的代表人物,也是我国体育解说发展时期的领军人物。

宋世雄1939年出生,是北京人。1960年后历任中央人民广播电台体育记者、中央电视台体育评论员。是最佳国际广播电视体育节目主持人、高级体育评论员,曾对第8届亚运会、第23届奥运会等重大国际体育比赛进行现场电视广播解说和评论。1981年、1982年、1984年、1985年、1986年报道了中

国女排荣获"五连冠"盛况,轰动全国。1995年他被美国体育广播者协会评为该年度最佳国际体育节目主持人。这是美国体育广播者协会历史上第一位中国籍主持人获奖,也是我国唯一获此荣誉的人。2002年获全国电视体育节目主持人研究会终身成就奖。2008年入选"中国奥运报道主持人国家队",担任女排项目解说员。

1960年,宋世雄如愿成为中央人民广播电台体育播音员。第26届世界乒乓球锦标赛上,宋世雄成功完成自己第一次独立转播后,奔赴世界各地报道解说了奥运会、世界杯足球赛、世界锦标赛、世界大学生运动会、亚运会等。

在成长为体育解说一代宗师的路上,宋世雄勤奋执着、勇于拼搏。除每天练习润嗓、护喉、发音、吐字、喷口、运气等基本功外,还经常进行即兴解说训练,并提高语速,一分钟能够说500多个字,这种语速至今是年轻一代播音员做不到的。他喜欢作文,更喜爱口述、演讲等口头作文,训练自己立意构思、布局谋篇及遣词造句的能力。宋世雄广见博闻,才思敏捷,他的解说口齿伶俐、吐字清楚、反应机敏、富有激情、出口成章、言简意赅,使人如临其境,创造了独具特色的体育评论风格。

为了让自己在各类比赛中的解说更准确、更专业,宋世雄十分注重对体育运动的研究。他一边看教科书一边用跳棋子在桌上摆阵势,模拟战术,学习基础知识,并抓机会向教练员、运动员等内行请教。不仅自己熟悉专业术语,还在转播中向观众解释,让观众明白。为了在转播中塑造血肉丰满、呼之欲出的人物形象,他经常深入教练员、运动员中捕捉他们生动的形象,发掘他们内心世界和灵魂中的闪光点。比如,性格爽朗的孙晋芳,只要一吐舌头,球就打顺了;倔强的郎平若挥舞起双臂,球就扣疯了;而文静的周晓兰打了好球,却像没事人一样;矫健的足球运动员左树声射进了球,总是左脚跳跃,挥动右臂,轻快得像长出了两只翅膀;而腼腆、憨厚的沈祥福踢进了球,却总是羞羞答答的……宋世雄在转播中恰当地运用这些材料,使得其解说语言极富个性和多样性。

"宋氏解说"是体育解说史上的一座里程碑,堪称体育解说的经典模式。美国奥林匹克运动委员会主席勒罗伊·沃克尔曾这样评价宋世雄:"在中国这个世界上最大的国家,宋世雄先生为把体育节目带给那里的男人、女人和儿童做出了贡献。三十六年中,他是中国人民的眼和耳,他是世界上最受人尊敬的体育节目主持人之一。"美国广播电视体育节目主持人协会主席路易斯·施瓦茨先生说:宋世雄的口才横溢,对各项体育运动广见博闻,他的体育评论机智

过人,充满热情。这些不仅是宋世雄先生个人的荣誉,也是对我国体育解说工作的肯定和评价。

(二)孙正平、韩乔生、王泰兴、金宝成

20世纪80年代中期,我国第三代体育解说员开始成名,如中央电视台的孙正平和韩乔生、地方电视台的王泰兴和金宝成等,他们同时是我国体育解说事业中承上启下的一代。

1. 孙正平

孙正平出生于1951年,北京人。孙正平自山西大学体育系毕业后曾任中学体育老师,1981年调入中央电视台担任播音员,现担任中央电视台体育中心播音组负责人。从1984年开始解说奥运到伦敦奥运会第八次圆梦奥运解说,孙正平的解说生涯充满传奇性。

1981年进入中央电视台时,由于宋世雄尚未正式调入,孙正平成为中央电视台唯一的体育解说员和播音员。1982年7月,在北京举行的长城杯国际足球邀请赛上,孙正平第一次独立转播解说了中国国家青年队对美国国家队的比赛。

孙正平的解说不愠不火,稳健成熟,非常客观,在拥有丰富的知识打底的情况下,睿智和机警的临场作风使得他在体育播音员的位置上经久不衰。这种解说风格为他赢来了一个叫得很响的名头儿:孙开闭。

自从进入中央电视台后,但凡孙正平参与解说的大赛,大部分由他解说开幕式和闭幕式,他逐渐成了解说开幕式和闭幕式的专业户。中央电视台体育中心原主任马国力说:"大型运动会,开幕式是观看人数最多的,也是政治意义最重要的舞台,我对开幕式的解说员就一个要求:稳稳当当,别出错误。孙正平就是一个让我不担心他会出错的人……开幕式解说其实不是一种荣耀,而是一种责任,这种责任的潜台词是:你绝对不能出错。"[1]在奥运会开幕式和闭幕式这种重大仪式上,孙正平的声音时刻都在传递着严谨与沉稳的作风,其中随着时代变化而进行的调整也反映他一直都在不断充实和丰富自己。

作为央视最资深的体育播音员,孙正平见证过中国体育界的兴衰成败,2007年出版了自传《声涯》,以自己的视觉去看待30年的体育播音人生,在自己故事的背后折射着时代的变迁。

---

[1] 易立竞.孙正平:开幕式听他的[J].南方人物周刊,2008(22).

2012年,已退休的孙正平再度出山,出征伦敦奥运解说篮球和排球比赛,创下个人第八次解说奥运会的纪录。风采不减当年的孙正平仍亲历比赛现场,强调解说要"常播常新,不能吃老本","关键是言之有物,该有激情有激情,该流畅就流畅,举一反三,分析、前瞻、回顾,只有你有观点,有内容,对最新情况的了解和掌握,可能会增加你在观众中的权威性、说服力和分数。我觉得这个工作没有吃老本,大家尊重你是因为你的过去,而不是你的现在和将来。"[①]下一届奥运会,孙正平也许还能延续他的记录,继续他的解说"传奇"。

2. 韩乔生

韩乔生1957年出生,河北邯郸人。他是著名的中央电视台体育解说员,承担历届奥运会、世界杯的解说与报道任务,曾获得中国电视体育节目最佳主持人奖,并开创了新的电视解说方式——现代电视的意识流解说。

韩乔生的体育解说是从冰球开始。1981年,世界冰球锦标赛在北京举行,正在北京人民广播电台担任实习编辑的韩乔生解说了自己的第一场体育比赛。为了解说好冰球这一冷门体育赛事,韩乔生暗下苦功啃书本,了解有关冰球规则及赛事知识,最终成功完成9场直播和4场录播的解说。韩乔生决定这辈子一定要干体育解说,从此便沿着体育解说之路走到今天。

韩乔生的电视体育解说是从女篮起步。1984年的亚洲女篮锦标赛,韩乔生在中央电视台首秀,顺利完成中国女篮战胜朝鲜女篮电视转播比赛的解说,奠定了韩乔生稳坐中央电视台主力解说员的位置。

韩乔生的足球比赛解说得到观众广泛认可。1987年10月26日,汉城奥运会男足预选赛亚洲区决赛第二回合在日本东京国立竞技场举办,中国队以2∶0的比分击败日本队,一举杀进汉城奥运会决赛圈。这是中国足球首次冲出亚洲,走向世界。韩乔生的解说稳健大气、酣畅淋漓,感染无数观众,这场比赛由此成为韩乔生解说生涯中最重要最难忘的比赛。

由于将娱乐和比赛完美地结合在一起,韩乔生被称为中国体育解说的喜剧人物。韩氏口中的经典台词比比皆是,引人捧腹的韩乔生语录也令无数球迷茶余饭后津津乐道。例如夏普兄弟事件。1999-2000赛季的一场英超联赛,曼联坐镇主场迎战来访的南安普顿,韩乔生临时接到任务上镜解说,对英超联赛不很熟悉,连球队资料都还没拿到,误把曼联的胸前广告夏普看成队员的名字。"这时曼联队7号球员夏普分球,传给了9号队员,9号队员也叫夏

---

① 张仪.孙正平:解说伦敦奥运为圆梦.姚明曾想放弃说球[EB/OL].搜狐体育,2012-06-10.

普,他们可能是兄弟。10号连过两名队员,破门得分,11号上前祝贺,11号是——夏普(停顿了很长时间)。噢,对不起,观众朋友们,夏普原来是印在球衣上赞助商的名字。"这让观众爆笑,却也为赛事增添很多趣味,有奇妙幽默的效果。

韩乔生对解说事业的贡献还在于发明了意识流解说法——现代电视时代的解说法,除了衬托和渲染比赛场面的意境,还把赛场上观众的意识与情绪传达给电视前的观众,并引导观众的意识。

3. 王泰兴

王泰兴出生于1945年,北京人,是广东电视台节目主持人,解说过奥运会、亚运会、全运会、世界杯、欧锦赛,也解说过英超、意甲、欧冠、F1,目前主持美国职业摔跤赛(简称WWE)。2008年,王泰兴入选北京奥运解说国家队。1994年获首届广东金话筒奖、全国金话筒奖银奖,2004年评为全国最佳体育主持人,2005年被评为最佳电视体育节目主持人,2010年获得中国电视体育节目主持人的终身成就奖。王泰兴被称为"播音泰斗",是粤派普通话主持人中的翘楚,与北方名嘴宋世雄并称为"南王北宋"。

王泰兴在体育解说领域内成名于1988年,当时在广东电视台负责欧锦赛转播,其娓娓道来、清新儒雅、柔和细腻的解说风格非常符合广东地区体育迷们的欣赏口味,被认为开创了"南派解说"的先河,逐渐确立起在中国体育解说界的泰斗地位。随着广东地区从1995年开始大规模转播英超联赛,王泰兴成为国内最早的一批英超解说员。

王泰兴拥有非常出色的语音条件,是广东省电视台的播音指导、国家级普通话水平测试员、全国普通话大赛评委等,指导过无数后起之秀的播音工作,曾经为多部海外动画片进行中文配音,其中最著名的角色就是《圣斗士星矢》中的天龙座战士紫龙。渊博知识也是王泰兴的一大优势所在。他在解说中善于捕捉在赛场上出现的种种细节,经常引经据典,让观众在观看比赛的同时获得丰富的知识与信息。

王泰兴的解说涉猎范围极其广泛,五十几岁仍在不断扩大解说领域,近年先后转战于CBA、F1、游泳及击剑等项目,并以其刻苦的钻研精神迅速成为新项目领域内的又一位权威解说员。随着年龄的增长,王泰兴近年出现在体育解说第一线的频率有所降低,但每逢综合运动会期间,往往还是会在整个解说团队中扮演主持大局的角色。正是凭借丰富的经验和刻苦的钻研精神,王泰兴自从中国1984年重返奥运会赛场以来,从未缺席过任何一届奥运会的报道工作。

4. 金宝成

金宝成是浙江电视台体育健康频道副总监,中国电视体育播音员、主持人研究会副会长,浙江省广播电视学会播音主持学专业委员会副主任,浙江工业大学职教学院客座教授。解说过各项重量级的赛事:奥运会、亚运会、全运会、大运会、女排锦标赛、拳击锦标赛、体操锦标赛、足球锦标赛、女篮锦标赛、F1摩托艇锦标赛、足球甲A联赛等。发表多篇论文,其中《一组亚运会赛场实况解说》获1990年全国广播亚运好报道一等奖,《体育主持人的客观冷静与适度倾向》获2000年全国广电主持人优秀论文"金笔奖"。

金宝成热爱体育也热爱手风琴,并且因琴而拜张之为师。金宝成喜欢收听体育节目,非常佩服张之的解说。1978年考入杭州广播电台当上播音员后,因给中央台录制少儿歌曲伴奏幸遇张之的夫人,后拜张之为师,得到张之的指导与点拨,练口头写生、绕口令、现场播音。

解说过很多项目的金宝成向因难度最大而被称为"体育解说界的珠峰"的体操发起冲刺,搜集大量资料,翻看历届体操锦标赛的解说录像带,把体操几乎所有的动作、规则都烂熟于心;还自己给运动员的动作打分,然后再比对现场裁判。通过不懈的努力,金宝成于2006年通过国际体联组织的专业考试,成为中国体育转播史上第一个拥有国际级裁判资格的解说员,被誉为"体操解说中国第一"。

正是对体操动作和诸多评分细则的精通已达专家水平,金宝成在北京奥运会上解说体操倍受好评,让人惊叹。解说中,他不仅能和马艳红一起给大家聊花絮、评难度,每轮比赛下来的自行打分竟都跟裁判分数相差无几。而且,解说中始终平心静气,没有把凸现能力和激情置于评说比赛本身之上,这种控制力本身代表着一种行业境界,被誉为"奥运会上最牛的解说员"。

(三)黄健翔、沙桐

以黄健翔、沙桐为代表的第四代解说员的崛起源自20世纪90年代中期欧洲联赛直播大面积铺开和我国职业联赛大发展的双重促进,相比于前辈,他们的解说富有个人特质,解说中带有鲜明立场的评论分析的比重加大。

1. 黄健翔

黄健翔出生于1968年,重庆市人。1990年毕业于北京外交学院英语专业,1994年受聘于中央电视台体育部,从事体育节目解说、主持工作,解说涉及足球、田径、游泳、跳水、篮球、射击等多种体育项目。中国著名体育评论员,被认为是"新时代的体育解说"风格的代表人物。

从宋世雄到孙正平、韩乔生,中国体育解说员一直传承着同声传译的"广播体"风格,黄健翔则是"像战士一样去解说",树立全新的解说风格和主持方式。1995年,黄健翔首次在中央电视台出镜,与李惟淼合作转播美洲杯足球赛。1996年的欧洲杯是他第一次赴现场解说重大赛事,由此确立解说风格:专业准确、情绪到位。黄健翔对运动项目稔熟,以专业的眼光、通俗的语言诠释比赛进程,引导观众理解和欣赏运动员的表演。这种激情澎湃、趣味盎然又专业到位的解说风格体现了与时俱进的时代特点,更能迎合现代人的审美需求。

黄健翔的解说专业到位,来自他对足球的热爱和执着、对足球运动的精通。他认为,要解说好一场比赛,首先要吃透比赛,对比赛的理解要到位;其次才是对背景材料的恰当运用。除了奔波于国内外的足球赛场、在电视台制作足球节目外,还为报刊撰写足球方面的文章,上网看有关足球的资料,阅读报纸上有关足球的报道,等等。黄健翔本身是一个球迷,他最大的爱好是在家里看电视转播足球比赛。所以,他对足球的钻研和了解很透彻,对比赛球队和球员的背景资料十分熟悉。他就是凭借丰富的足球知识和激情四射、有时甚至近乎疯狂"充满血性"的解说风格,在球迷心中占据了难以替代的位置。而这恰恰也让黄健翔处于争议的中心,他总是会在关键的时刻忘记他不是一个普通球迷。2006年德国世界杯1/8决赛意大利队对阵澳大利亚队,黄健翔的解说激情洋溢,且带有明显个人感情色彩,"解说门"引发强烈争议,黄健翔最终离开央视。

此后,黄健翔的身份一再变化,但不变的是他对足球的激情。2008年黄健翔出任CSPN总运营商神州天地体育传媒副总裁,2010年南非世界杯前期和李承鹏在新浪网开办足球谈话类节目《黄加李泡世界杯》。2012年欧洲杯开幕后,黄健翔再次回到解说的位置,他的加盟极大提高了新浪体育、PPTV等网络直播的点击率。进军网络解说的黄健翔在风格上略有变化,激情背后更添了几分"亲民"气息。

2. 沙桐

沙桐出生于1968年,河南郑州人。毕业于北京广播学院,后进入中央电视台主持体育节目,曾主持过《赛车时代》、《北京2008》、《F1直播》等节目。参与历届奥运会解说报道工作,2008年入选"中国奥运报道主持人国家队"担任总主持人。曾获第四届中国电视体育节目最佳主持人奖。

沙桐不仅是个优秀的主持人,还有赛车、攀岩等很多爱好。沙桐给人的印象永远是快乐的,爱憎分明,他把这种性格带到主持中,树立了独特的主持风格。

播音主持科班出身的沙桐开始解说生涯时,正赶上体育节目准备大发展的好时机,主要做新闻和专题,《体育新闻》《体育大世界》《中国体育》《世界体育报道》《体育广场》等,基本都是直播。沙桐的第一次直播,是在1992年巴塞罗那奥运会,有惊无险。那时他刚刚从大庆采油二厂闭路电视台锻炼回中央电视台不到一年,提前把稿子写好、背熟,没想到"观众朋友们大家好……"开场白结束后大脑瞬间一片空白,赶紧低头看稿第一行后才终于又都想起来了。此后,沙桐不断参与直播,积累经验,增强直播能力。现在,沙桐做直播已形成自己的方式:不准备稿子,只是列提纲、理思路,想办法全身心放松自己,达到良好的直播状态。

沙桐承担了多次闭幕式解说,2004年雅典奥运闭幕式上担任CCTV-5现场直播奥运会闭幕式解说,2006年多哈亚运会闭幕式也是沙桐担任现场解说。解说中,他力求将自己所认识到的体育的本质表现给大家,做个说故事的人,与观众们分享体育带来的快乐。

2012年伦敦奥运会开幕式,沙桐携手张斌担当奥运频道的开幕式解说,两人在整个过程中有很多互动式交流,聊天式的解说方式让整场开幕式解说更像是一场体育赛事的评论。作为在体育新闻报道一线工作多年的资深体育节目主持人,他们丰富的体育知识让两人在运动员入场时的解说比文艺演出时更加轻松,其中关于各代表团运动员及其以往成绩的介绍也很好地预告了即将开始的奥运会比赛,同时在一定程度上为观众提供了一份简单却足够精彩的观赛指南。而且,他们将采访经历融入解说过程中,也让更多观众了解到赛场外的花絮,使整个开幕式更加丰满。

(四) 洪钢、于嘉、贺炜、刘星宇

近年来,出生于20世纪70、80年代的新生代解说评论员崭露头角,他们个性化的解说评论契合不同受众需求,各自拥有一批忠实的关注者。

1. 洪钢

洪钢1973年出生,从小喜欢中国历史和古典文学,毕业于华东理工大学化工机械设备设计与制造专业。现任中央电视台体育频道解说员兼主持人,解说主项为羽毛球,副项为排球,也是冰壶解说员,近些年开始活跃于足球解

说席。

"做一个体育新闻人,我喜欢这个工作。"正是因为对工作的热爱,洪钢不断钻研、琢磨,以其平实轻松、沉着稳重,资料翔实、评论犀利的解说风格受到广泛好评。

2000年,洪钢参加中央电视台体育频道举办体育评论员选拔大赛,一路过关斩将,获得总决赛第二名。2001年,洪钢进入央视体育频道排球转播组做实习编辑,有时会临时担任排球联赛的解说员,第一场直播是2001年12月6日全国女排联赛八一队对天津队。此后,洪钢又解说了全国篮球乙级联赛、甲A联赛和CUBA等。

2002年汤尤杯赛在广州举办,洪钢首次羽毛球大赛解说好评如潮,得到球迷们普遍的肯定。之后,他又解说了釜山亚运会羽毛球比赛。

从2002—2003年全国羽毛球俱乐部联赛开始,洪钢才真正大量投入解说羽毛球比赛中,并在这一年度的俱乐部联赛解说中明显提升了解说水平。他与运动员比较熟,赛后常和运动员、教练员聊技战术,和球员一起打球,逐渐积累很多东西,并不断运用到解说中。2006年后,央视开始大量购买羽毛球大赛转播权,洪钢的解说越来越多,他也开始更多请教技战术问题,学习专业人士的思路,不断琢磨和总结选手的技战术特征,逐渐造就了理性、沉稳的解说风格。

对于体育解说,洪钢强调专业性非常重要。由于洪钢在解说中会及时提供与比赛、球员相关的大量信息,资料翔实,被球迷视为排球、羽毛球项目的专家。洪钢认为,体育解说员首先需成为杂家,要在"杂"的基础上尽量提高专业水平。在解说比赛前,洪钢会先查看对阵双方的交锋记录、主要成绩。平时经常浏览相关的新闻,关注选手最近的表现。赛前的准备更多是巩固,以免出现一些口误。

洪钢客观、公正、理性的言论受到了球迷的好评,但也有球迷认为他没有感染力,缺乏激情。这与他的声音条件有一定关系,即使很激动观众听起来仍然觉得平静,更重要的是与洪钢理性的逻辑思维有关系,他在解说中不是为了情绪的宣泄和输赢的刺激,而是希望和球迷一起把比赛看懂。

2. 于嘉

于嘉1980年出生于北京,1999年进入杭州商学院(现为浙江工商大学)外语系。现任中央电视台篮球解说员,长期解说NBA与CBA等篮球联赛,亦为《篮球先锋报》高级顾问,荣获第四届中国电视体育节目优秀主持人奖。

早在1997年,于嘉就开始为成为一名优秀的解说员做准备。凭借英语专业的优势,于嘉广泛搜集世界高水平篮球赛的实况资料,边看、边听、边模仿,提高解说水平。2000年在中央电视台与可口可乐公司联合举办的全国NBA解说员大赛中脱颖而出,成为最后的两名优胜者之一,代表中央电视台前往美国奥特兰解说第49届NBA全明星赛。于嘉从此与主持人行业结缘,为中国篮球的评论解说事业带来新的风格。并且,随着于嘉这位集NBA、CBA、奥运会等于一身的全能万金油的异军突起,他掀起了技术与激情相结合的解说新风格。

于嘉是新生代解说员当中的佼佼者,以篮球知识丰富、专业过硬著称,解说中注重对球迷观赛提供技术讲解,浅显易懂,简洁明了,富有技术含量和专业水准,且不带晦涩生硬的专业术语。这源于他对篮球的热忱和挚爱,作为资深NBA铁杆球迷,篮球已彻底融入他的血液他的生活。正如他自己所言:"篮球之于我,不是一蔬一饭,不是肌肤之亲,而是一种不死的欲望,疲惫生活中的英雄梦想。在我孤单无助的时候,放射出温暖而坚强的光芒。"为了这个"英雄梦想",于嘉入行以来不曾间断地完成功课:每天下午看雅虎和ESPN的NBA要闻报道,每天看30个球队的当地报纸的电子版,每天看球赛,等等。

身为"80后"的年轻解说员,于嘉性格率直,在解说中有少许的主观性,激情富有感染力。2006年男篮世锦赛,王仕鹏疯狂绝杀之后,于嘉真情流露,近乎一分钟的歇斯底里感染所有球迷。2010年温哥华冬奥会,由于中国短道速滑队的出色表现,见证了中国女子短道速滑拿下全部金牌的经典时刻,于嘉再次奉献激情解说,嘶哑、激动的解说富含了一位普通中国观众深深的爱国情,他用自己的情感真实地表现了电视机前所有人的心声。

"解说篮球,是我一生的最爱,也是一种最幸福的生活状态,我对解说职业充满了敬仰与敬畏。"作为中国篮球解说的代表人物,全身心投入篮球解说事业的于嘉一直在探索,"作为我这一代人,我想我的使命是让篮球更时尚,同时不失去其本源。"随着时间的推移,于嘉的评论越来越有深度,已经比较成熟,而且还有很大潜力和发展空间。

3. 贺炜

贺炜1980年出生于湖北十堰,毕业于中国人民解放军海军工程大学。2002年正式进入中央电视台体育频道,同年以后方节目团队编辑身份参与韩日世界杯报道。2003年,贺炜开始为五大联赛足球集锦配音,并成了中央电视台体育频道正式开始转播西班牙足球甲级联赛以来的首位长期固定的西甲评论员。2006年德国世界杯期间,他担任央视大型节目《豪门盛宴》的主持人,从此由后方走向前台,逐步为广大球迷所熟识。现为中央电视台体育频道著名足球评论员及主持人,贺炜的解说以温婉柔情见长,为足球竞技平添了一抹温情,独树一帜的解说风格为其赢来了"诗人"、"温情帝"等美誉。

贺炜的解说专业、沉稳,在2010年南非世界杯足球赛上,贺炜解说完德国对澳大利亚的比赛后,韩乔生就在微博上评价贺炜是新时代的最优秀解说员。黄健翔对徒弟贺炜也赞赏有加,用《功夫熊猫》形容贺炜的表现,可谓是青出于蓝胜于蓝。在解说阿根廷对希腊的比赛时,希腊的队员名字都特别长特别拗口,贺炜却表现了出众的专业素质与口才,语言流畅,没有任何口误。他对比赛的见解、临场反应及丰富的足球知识,获得了高度好评。

文采飞扬、富有哲理、喜欢引经据典也是贺炜解说的一大特点,以"文艺帝"+"知识帝"的名号迅速蹿红,"有一位诗人名叫贺炜"甚至成为网络流行语。南非世界杯解说中,面对加纳对乌拉圭的比赛上苏亚雷斯的手球奇迹,他感叹"谁说这个世界是冰冷而残酷的,只要像乌拉圭人一样有坚定的信仰,这个冰冷的世界就会为你揭开冰冷的面纱"。南非世界杯1/8决赛,德国对英格兰的大战,贺炜再次奉献经典解说,可谓一战成名,奠定他在足球解说界的地位。比赛结束时,他深情说道:

"胜负既分,结局也已经确定了,英格兰和德国永恒的对抗在世界杯历史上继续延续下去,历史的篇章这一段已经写完。我们想想吧,此时此刻在柏林、在慕尼黑、在汉堡、在科隆大教堂,肯定有无数的德国球迷为之欢欣鼓舞。而在伦敦、在利物浦、在曼彻斯特、在泰晤士河边的小酒馆,肯定有无数的英格兰球迷为之黯然神伤。不过,让我内心感到无比欣慰的是,在生命如此有意义的时间节点,在今天晚上,电视机前的亿万球迷我们能够一起来经历,共同分享。这是我的幸福,也是大家的幸福。我是贺炜,观众朋友们,再见!"

此类"贺氏"抒情引发了球迷的共鸣,有观众赞叹,"贺炜解说得太好了,常常让我在喧嚣的比赛中静下心来,让我感受到了诗歌的魅力。"

4. 刘星宇

刘星宇出生于1981年,新疆阿勒泰人,清华大学经济管理学硕士。现为中央电视台篮球解说员,获得第四届中国电视体育节目新锐主持人奖。

刘星宇曾练习篮球,也曾是清华赛艇队队长,代表清华及中国参加多次赛艇比赛,还做过清华跳水队副领队。在"谁将解说2008北京奥运会主持人大赛"脱颖而出,2005年在苏迪曼杯中担任中央电视台的出镜记者,当年7月在汕头跳水大奖赛上实现第一次比赛解说,2006年3月正式调职成为中央台的体育主持人。

水上运动是刘星宇的解说强项,他致力于推广这项冷门运动。"我的梦想就是要用我的声音诠释赛艇,我太爱这个项目了,赛艇给了我很多,2008年奥运会上,我也要给赛艇很多,要让所有人了解这个项目。"北京奥运会赛艇女子四人双桨决赛中,中国获得赛艇上的第一枚金牌,刘星宇演绎了一段专业精彩的激情解说,感动了很多的观众,他的解说与激动人心的比赛一起给观众留下了深刻的印象:

"加油!中国姑娘加油!赢了!……中国姑娘赢了……张扬扬站起来向全场观众致意,整整24年,从1984年奥运会我们就没有拿过这个项目的金牌,1988年的奥运会我们拿到一枚银牌和一枚铜牌,1992年一枚铜牌,1996年的亚特兰大是一枚铜牌,所有的中国赛艇人整整等了24年。在这一刹那,让我们记住唐宾、金紫薇、奚爱华、张杨杨这四位姑娘。我们用最后500米的冲刺,历史被改写!"

刘星宇随着赛事的跌宕起伏,不断提高语速、语调,用精彩的解说引领观众体验现场的激烈竞争气氛,让观众情绪达到高潮,他那发自内心的、几近声嘶力竭的呐喊激发了观众的爱国热情,把观众的情绪充分调动起来,和比赛融为一体,相当精彩。

作为曾经从事皮划艇项目的运动员,刘星宇的专业性也在解说中体现出来,"希腊选手桨频上来了,41桨,徐东香/黄文仪还在37桨左右;把桨频争取再调得高一些。""还有最后的50米,徐东香/黄文仪还落后一个桨位,桨频上来!黄文仪往上领!桨频再快一点,再快一点,两桨再冲一桨,好的!"这充分展示了他的专业技能,不厌其烦、循序渐进的向观众普及赛艇、皮划艇运动的各种知识,用最贴切的语言和最激情的解说让人们感受着这项运动的魅力。

北京奥运上的激情演绎让刘星宇在解说工作上有了一次质的飞跃,并非科班出身的刘星宇正在努力向篮球解说进军。目前,他一边积极锻炼,一边刻苦学习英语。这既是为工作储备体能,也是希望通过锻炼让自己对篮球等体育运动有更深入的了解,以便解说时能更深刻地解读一些技术动作和细节。

三、电视时代体育解说评论的发展规律

我国的电视体育解说经过几十年的发展,正风生水起,适应时代发展需求积极探索新的解说模式,并日趋专业化、细分化。

(一)从单打独斗到组成解说评论团队

当前,伴随中国体育事业的飞速发展,各类体育赛事日益频繁,以及新闻行业的竞争日趋激烈,体育解说工作发展迅速,呈现新的面貌,不再是一个人或几个人的单兵操作,而是一群人在协同作战。我国体育解说评论员正以团队形式进行优势资源的整合,迈上做强做大之路。

2008年北京奥运会期间,中央电视台投入三个开路频道、一个高清频道、四个闭路频道,播出时间长达3700—3900小时,节目覆盖量之大、吞吐量之广超过历届奥运会的报道工作,解说、主持工作非常繁重。为圆满完成解说任务,借助于东道主优势,由中央电视台牵头招贤纳士,组织了81人的"奥运解说国家队",由中央电视台知名解说员、央视其他部门主持人、全国各地方电视台的解说精英及奥运冠军专家团组成。在备战奥运期间,解说各项目的主持人随队集训、比赛,深入队伍采访,并在2008年7月底集中进行统一培训,例如对口径的把握,对政策的把握,以及对情绪的把握,还请了外交部、中宣部、广电总局、体育总局的有关人员来讲课以提高政策水平。"奥运解说国家队"为全国观众奉献了一场"听觉盛宴",在北京奥运会获得的巨大成功让这一模式成了未来大赛的解说人员组成方向。

2009年山东全运会,这支团队选取了30多名优秀解说员参与解说,最终圆满完成了解说工作。

2010年广州亚运会,中央电视台组建了亚运会解说"梦之队",承担中央电视台四套节目的亚运会转播节目。

2012年伦敦奥运会,中央电视台用一套、五套、七套、高清频道及3D频道共五个频道对伦敦奥运会进行全方位报道,再次集结国内最权威、最专业的体育解说阵容。这支"解说国家队"阵容由老、中、青三代优秀主持人、评论员和记者组成,还有堪称"史上最强"的解说嘉宾阵容。其中有已报道过六届奥运会的资深体育评论员韩乔生解说游泳比赛,已退休的孙正平在自己第七次奥运解说征程中带来篮球和排球的解说评论;解说嘉宾杨凌、赵蕊蕊、张国政、周雅菲等都头顶世界冠军的光环,如姚明和郎平组成解说嘉宾的梦一队,曾夺得

四枚奥运会金牌的体操运动员李小鹏和雅典奥运会男子十米台跳台金牌得主胡佳专业最强。其中,韩乔生、周雅菲组合的精彩解说给人留下了深刻印象。在叶诗文连夺两枚金牌之后,许多西方媒体质疑中国运动员服用兴奋剂。在现场解说女子200米个人混合泳时,韩乔生在叶诗文率先触壁后抑制不住激动,盛赞这个16岁的小姑娘是"中华儿女的骄傲"。周雅菲也在颁奖仪式前给予了回击:"一个有涵养的国家和个人,应该有敢赢的心理和敢输的气质。西方选手能夺冠军,就是成绩优秀,而我们夺金牌就是作弊,这不是一个大国所为。"这铿锵有力的声音直面外国媒体的质疑和诋毁,彰显了中国形象和风范。

这支解说国家队,注重资源的优势互补,实现中央电视台和地方电视台的优势组合及专业解说员与解说嘉宾的优势组合。在团队中,不同解说员、解说嘉宾的经历、经验、专业、知识结构等都可以进行组合、互补,发挥各自优势,密切协作,实现传播效果的最大化。而且,年轻的解说员和地方电视台优秀解说员也都借机获得了重要的展示平台和很大的提升空间。

当前,组建体育解说团队已成趋势,不仅中央电视台在大型赛事中延续这一模式,其他媒体也注重以此为重要突破口,打造自己的竞争力。2010年,PPTV网络电视正式签约国内顶级体育主播黄健翔、国脚谢晖、著名体育主持人周亮,共同打造英超联赛顶级解说团队,推出的足球直播赛事解说品牌"英超煲球蟹皇粥"就是借助这三位分别来自娱乐、职业足球、电视专业解说领域的主持人姓氏的谐音组合假以时日慢慢"煲"制。

(二) 从无所不能到有所为有所不为

孙正平曾表示:"由于历史原因,我们都属于全能型的播音员。"①这种全能型体育解说员曾风靡一个时代。

的确,在我国体育解说评论的发展初期,由于参与体育解说的人比较少,体育解说工作又尚在摸索中,社会公众体育理解的专业性也比较弱,所以张之、宋世雄和孙正平这些老一代的体育解说员成为几乎能够解说所有体育项目的全能型体育解说员,做到了不管哪个项目"来之即战"。在宋世雄长达40余年的解说评论生涯中,除转播亚运会、奥运会、全运会等综合性运动会外,还转播了足球、乒乓球、篮球、羽毛球、网球、冰球、田径、游泳、体操、举重、武术等单项世界赛事。

---

① 体育解说应该"姚明化",网易体育零度角第309期.

随着电视业和体育传播业的发展，一批年轻而有才华的编辑、记者及其他人员适时地加入体育解说员的行列，成为我国体育解说事业中的又一批新生力量，体育解说的整体面貌逐渐发生很大变化。从过去的一个人或几个人大包大揽解说各种比赛项目到逐渐分工专业化，专业化的评论员出现了，更体现出专业性，更强调对比赛的解读和情感的抒发，解说的质量有很大提高。

在一些发达国家，很多体育节目主持人都是专职于某一个运动项目的，如篮球、棒球、网球等，甚至有的俱乐部还专门配备了自己的评论员。如NBA最富传奇色彩的主播赫恩就与湖人队相伴了四十载。他的影响并不亚于湖人队著名的球星。1991年，他还被光荣地引进了篮球名人殿堂。这是NBA给予的最高荣誉。

我国体育解说向专业化的发展始于20世纪90年代初的意甲转播中的黄金解说三人组：韩乔生、张慧德、张路，他们的全新组合让人眼前一亮。此时，张慧德是中央国际广播电台副译审，多是介绍意大利的风土人情和球队及球员情况，在比赛结束后还用意大利语播报球队和比分，是当时不折不扣的意甲"数据帝"，张路则是北京市体科所副研究员，比比画画地讲解战术，是意甲"战术帝"。这种组团完成的方式分工非常明确，各司其职，突破老一套的叙述型体育解说风格，向专业化发展。这种模式刺激了体育解说向专业化的发展，不久央视解说团队就出现了黄健翔和刘建宏这种专业足球评论员。

进入21世纪，体育赛事越来越多，电视转播手段也越来越先进，几乎在同一天的同一时间能有两场甚至更多场精彩的比赛，有四五个电视台同时转播，受众对体育的理解和认知都得到提高，其需求也日益提高，解说项目细化和嘉宾专业化成了大势所趋。

解说项目的细化，必然要求体育解说评论员分工更细，内行程度更高，成为解说某个项目的佼佼者乃至能成为真正精通某个项目的"专家型"解说员，如"体操解说中国第一"的金宝成。分工细化后，解说员们可以更专注于某一项或几项，功夫做足，容易出彩，也更少犯错。同时，解说嘉宾也逐渐走专业路线，运动明星如姚明解说篮球亚锦赛，刘翔解说全国田径锦标赛110米栏决赛，周雅菲解说上海游泳世锦赛等，资深的从业人员如中国国家羽毛球队总教练李永波、国家田径队总教练冯树勇也出现在央视解说的嘉宾位置上，从事相关报道的媒体人如《篮球先锋报》的苏群和《体坛》的杨毅也经常以嘉宾的身份出现在央视解说席。这些解说嘉宾都从事相关运动多年，专业性毋庸置疑，而且风格多样化，不仅让观众耳目一新，解说员也可以汲取一些不同的营养成分。

专业、精研某一两个项目是解说行业逐渐成熟的一大标志。要提高我国体育转播的质量,必须走专业化道路,体育解说评论员不再是"万金油",而是有所为有所不为,能够自信十足地以"专家"的姿态出现。

(三) 从个人经验主义到业界研究性交流

中国电视体育节目在近三十年发展迅速,体育节目解说员、播音员队伍也不断壮大。到20世纪90年代中期,专业体育频道在全国如雨后春笋般出现,也使体育节目解说员、播音员的人数迅速扩大到200人左右。到21世纪时,据不完全统计全国专门从事体育节目的解说员、播音员、主持人已超过400人。在这种形势下,成立全国性的电视体育节目主持人的行业组织已成为客观需求。

1999年,第1届全国电视体育节目主持人大会在石家庄召开。会后集中与会者的发言和论文,出版了《金话筒的诉说》一书,在读者中引起了强烈反响。此时,无论是在实践中还是理论上,成立全国性电视体育节目主持人组织的时机已趋于成熟。

2002年,第2届全国电视体育节目主持人、解说员大会在北京召开。在此次会议上,正式成立了全国电视体育播音员主持人研究会,并评选出第一届理事会成员,孙正平任会长。研究会为宋世雄颁发了终身成就奖,并且邀请了美国著名的专题记者史密斯记者做了专题讲座,同时也与媒体的同仁进行了广泛的交流和沟通,在会上也出版了专刊。

2007年,第3届全国电视体育播音员、主持人大会在北京召开。来自全国近30个省、市、自治区的近百名从事电视体育播音工作的代表出席了会议,与会代表共同商讨了中国电视体育播音和主持人事业发展的大计,讨论并决定在全国范围内组建一支电视体育主持和解说的精英团队,以圆满完成2008北京奥运会的转播工作。

2010年,第4届全国电视体育节目主持人大会和"首届全国电视体育播音、主持颁奖典礼"在北京召开。本次大会公布了新一届全国电视体育节目主持人研究会理事成员名单,全国电视体育播音员主持人研究会理事会此前已在大连召开,评选了新的理事会成员,沙桐任会长,孙正平任名誉会长。大会还为中国优秀体育节目主持人进行了颁奖,表彰三十年来为中国电视节目事业发展做出贡献的全国优秀电视体育节目主持人,这是新中国成立以来第一次专门针对电视体育播音员、主持人而设立的全国性大奖。本次评奖的奖项设置包括终身成就奖、最佳主持人奖、优秀主持人奖和新锐奖,获奖者涵盖了老、中、轻三代播音员代表这种梯队建设的完善,也标志着在全国范围内体育播音、主持队伍的壮大与成熟。

2011年,第5届全国电视体育节目主持人大会在杭州召开。来自中央电视台、北京电视台、广东电视台等媒体的70多位体育播音从业人员参加了本次大会。本次会议在全国范围内征集了50多篇专业论文,邀请国内十位资深专家评委对论文进行了评选,评选出了多篇优秀获奖论文。全国电视体育节目主持人研究会会长沙桐在大会上表示:今后研究会将着力加强与全国各高校播音主持专业的合作,建立电视体育节目主持人人才资料库和体育播音资料库,探索电视体育节目主持与评论的新的教学体系,为今后电视体育节目播音主持和评论事业进行了更多的理论梳理。研究会将率先与中国传媒大学和浙江传媒学院在教学方面展开合作。今后研究会还将进一步加强与中央电视台等媒体的深度合作。本次大会对全国电视体育节目主持人研究会理事会进行了机构调整,沙桐担任会长。

全国电视体育节目主持人大会的召开及全国电视体育节目主持人研究会的成立,为业界的深入研究、广泛交流提供契机,促进了我国体育解说评论事业的发展。

第三节　媒体融合时代的体育解说评论

网络媒体被称为继报刊、广播、电视之后的"第四媒体",在激烈的媒体竞争中占据不可或缺的一席之地。同时随着媒体融合时代的到来,新的媒体解说形式也应运而生。

一、媒体融合时代体育解说的由来及发展现状

随着信息时代的来临,媒体融合也成为一种不可逆转的趋势,于是在这种情况之下,体育解说评论也开创了新的一片领域——网络体育解说评论。

(一) 媒体融合时代体育解说评论的背景

网络体育媒体介入重大体育赛事的报道可以追溯到 1996 年。1996 年亚特兰大奥运会互联网站的主页上就打出了"Forget TV"（忘记电视）的口号。当时的国际奥委会出于商业利益的考虑，禁止各国网站对赛事进行网络视频直播，同时不允许网络记者进行现场采访。尽管如此，网络媒体通过对此次奥运会的报道，迈出了历史性的一步。

2000 年悉尼奥运会对于网络媒体时代的体育报道来说是具有里程碑意义的一次奥运会，因为互联网的高速发展 2000 年前后世界各国各地区的体育网站如雨后春笋般不断涌现，为之后媒体融合时代的体育解说评论打下坚实基础，也对体育新闻的报道产生了巨大的反响。两年之后的韩日世界杯更是成为网络媒体大展身手的舞台，也让更多的受众开始全面了解并接受来自网络媒体的体育新闻报道。

中国大陆地区的体育网站也正是在这样的背景之下诞生、发展、壮大。从 1998 年四通利方沙龙（新浪网的前身）创立至今，已形成了以四大门户网站（新浪、搜狐、网易、腾讯）为主进行赛事报道，以 CNTV、PPTV、乐视网等多家网络电视台为受众提供赛事网络转播信号的发展格局。

近年来随着网络的普及和发展，通过网络了解比赛实时进程，甚至通过视频来观看比赛实况同样成为不可忽视的一种观看比赛的方式。新浪等主要门户网站都对重大的比赛进行图文乃至视频直播，人们可以越来越方便地通过网络来观看比赛并了解最新的比赛动态。

2008 年 8 月，PPTV 全程直播奥运会各项赛事。2010 年，PPTV 网站直播南非世界杯，成为官方唯一授权直播客户端软件，突破亿万观看人次大关，成为直播体育赛事期间，最受网民推崇的收看平台。2010 年 9 月，PPTV 网站成为英超官方授权独家视频直播平台，全程直播英超比赛，并作为中国大陆地区英超直播独家技术支持平台与网络分发平台。2012 年 6 月，作为唯一拥有欧洲杯直播版权的网络电视，欧洲杯直播期间，PPTV 网站用户总点击量超过 10 亿，PV（page view，即页面浏览量）（累计观看人次）超过 8 亿，独立 UV（用户覆盖）达 8000 万人再次刷新行业纪录。

(二) 媒体融合时代体育解说评论的特点

网络与传统媒体相比的优势在于其便捷快速，不仅可以看到比赛实况，还可以了解比赛的台前幕后的一些动态，而且网络媒体大规模转载各家平面媒体的内容，海量的信息也是它的一大优势。特别是进入WEB2.0时代以来，随着BBS、贴吧、博客、微博客等互联网传播形式兴起，越来越多的受众开始选择网络这一媒介形式。媒体融合时代下的体育评论解说更是以其快速、便捷而让人们所接受。

如体坛周报记者马德兴就会通过微博的形式对体育比赛进行现场直播，让很多不能去现场的观众在第一时间了解到比赛的情况。越来越多的媒体也通过微博让受众了解到体育比赛前的新闻发布会和赛后的新闻发布会，以便于消息在第一时间得以让受众知悉。

（三）媒体融合时代体育解说评论的受众

中国互联网络信息中心（CNNIC）2012年1月16日在北京发布了《第29次中国互联网络发展状况统计报告》，截至2011年12月底，中国网民规模突破5亿。互联网普及率增长速度有所回落，整体网民规模增长进入平台期。

根据调查显示，学生仍然是网民中规模最大的群体，占到了30.2%，因此媒体融合时代的体育解说评论更多的是考虑学生群体的需求。其次才是考虑地域性的需求。如PPTV因其总部位于上海，因此，2013赛季的中超联赛对于上海申花、上海申鑫、上海东亚这三支本对球队转播的场次更多一些。

（四）媒体融合时代体育解说评论的赛事资源

《第29次中国互联网络发展状况统计报告》发布的2012年，新浪体育全程直播中超联赛所有场次比赛达240场。这是一个新的里程碑，不过因为人数有限，其中一定数量的直播场次并不是由新浪体育负责解说评论，而是通过中超公司提供的信号转播地方电视台的解说评论。

（五）媒体融合时代的体育评论员

随着媒体融合的加速运行，越来越多的传统媒体工作者选择加入网络媒体的行列之中，如中国教育频道《体育评书》节目主持人梁宏达在2012年伦敦奥运会期间将《体育评书》这一电视节目安排在了新浪体育供网友们收看。曾在ESPN担任英超解说的苏东也先后在TOM网、新浪网、腾讯网等多个网络平台担任英超联赛的赛事解说工作。2012年9月17日著名英超解说名嘴詹俊在其个人微博中正式宣布，已经告别自己效力了11年的ESPN，将回国发展继续自己的解说生涯,随后受邀成为新浪体育英超联赛的评论员。前体坛周报副总编辑杨毅经常作为解说嘉宾出现在新浪等网络媒体,现也在腾讯NBA频道担任解说嘉宾直接成为新媒体的一员。

二、媒体融合时代体育解说评论高光人物

董路,电视节目主持人,媒体评论人,足球评论员。多年来纵横电视、广播、报纸、网络四大媒体,先后主持过娱乐、体育、新闻、财经、情感、家装、健康等多类节目,国内少有的全面型节目主持人;同时,出版过小说、报告文学,撰写过300万字的足球报道以及评论,著有《绿茵场边的眼睛》,足球小说《临门一吻》、《米卢一本难懂的书》。登台出演过个人专场脱口秀、话剧、说过相声、演唱过奥运歌曲及个人原创歌曲、个人博客点击量过亿、微博粉丝超百万……媒体圈将跨界进行到底的代表人物。

董路先后在广播、电视等主流媒体中担任足球评论员,随着媒体融合的大潮,董路也成为新浪网等门户网站的解说嘉宾,2010年7月,在新浪网主持了《围观世界杯》、在优酷网主持了《大话世界杯》两档网络节目。在解说中将体育比赛娱乐化,网友对其评论是解说比赛更像是在说一场长达90分钟的相声。如:阿勒代斯还保持着比赛中戴耳机的习惯,不过离开博尔顿执教纽卡,他一定也更换了通信公司,比如耳机原来是"移动"的,现在肯定是"联通"的了;格雷米带着队长袖标以纽卡中场核心的姿态出现,果然是人挪活,原来他在切尔西只是"跑堂儿的",现在成"大厨"了……

三、媒体融合时代体育解说评论发展规律

(一)从图文新闻到图文直播

在媒体融合时代,最早的体育新闻报道是网站的体育新闻版块,随着技术的成熟,新浪、搜狐、网易、腾讯等国内门户网站相继推出赛事的图文直播,让更多的人可以在第一时间了解到比赛的最新动态。很多球队自己的官方网站也根据球队自身状况推出了网上图文直播。

(二)从图文直播到视频直播

有了图文直播,虽然满足了部分体育迷对赛事讯息的需求,但在电视等传统媒体的影响下,越来越多的球迷希望可以通过网络看到看到比赛的视频画

面。如2012赛季的中甲联赛,因为有火热的中超在上,中甲联赛的转播资源和播出价值已被大大挤压。16支队伍里,只有广东日之泉、北京八喜、河南建业等少数球队能够得到当地电视台的重视。为了让更多不能到场的观众给球队加油,不少铁杆自己架起设备、连上电脑、做起直播,如深圳球迷就自己做起了FCTV,第一场已引来了近4000人观看。"我们尝试了,坚持了,甚至还改进了。往现实了说,我们想让俱乐部知道走一条另类路线能够带来怎样的支持。往理想了说,FCTV想要把球迷从电视拉到赛场、最后拉到球场。"这是FCTV的肺腑之言,目前重庆FC球迷也自己做起了网络直播。而更多的网站则是通过跨媒介间的合作获取地方电视台对体育比赛的电视转播信号。如新浪体育对于中超联赛的转播大量使用了地方电视台的转播信号,有时因为资源限制,还采用了地方电视台的解说画面和声音。

(三)从转播电视台信号到拥有独立网络版权

2006年9月12日,随着欧足联正式宣布,新浪已成为欧洲足球冠军联赛在中国的独家门户网站合作伙伴。从本赛季开始,欧足联授予新浪欧冠联赛比赛视频播放权及无线服务权益。从当年开始的连续三个赛季内(2006-2007、2007-2008、2008-2009),网友可以在新浪网观看欧洲冠军联赛全部场次的比赛视频、精彩射门集锦及欧足联官方出品的欧冠视频杂志节目。据悉,本赛季新浪网将直播录播欧洲冠军联赛全部125场比赛。由此开始了网络电视客户端获得了大型体育赛事的转播版权并开启了网络电视客户端的体育解说评论。在2007年8月9日随着"点击英超精彩入网"——天盛、新浪新赛季英超视频转播权签约仪式在北京举行,新浪成为中国大陆地区英超赛事网络视频直播独家门户合作伙伴。这意味着自8月11日起,广大球迷及网友只需登录新浪网即可收看英超及意甲联赛直播。根据新浪同天盛就英超转播事宜达成的互联网战略合作,新浪成为中国大陆地区英超赛事网络视频直播独家门户合作伙伴。从本赛季开始的3个赛季内,网友都可以在新浪观看英超联赛全部场次的比赛视频。届时,新浪将面向中国大陆地区用户,提供本赛季英超联赛包括38轮380场赛事的全程网络直播服务,网络用户可按照单场、包月或包年方式付费收看比赛直播内容,收费标准为包年380元、包月38元、点播3.8元。另外,网友还可以通过新浪免费欣赏比赛视频精华片段、精彩进球集锦等内容。中国大陆地区的网络电视客户端也随之进入付费时代。

（四）从单向解说评论到微博互动

在网络解说中最开始解说员只是单一的个体，仅仅只是信息的传播者，没有与受众交流的机会，随着信息技术的不断提高，首先是在比赛中建立聊天室，让网络解说员可以和受众建立沟通的平台。随后伴随着微博时代的到来，微博互动逐渐成为体育赛事的一大重要互动环节。不仅是网络解说，越来越多的传统媒体也在通过微博互动的方式与球迷产生互动，扩大其自身媒介影响力。

（五）从兴趣第一到科班培养

网络解说最开始仅仅只是解说员对于体育的兴趣，但随着中国各大高校的播音主持及新闻学相关专业的普及推广，越来越多的解说员不再是一个简简单单的体育迷，而是对于体育比赛有着一定认识的新闻专业毕业生。

作业题

1. 结合我国体育广播现状，分析存在的问题以及改进措施。
2. 通过收看网络视频直播，研究李欣与董路的解说评论风格。
3. 谈谈新媒体网络直播解说评论的发展脉络。

【课外阅读】

1. 宋世雄.宋世雄自述——我的体育世界与荧屏春秋［M］.北京：作家出版社，1997.
2. 孙正平.声涯［M］.北京：华艺出版社，2007.
3. 体育解说专题报道［J］.第5频道，2011(2).

参考文献

[1] 鲁威人.我国体育解说的历史回顾［J］.现代传播，2003(4).
[2] 陈文清.记新中国体育比赛实况解说的奠基人张之（上、下）［J］.中国广播，2009(8)、(9).
[3] 张玲玲.中国体育解说的历史及发展趋势［J］.山西师大体育学院学报，1999(6).
[4] 新中国体育解说的发展：宋世雄［EB/OL］.［2009-09-22］. http://sports.cctv.com/special/weeks/20090922/103747.shtml.
[5] 体育解说应该"姚明化"［EB/OL］.网易体育零角度第309期，http://sports.163.com/special/yaomingshow/.

[6]声涯30年[J].第5频道,2011(2).

[7]杜林林,于嘉.篮球是我的主性格[J].第5频道,2012(10).

[8]杜林林,刘星宇.在"划行"中推波助澜[J].第5频道,2012(10).

[9]李海良,洪钢.专业勤琢磨造就独特风格 解说力求公正[J].羽毛球,2012(4).

[10][李宁会客厅]孙正平做客讲述解说员故事[EB/OL].[2009-10-20].http://sports.cctv.com/20091020/104771.shtml.

[11]"四代同堂"共话体育播音[EB/OL].[2001-02-27].http://news.xinhuanet.com/gov/20010227/387486.htm.

[12][加]马歇尔·麦克卢汉.何道宽,译.理解媒介——论人的延伸[M].北京:商务印书馆,2000.

第十五章
国外体育解说评论概况

学习目标

了解国外体育解说评论的风格、现状,进而理解社会、文化、媒介生态等对于体育解说评论风格演变的影响。

章前导言

对于体育迷们来说,只能收听和收看国内媒体体育赛事直播和转播的时代早已一去不返了。通过越来越多的跨国媒体平台,中国的体育迷们一样可以通过 ESPN、EUROSPORT、天空广播等媒体收看比赛,欣赏到来自全世界不同地区、不同风格的赛事解说。对于专业的体育解说员来讲,垄断地位的打破既是一种挑战也是一种自我提升的机遇。从其他国家和地区的体育解说中,我们可以获得许多启示。

本章我们按照区域文化的差别以及体育解说风格的不同,分北美、欧洲、南美、亚太等四个地区的对国外体育解说评论的发展现状进行概况介绍。

第一节　北美地区体育解说评论概况

一、北美地区体育解说评论的发展与特点

北美地区社会文化呈现多元化特征,其电视体育解说员的风格富有个性化,这也是北美电视体育解说成熟的标志。在美国国内,美国四大职业联赛的直播、转播一直是美国各主要电视台眼中的"热门节目",许多电视台不遗余力地转播比赛,除了当地的电视台之外,NBC、TBS、FOX、TNT等全国性电视台也进行转播。如今,在美国转播美国四大职业联赛的电视台主要有TNT、ESPN(Entertainment and Sports Programming Network 娱乐体育电视网)、ABC、NBATV、FSN(Fox Sports Network 福克斯体育电视网)各地方台体育电视网等等。TNT、ESPN、ABC都是国家级电视网,面对全美电视观众直播,因此,所选择的美国四大职业联赛比赛场次往往都是四大职业联赛中强队、拥有超级明星、球队成绩好、球星对抗性强等特征,四大职业联赛球队也纷纷以被全美电视直播为荣,以博得全美观众的厚爱。

美国四大职业联赛包括美国职业橄榄球联盟(NFL)、美国职业棒球大联盟(MLB)、美国职业篮球协会(NBA)、美国职业冰球大联盟(NHL)。美国职业橄榄球联盟(NFL)成立于1922年,包括球队数量32支,每赛季每支球队常规赛场次16次,总冠军赛是超级碗。美国职业棒球大联盟(MLB)成立于1920年,球队数量30支,一个赛季中每支球队常规赛场次162次,总冠军赛是世界系列赛。美国职业篮球协会(NBA)成立于1946年,球队数量30支,常规赛场次82次,总冠军赛是总决赛。美国职业冰球大联盟(NHL)成立于1917年,球队数量30支,常规赛场次82次,总冠军赛是斯坦利杯。

传播学者威尔伯施拉姆说:"把一个人的语言保持在听众能够适应的抽象程度上的能力,以及在抽象范围改变抽象程度的能力,以便在具体的基础上讨论比较抽象的内容,使读者或听众能够不感困难地从简单熟悉的形象转到抽象的主题或概况上来,并在必要时能够再回到原来的形象上去,是'有效传播的一个秘密'。"在美国四大职业联赛的解说中,解说员出于娱乐大众的目的,

注重增加解说比赛的娱乐性，丰富观众对于比赛球星的了解。在赛场上比赛趋于平缓的时刻，讲述一些当场比赛表现优异的球员轶事。

二、北美地区体育解说的基本法则——斯科特法则

美国体育解说员雷·斯科特在职业生涯中先后经历了广播解说和电视解说。雷·斯科特认为，电视体育解说"少言多益"。如今这已经成为电视体育解说员的一条普世的行业准则，被称为"斯科特法则"。斯科特法则的精髓在于，语言简练、实用。例如，在美式橄榄球比赛中，"传跑"、"达阵"、"5码"等专业词汇与相应的运动员直接结合，就可替代过去大量的描述性语言。根据斯科特法则，只有解说员意识到自己的解说可能对画面语言起到补充阐释和说明的作用时，才会以简洁的语言加以描述和解释。如果画面有足够的说服力，那么，体育解说员可以保持一定时间内的无话语状态，即"留白"状态。"斯科特法则"是从人对视听信息的需求出发，在视觉和听觉信息同时呈现的时候，人初始的反应是接受视觉信息。在视觉信息的信息无法完全得到满足时，便开始同时诉诸听觉信息。体育赛事转播即是如此。画面永远是第一位的，当画面无法为受众传递更直观的信息时，体育解说才成为受众的需求。在足球和美式足球这样一些场面复杂、主体相对模糊的比赛中，受众诉诸听觉上的解说应该多于视觉上的欣赏。由于有画面的有力支撑，又有比赛时间、比分和运动员情况介绍的字幕提示，电视体育解说的话语应当精炼、简洁。

"斯科特法则"不仅适用于电视体育解说，在同样能够传递视听觉信息的网络体育解说和手机电视体育解说中依然适合。即使是受众无法目睹现场的广播体育解说，也在大量借鉴斯科特法则中的精髓。尽管有"斯科特法则"在列，但仍有一些基本要素是体育解说员需要不断重复说明的，例如比分和时间。即使现在有不少转播一直将比分和比赛用时用字幕的形式呈现，但并不是所有受众都能完全理解，有些字幕被台标和商业广告标花遮挡。因此，体育解说员应在比赛开始、半场和结束时，以及譬如得分和重大判罚等比赛拐点时多次重复即时比分和时间。

三、北美地区体育解说团队的构成及特点

美国选拔电视体育解说员一般是优秀的现场体育解说员或广播体育解说员，大多在高等院校接受过良好的体育传播技能的系统学习，并有丰富经验。个性化解说方式在美国具有优良的传统，体育解说员不仅在传播技巧上独树

一帜,解说的个性化诉求也得到了张扬,一定程度上增添了受众在欣赏体育赛事转播时的乐趣。美国电视体育解说员和相关人员要掌握体育运动竞赛规则,比赛技术、战术方面的专用术语和运动员的训练方法,熟悉各项运动发展的历史,区域特征和运动员、教练员的技术和性格特点,成为地地道道的体育专家。同时,还要具备现场应变能力和团队配合能力及良好的身体素质,才能提高电视体育解说的质量。因此,对电视体育解说人员需要较高的专业素养。

北美地区体育解说员是一个解说团队的核心人物,类似于篮球比赛中的组织后卫,他在整个体育解说团队中起到穿针引线的功能。由于绝大多数解说顾问没有或缺乏媒体从业经验,因此,在解说的技术层面上比较依赖解说员。解说员能够在一定程度上消除解说顾问对转播技术层面的忧虑,全身心地投入比赛本身。曾经担任乔丹时代华盛顿奇才队主教练的道格·科林斯现在被认为是 NBA 转播中一流的解说顾问。但在他第一次转播 NBA 比赛中,恰逢体育解说员加里·本德的耳机出现问题,导播与解说团队的对话只能通过他来传递,六神无主的科林斯大喊"求求你,加里。你把我的耳机戴上吧。你听不见他们说的,但请你把它戴上吧。"可怜的科林斯不知道,他的这番对话全部被直播了出去。解说顾问对体育解说员的依赖程度可见一斑。在体育解说的阐释说明部分,体育解说员与解说顾问间的配合与解说团队的任务分工有很大的关系。以日常体育赛事转播中最常见的双播模式为例。如果解说团队中一人是解说员,一人是解说顾问。那么,在阐释说明部分,体育解说员将承担绝大多数工作,解说顾问只在极个别时机进行辅助工作。如此配合的主要原因在于,体育解说员大都经历过比较专业和严格的语言训练,在瞬间表达和叙事能力上普遍优于解说顾问。如果解说团队两人都是解说员,仍应在解说开始前做好分工,一人主讲,一人主评。主讲的解说员要负责诸如进球等高潮点的阐释说明工作。解说团队中两人都是解说顾问出身的情况比较罕见。一旦出现这种状况,两人在事先还是应当进行简单分工,一人负责阐释和说明主要的比赛场景。不过两人的阐释说明部分总量应大幅缩减,以话题评论为主。三人和三人以上的解说模式分工更加明确,在此不再赘述。

美国 TNT(Turner Network Television,简称 TNT,即特纳电视网)的解说员主要有 Marv Albert 和 Kevin Harlan,其他熟知的 NBA 退役球星和教练,如查尔斯·巴克利、肯尼·史密斯、史蒂夫·科尔、杰夫·范甘迪等都是评论员。在英语里,解说员为 sports commentator,包含体育解说员和评论员。体育解说员或体育播报员有个专用名词是 play-by-play announcer。

Marv Albert 是一位 TNT 的 NBA 解说员，从事于体育解说很多年，对 NBA 了如指掌，在描述比赛的进程、引导比赛气氛、增添幽默感方面都强人一筹。Albert 最为成功的关键在于，他的声音比任何其他的播音员都适合手头上的比赛。不管是在解说分区决赛，还是在垃圾时间打发时间，都表现得游刃有余。这也是他深受美国受众喜爱的一个最主要的原因。

Kevin Harlan 也是 TNT 的体育解说员。他以沙哑的声音及"嘣"的一声而出名，是一位非常有激情，对 NBA 和体育有很专业的积累的体育解说员。在解说当中，总能给受众带来经典性的话语，让受众回味无穷。

雷德·巴贝尔 Red Barber(1908—1992)美国著名早期体育解说员。佛罗里达大学毕业，被誉为"布鲁克林道奇之声"。1978 年成为首届棒球名人堂福特·弗里克奖的两名得主之一，1979 年获佛罗里达主持人协会金奖，1984 年成为美国广播电视体育主持人协会第一届名人堂成员，1995 年进入广播名人堂。在长达四十多年的体育解说员生涯中，他先后为辛辛那提红人队，布鲁克林道奇队和纽约扬基队担任职业比赛的解说。他在 20 世纪 30 年代解说过的一只话筒成了美国棒球名人堂博物馆的收藏品，他还是美国历史上第一批电视体育解说员，开创了电视体育解说的商业化时代。巴贝尔令人熟知的表达方式是"猫鸟座位"(指准备充分的运动队)。他于 1970 年出版的《解说员》一书系统地阐述了有关体育解说员的各项功能和社会效果。他的自传《猫鸟座位上的争吵声》激励了许多年轻人从事体育解说员的职业。科特·史密斯认为巴贝尔是"白葡萄酒，白兰地油煎饼，蓝草音乐。"杰克·布里克豪斯认为，巴贝尔是他认识的人中最实在的一位记者。在 2009 年 ASA(即美国运动播报员协会)史上 50 大体育解说员排名中，巴贝尔名列第 3 位。

杰克·布里克豪斯 Jack Brickhouse(1916—1998)美国著名棒球解说员，长期解说芝加哥小熊队的比赛。到 1979 年 8 月 5 日时，他已经解说了 5000 场棒球比赛。他的口头禅是"Hey, Heeeey!"他的解说激情四溢，1983 年他荣膺棒球名人堂福特·弗里克奖，1985 年进入第二届美国广播电视体育主持人名人堂。他的两本自传《感谢收听》(1986 年)和《全赛季之声》(1996)是棒球解说员的宝典之一。1996 年，杰尼斯·皮特查克为他撰写了《杰克·布里克豪斯：全赛季之声》一书。

杰克·巴克 Jack Buck（1924—2002）美国著名体育解说员。1954 年至 2001 年期间，他担任圣路易斯红雀队的解说员。除此之外，他还是 CBS《美式橄榄球星期一之夜》的电台解说员。他转播过 MLB(美国全国棒球协会和盟国棒球协会的简称)世界系列赛和 NFL(美国职业橄榄球大联盟的简称)超级碗。他的解说风格幽默,他的口头禅是"那是胜利者!"深入人心。1987年他获得了棒球名人堂福特·弗里克奖,1996年荣膺皮特·罗尔塞奖,1990年进入第六届美国广播电视体育主持人名人堂。在他的两本自传《那是胜利者》(1997年)和《永远的胜利者》(2003年)中,他记述了自己与哈里·卡雷不平凡的解说经历。2003年,拉·卢萨等人为他编写了《杰克·巴克:永远的胜利者》一书。他的儿子乔·巴克目前也是炙手可热的体育解说员,多次荣获艾美奖。

霍华德·克赛尔 Howard Cossell(1918—1995)美国历史上最具有争议的解说员,多次解说 MLB 和 NFL 重大赛事转播。他同时被称为最受人爱戴和最被人厌恶的解说员。他的至理名言是"忠于事实",他率先将新闻原则运用于体育解说中。拥有法学学位的他同时具有海量的词汇,这为他的批评性解说奠定了基础。他的成名之作是 1973 年弗雷泽与福尔曼在牙买加进行的重量级拳王争霸赛,他的经典话语被认定是世界体育转播界无出其右的作品。而后他在转播中注重了深度解析和上下文联系,使解说达到了全新的水准。虽然是运动员出生,但他在转播中从不过分卖弄。1972年在 ABC(美国广播公司的简称)慕尼黑奥运会转播中,他成了核心解说员。由于他在体育解说界做出的贡献,1995年,他被 ESPN 授予亚瑟·阿什奖,1993年进入第九届美国广播电视主持人协会名人堂。学者和业内人士对他的评价可见一斑,"他是一个有着坚定立场和高度自信的人,他可以去纠正厄尼斯特·海明威的语法错误和阿尔伯特·爱因斯坦的演绎过程,将自己指为马哈玛·甘地似的社会良心。"虽然他解说的比赛让无数观众气愤的砸坏过电视机,但他仍然被认为是史上最有才华的解说员之一。

哈里·卡雷 Harry Carey(1914—1998)美国著名棒球比赛解说员。他解说的运动队包括圣路易斯红雀队,芝加哥小熊队,奥克兰运动者队和芝加哥白袜队。他的口头禅是"Holy Cow!"和"可能是,应该是,就是一个本垒打!"1989年,他被授予棒球名人堂福特·弗里克奖,1989年进入第五届美国广播电视体育主持人名人堂。1989年,他出版了自己的自传《Holy Cow!》。1998年,里奇·沃尔夫出版了《我记忆中的哈里·卡雷或哈里在哪里? 史蒂夫·斯通回忆他与哈里的岁月》。他的儿子斯基普·卡雷和孙子奇普·卡雷都是体育解说员。

梅尔·阿伦 Mel Allen(1913—1996)美国著名体育解说员。毕业于亚拉巴马大学法学院，被誉为"扬基之声"，1978年成为首届棒球名人堂福特·弗里克奖的两名得主之一，评奖语是"在他的职业生涯中，他比他转播的绝大多数优秀的运动员更受欢迎"。1985年进入第二届美国广播电视体育主持人名人堂，1988年进入广播名人堂。阿伦从1936年起为CBS（美国哥伦比亚广播公司的简称）开始转播一年一度的MLB世界系列赛，而后专门为纽约扬基队解说比赛，曾先后转播了20次世界系列赛和25次全明星赛。阿伦注册商标式的语言是在运动员击出本垒打后的"How about that?"和"going，going，gone"。梅尔·阿伦曾于1959和1964年出版两本自传《用心感悟》和《你无法击败时间》。在科特·史密斯1995年出版的《讲故事的人：从梅尔·阿伦到鲍勃·克斯塔斯：棒球解说员60年故事》和史蒂芬·伯莱利2005年出版的《怎么样！梅尔·阿伦的生活》中还有大量关于他个人生平和职业生涯的介绍。

第二节 欧洲体育解说评论概况

"体育解说评论"在英文中叫作"sports commentary"，体育解说评论员叫作"sports commentator"。"commentator"准确的意思是广播评论员、实况直播员。在体育播报领域，"commentator"的工作是对比赛进行"连续评述"，即在实况转播体育节目时进行现场解说的播音员。他们的评论作为画外音出现，即使在电视直播中也很少会看到他们的身影。在北美英语里，解说员也叫作"announcer"、"presenter"或"sportscaster"。

在国外媒体中，体育解说评论员通常分为两种类型，现场评论员"play-by-play announcer"和嘉宾评论员"color commentator"。"play-by-play announcer"的角色是"主要评述人"，他们要求具有专业播音员的素质，表达清楚、发音清晰，能够准确描述场上队员快速、激烈的对抗和比拼。而"color commentator"的特长往往在于他们的经验及对比赛的洞察力。在现场解说过程中，通常是由"play-by-play announcer"向"color commentator"提出问题或话题，由"color commentator"来进行解答。因此，很多比赛中的"color commentator"都由前运动员或者教练员担任。担任过网球运动员李娜教练的丹麦人莫滕森曾经就是欧洲体育电视台的解说员。

他们之间另外一个不同点在于，"color commentator"一般只能评论他们以前从事过或者担任过教练的体育项目，评述范围比较单一；而很多"play-by-play announcer"可以解说不同体育项目的比赛，涉猎广泛。比如评论员麦克·派屈克（Mike Patrick）、大卫·柯乐曼（David Coleman）等都同时从事好几个项目的解说工作。

包括英国、法国、美国、丹麦、挪威、瑞典、澳大利亚在内的很多国家的媒体都对这两种类型的评论员做了区分。西班牙等葡萄牙语系的国家及拉丁美洲一些电视台的足球比赛解说中也按照类似的标准对评论员的角色进行分工。

这两种类型的解说员在现场评论中可相互配合。总体上来讲，现场评论员"play-by-play announcer"作为主要评论者相对中立、客观、严肃，着重突出专业性；而嘉宾评论员"color commentator"作为一种辅助性的角色出现，他们可以扮演球迷和观众的角色，比较轻松、自由，往往在比赛的间隙提供赛况分析和背景资料介绍，例如技术数据统计、战术分析、球队或运动员的伤情等，偶尔也开开无伤大雅的小玩笑。

由现场评论员"play-by-play announcer"和嘉宾评论员"color commentator"搭档解说，在很多国家和地区的媒体中都是一种普遍使用的解说形式。当然，也有例外。比如德国，大部分足球比赛都是一名解说员从头说到尾，负责整场比赛。如果邀请了嘉宾来配合解说员，那么邀请来的人会冠以"Experte"（德语：专家）的身份，而不是"commentator"解说员。

中央电视台著名体育播音员及解说员孙正平曾回忆自己在 2000 年悉尼奥运会开幕式解说时称："我在开幕式上唱独角戏，因为没有人补缺。"与之相比，由著名新闻主播、体育节目主持人、脱口秀节目主持人等 3 人或 3 人以上的解说团队，已成为西方各大媒体在大规模电视节目人员配备的基本构成。

除了现场评论员"play-by-play announcer"和嘉宾评论员"color commentator"两种主要类型的解说员以外，体育比赛的现场解说还有一些其他辅助性的解说工作。"sideline reporter"场边播报员就是其中一种。在篮球项目解说中叫作"courtside reporter"，在棒球项目解说中叫作"dugout reporter"，在曲棍球项目中叫作"inside-the-glass reporter"，在网球项目中叫作"on-court-reporter"，在高尔夫项目中叫作"hole reporter"。场边播报员的任务是提供一些现场评论员和嘉宾评论员评述内容以外的信息和报道，尤其是在现场评论员和嘉宾评论员无法离开评论席的时候，场边播报员可以带着观众了解一下受伤的运动员或再进行一些现场采访。

还有一种进行现场辅助解说的岗位叫作"race caller"报分员。报分员的工作就是负责报告比赛的每一步进展情况,以便广播听众和电视观众随时准确地了解赛况。在马术、赛车及田径项目中,报分员的角色尤其重要。报分员的重要工作之一就是确认每一个参赛运动员的位置,注意他们每一个细微的移动。在马术比赛中,报分员要熟练的报出领头的马到达四分之一英里、二分之一英里或其他关键里程的时间。报分员还要再赛前牢记骑师的服装和马匹的颜色,以便能快速地进行识别。

这些解说岗位的设置其实体现了一个最大的原则,就是体育解说的服务性。一切以听众或者观众收听、收看的便利为前提。

专业的体育解说起源于1912年。1912年4月,匹兹堡星报的弗洛伦特·吉布森进行了世界上第一场比赛解说。在中国,由于种种原因,很长一段时间体育解说评论员的风格也比较单一,专业水准不高。要提高解说员队伍的整体素质,就必须较强专业教育,营造适当的文化氛围。其实,在国外,体育解说员的普及程度相对要高一些。以美国为例,几乎所有的专业体育队,包括大部分的大学运动队,甚至为数不少的高中运动队都拥有他们自己的解说评论员队伍。运动队专属的解说员被看作是运动队重要的发声渠道,和球员、教练员一样是运动队不可或缺的一部分。这部分人对于提高体育解说评论的水准是功不可没的。下面具体说说欧洲体育解说评论的概况。

欧洲有近50个国家和地区。在地理上习惯分为北欧、南欧、西欧、中欧和东欧五个地区。北欧包括丹麦、挪威、瑞典和芬兰等国家。南欧包括罗马尼亚、保加利亚、希腊、意大利、西班牙等国。西欧包括英国、爱尔兰、荷兰、比利时、卢森堡、法国和摩纳哥等。中欧包括匈牙利、德国、奥地利、瑞士等国。东欧包括白俄罗斯、乌克兰、俄罗斯和哈萨克斯坦西部等。

欧洲的体育水平很高,足球中的德国、西班牙、荷兰、法国、意大利、英格兰,葡萄牙,捷克等;篮球中的德国,法国,希腊,意大利,西班牙,立陶宛等;排球中的意大利,荷兰等都是世界强队。世界上最有名的足球五大联赛都在欧洲。法国网球公开赛与温布尔顿网球锦标赛,都是在世界网坛上享有盛名的传统比赛。

与欧洲体育水平相对应的是欧洲体育媒体的繁荣。与ESPN在全球范围内的影响一样,欧洲体育集团(Eurosport)是欧洲领先的多媒体体育传播平台,旗下拥有欧洲体育台(Eurosport)、欧洲体育二台(Eurosport 2)、欧洲体育新闻台（Eurosport news）三个体育卫星电视频道及 Eurosport.com 多个综合性体育网站，服务全面覆盖欧洲大陆，欧洲体育的电视节目同时通过 20 多种语言面向欧洲 54 个国家、1.08 亿个家庭的 2.4 亿观众转播。根据官方的统计数据表明，在 2006 年 6 月世界杯期间，Eurosport.com 平台破纪录地吸引了 3000 余万用户访问，页面的浏览量超过了 4 亿以上，欧洲体育的视频下载超过 1000 万条，是欧洲地区首屈一指的顶尖体育传媒平台。欧洲的体育赛事吸引了大批忠实的体育观众。因此，欧洲拥有庞大、专业的体育解说员队伍。

欧洲体育解说风格比较多元化。欧洲体育解说评论中有准确到位，一针见血的专家分析，也不乏善于调侃、插科打诨的解说风格。从总体上说，欧洲解说员不像南美解说员那样豪放。他们的解说往往恰到好处，能做到既不冷场又不显得过于琐碎。欧洲的体育解说非常注重专业性。一些足球解说员专业化程度之高，令人叹为观止。大到联赛历史和球队历史，小到每个球员的历史，某场比赛的具体时间和最终结果，相关评论以及球员的家庭动态、个人爱好、伤病情况等，解说员都了如指掌。对于球队和球员的特点以及风格，他们更是如数家珍，堪称俱乐部的一本"活百科全书"。

由于篇幅所限，本节将着重介绍英国、法国和德国的体育解说评论概况。

一、英国体育解说评论概况

说起英国媒体，必须提到 BBC（英国广播公司的简称）这个成立于 1922 年，全球最知名的媒体。在英国，BBC 的权威性和超然地位已经牢牢占据了英国人的心理制高点。在很多人眼中，其他电视台都只不过是 BBC 的附属品罢了。BBC 最早是广播电台，后来才慢慢发展成电视、广播、报纸、网站等全方面发展的媒体帝国。受广播情结的影响，BBC1 台或 4 台的解说员们都是标准的广播范，激昂高亢的声音，"PLAY TO PLAY"（事无巨细介绍场上发生的情况）的解说模式，再加上插科打诨的调剂让人们即便不看电视，也能有一种身临其境的感觉。

此外，由传媒巨头默多克创立的天空广播公司（British Sky Broadcasting）是英国最大的直播卫星数字电视运营商。天空广播花费巨资购买了英超独家转播权。体育节目为天空广播打开了收视市场，成为吸引用户的最大卖点。天空广播公司依靠独家的电影、体育节目，加上集成其他媒体优秀内容，成为英国仅次于 BBC 的电视媒体。

(一）传统的英式解说风格

英式风格的体育解说，简洁明快、不拖泥带水。球员触球时，解说员只会干脆地报出球员的名字。此外，英国的解说员以善于控制情绪著称，解说时不带立场、低调谨慎，哪怕其中一方是自己的祖国。

1966年世界杯决赛，英国人第一次在自家门口如愿以偿地捧起了金杯。但BBC的解说员们依然优雅镇定、从容不迫。肯内斯·沃尔斯腾霍姆在决赛的最后几分钟说，"一些人跑到球场上……他们认为一切都结束了……就是现在。"这种快速、清脆但缺乏情感变化的BBC腔调几乎代表了20世纪60年代所有英国解说员的风格。这句话在英国也成了经典，及至20世纪70年代，BBC的当家主播大卫·科尔曼仍然保持着这种缺乏温情的解说风格。他对每一个激动人心的进球的千古不变的反应，就是用缓慢从容的语调说道，"1∶0"。

著名的英国解说员天空电视台的马丁·泰勒，是一位极受英国乃至欧洲球迷欢迎的名嘴。他解说了8届世界杯，资历之老几乎无人能及。他的解说总是充满绅士风度地侃侃而谈，几乎听不出一点倾向性。泰勒是著名的英国足球活字典，尽管在解说比赛时仍然会说几号传给几号这样的老套路，但他磁性的嗓音与专业丰富的足球知识，依旧是很受追捧。他不像搭档安迪·格雷那么富有激情，但很善于用一些简单的事实来启发观众的联想和思考。比如，某位球员在比赛中打进了一个精彩的世界波，一般的解说员只会说这样的进球非常难得，但泰勒会告诉你，这名球员几年前在同一位置也尝试过同样的射门方式，而他最近一段时间状态不好是因为受伤，现在，他又找回了过去的状态。

除了足球解说以外，被誉为"温布顿之音"的丹·马斯克是网球史上无可争议的最伟大的网球解说员。1923年，丹·马斯克担任女王杯草地赛的球童，从此立下了献身网球事业的志向。随后，他成为一名优秀的网球运动员，16次获得全英冠军。退役后，他于1933年执教英国队，将英国网球带到前所未有的高度，并为英国网球获得了最后一届戴维斯杯的冠军。

丹·马斯克的网球解说员生涯也同样成功。他声音厚重，语速不疾不徐，解说时字正腔圆，与温布顿浑然天成。他连续42年担任温网的解说员。他几乎从来不会对网球场上的球员吹毛求疵，而是对他们的努力给予充分肯定和敬意。马斯克的成就早已超越网球本身，成为英国媒体领域的泰斗级大师。

(二)个性化的英式幽默解说

如今,英国人的体育解说也呈现出多元化的风格。到20世纪90年代大名鼎鼎的乔纳森·皮尔斯常常会大喊大叫:"哦!尤尔根(克林斯曼),这个德国人,又为热刺进球了!"在天空电视台解说的科蒂也曾一针见血:"如果你的射门老是打向看台,我保证你进不了球!"他的同僚霍桑也不遑多让:"大家注意,本赛季西汉姆(一支球队)的客场胜利都是在对方场地上取得的。"英国人的冷幽默由此可见一斑。①

2012年伦敦奥运会,BBC幽默诙谐的解说风格成为了中国体育迷热议的焦点。在这总数150人的BBC解说团队中,不仅仅拥有休·爱德华兹、特雷夫·尼尔森这样的解说开闭幕式的老牌解说员,几乎每个热门项目,BBC的解说团队特别是电视解说都拥有足够专业的解说员。

在女子射箭团体赛中韩大战上,BBC解说员评论道:"韩国在现代奥运会里几乎包揽了所有的射箭金牌。你知道,在1908年伦敦奥运会上,哪个队包揽了所有3块射箭金牌吗?""英国?""对啊!我们包揽了3枚!知道为什么吗?因为那届奥运会射箭比赛只有英国参加。哈哈!"

类似的例子屡见不鲜。当中国游泳选手孙杨夺得男子400米自由泳金牌时,BBC的两位现场解说员诙谐地"闲聊"道:"你觉得孙杨真拼起来到底能多快?""不知道,他太可怕了。""我要是他的教练就告诉他前面300米也使劲儿。你要是他的教练你会告诉他啥?""好好剪个头发。"

对本国运动员的表现,BBC也是以幽默待之,两位解说员的对话是:"今天,英国体操队的5名选手要重新奠定英国体操在世界上的地位了!""嗯!如果他们保持出色发挥……外加中国、俄罗斯、美国等其他国家多一点失误……"

BBC新闻总经理菲尔·费恩里说,"奥运赛事解说,目的就是为了让观众和听众更好地了解比赛,每个国家的转播机构都有自己不同的风格,甚至每个解说员都有自己独特的一面,这个世界没有完美,关键是你如何去欣赏。"

有媒体评价说:"这种幽默效果主要还是源自于英国本土化的文化和语言习惯,其实现在不少国内解说也在尝试模仿,转换风格,但是将幽默发挥到点子上赢得观众共鸣,我们还有一段路要走。"

---

① 图豆.世界杯解说,娱乐并业余着[J].南方人物周刊,2010(23).

二、法国体育解说评论概况

从资本性质上,法国电视台主要分为公有和私营两大类。私营电视台主要是以1987年私有化的法国电视一台TF1和同年诞生的M6电视台为代表。法国电视一台是法国收视率最高的电视台。法国电视四台是私营的加密电台,于1984年建立。它收费服务,主要播放电影和体育比赛节目。而作为公有电视台的法国国家电视台(France Télévisions)是法国最大的电视集团。

法国收费电视频道"新频道"是法国转播足球比赛最多的频道,旗下专职、兼职的教练解说员有40多位。包括法国足球界的传奇人物普拉蒂尼、曾经担任法国国家队主教练的雅凯、桃李满天下的前欧塞尔队教练纪鲁等都是该频道的正式员工。其余的特约解说员,按场计费。

每逢重大比赛,法国电视台的直播间里往往都会有一个教练出身的解说员,头头是地道点评绿茵场上教练的排兵布阵、球员的优劣成败。20世纪90年代曾经当选过世界足球先生的帕潘一度在法国电一台当解说员,后来也替"新频道"解说一些周末比赛。

(一)富有激情和个性的现场解说员

相较于英国解说员客观谨慎的解说风格,法国电视台的体育解说员显得更为放松、自由,也更富有激情。蒂埃里·罗兰(Thierry Roland,1937年8月4日—2012年6月16日)是法国著名足球比赛电视解说员。曾参加过13届世界杯、9届欧洲杯的解说工作。先后在法国电视二台、法国电视一台与法国电视六台工作。除足球外,罗兰还解说过一些田径与拳击项目。蒂埃里·罗兰的解说,清晰流畅,热情张扬,并且直率大胆。

1986年墨西哥世界杯阿根廷对英格兰的世纪大战时,马拉多纳依靠"上帝之手"攻进一球时,罗兰曾愤怒地喊出这样一句话:"这样一场重要的比赛,怎么能让一个突尼斯人当裁判!"在法国生活着500万北非移民,这样说绝对是"大逆不道"。在法国,媒体上出现种族歧视的言论是犯法的。其实,普通的法国球迷在相互聊天时出现这类言论丝毫不会引起任何反感和震惊,但作为电视解说员,在上千万观众面前出现这样的"口误",每每就要引起一场严重的"外交事件"。不过,罗兰的快人快语一致得到了广大法国球迷的原谅、理解甚至纵容,比如1977年,保加利亚和法国之战中,罗兰破口大骂裁判福特先生:"混蛋、蠢货!"遭到媒体群起而攻击,他收到了一百万封支持信件,创下法国历史纪录,至今没人打破。

  罗兰因为一次偶然的机会开始从事电视解说员工作。在1962年智利世界杯开赛前几天,法国电视二台的专职足球解说员笛卡尔突然得了重病,"只不过因为我会说两句英语和西班牙语,电视2台的老板就找到我,让我临时客串这个角色。"这之后的几十年,罗兰解说的足球比赛五花八门:世界杯、欧锦赛、欧洲三大杯、法甲,他的足迹遍布世界各国,见证了法国足球的发展历史。对于几十年的变迁,他颇有感慨:"20世纪70年代,我们足球记者还可以不打招呼就闯进更衣室采访刚从球场上下来的小伙子们,现在这些东西却变成了专利,要花钱才能买得到。"

  罗兰最为著名也最为辉煌的一次解说就是在1998年7月12日法国世界杯上法国队以3比0击败巴西队捧得大力神杯时的名言,终场哨声吹响的那一刻,罗兰高喊道:"比赛结束!法国队!法国队!世界冠军!凭借齐达内和佩蒂特的三粒入球,法国队打败了巴西队!Putain!Putain!我们就是死也可以瞑目了!哈哈!当然,祝大家长寿!"(注:"putain"在法语中是一句俗语。)

  蒂埃里·罗兰属于激情澎湃型的解说员,他的同事评价说:"蒂埃里很开朗,解说很有激情,唯一的缺点是少了点幽默感!"

(二)简练、犀利的嘉宾解说员

  阿森纳队的主教练温格,是法国电视一台的嘉宾解说员。温格经常用很简短的话就把场上局势说得很清楚。

  2006年德国世界杯半决赛,法国队与葡萄牙队的比赛中,温格再次担任法国电视台TF1的嘉宾主持,解说比赛。

  终场哨响,法国队1:0取得了胜利而进军决赛。温格评价说:"这是两支出色的队伍,然而因为世界杯开赛以来,两支球队都没有做出人员上的重大变动,所以两支球队的主力队员都很疲惫,疲乏不断累积,导致双方的进攻质量都有所下滑。今天法国队胜在防守,尽管他们在整个下半场的比赛踢得非常艰难。但在危急时刻,再一次有老队员站出来,发挥了精神领袖的作用,在大赛中,我们需要有个性有能力的队员。"

  法国队的状态之所以能一场优于一场,温格将其归功于国家队体能教练罗伯特·杜瓦纳:"法国队世界杯赛前的体能储备非常充分,比赛状态调整得很好,真正做到了低开高走。今天这场比赛上,我们有6名队员身背黄牌,只要再拿一张黄牌就可能缺席决赛,所以,罗伯特·杜瓦纳一直带领替补队员积极训练以保证替补们的竞技状态。"

谈到取胜的功臣,温格高度赞扬了后防中坚老将图拉姆,他说:"图拉姆在本届世界杯上的表现非常出色,前几场比赛中,他在90%的一对一对决中取胜,而他今晚的表现堪称完美,瓦解了葡萄牙队多次进攻,并且几次救险。他不但用自己的技术保证了法国队的胜利,也用他的精神力量鼓励着队友。"

法国人非常迷恋温格的解说,他的风格也代表了法国嘉宾解说员的风格,以冷静、专业的分析见长,但个性不像现场解说员那样突出。

三、德国体育解说评论概况

德国的体育俱乐部体制在体育发达国家中很有代表性,自从1816年德国第一个体育俱乐部成立以来,经过将近200年的发展,至今在全德国范围内已经有9万多个体育俱乐部,会员2700多万人。

目前德国共有36个项目(含小项)的联赛,奥运会项目和非奥运项目各18个,德国的体育联赛可分为职业联赛和业余联赛两大类。

职业联赛按照国际上通常的组织方式,由全国单项体育协会与联赛公司一起管理,分别负责制定联赛规则、统筹管理联赛的运行并通过出售电视转播权和广告等方式获取收入,争取使管理者、参赛俱乐部、运动员、投资者和观众的利益都实现最大化。

在德国,足球是最普及、最受欢迎、水平最高的项目。目前,德甲共有18支球队,其中最著名的是拜仁慕尼黑,在42年的参赛历史上曾经19次夺冠。由于足球在德国非常普及,因此到现场观战的球迷很多,几乎所有的德甲场次都座无虚席。

德甲的电视转播开始是垄断的,转播费用非常低,德国电视一台(ARD)和电视二台(ZDF)从1965年到20世纪80年代中期一共只支付了64.7万德国马克(折合32.5万欧元),而从1987年开始,德甲的转播费用直线上升。到2006—2007赛季,德甲和德乙国内的转播收入为4.2亿欧元,每个德甲俱乐部可以得到最多2330万欧元、最少1170万欧元的分成。德国的足球联赛同时也在向海外推广。

作为足球大国,民众对足球信息的需求强烈,所以,德国公法电视以尽可能满足民众对足球信息的需求为己任。电视一台对德甲每周六比赛日的7场比赛进行第一时间的综述报道。电视二台每天播出《今天体育》节目,其中包括对德国足球赛事的专题报道。德国第三套电视节目在每周日播出周六德甲比赛的专辑。

此外，拥有重大体育赛事优先转播权的德国公法电视媒体免费实况直播欧洲杯和世界杯足球赛德国出赛的所有场次，德国国家足球队的主、客场比赛，德国足球联盟杯半决赛和决赛以及德国俱乐部参加的欧洲足球冠军杯（联赛）决赛。

德国私营电视媒体为资本家所有，以追逐商业利益、获取商业利益的最大化为自身工作的核心目标。德国私营电视台的佼佼者——电视七台以"我们就是要取悦你"为自身发展定位，将电视观众的实际信息需求放在第一位。

当德国私营电视发现14—49岁的观众热衷足球运动，提供足球信息能够给它们带来商业利益时，它们将提供足球信息视为新的利益增长点。

（一）德国体育解说强调立场中立，信息准确

德国电视体育解说比较注重保持中立的立场。德国电视二台最大牌的体育解说员是贝拉·雷茨。贝拉的解说总显得游刃有余，他的态度不偏不倚，保持中立。当然，完全的中立是不可能的，但整体上来看，德国解说员的评论比较理性、中肯。

例如，2012至2013赛季欧洲冠军联赛四分之一决赛首回合拜仁慕尼黑在主场以2∶0完胜尤文图斯。德国"天空体育电视台"对这场比赛进行了现场直播，由德国著名足球评论员马塞尔·莱夫解说。

上半场比赛，拜仁取得梦幻开局，并在比赛中获得至少两次进球良机。尤文图斯虽然在运动战中难觅机会，但仍利用定位球威胁到了拜仁球门。半场结束时，莱夫评论道，"阿拉巴攻破了似乎还没有进入比赛状态的门神布冯的大门，不仅在技战术上让拜仁占得先机，且从心理状态上为拜仁球员打了一针强心剂。纵观上半时比赛，拜仁显然是表现更为出色的一支球队，1∶0的比分也很好反映了双方的发挥。这是一场技术战术含量超高的上半场。但1∶0的比分对于拜仁难言满意，反倒是尤文图斯完全可以接受的。因为以这样的比分回到都灵，次回合比赛将存在很多变数。也许下半场比赛斑马军团会更多采取守势，守住0∶1这一并不算坏的客场比分。"

强调信息的准确、真实，是德国体育解说的另一大特点。德国从20世纪70年代开始，它的教育活动便已经开始涉及培养"批判型"受众。"媒介批判"成为一门在德国教育机构普遍开设的课程。除了纳入学校教育之外，德国电

视机构本身主要通过制作涉及媒介发展以及媒介政策问题的节目,加入到培养"批判型"受众的队伍中。

在德国,无论是公法电视还是私营电视所具备的社会责任感均毋庸置疑。由于担负社会责任,因此,它们在节目内容的选择,节目真实度等方面都会十分重视,其中有关足球的节目也不例外。例如,德国N24新闻台在每年德甲赛季开始前,该台节目编辑部都会仔细了解球队、队员、赛事、场馆、票务等一系列的相关情况,花费相当多的精力研究赛事报道手段,保证足球信息的真实、可靠。

2008年北京奥运会开幕式,德国电视台一台的解说就充分体现了德国人的认真精神。德国电视一台一旦发现有主持人都念不顺嘴的国家出现时,便立刻伴随入场队伍镜头,在屏幕上打出一个地图,标识出该国位置。一两秒钟知识普及式的外挂,让观众一边看开幕式一边上地理普及课。

他们不止地理方面做了知识储备,体育和其他信息也储备充裕。两位主持对体育人物和政治人物的熟悉程度很高,很多小国的旗手他们都能说出人家是什么项目的,贵宾席上那些挥手人士也能准确说明。

(二)德国体育解说强调专业性,弱化政治色彩

在德国,由于历史的原因,人们认为体育应当尽量和政治划清界限。2010年10月8日,德国总理默克尔在柏林观看了德国国家足球队与土耳其队的欧洲杯预选赛。在球队3∶0取胜后,默克尔突然出现在球员的更衣室。这一举动被认为包含有某种政治目的。足协主席西奥·茨旺齐格感到非常难堪,他甚至表示:"政治家们应该离体育远点。"

事后,政府力图平息事端。默克尔事后与茨旺齐格通电话并进行了澄清。这件事才算告一段落。

在这种社会认知的背景下,即使是体育解说也不能去触碰某些政治上的禁忌性话题。这一点要十分谨慎。

在伦敦奥运会进行到第四天,德国马术队上午在团体三项赛场地障碍赛中摘得金牌,为德国代表团获取首金。而下午的个人三项赛中,米歇尔·荣格也勇夺第一,为德国再添一金。全德国都在这突如其来的幸福里陶醉了。

在报道他们获得团体金牌的节目中,德国电视一台的解说员卡尔斯滕·索斯特迈尔引用了一个应三思而行的比喻。德国队胜利后,索斯特迈尔激动地说了一句:"2008年以后,我们进行了回击!"在此他化用了二战时一句很有

名的话,恰好是来自希特勒。1939年9月1日,德国突袭波兰,第二次世界大战正式开始。希特勒在宣布进攻波兰的时候,曾说过一句著名的谎言:"早上5点45分以后,我们进行了回击!"意为德军进攻波兰,是因为先被波兰军队攻击后,德军才进行了还击,以此粉饰德军占领波兰的行为。这是希特勒说过的一句臭名昭著的话,却被索斯特迈尔不恰当地化用到了其报道的奥运节目里。

由于历史原因,德国人对关于希特勒的一切事情,都格外敏感。所以,索斯特迈尔在说出那句话后,被认为行为不当,不得不向公众道歉。负责全德奥运会直播的北德电视网在新闻发布会上,引用索斯特迈尔的话说:"如果我的话引起了误解,那么我表示道歉。"

德国电视一台的总裁瓦尔特·约纳森也表示对索斯特迈尔的行为保持距离。他说:"尽管我们都能非常理解渴望马术比赛胜利给大家带来了什么样的兴奋,但这样的话仍然是出轨了,这是不允许发生的。"

四、小结

消费主义主导的媒介文化与欧洲体育解说评论的风格演变密切相关。

没有任何事情能大过比赛,但比赛本身可能是无趣的。一位优秀的解说员能够围绕着一堆枯燥的数据和乏味的故事创造出个性化的解说。而在西方,绝大多数电视体育解说员是在优秀的现场体育解说员和广播体育解说员中选拔出来的,而这些解说员又大多在高等院校接受过体育传播技能的系统学习,具有丰富的实践经验。他们不仅在传播技巧上能独树一帜,而且在个性诉求发展的道路上能够享受到充分的自由度。也就是说,解说的个性诉求能够在一定程度上增添观众在欣赏赛事转播时的乐趣。这不仅与解说员本身能力和素质密切相关,更代表着一个国家对体育精神及其他民族文化的领悟与尊重。

在大致了解欧洲各个国家体育解说评论的风格和特色后,有几点启示。

首先,体育解说评论的风格与特色及由此形成的亚文化,其实是电视文化、媒介文化的一部分。体育解说评论依附于传播媒介技术而存在。作为传媒传播内容的一部分,它从属于特定的媒介文化。

其次,一个国家和地区的体育解说评论的风格、特色,肯定与该国家或者地区的体育文化、体育事业的发展紧密相关。传统的优势项目、收看人数众多或拥有顶级联赛的项目往往在解说人员的配备、解说形式上的策划与安排、解说员培养等方面都拥有一定的优势。

第三,媒介文化的发展和整个社会文化的发展是紧密相连、息息相关的。民族性、特定的社会文化氛围、特定受众的收听、收看习惯,都会对体育解说评论的审美倾向、风格形成等发挥潜移默化的影响。

基于以上几点认识,我们可以发现体育解说评论的区域特色主要由社会文化、媒介文化、体育文化三个因素的共同作用而形成。

世界的政治、经济、意识形态、社会机构、文化等都在发生着意味深长的变化。根据罗斯托的理论,西方的经济发展可分为五个阶段:(1)传统社会(The Traditional Society);(2)腾飞前的准备(The Preconditions for Take-off);(3)腾飞(The Take-off);(4)奔向成熟(The Drive to Maturity);(5)大众高消费(The Age of High Mass Consumption)。

伴随着经济的进一步发展,西方国家纷纷从"成熟阶段"飞速跨入"高消费"阶段。在这个阶段,广播电视等大众传播媒体发挥了巨大的威力,将商品的"符号价值"发挥到极致,制造出"模拟世界",消解了"公共领域"和"私人领域"之间的界限,创造出"离散社会"和"沉默的大多数",使大众成为失去了与环境和他人交流的能力的"单维人",成为被资产阶级随意操纵的消费机器。

消费主义所指的生活方式是"一种不以使用价值为目的,追求炫耀、奢侈、时尚的消费思潮应运而生。它追求无节制的物质享受和消遣,并以此作为生活目标和人生价值。"法国著名思想家让·鲍德里亚将这种模式称为"消费社会"。消费社会有两个显著特点,一是过度,即商品呈现出极度丰富的意象;二是符号价值。鲍德里亚提出了符号价值的理论,为了某种社会地位、名望、荣誉而进行的消费,用鲍德里亚的话来说,就是符号消费。消费主义更多强调的是通过一系列符号意义所制造的对消费的无限欲望和激情,这种消费文化的盛行意味着人们已经不仅满足于消费的"使用价值",消费开始加入了文化的、感性的因素,消费者不再只是简单的理性经济人,而是越来越具有非理性的倾向——商品符号所营造的"仿像"文化及意义。

大众媒介的信息传播是有关符号的选择、制造和传递的过程,以帮助接受者理解传播者所期待的意义。电子媒介的出现打破了信息传播的静态性和符号单一性,以声像传播为主的电子媒介直接诉诸人的视听感官,以完全富有生活气息的具象性符码来传达信息,这种极强的影像表现力最终将媒介制造的虚拟世界与现实世界混同为一,不但塑造了大批沉迷于形象魅力的消费者,而且也为商品附加无尽的象征意义。依托电子媒介进行信息传播,它所带来的不仅是即时的形象享受和消费刺激,受众对媒介的记忆依赖性使得这种符号具有更多的潜在消费价值。波德里亚在《消费社会》中对大众传媒的本质进行了揭露:"电视带来的'信息',并非它传送的画面,而是它造成的新的关系和感知模式,家庭和集团传统结构的改变。谈得更远一些,在电视和当代大众传媒的情形中,被接受、吸收、'消费'的,与其说是某个场景,不如说是所有场景的潜在性。"

电子媒介所开创的大众文化需要市场资本的支持才能真正实现其传播价值,而商家也必须依赖更具有传播形象力和影响力的媒质增值商品的文化符号意义。因此,电子媒介的大众文化和商家所追寻的消费主义一开始便在市场需要的机制中不谋而合的,共同完成了由大众文化向消费文化的蜕变。媒介依托售卖受众来赚取利润,同时,为了获得更多的受众资源,媒介也开始尽可能迎合受众的信息消费需求和欲望。

传媒的世俗化与大众消费主义文化一改媒介此前高高在上、不食人间烟火的面貌。电子媒介技术将一切遥远的、抽象的信息变成亲和的、具象的符号表征,这不仅丰富了人们的感觉世界,也拉近了社会与个体,人与人的心理距离,在一定程度上强化了个体对社会的认知和认同感。大批量快速生产的大众文化促进了文化的民主化、普及化和平民化的进程。不同文化层次的大众都能找到自己消费的对象,极大激发了大众对时代文化的参与愿望和体验热情。

在消费主义主导的媒介文化的影响下,我们发现每个地区的体育解说虽然仍然保留各自的风格和特色,但他们走过的发展轨迹及呈现出的可以预见的某种趋势其实包含着共同的规律。即使在同一个国家的同一家媒体体育解说员的风格可能也存在较大的差异。媒介体育似乎变成更为适合大众媒介口味的选择,体育解说呈现出以下几种发展趋势。

(1)体育解说评论的整体风格由统一、单一的一元审美逐渐过渡到多元审美,多种风格的并存。

(2)在消费主义的影响下,受商业逻辑和市场文化的影响,体育解说评论从注重内容的专业性过渡到内容与形式并重的阶段。突出体育解说评论的形式创新,解说员的形象设计与包装。例如,在意大利,更多的美女解说员加入到原先几乎由男性一统天下的解说员队伍中来。

(3)体育解说评论的话语构成由精英文化为主导过渡到以大众文化为主导。在解说用词和评论立场上更多地融合了"大众"词汇、口语,在解说内容的构成上专业信息和娱乐信息占有同样的地位。

（4）体育解说评论的重要性并没有因为受众体育知识的增长、体育运动项目的更加普及而受到消极影响。正好相反，媒介技术的发展使得解说评论获得了新的发展契机，解说员是赛场整个传播体系中不可或缺的一部分。可以说，镜头、画外音与解说评论一起对"比赛现场"进行了重构。

重构的目的当然是吸引更多的人来关注比赛，关注运动员，以及关注由此形成的生活方式，进而制造更多的"媒介迷"。

思考题
1. 请分析一位你所欣赏的欧洲体育解说评论员的解说风格与技巧。
2. 对比一下中国与欧洲体育解说评论的异同。

第三节　南美洲体育解说评论概况

南美洲主要包括哥伦比亚、委内瑞拉、圭亚那、苏里南、厄瓜多尔、秘鲁、巴西、玻利维亚、智利、巴拉圭、乌拉圭、阿根廷等国家，其中位于南美洲东部的巴西是南美洲面积最大、人口最多的国家，面积位居世界第五位，也是南美洲经济最发达的国家。阿根廷位于南美洲的东南部，和智利同为南美洲最南端的国家，是拉丁美洲面积第二大国，面积位居世界第八位。

一、南美体育解说评论特点

南美地区经济的发展为体育的普及推广创造了条件，在众多的体育项目中，足球最为盛行，阿根廷国家男子足球队是足球历史上最成功的国家足球队之一，曾夺得奥运金牌以及两届世界杯冠军，世界著名的球星马拉多纳和梅西都来自阿根廷。南美地区足球运动的普及和足球俱乐部赛事的红火培养造就了一批体育赛事解说人才，纵观南美地区的体育解说历史，我们不难发现，南美体育解说评论具有以下特点。

第一，南美地区足球普及广泛，在世界体育领域，足球占重要地位，其体育解说评论人士大都专注于足球赛事报道，南美杯为南美足联举办的年度性国际足球俱乐部赛事，也称南美俱乐部杯或南美洲球会杯，类似于欧洲的欧罗巴联赛(UEFA Europe League)——之前也称为欧洲联盟杯(UEFA Cup),比赛时间安排在下半年的八月至十二月。南美杯分三个阶段进行,第一阶段为资格赛,12支各国上赛季低排名球球队进行主客场两个回合的较量,获胜的6支球队晋级小组赛。第二阶段为小组赛,8个小组的32支球队进行主客场双循环比赛,每组积分排在前两位的球队出线。第三阶段是淘汰赛,按照主客场比赛的规则进行,两回合总比分多的球队胜出。如果总比分持平,将直接通过互踢点球决出胜负。如此繁多的地区比赛需要足球专业人士的评述和解说,所以南美体育解说评论以足球解说见长。

第二,南美足球解说员大多具有足球运动员背景,在足球赛场上拼杀多年,退役以后转而走向屏幕,从事足球解说,如鱼得水,游刃有余。其中代表性的人物包括阿根廷著名的足球运动员马利欧·阿尔伯托·肯佩斯(Mario Alberto Kempes),他后来成为著名的足球解说员(见图15-1)。

图15-1　马利欧·阿尔伯托·肯佩斯
注:引自http://en.wikipedia.org

马利欧生于1954年7月15日,父亲是一位足球运动员。在父亲的鼓励下,马利欧从很小的时候就开始踢球。7岁的他加入了一支少年队,14岁加入了la cuarta de Talleres俱乐部。他的足球职业生涯起始于科尔多瓦体育学院俱乐部,之后他加入了罗萨里奥中央队,在 105 场比赛中,他踢进了 85 个球,经常在禁区外射门得分,如此独特的进攻风格让后卫们十分畏惧。1976—1977 年间他获得西甲联赛最佳射手的称号。1978 年参加世界杯比赛,阿根廷主教练曾这样描述马利欧:"他很强壮,技术很好,能为其他球员创造空间并且射术精湛。他是一位能够改变场上局面的球员,他可以胜任中前场的位置。"正是这样的一位球员在比赛中打进了 6 个球,为阿根廷队夺得世界杯冠军立下汗马功劳,自己也赢得了金靴奖,被委内瑞拉的世界报评选为 1978 年南美足球先生,2004 年被贝利选为 125 名最优秀的仍然在世的足球运动员之一。

丰富的足球比赛经历为马利欧的足球解说奠定了坚实基础,退役以后他成为 ESPN 的一名足球评论员,2008 年欧洲冠军杯半决赛,他负责解说曼联和巴塞罗那的那场比赛,根据自己的比赛经历,他提出了自己的独特观点,大胆同情性地分析了球场上运动员试图欺骗裁判的伪装行为,明确告诉观众,一般来说,老老实实遵守国际足联比赛规则的球队与那些不老实的球队相比较,其获胜的概率要低。

第三,南美足球解说员往往激情四溢,豪气十足,他们的解说声会贯穿比赛始终,毫不掩饰自己的好恶,将比赛场景分析得细致入微。在 2010 年南非世界杯 1/4 决赛中,阿根廷队与德国队相遇,阿根廷队失利,而三支欧洲球队挺进四强,南美体育评论员蒂姆·维克利就曾这样点评马拉多纳:生于经验,死于冲动,具体内容如下。

阿根廷队 0 比 4 负于德国队,迭戈·马拉多纳说,这好比"被阿里重重打了一拳"。也许,他是需要阿里的传奇教练邓迪坐在身边,好好地开导一下自己。

在雷姆尼克为拳王阿里写的传记《世界之王》一书中,有这么一段情节:阿里将首次迎战利斯顿,但惮于利斯顿的强大实力,萌生出放弃的念头。然而邓迪最终成功地重振阿里的士气。邓迪后来说,多年来他从不让自己陷于歇斯底里,因为他有经验。

世界杯 1/4 决赛的巨大压力暴露出了阿根廷教练马拉多纳的短板:缺乏经验。也是因此,他们的感情得不到很好的控制。

马拉多纳经常处于无边的狂喜之中。但愿当他坐上回国的飞机时能够静静地反思,回想一下在 3 月的友谊赛中,阿根廷队是如何用一个小心谨慎的4-4-2 阵型战胜德国队的。到了南非,马拉多纳却采用了一种更加发散和扩张的打法,即使看到了恶果,他也不愿回头。

在第二轮对阵墨西哥队时，比赛开始20分钟，已经可以看出阿根廷的路子不对。在差点就被墨西哥打进两球的情况下，老马仍在场边与助理教练一个劲地争论着。正像是勒夫在1/4决赛打败阿根廷之后说的：没有掌握攻守之间的平衡。

我们并非事后诸葛亮。阿德大战在开始之前就几成定局：阿根廷队完全采用对待墨西哥队一样的阵容和打法。而当裁判不再偏袒，最后他们只能吃下自己种的苦果。

阿根廷队并非没有回旋的余地，但要处理这些问题，马拉多纳必须先认识到这些问题。但阿根廷队上上下下都沉浸在乐观的情绪之中，根本没有空间进行冷静、现实的考虑。

二、南美国家足球解说评论员扫描

除马利欧以外，阿根廷著名的足球解说员还包括安德烈斯·康托尔（Andrés Cantor），他独特的生活经历使他成为一名难得的双语体育解说员。康托尔生于1962年12月22日，他的父亲和母亲都是阿根廷人，所以，他能够流利使用西班牙语进行解说，在康托尔十几岁的时候，他的家人迁移到美国，他高中毕业于圣马力诺学校，大学是在南加州大学渡过的，所以，他还精通英语，能够使用英语进行评论，2000年夏季悉尼奥运会，他首次使用英语对男子足球和女子足球进行实况解说。西班牙语和英语双语解说成为安德烈斯·康托尔的特色。

虽然康托尔十分喜欢阿根廷博卡足球队，他曾在电台做体育节目主持人，后来他自己开办了一家电台，专门播放体育节目，发展成为当地赫赫有名的体育电台，该体育电台向全国100多个机构提供节目，他每天亲自主持一档足球节目，命名为"Futbol de Primera"，由于他的精彩解说，任何一场比赛都会因为他个人的激情解说而变得十分精彩，富有吸引力，增添色彩。该电台影响力不断扩大，获得了2002/2006/2010/2014各届世界杯足球比赛的西班牙语广播权。康托尔还在电视上进行体育比赛实况解说，2008年安德烈斯·康托尔使用西班牙语解说了北京夏季奥运会比赛。2012年安德烈斯康托尔又对伦敦夏季奥运会足球比赛进行了解说。所以，他被美国体育协会誉为年度体育名人，赢得了区域艾美奖，广播和电视新闻终身成就奖。

在安德烈斯·康托尔的解说中，令人最难以忘怀的是其模仿天使费尔南德斯签名时发出的叫喊声"进球得分！（GOOOOOOOOOOOOOOOOOO

OOOOOOOLLLLLLLLL！）"这叫喊声独一无二，他故意使用了拖腔，延长了得分一词的发音过程，在体育比赛实况报道中，一般人都用词简练，干脆利落，而安德烈斯·康托尔违反常规，恰到好处将比赛得分这一瞬间推向高潮，观众无不与之产生共鸣，激动无比。在1986年世界杯比赛中，马拉多纳连续5次饶过对手的防卫，终于一举射门得分，马拉多纳眼里噙满了泪水，在赛场上四处飞跑，而安德烈斯·康托尔此时应用拖腔报道得分的场景，将之比喻为"20世纪意义深刻的射门"，是臭名昭著的"上帝之手"的进球得分。

安德烈斯·康托尔1990年现场报道世界杯时候首次使用这一拖腔，四年之后，1994年世界杯报道再次使用，几十年来这叫喊声一直备受欢迎，变得非常流行，还被大众汽车推广到汽车商业广告中，广为流传。安德烈斯·康托尔拖腔解说在南美地区乃至中国形成一种风格，后来阿根廷足球解说员都很喜欢在球员进球后，用长时间的拖音来狂喊进球，有的拖音时间纪录超过四十五秒，2010年在首场小组赛中阿根廷以1：0战胜尼日利亚，海因策进球后，阿根廷足球评论员拖音时间达到五十几秒。在一次比赛中罗纳尔多带球连过对方数人，最后以著名的"罗氏花腿"骗过守门员，轻松将球送入网内，正在直播的巴西解说员发出了长达两分半钟的嚎叫，120分贝的音量震碎了演播间的玻璃。

2010年世界杯西班牙队对阵巴拉圭队，中国体育解说员刘建宏负责该场比赛的解说，球赛一波三折，两队曾经先后获得点球机会，却又都错失进球，而凭借着比利亚尔在第83分钟连中两个立柱后的进球，西班牙艰难胜出，在进球期间刘建宏连呼多个"进啦"，给观众一种全新的感觉。在巴拉圭射失点球后，西班牙在反击中同样获得一个点球，阿隆索首次主罚时将球踢进球网，刘建宏随即再次极速连呼"球进啦！进啦！进啦！进啦！进——啦！"。在第八十三分钟比利亚打进绝杀的一球时，刘建宏第三次连呼"球进啦！进啦！进啦！进啦！进——啦！"。刘建宏在高喊"进啦！"之时，节奏很快，发音十分坚定有力，渲染气氛的效果极佳！2005年中超联赛，大连实德队迎战辽宁队，很难有进球机会的安迪尔森为大连队攻入一球。大连台解说员焦延峰向球迷展现了他拖腔式的解说方式，"球——进——了——！漂亮！"，这种十分类似于南美足球解说员的解说，在中国开创了全新的足球解说风格。

安德烈斯·康托尔还有一句经典的解说词，在比赛中场或比赛结束时，他往往会说"裁判说到此为止"。

在南美洲，能够与阿根廷足球媲美的还有巴西足球。在巴西，足球被称为

"国球"。毫不夸张地说,巴西人人酷爱足球,从事足球运动被视为一种荣誉,少年儿童从七、八岁就开始踢球。一旦有足球比赛,巴西犹如过节,人们喜气洋洋观看比赛,巴西足球在世界足坛上久负盛名,曾三次获得世界冠军,巴西人创造了著名的"4-4-2"足球比赛阵型,著名的职业足球队包括"桑托斯"、"弗拉明戈"、"瓜拉尼"等,球王贝利就是巴西的著名中锋,是在巴西的一个足球队里成长起来的。

说到巴西的体育赛事解说,我们就不得不提及路易斯·德·奥利维拉(1963—2012)这位为巴西足球事业发展而献出自己宝贵生命的资深体育解说员,2012年他被谋杀,而被谋杀的原因就是他对巴西的足球管理进行了批评,发表了颇有见地的评论。

1978年奥利维拉开始了体育记者的生涯,开始他是哥亚尼亚无线电台的体育解说员,后来他又加盟到哥亚尼亚电视台和巴西中央电视台。在体育评论中,奥利维拉始终保持直言不讳的风格,他对巴西足球的批评直截了当,虽然遭到一些球队的不满,但他毫不惧怕,坚持己见,在被谋杀的前夕,奥利维拉就受到威胁恐吓,有人强迫他停止发表对巴西足球的批评言论,如果继续,他将被解雇,遭到封杀,甚至枪杀。2012年7月5日奥利维拉从办公室出来,一个骑摩托车的人早已在电视台出口等待奥利维拉的出现,他向手无寸铁的奥利维拉连续开了六枪,奥利维拉倒在血泊之中,不久离开人世。

在巴西体育评论领域,奥利维拉独树一帜。他的离开,引起体育评论界人士的广泛关注,联合国教科文组织总干事 Irina Bokova 强烈谴责杀害奥利维拉的凶手,要求查清事实,呼吁国际体育评论界确保人权,以及言论的基本自由。

作业题

一、主观题

如何理解南美地区体育解说员解说过程中使用拖腔及其影响?

答题指导:1990年现场报道世界杯时解说员安德烈斯·康托尔模仿费尔南德斯签名时发出的叫喊声,故意使用拖腔,延长得分一词的发音过程,恰到好处将比赛得分这一瞬间推向高潮,观众无不与之产生共鸣。几十年来拖腔解说一直备受欢迎,被大众汽车推广到汽车商业广告中,广为流传,在南美地区乃至中国形成一种风格。

二、客观题

(一)单项选择题

1. 南美著名的足球双语解说员是(　　)。

A. 阿根廷的安德烈斯·康托尔

B. 阿根廷的马利欧·阿尔伯托·肯佩斯

C. 巴西的路易斯·德·奥利维拉

D. 巴西的蒂姆·维克利

答案：A。

2. 2012年巴西的资深体育解说员（　　）被谋杀，为足球事业发展而献出了自己的宝贵生命。

A. 蒂姆·维克利

B. 邓迪

C. 马利欧·阿尔伯托·肯佩斯

D. 路易斯·德·奥利维拉

答案：D。

（二）判断题

1. 2010年世界杯西班牙对阵巴拉圭队，中国体育解说员黄健翔负责该场比赛的解说，黄健翔连呼多个"进啦"，给观众一种全新的感觉。（　　）

答案：错。

2. 马利欧·阿尔伯托·肯佩斯自己开办了一家电台，专门播放体育节目，每天他亲自主持一档足球节目，命名为"Futbol de Primera"。（　　）

答案：错。

参考文献

[1]杰·科克利.体育社会学[M].北京:清华大学出版社,2003.

[2]Janet Stilson. Soccer, Con Pasión: Interview Andrés Cantor. Multichannel News. Retrieved 2008-06-12.

第四节　大洋洲体育解说评论概况

大洋洲位于南半球,主要包括澳大利亚大陆与太平洋各岛屿,涵盖澳大利亚、新西兰、印度尼西亚的巴布亚地区、巴布亚新几内亚及南太平洋岛国。始于1963年的太平洋运动会,原名南太平洋运动会,是大洋洲一项重要体育赛事,其项目包括奥运会的大多数项目,只是规模要小一些,该运动会每四年举办一次。

一、澳大利亚足球与媒体报道评论特点

澳大利亚是大洋洲最大的国家,面积位居世界第六,世界十三大经济体之一,属于全球经济高度发达国家。澳大利亚是体育大国,体育在全国各年龄段人口中都非常普及,澳大利亚曾经两次举办过奥运会,1956年在墨尔本举行,2000年在悉尼举行。

(一)澳式足球媒体报道评论历史悠久

在竞技体育中澳大利亚的板球、曲棍球、网球、游泳、赛车、篮网球、橄榄球和联盟式橄榄球处于一流水平,澳式足球为澳大利亚所独有,澳式足球联盟(AFL)拥有来自澳大利亚和新西兰不同地区的10支球队,每支球队拥有20位球员,其中至少有两名二十岁以下的年轻球员。为了提高澳大利亚足球整体水平,澳式足球联盟于2005年创建了新的联赛——澳大利亚职业足球联赛(A-League),代替原有的全国足球联赛(National Soccer League),澳大利亚职业足球联赛没有实行升降级制度,其运作模式与美国职业足球大联盟十分相似。每个队参加27场循环比赛,排名最前的四支球队晋级常规赛,获得参加季后赛的资格,季后赛冠军为联赛总冠军,常规赛冠军为优胜队,总冠军的荣誉比常规赛冠军级别更高,常规赛冠军与联赛总冠军都有资格参加下一年度的亚洲冠军杯联赛。

自澳式足球联盟举行第一届比赛,该赛事就极受欢迎,1897年早期的澳式足球比赛就吸引了成千上万的观众,1938年卡尔顿足球俱乐部和科林伍德队之间的一场决赛就吸引了9万多名球迷,而在英格兰顶级足球比赛也就吸引了6000名球迷。

澳式足球的不断发展壮大得益于澳大利亚媒体的大力资助,实际上澳大利亚媒体于1876年就开始报道体育比赛,聚焦于赛场上的运动员,第一本澳大利亚体育刊物——《裁判》1886年首次在悉尼出版,随后《太阳先驱报》和《西澳大利亚人》也相继闪亮登场。澳大利亚电视体育报道的历史也十分悠久,从1957年到2001年,电视七台(Channel Seven)一直为澳大利亚足球联赛报道服务,1976年花费300万美元购买了五年足球联赛的转播权。无独有偶,电视十台(Network Ten)也花费4800万美元购买了五年澳大利亚国家橄榄球联盟队比赛的转播权,该协议提前终止,因为电视十台无力支付。1967年电视九台(Nine Network)支付了5000万美元购买NSWRFL赛季总决赛在澳大利亚的电视直播转播权。

(二）澳大利亚媒体重视足球报道评论的传统发扬光大

近年来，澳大利亚媒体不遗余力地宣传报道足球比赛，无论是严肃性权威性较强的《时代日报》(The Age)，还是深入人心的社区小报，往往都会把足球等体育新闻安排在头版头条刊登，评论员对赛事细节进行特写。正是在媒体这样大规模强有力的支持力度下，让更多的人关注澳大利亚足球，了解澳大利亚足球，澳大利亚国家足球队在国际赛事中才能够不断显示自己的强大实力，2006年澳大利亚足球加入亚洲足联，在世界杯足球赛中打入十六强，2009年在世界杯外围赛十强赛中，获得8场不败的赫赫战绩，再次打进2010年南非世界杯的决赛阶段。澳大利亚媒体SBS和《悉尼晨报》对这些重大足球赛事都一一全程报道，澳大利亚获得参加世界杯的机会，澳大利亚的SBS向全国全程直播了对阵日本队的比赛，最后时刻澳大利亚以3∶1战胜日本，澳大利亚媒体向全世界宣告：澳大利亚人也会踢足球，评论说这是澳大利亚足球的历史性胜利。

澳大利亚足球国际地位的提高也得益于澳大利亚广播公司，今天澳大利亚广播公司每周六和周日中午至下午六点向全国直播或转播体育赛事，节目主要包括澳大利亚足球联赛，一旦有赛事，主持人们就对比赛进行全面报道，报道的形式包括赛事深度报道，赛前采访和体育人士访谈，分析赛事，预测比赛结果，赛前和赛后采访一般只有15分钟。澳大利亚广播电台每周现场直播6场澳式足球比赛，一般都安排在星期五或星期六晚上进行，赛前预览或赛后采访有90分钟的时间，赛事分析安排在赛场中间休息时间段进行。

（三）澳大利亚的足球节目主持人扫描

澳大利亚的著名体育节目主持人有查理·金(Charlie King)、杰拉德·特雷(Gerard Whateley)、丹郎·尼根(Dan Lonergan)、昆汀·赫尔(Quentin Hull)、瑟特尔·西蒙(Simone Thurtell)等。有些主持人最擅长解说足球比赛，他们是马尔科姆·布莱特(Malcolm Blight)、詹姆斯·布莱森(James Brayshaw)、德莫特·布里尔顿(Dermott Brereton)、韦恩·凯里(Wayne Carey)、丹尼斯·卡买提(Dennis Cometti)、克里斯·迪特玛(Chris Dittmar)等。

马尔科姆·布莱特生于1950年2月16日，是一位前澳大利亚足球运动员，20世纪70年代和80年代曾代表Woodville足球俱乐部参加南澳大利亚国家足球联盟比赛和北墨尔本维多利亚足球联赛。既赢得了Magarey金牌又获得过Brownlow奖牌，迄今为止唯一一位一个赛季踢进100个球的球员。在执教北墨尔本足球队期间，他并不成功，但在执教吉朗队和阿德莱德队过程中，他显现出优秀的执教才能，2012年被任命为黄金海岸太阳队的主教练。

虽然布莱特不能在赛场上继续拼搏,但他进入媒体,从事足球解说,其足球生涯永无止境。在1995年和1996年他担任了电视七台的足球解说,与体育评论员布鲁斯和记者迈克合作,共同主持了足球访谈秀节目。后来他成为电视十台的解说员。

丹尼斯·卡买提生于1949年3月26日,是澳大利亚最优秀的体育评论员,在他40年的体育评论职业生涯中,他以幽默而著称,为电视七台,电视九台和博通所有的足球赛事进行了解说。他曾经是澳大利亚足球运动员,在西珀斯队参加了40场比赛,1968年射进了60个球,后来他转战丁顿队,在该队既当队长又兼任教练,带领全队连续4次参加总决赛,分别在1974年、1975年和1976年获得联赛冠军。挂靴之后他执教奥斯本公园队,1979年获得联赛冠军。他的电台播音员媒体生涯起始于珀斯,1968年进入广播电台前40名节目主持人榜单,1971年他第一次解说足球比赛。在电视七台工作期间,他负责播报每周晚间体育新闻,8次解说澳式足球联盟总决赛,承担1992巴塞诺那,1996亚特兰大和2000年悉尼夏季奥运会游泳比赛的解说,其解说引人注目,不久就成为电视七台最重要的体育评论员。2007年澳大利亚足球媒体协会授予他最佳体育节目主持人奖,截至2011年,他共获得澳大利亚足球媒体协会9项奖励。2002年丹尼斯·卡买提离开电视七台,开始在电视九台工作,与艾迪·麦奎尔、德莫特·布里尔顿及加里·里昂一起组成团队,负责澳式足球的报道,由于他们出色的报道,对足球的推广事业做出了卓越贡献,墨尔本《太阳先驱报》和南澳大利亚的阿德莱德广告报对足球球迷进行了年度调查,调查结果显示他最受球迷欢迎。

詹姆斯·布莱森(见图15-2)进入体育解说领域之前是一位板球运动员,效力于南澳大利亚队和西澳大利亚队,在板球运动场上拼搏了十年之久,一直担任击球手。20世纪90年代,他开始在阿德莱德电视七台主持体育节目,播报晚间体育新闻,负责名为"Footy Plus"的足球节目。早在1998年詹姆斯与阿曼达·布莱尔和保罗·盖尔联手,在阿德莱德的SAFM组成团队,一起主持早间节目,最终将节目做成阿德莱德最好的早间节目。2001年,他与杰夫汤森一起主持足球节目。除了在电视台解说以外,他还在"Triple M"广播电台作为一个主持人和评论员对澳式足球进行报道,这个节目每天在上下班交通高峰时开始,后来他辞职。2012年福克斯澳讯获得伦敦奥运节目的转播权,詹姆斯·布莱森进行了解说。

二、新西兰体育与媒体报道评论概况

位于太平洋西南部的新西兰(New Zealand)是个岛屿国家,包含南北两个主要岛屿,宜人的气候和丰富多彩的海陆风光使人们有条件开展各种形式

图 15-2 詹姆斯·布莱森
注:引自 http://en.wikipedia.org

的体育活动,从 1908 年新西兰开始参加奥运会,在那届奥运会上他们收获了一枚铜牌,此后各届奥运会新西兰都没有缺席,在奥运会上的表现也比较稳定,他们的奖牌数量始终在 1~3 枚之间徘徊,在苏联和一些东欧国家抵制的洛杉矶奥运会上,新西兰收获 8 金 1 银 2 铜,排在奖牌榜的第 8 位,获得了奥运会上的最好成绩。橄榄球是新西兰最主要运动,具有非正式"国家运动"的地位。其他流行运动有板球、草地滚球、篮网球、足球、赛车、高尔夫球、游泳和网球等。近年来新西兰国家足球队,绰号为"大白"(All Whites),其实力取得了很大的提高,澳大利亚国家足球队加入亚足联后,新西兰队成了大洋洲冠军,2010 年成功打入南非世界杯的决赛。在世界杯决赛阶段三战三平,是 32 支球队中唯一一支保持不败的球队,在分组赛中与四次获得世界杯冠军的当届冠军意大利队打平。2007 年惠灵顿凤凰队取代新西兰骑士队,参加 A-League 联盟比赛,是新西兰现存唯一的一支参与顶级联盟的职业足球队。

　　新西兰媒体对体育的关注与报道始于 1978 年,当时位于新西兰最大城市奥克兰的太平洋广播电台隶属于新西兰股票交易公司的子公司,该公司 1999 年与南岛奥塔哥广播电台合并,被加西环球通讯公司收购,电台更名为"Radio Works",成为 20 世纪 90 年代新西兰最早从事体育传播的媒体机构,负责直播体育比赛,尤其是赛马比赛,为赛马赌博提供服务以获取利润。后来太平洋广播电台一分为二,分解为新西兰广播电台和新西兰体育直播台,新西兰广播电台负责播报体育新闻,而新西兰体育直播台直播赛马和赛狗,并邀请专业人士进行评述。2005 年"Radio Works"推出了莎拉布拉德利和德夫林共同主持的体育谈话类节目,以直播方式向全国广播,迈克尔罗和保罗亨利先后也于 2006 年和 2007 加盟主持节目。新西兰广播电台在早间和中午直播最新的体育时事,每半小时滚动播报一次体育赛事信息,综合新闻和天气预报,周末下午安排专门的体育采访内容。新西兰体育直播台直播各项重大比赛,尤其是赛马和赛车。

主观题

1. 如何理解澳大利亚媒体重视体育报道评论的传统及发扬光大?

答题指导:澳大利亚媒体报道体育比赛的历史十分悠久,第一本刊物《裁判》1886 年首次在悉尼出版,随后《太阳先驱报》和《西澳大利亚人》相继闪亮登场。电视七台和十台一直为足球联赛报道服务,近年来《时代日报》等报纸都把体育新闻安排在头版头条刊登,澳大利亚广播公司设计专题节目报道体育赛事。

客观题

(一) 单项选择题

1. 第一本澳大利亚体育刊物( )1886 年首次在悉尼出版,随后《太阳先驱报》也闪亮登场。

A.《悉尼晨报》
B.《时代日报》
C.《裁判》
D.《西澳大利亚人》

答案:C。

2. 前澳大利亚足球运动员( ),二十世纪七十年代和八十年代曾代表 Woodville 足球俱乐部参加南澳大利亚国家足球联盟比赛和北墨尔本维多利亚足球联赛,后来他成为电视十台的足球解说员。

A. 詹姆斯·布莱森
B. 马尔科姆·布莱特
C. 德莫特·布里尔顿
D. 丹尼斯·卡买提

答案:B。

(二) 判断题

1.《时代日报》《悉尼晨报》和澳大利亚广播公司都十分重视澳大利亚足球赛事报道,对澳大利亚足球国际地位的提高发挥了重要

作用。（　　）

答案：对。

2. 2005年澳大利亚广播"Radio Works"推出了莎拉布拉德利和德夫林共同主持的体育谈话类节目。（　　）

答案：错。

参考文献

［1］戴圆圆. 澳大利亚体育中的民族性［D］. 上海：华东师范大学，2006.

［2］Malcolm Blight. http://en.wikipedia.org/wiki/Malcolm_Blight.

［3］James Brayshaw. http://en.wikipedia.org/wiki/James Brayshaw.

［4］Dennis Cometti. http://en.wikipedia.org/wiki/Dennis Cometti.

［5］Australian rules football. http://en.wikipedia.org/wiki/Australian_rules_football.

第十六章

模拟实验与课外实践

学习目标

通过本章学习，了解体育解说评论的基本形式，把握身边体育运动的解说评论方法。

章前导言

体育解说评论工作要求解说员有丰富的知识，要求主持人积极努力地去熟悉对他们来说是陌生的体育运动。通过前几章的学习，你是否理解了体育解说评论的基本概念，是否掌握了体育解说评论的基本原则方法？

本章我们以专业解说员对热门体育比赛的解说为例，以学生对身边的体育运动的解说为例，进行模拟解说练习。

第一节　成品节目的多元解说评论实验

体育解说评论的传播性质是信息性、知识性还是娱乐性？你在看体育比赛时,喜欢哪种解说风格?

一、解说评论的句型结构

在体育解说评论中,无论是长句还是短句,在传播过程中都会起到相应的作用。长句大多用于叙述、描述,短句大多用于肯定、疑问、加强语气等。但句子的结构不是静态的。支配结构的规律活动着,从而使结构不仅形成结构,而且还起构成作用。因此,为了避免降低信息的传播效果,结构必须具备转换的程序,借助这些程序,不断整理加工新的材料。因此,语言作为人的基本结构,能够把各种各样的基本句子转化为形形色色的新话语,同时又把这些话语保留在它的特定结构之中。

体育解说评论中,"解说"的工作主要是解释、说明,即多使用描述句、诠释句,"评论"的工作主要是评述,即多用评议句。

描述句主要是描述事物的形态、过程等,这类句子的谓语,多用形容词,也可以用动词,起描述作用。评议句主要是用来陈述对于实物的评议和拟议。这种句子的谓语是衡词,表趋势,如"应该"、"能够"、"可以"、"会"等。

(一)描述句

案例:

2013年NBA全明星赛

①好的比赛马上就要开始,西部这边穿的是红色的队服,而东部这边穿的是蓝色的队服。西部后场是克里斯保罗和科比,内线霍华德,锋线上搭档的是杜兰特和格里芬。来自快船队的一次配合。(央视体育)

②中圈是加内特和霍华德跳球,霍华德里面穿一背心,也是因为他肩伤初愈,所以呢必须要做好身体的保护。(新浪视频)

③好,比赛开始啦,全明星的正赛。穿着红色队服的是西部队,漂亮!篮下是格里芬接到传球,先是热热身。(腾讯视频)

解析:

描述即叙述,是对场上正在发生的事情,尤其是持球队员的跟踪描绘与报道。描述性的语言要求少而精,一般涉及的都是技术动作和比赛规则。解说员要多描述正在发生的,重点解释发生的原因,少而精的强调重要的画面。把观众看见的、看不见的及想看却难以看见的分层次、按步骤解说。

央视解说,描述性的语句简练且没有语病,描述的内容与画面相关,如"西部这边穿的是红色的队服"、"来自快船队的一次配合",解说员传递出来的信息是对比赛画面的信息的一种重复;新浪视频解说,描述性的语句详细且没有语病,描述的内容有的与画面无直接关系,如"所以呢必须要做好身体的保护",除了对画面的描述外,还有对画面里的信息进行解读;腾讯视频解说,描述性的语句不规整,稍显凌乱,描述性和评价性的语句混合出现,如"漂亮"、"先是热热身"。

(二)评议句

体育解说评论工作中,评论也是解说员、评论员所承担的任务之一。而使用评议句是解说员的首选,主要是对比赛的相关情况发表评论、提出见解。相比描述句的客观性,评议句更具有个人主观色彩。因此,不同的节目、不同的解说员会根据自己的话语风格进行各式各样的评述。

案例:

①相比在新秀赛上,我们看到的这种完全不防守,全明星赛上,这些全明星球员肯定在演技方面好很多。但前三节双方也不会打得很较劲,一般都是前三节,大家敞开了攻,末节才是针尖对麦芒。(央视体育)

②A:(霍华德)肩伤未愈。B:肩伤未愈,已经出来打球了。

A:初愈(出狱),出来打球了　B:已婚未愈(孕)。(新浪视频)

③A:这种扣篮绝对是热热身,适应适应场地。B:抢包花生米先嚼巴着。

A:你敢说格里芬是花生米?(腾讯视频)

解析:

评价或评论是体育解说逻辑的最高层次,通常分为穿插评价和综合评价。无论是在比赛中的分析,还是比赛暂停时的短评或中场休息时的评论,评价或评论都会带有个人的主观色彩。只有独特角度的分析加上一手的前期资料,才能做出最准确的评价。

评论不是无中生有,是对掌握的材料及现场情况的升华解释,告诉观众他们想知道但无法知道的内容。从解说员、评论员的角度进行评论,而不是从观众的角度替观众分析。

央视解说,"一般都是前三节,大家敞开了攻,末节才是针尖对麦芒",这是解说员根据球队长期的表现进行的归纳总结性的评价;新浪视频解说,"初愈(出狱),出来打球了"、"已婚未愈(孕)",这是解说员发散思维的展示、个性风格的表现;腾讯视频解说,"抢包花生米先嚼巴着"、"你敢说格里芬是花生米?"

等是解说员形象思维的展示、风趣幽默的表现。

但需要注意的是,与球赛无关的分析与评论,不能过多。个性的展示,风格的形成都要以比赛的实际内容为前提,以一手资料为基础。

二、解说评论的传播目的

解释、分析是为了让观众更好地看比赛,评论和分析是为了观众更容易地看懂比赛。从观看到看懂再到喜欢,这是解说员的工作重点。解说评论的传播目的,即传播信息、传递快乐。

(一)解说评论传播中的信息传播

信息是两次不确定性之差,即能够减少或消除不确定性的东西。比如,我们在武汉上大学,但不确定北京是否在下雨,便给北京的朋友发一个短信,朋友回复说没有下雨。因此,我们之前对于北京是否下雨的高度不确定性降低了。因此,两次的不确定性的差,就是信息。

当观众刚刚打开电视机,从比赛中间开始观看时,在并不知道比赛比分的情况下,期盼解说员报比分,了解比赛情况。当解说员报出比赛比分时,观众得到了"比分"这个信息,又期盼接下来的比赛。从开始的不了解比赛战况,到得到了比赛的分数但还想继续观战,解说员在这个过程中做了减少或消除不确定性的东西——"比分"的工作,因此,解说评论在传播中的作用之一是信息传播。

案例:
2013年NBA全明星赛
①"这还盖一帽。杜兰特这要得30分啦。"、"过三十!"、"哈哈哈,杜兰特30啦。杜兰特是连续三届全明星赛得的是30加,刚才我们看大屏幕慢动作回放。看科比一个帽。"(央视体育)

②"漂亮!!"、"漂亮!!"、"前场无人防守,漂亮!"、"杜兰特30分"。(新浪视频)

③"科比的封盖!杜兰特。"、"我估计啊这个球赛后将是一片血雨腥风。"(腾讯视频)

解析:
无论何时比分显示在屏幕上,也要播报它。由于观众会因为客观因素的影响,从观看比赛聊到和比赛有关的其他内容,因此不会时时注意分数。而因为商业广告、暂停、技术原因等造成画面没有及时出现比分,解说员在比赛中要做好服务工作,时时提供比分,以及得分上双的球员的分数。

央视解说中的"过三十!"、"哈哈哈,杜兰特30啦。杜兰特是连续三届全明星赛得的是30加"和新浪视频中的"漂亮!!"、"杜兰特30分"等是对现场信息的准确描述,将比分清晰的传递给观众,使观众清楚地知道比分的同时,还能了解分数上双队员的详细情况。而腾讯视频对上双队员的情况并不重视,从信息传递快速过渡到信息评价,省略了过多的必要信息。

(二)解说评论传播中的娱乐传播

参与体育运动能让人精神倍增,看体育比赛能让人宣泄情感,人对体育的喜爱这一动机决定了体育具有极强的娱乐性。解说评论在传播中的作用之二,即娱乐传播。

我们为什么喜欢参与体育运动?因为它能给我们带来快乐和激情。你为什么喜欢观看体育比赛?因为它能给我们带来更多快乐的体验和更多激情的感受。

解说员应抓住观众的收视心理,将娱乐性放大。解说员可以在篮球比赛中介绍暂停时间和休息时间里主队的啦啦队的表演;在拳击比赛过程中,介绍每两个回合之间手举回合提示牌的性感女士;在赛车中,介绍比赛发车之前,手持车手姓名标致的赛车女郎;在环法自行车赛中,介绍颁奖仪式上的两位和冠军拍照的美女;在比赛中,描述运动员的滑稽动作等。这样不仅能够吸引大量的关注,同时在一定程度上提高了赛事的观赏性和娱乐性。

案例:

2013年NBA全明星赛

①又是一帽,今天科比跟詹姆斯斗法过程当中,最后阶段送出两记封盖。这时候的防守强度即便谈不上季后赛的水准,也至少是一场有这种恩怨的两支球队之间的常规赛防守强度。(央视体育)

②"詹姆斯怒了!詹姆斯急了。""犯规了,这是造了科比一犯规!说白了球赢不赢无所谓,我必须打你一个。"(新浪视频)

③"詹姆斯一定很不开心了。但是没办法他已经被盖了两次了。"(腾讯视频)

解析:

对于球场上的激烈场面,央视的解说员往往选择用理性、冷静的方式叙述比赛规则或解释冲突原因,如"也至少是一场有这种恩怨的两支球队之间的常规赛防守强度"。而新浪的解说员常常选择用娱乐的方式将过程描述的生动有趣,将观众拉近与现场的距离。腾讯视频在娱乐性方面稍显逊色。

三、解说评论的"涵化"效果

解说员、评论员身临比赛现场,可以得到一手的球员或比赛资料,他们充当了受众的眼睛,同时也应该充当受众的大脑。无论是文字解说、广播解说还是电视解说,受众在极大程度上受解说员、评论员的影响。所以,有学者认为解说员也是"意见领袖"。解说员、评论员提前获得相关信息,进行分析及讨论,在解说时带有主观判断的话语对受众会产生影响。

美国传播学者乔治·格伯纳等人提出了"涵化理论",即在现在社会中,由于传播媒介的某些倾向性,人们在心目中描绘的主观现实与实际存在的客观现实之间发生了很大的偏离。同时,这种影响是一个长期的、潜移默化的"涵化"过程,它在不知不觉中制约着人们的现实观[1]。

在心理层面,当所有的媒体争相报道林书豪,当解说员的解说重点放在华裔球员的身上时,在信息传递中语言符合的倾向性会引导受众接受某种信息、观念或理论。因此,解说员、评论员的语言会潜移默化地、慢慢地影响和制约受众。观众就会对把华裔球员看作是中国球员或者是"自家人",因此,收看角度和收看心理都会随解说员的变化而变化。

在认知层面,美国优秀体育谈话广播节目主持人隆·巴里说过,"我认为我们之所以能长期待在这里,是因为我们每晚所做的事情的权威性。"[2]因此,解说员、评论员的语言是具有权威性的。他们可以采访运动员,在比赛之前和运动员交流,能近距离的接触运动员,并记录镜头后的任何动作。因此,解说员、评论员必须非常认真地提出某个问题,或对某一问题有十足的把握,才可以谈论并传播,否则就是滥用媒介,误导受众。解说员、评论员的语言需具有专业基础并具有依据性,保证话语权威性。这样,传播的效果在认知层面才有正效应。

无论是文字、广播还是电视解说,都是具有目的性的传播,但解释、评论性的工作会发挥其潜移默化的影响力,这种影响力既来自解说员的感染性,也来自评论员的客观性。因此,解说评论需注意短期和长期给予受众的认知、心理等影响。

---

① 魏伟.电视体育解说员的传播效果研究[J].电视研究,2009(05).
② [美]汤姆·海德里克.体育播音艺术[M].北京:中国广播电视出版社,2008(1):208.

第二节　同一赛事文字与声音互换报道实验

本节我们从网络文字解说和电视解说两个方面来看解说的方法。

案例：

2013 赛季　小牛 VS 湖人

网上图文直播：小牛-湖人

直播员：

马里昂抛射不中，自己抢板。第一节 10∶14

再上，还是不中。第一节 10∶14

继续拿板再投，终于进了。第一节 12∶14

马里昂这球刷数据刷的爽啊。第一节 12∶14

科比转身跳投命中。第一节 12∶16

梅奥转身不中，克拉克篮板。第一节 12∶16

马里昂再次犯规，送霍华德上罚球线。第一节 12∶16

小牛这是要砍霍战术。第一节 12∶16

今天奥妞儿在场边看到这一幕，无比追忆啊。第一节 12∶16

回应：雨夜 sky：奥尼尔三四人包夹都能扣紧，护花不行，奥胖能力太强，目前霍华德暂时没这个高度。

第一节 12∶16

砍霍太早用，也白用，因为不可能一早就让自己球员，受到犯规困扰。

第一节 12∶16

莱特换下 2 犯的马里昂。第一节 12∶16

霍华德继续两罚不中，卡特篮板。第一节 12∶16

克里森突分，卡特三分飙中。第一节 15∶16

湖人坚持要不三分，要不颜色地带进攻。第一节 15∶16

科比突破打进还有加罚。第一节 15∶18

小牛战术想来一招，"遍地开花"一般货色。第一节 15∶18

造成梅奥犯规，加罚命中。第一节 15∶19

电视解说

评论员：克拉克上让加索尔下去。

解说员：布莱德，布莱德对上贾米森的防守。

评论员：你看这就是他有低位的技术。这也有低位技术，非常好。

解说员：其实湖人队呢这套阵容啊他的篮下防守还是需要注意的，你看又让马里昂抢到篮板球，篮下防守呢只有霍华德一个点了。

评论员：克拉克了压力就会比较大。科比要打了，这边一打一。

解说员：这边始终是让马里昂来防守科比，防的不错，嚯！漂亮！

评论员：这球因为马里昂个高啊2米03，然后他的手臂特别长，我们常说通臂猿。

解说员：我确实想不到马里昂还能用什么方式去防守，这球已经防的很完美了。

评论员：这科比都已经45度了。

解说员：对，但他仍然是把球打进了。这没办法。

评论员：但这个心理关是一定要过的。就是说你头一球一定要打，不打的话你后面都不敢打。

解说员：霍华德打布兰德，布兰德还是果断的下手犯规。

评论员：这无所谓，反正你罚不进球啊。身高上2米11对2米03啊肯定他那占优势。

解说员：这是前两天呢科比的总得分，刚刚超越了维尔特张伯伦，现在是31438分。

评论员：直接威胁帮主了啊，这帮主这肯定是，除非发生了什么特别意外的大事儿，一般来说，这帮主是留不住了。

解说员：这数太大了差900分？

评论员：差1000多分，他半个赛季就能干回来，但是呢你要干马龙呢就难了，36000多分啊。

解说员：因为呢前面两位啊一个贾巴尔一个马龙打得年头都太长。

评论员：这俩罚球都不进，进一个也行啊。

解说员：第二个罚球差点儿砸到篮板后面。梅奥。

评论员：好球，诶？还分出。梅奥攻的现在真是。

解说员：卡特，三分球出手，漂亮！

评论员：这超级第六人，全明星级别的巨星在职业生涯的暮年来担任小牛的超级第六人，能力也很强的。

解说员：回来之后呢换成梅奥防科比，梅奥防科比防不住啊。

评论员：对啊。

解说员：两分打进还要加罚。

评论员：过了瘾了。

解说员：科比今天非常兴奋啊，就是当加索尔下去以后啊，科比成为湖人进攻的中枢点，由他这一点来发起进攻处理球。

评论员：全是一对一。

解说员：有两次单打，一次对上马里昂，一次是梅奥。其实呢，我们得说小牛这两名防守队员就基本上在两次防守科比的过程中，都把自己的防守能力发挥到了极致。梅奥这球放得不好，但他也就只能防成这样了。

文字报道和声音报道的侧重点不同，文字报道需及时准确，语句简短，可以不注重语法；而声音报道需配合画面，以画面为主，语句可长可短，但表述不能有歧义。但解说的目的都是让观众听懂比赛，喜欢看比赛。

一、相同点

1. 以人为中心、以比分为重点

解说基本信息主要包括运动员名字、动作、得分。文字稿件报道以10-12字为主，如"科比转身跳投命中。12-16"。也可以添加描述信息，如"今天奥妞儿在场边看到这一幕，无比追忆啊"。电视解说如，"科比今天非常兴奋啊，就是当加索尔下去以后啊，科比成为湖人进攻的中枢点，由他这一点来发起进攻处理球。"

2. 以画面为主、以判断为辅

无论何种解说形式，解说员都要以现场为准，以监视器画面为重。解读画面，描述战况。解说重描述，轻判断，先信息后评论。文字报道，如"马里昂再次犯规，送霍华德上罚球线"、"湖人坚持要不三分，要不带颜色地进攻"。视频解说，如"我确实想不到马里昂还能用什么方式去防守，这球已经防的很完美了"。

3. 以现场为重、以娱乐至上

人际传播的基础是"自我表露"，对于参与体育比赛的人来说，自我表露没有明确的衡量标准,但对于解说员、评论员来说,解说评论的信息量是"有量可查"的。观众一定想知道球场上的每个角落发生的一切,但在解说时间的限制下,并不是信息量越多越好,而是信息量越"轻"越好。这里的轻指的是"轻松"。解说员要讲出自己的"感受",而不是直观的"感觉"。感受是指人在接触外界事物的到的影响、体会。与"感觉"相比,感受的心理过程较为复杂,是需要经过一定时间思考、体味、酝酿的。解说员需要在有限的时间内组织语言,将感受到的激情、快乐传递出去,达到娱乐的效果。

文字解说,如"今天奥妞儿在场边看到这一幕,无比追忆啊。奥尼尔三四人包夹都能扣紧,护花不行,奥胖能力太强,目前霍华德暂时没这个高度"。为了避免看起来枯燥,直播员在描述比赛会有很多生动的词语或一些当下时髦的词语。如把科比称为唠嗑,把马里昂称为马良,还有上文中,卡曼将军飞天而将,海底捞月等。

电视解说如"这边始终是让马里昂来防守科比,防得不错,嘀!漂亮!这球因为马里昂个高啊两米零三,然后他的手臂特别长,我们常说通臂猿"。

二、不同点

1. 语法规范

文字解说要求最快速、最准确,但仅限于人名、动作、分数。用什么样的表达方式,在文字解说中不做过高要求。在语法规范中,一句话里可以没有主语,但文字解说一般情况下不能省略主语。如"马里昂抛射不中,自己抢板"。这里就不能省略主语"马里昂",因为观众看不见画面,只能靠文字解说了解谁在投篮,谁在抢篮板。而电视解说可以省略主语,如"哎呀,抛射不中,自己抢板"。之后再补充或者介绍和主语相关的信息,如"马里昂今天感觉不太好啊"等。观众会紧跟画面,在主语没有出现时,也能明确解说员说的是哪位球员。

2. 用词技巧

文字解说基本的工作是让观众了解比赛信息,谁做了什么动作有什么结果,如"科比投篮得到两分"。但一场比赛中不能全靠简单句或者简单词语,这样会造成视觉疲劳。为了让文字解说看起来有意思,对于动作的描述要不断交换词语来形容和描述。比如,两分球可换成中距离投篮,半截篮,中投,跳投,后仰等。而电视解说在有画面清晰呈现的情况下,不必变换花哨的词语来形容动作,应注意描述的丰富性,如"两分打进还要加罚"等。

第三节　身边赛事的体育解说评论实践

本节我们选取2012年全国脚斗士精英赛的解说视频作为范例，该节目已在全国6家体育频道播出，节目的主持、解说由武汉体育学院新闻传播学院播音与主持专业10级郭威同学担任。

请同学们根据视频的内容及相应的文字稿件，试着进行模拟解说练习。

2012年全国脚斗士精英赛

三个板块：外景主持　配音解说　比赛解说

外景主持：脚斗精英，决战武汉。今天，我们来到的是本届精英赛女子重量级的赛场，女子重量级的比赛齐聚了这几年参赛的老将，有大家非常熟悉的沈阳体院的连续三届冠军孙文菲，有山东体院的王雁令，哈尔滨体院的郭欣欣，以及西安体院的韩冬妮，俗话说"姜还是老的辣"，对面激烈的竞争，谁将辣到最后，那赶紧让我们一睹为快！

配音解说：在率先开始的A组比赛中，来自哈尔滨体院的老将郭欣欣分别战胜了上海体院的屈艳青、成都体院的陈莉和天津体院的刘鹏飞，顺利跻身8强；B组中，三届精英赛冠军，来自沈阳体院的老将孙文菲状态出色，没有给对手任何机会，轻松地战胜了西安体院的韩冬妮和吉林体院的齐芮，也是快速进入8强；而在C组的争夺中，山东体院的老将王雁令艰难战胜了东道主选手侯圆圆和首都体院的张铮，晋级8强；最后在D组中，广州体院的罗心蕊以两个15比0战胜了河北体院的王林和南京体院的刘雯，轻松晋级最终的8强。

比赛解说（视频五分十二秒开始，七分四十秒结束）

观众朋友们大家好，欢迎收看2012年全国脚斗士精英赛女子重量级小组赛，由红方南京体院的刘雯对阵黑方广州体院的罗心蕊。我们先来看一下第一局比赛。这边一上来，罗心蕊是连续的弹推，我们看，刘雯能不能够抵挡住她的攻势，这一下，我们看，这个弹推做得非常漂亮，罗心蕊是广州体院队非常优秀的队员，刚才那一下也是非常完美地展示了角斗士的基本进攻技巧弹推的技术。现在比分是3比0，我们可以看到罗心蕊的进攻啊，漂亮，这一下，连续的进攻,刘雯的局势很被动。那么这样的话时间是还有37秒,比分是6比0,黑方领先。刘雯在做弹推的动作,但是罗心蕊也是在展示自己弹推的力量,这两边互相的弹推,谁的弹推更厉害,我们看这一下,突然地一个套膝动作,罗心蕊的技术也是非常的全面,那么刚才在连续的弹推之后,是突然地改变进攻策略,来了一个弹推动作加套膝动作,这个套膝的动作得到了分数,这样的话比分是9比0。第一局还剩15秒,比分是9比0,刚才那一下刘雯是再一次的落地,这样的话,黑方是再得三分。那么在小组赛当中,赛制是三局十五分制,这样的话,黑方是只差三分就能拿下这场比赛,我们也希望刘雯能够将这个零分有所改变,能够尽早地拿到分数,当然罗心蕊这边是不给机会啊,我们看这一下,刘雯在防守躲避的同时,罗心蕊是突然在背后一个快速的弹推动作,那么这样的话,第一局还剩四秒,比分应该是升到了15分,这样的话,这场比赛应该是黑方来自广州体院的罗心蕊拿下了这场比赛,恭喜黑方。

配音解说:女子超重量级八强对阵如下:哈尔滨体院的老将郭欣欣将对阵西安体院的韩冬妮,沈阳体院的老将孙文菲将接受成都体院的陈莉的挑战,山东体院的老将王雁令将出战南京体院的刘雯,而广州体院的罗心蕊的对手则是首都体院的张铮。

外景主持:女子重量级即将上演8强战,8强中,有4位都是精英赛的老将了,她们能否都顺利的突围进入4强呢?以罗心蕊为代表的新人能否撼动老将的地位,让我们赶紧进入女子重量级的8强战!

配音解说:在激烈的8强争夺中,在老将的较量中,哈尔滨体院的老郭欣欣战胜了西安体院的韩冬妮,率先进入4强;沈阳体院的孙文菲大比分战胜了成都体院的陈莉;山东体院的老将王雁令轻松击败南京体院的刘雯,顺利进入4强;而广州体院的罗心蕊表现强势,以22比0完胜首都体院的张铮,让人充满期待!(视频八分三十四秒结束)

比赛解说:(视频二十分五十六秒开始,二十五分十六秒结束)

观众朋友们大家好,欢迎收看2012年全国脚斗士精英赛女子重量级8进4的比赛,有红方来自山东体院的王雁令对阵黑方来自南京体院的刘雯,我们先来看一下第一局,红方连续弹推的动作,黑方能不能躲过,这一下我们看黑方的脚应该出了界,开局过了十秒的时间,红方率先拿到三分。红方的王雁令是一名老将,参加了几届的精英赛,今天8进4的比赛,我们看这开局,王雁令发挥的非常出色,黑方刘雯这边也是连续的进攻,但这个效果也不是特别好,我们看这一下,黑方是刚刚做完一个进攻动作之后,红方利用这样的一个空隙,突然的一个弹推动作,这样的话,比分是6比0。刘雯这名运动员给我的印象在之前的比赛当中,她的套膝和弹推做得很好,这边我们看,红方王雁令是毫不给任何机会啊,一个弹推的动作,我们看这个力度啊是非常的大,这样的话,王雁令是再拿三分,红方9比0领先于黑方。第一局还有24秒。黑方这边应该是有个脱手的动作,裁判确实是判了黑方的一次脱手,这样的话,红方是再拿一分,比分是10比0。黑方的连续进攻,红方的躲闪,我们也可以看到刘雯在用弹推和套膝的动作啊,但是始终是没有能够奏效,相反红方的进攻,我们看这边,黑方的套膝动作没做完的时候红方是一个躲闪,这样的话,红方是再拿三分。我们也可以看到在比赛当中,老队员的打法啊把动作运用的非常娴熟,而且非常聪明,我们看,又是一个弹推,红方的弹推动作做的是非常的漂亮,那么这样的话,比分是已经到了16比0,第一局还有5秒得时间。裁判判了红方的一次非法进攻,确实刚才在裁判数秒的时候红方是提前的越过。我们看着一下,又是一个弹推的动作,红方的弹推做得非常干净利落,但是,同样黑方在红方做弹推动作运用时应该在防守上有所调整。好,那么这样的话,第一局时间到,比分是19比0。比分的差距非常的大,那么在8进4的比赛赛制是三局21分制,所以说黑方的机会并不是很多,我们看黑方最后一搏能不能捞点儿分,红方的连续弹推,进攻势头很猛,黑方在边界能不能调整好位置,这一下两名运动员是同时倒地。比赛打的确实是非常的激烈,但是今天黑方运动员在应对黑方运动员进攻的这样一种打法上自己的防守策略应该是出了很大的问题。两局才打了14秒,比分是已经到了19比0。哎呀,这一下,红方的弹推是再次拿到了分数,今天我们也是见识到了老将王雁令的弹推技术,她是多次利用这项技术拿到分数。那么这样的话,比分是已经到了22比0,比赛是已经提前结束。好,恭喜红方,来自山东体院的王雁令拿下了这场比赛。

作业题

1. 网络图文解说直播的优点是什么？应该注意哪些问题？
2. 请根据第三节的内容,找一项你参与的体育比赛,进行模拟主持与解说。

参考文献

[1][英]特伦斯·霍克斯.结构主义和符号学[M].上海:上海译文出版社,1987.

[2][美]汤姆·海德里克.体育播音艺术[M].北京:中国广播电视出版社,2008.

［3］邹望梅,张德胜.论体育解说的逻辑层次［J］.广州体育学院学报,2003(4).

［4］郑振峰,周伟红.主客观角度下体育比赛解说评论的句型结构［J］.新闻爱好者,2010(22).